汽车试验技术

主编　何耀华

参编　苏楚奇　张成才　杨灿

机械工业出版社

本书是一本关于汽车试验理论和试验方法的教科书，共十三章，其内容包括汽车测试系统的组成与特性分析、汽车试验系统中常用的典型传感器、信号的调理与传输、试验数据的采集与处理、DSP 技术、虚拟仪器系统、汽车整车出厂检验系统、汽车整车性能的道路试验、汽车室内台架试验系统、汽车试验场试验、汽车噪声试验系统、试验设计与试验研究等。

本书从汽车产业的实际出发，力求能反映汽车试验领域的最新发展动态、力戒内容过时及与其他课程的重复。

本书可作为高等院校车辆工程及相关专业的本科教材，也可供汽车制造、试验及交通管理等领域的工程技术人员使用和参考。

图书在版编目(CIP)数据

汽车试验技术/何耀华主编. —北京：机械工业出版社，2010.5(2018.5重印)

ISBN 978-7-111-30885-0

Ⅰ.①汽… Ⅱ.①何… Ⅲ.①汽车试验—教材 Ⅳ.①U467

中国版本图书馆 CIP 数据核字(2010)第 103226 号

机械工业出版社(北京市百万庄大街22号 邮政编码100037)

策划编辑：赵海青 责任编辑：赵海青 责任校对：张晓蓉

封面设计：王伟光 责任印制：李 飞

北京铭成印刷有限公司印刷

2018年5月第1版第5次印刷

184mm×260mm · 15.25印张 · 373千字

7501—9000册

标准书号：ISBN 978-7-111-30885-0

定价：35.00元

前　言

国际上任何一家有影响的汽车制造公司均无一例外建有规模宏大的汽车试验基地，包括汽车整车及各总成部件的试验室和汽车试验场。汽车试验基地的投资规模多则数十亿美元，少则也在十亿美元以上。从某种意义上讲，汽车试验基地的试验能力和水平是汽车制造公司从事新产品研发能力的象征。在过去相当长的一个时期内，国内的汽车制造公司不太重视汽车试验基地的建设。或许正因为如此，使得我国汽车产业走过了半个多世纪的历程却尚未完全形成新产品自主研发能力。但值得庆幸的是，这种状况已得到了根本性的改变。近些年，国内各大汽车公司(东风汽车公司、中国一汽、上海大众、上海通用、比亚迪、重庆长安、广州丰田)均投巨资建设规模宏大的汽车试验基地，并面向全球采购具有国际水平的各类汽车整车与零部件试验设备。这种观念上的转变，将会有力地推进我国由汽车制造大国向汽车制造强国的发展。

当然，汽车试验设备和试验基地只是汽车产品研发必要的物质条件，形成产品自主研发能力的第一要素还是人，是一群极具创新能力的人，是知道产品研发过程需要用哪些试验作支撑才能有效利用汽车试验基地和试验设备服务于新产品研发与产品质量控制的人。欲造就符合汽车产业发展需要的高素质人才，就必须及时推出贴近实际、反映产业需求的相关教材。作者真诚地希望本书能够起到为中国汽车产业培养高素质实用型人才的作用。

本书的编写宗旨是，从实际需要出发，力戒内容过时和与其他课程的重复。本书在介绍汽车试验的基本理论时，力求做到既简单明了、通俗易懂，又不失其系统性和严谨性；在介绍试验方法和试验规划设计时，尽可能通过对典型实例的剖析，让学生既能了解到试验过程的全貌又能注意到对试验产生影响的重要细节。

本书由武汉理工大学汽车工程学院何耀华主编。编写者分工如下：何耀华编写第一、二、三、四、八、九、十一、十二、十三章和第五章的第四、五、六、七节，张成才编写第五章的第一、二、三节和第六章，杨灿编写第七章，苏楚奇编写第十章，廖聪、岳亮亮、崔淑娟、陈棵明、邓娟等做了大量的资料收集、整理及图片的处理工作。

本书在编写过程中得到了国内同行和汽车试验仪器设备制造商的大力帮助和支持，书中用到了德国杜尔、德国申克、德国达特朗、美国宝德、美国MTS、美国野马、美国CRUDEN、日本安全自动车株式会社、日本鹭宫制作所、日本堀场、佛山南华等汽车试验设备制造公司的设备作为示例。在此，对在本书编写过程中给予帮助和支持的同行和汽车试验设备制造公司表示衷心的感谢！

本书可作为高等院校车辆工程及相关专业的本科教材，也可供汽车制造、试验及交通管理等领域的工程技术人员使用和参考。

由于编者水平有限，本书难免会有疏漏和谬误，敬请业内专家、同行及读者批评指正。

编　者

目　录

第一章 1

概　论

古人云："虽多诵经，不解何益；解一法句，行可得道"。意思是说："诵经不如解义，解义不如践行，实践经义哪怕一句话，便可得道"。在现代科学技术领域中也是如此，唯有实践，才得真知。对车辆工程专业的学生来说，若只学书本知识，而不动手实践，不可能深入了解汽车，更谈不上技术创新；对于汽车产品而言，若不进行大量广泛的试验，人们不可能知道其质量、性能的优劣。当然，虽然实践很重要，但是这并不意味着可以忽视理论知识的学习。科学试验，尤其是现代科学试验若没有理论的指导、问题的启发也不可能得到发展。科学试验和理论的密切结合是近代科学技术的一个显著特点，二者相互依赖、相辅相成。许多理论上的创新，表面上看起来似乎是理论自身的发展，其实都是立足于坚实的试验基础之上的。我们并不否认理论有其相对的独立性，理论一旦具备了完整的逻辑形态，也会逻辑地引出新的理论观点和科学预见。但试验是理论的主要源泉，理论工作上不去，往往是因为缺少试验的推动，试验有了突破，理论就会出现新的发展。在工程技术中，任何一个成功的产品都是设计和试验密切结合的产物。理论为设计提供方法，试验为设计提供依据及对设计出的产品进行验证。在包括汽车在内的许多工程及生产实践中，有时试验是解决问题的唯一的方法。

第一节　汽车试验在汽车产业中的地位

在当今社会，有人形象地将城市称为房子和汽车的组合体。由于汽车产品直接面对全球所有的老百姓，而又处在极其复杂的交通环境之中，因此，汽车产品在设计和制造方面的任何缺陷都可能造成严重的后果。欲避免存在内在缺陷的汽车产品投放市场，最有效的方法就是进行大量广泛的试验。此外，汽车产品的技术进步，一直就是汽车制造商获得市场竞争力的有力武器。而汽车技术的任何进步，无一例外都需要试验的直接推动。正因为如此，业内人士普遍认为，无论是新设计还是正在生产的汽车产品，也不论在设计上考虑得多么周密、在制造过程中多么的细致认真，都需经过科学而严格的试验。通过试验以检验产品设计、制造及结构的先进性，设计思想的正确性，制造工艺的合理性，使用维修的方便性，各总成部件工作的可靠性。

汽车工业的发展已有100多年的历史，在早期的手工生产阶段，由于汽车产品的产量小，速度低，人们对其性能和质量提不出具体的要求，因此汽车试验工作亦处在一种较为原始的状态。汽车试验的主要方法是操作体验和主观评价，评价内容大多为与马车比速度、比舒适。尽管如此，汽车试验工作仍受到制造商和用户的普遍重视，任何一辆汽车在出厂之前都要开到道路上去试一试；用户在购买之前大多也要驾车体验一番；汽车制造商不时还会举行一些展示汽车性能的比赛活动。

20世纪初，福特在伊利·惠特尼发明汽车“标准化部件”的基础上发明了“汽车流水生产”方式，他的发明宣告了汽车大批量生产阶段的开始。随之而来的汽车使用可靠性、寿命及性能方面的问题日渐突出。为了使“流水生产”方式所带来的高效率、低成本得以充分发挥，各汽车生产厂商开始了大量的有关材料、工艺、可靠性、寿命、磨损及性能等诸多方面的试验研究，推动了汽车标准化工作的长足进步。在此期间的汽车试验，除借助于其他行业比较成熟的技术和方法外，还逐渐形成了汽车行业自己的试验研究体系，研究出了具有行业特色的试验方法，开发出了符合行业发展要求的试验仪器设备，如整车转鼓试验台、发动机性能试验台架、研究汽车空气动力学的试验风洞、各总成部件的闭式试验台及疲劳试验台等。在此阶段，道路试验亦得到了足够的重视。1924年美国通用汽车公司在全球率先建起了规模庞大、功能齐全的米尔费德(Milford)试车场。从此拉开了汽车制造商竞相建设汽车试验场的序幕。第二次世界大战以后，国际上有影响的汽车制造公司均相继建起了自己的汽车试验场。汽车生产方式的变化，带来了汽车试验方法的根本变革，汽车试验已由手工生产阶段的操作体验、主观评价发展为仪器检测、客观评价。尽管当时汽车试验的规模不大、范围不广、试验设备比较简单，但汽车试验工作的基本方法是在这一时期形成的，且为后期的发展打下了良好的基础。

20世纪80年代，美国国家仪器公司提出并制造出了世界上第一套虚拟仪器系统，从此，汽车试验仪器设备系统的构成发生了根本性的变化。由于虚拟仪器系统成功地将现代计算机技术和信息技术用于汽车试验系统中，为汽车试验的高精度、高效率、自动化、智能化提供了技术和设备的支持。国际性的汽车公司为了提高其自身的竞争力，纷纷投巨资大规模建设汽车试验室和汽车试验场。每个公司长年都有数百辆汽车整车及总成部件在汽车试验室及汽车试验场进行各类试验。图1-1所示是国外某汽车公司整车试验室的一角，该试验室可

图1-1　汽车整车试验室

容纳数十辆汽车同时进行试验，其试验规模可见一斑。

第二节 汽车试验的分类

任何一款全新开发的汽车产品，从设计构思到市场化的产品开发全过程，试验费约占全部开发费的1/3以上，其试验项目累计达千余项。为了帮助读者了解如此复杂的汽车试验内容，下面介绍三种常见的分类方法。

一、按试验特征分类

按试验特征的不同，汽车试验可分为室内台架试验、汽车试验场试验和实际的道路试验三种。

1. 室内台架试验

室内台架试验的重要特征在于，试验不受环境的影响，且可24小时不停地进行，特别适合于汽车性能的对比试验和可靠性、耐久性试验。室内台架试验的突出特点是试验效率高。室内台架试验不仅适用于汽车的总成部件，也适用于汽车整车。图1-2～图1-4所示分别是汽车整车、发动机的室内台架和轿车变速器室内台架试验。

图1-2 汽车整车室内台架试验

2. 汽车试验场试验

汽车试验场(图1-5)试验越来越受到汽车界的重视，其原因是汽车试验场上可以设置各种不同的路面，如扭曲路面、比利时砌石路面、高速环道、汽车性能试验专用跑道等。在汽车试验场上可在不受道路交通影响的情况下完成汽车各项性能试验，尤其是汽车的可靠性、耐久性试验及环境适应性试验。由于在汽车试验场上可以进行高强化水平的试验，因此可以大大地缩短试验周期。

3. 实际的道路试验

汽车产品最终都要交到用户手中到不同气候、不同交通状况的地区、不同道路条件的各种路面上行驶。要想汽车的各项性能都能满足实际使用要求，就必须到实际的道路上进行考核。因此，任何一种新开发出来的汽车产品都必须经历室内的台架试验、汽车试验场试验及实际道路试验这一复杂的试验过程。

由于试验场试验和实际道路试验均在道路上进行，因此业内常将二者统称为道路试验。

图 1-3　发动机室内台架试验

图 1-4　轿车变速器室内台架试验

二、按试验对象分类

按试验对象的不同，汽车试验可分为整车试验、总成与大系统试验、零部件试验三大类。

汽车由若干个不同的总成、数万个零部件组成。要想制造出性能优良的整车，就必须确保每一个零部件及各大总成的质量。但在此需特别指出的是，即使全部用质量上乘的汽车零部件也不等于就一定能组装出性能优良的汽车整车。由此可见，不仅汽车整车应进行全面而严格的试验，而且汽车

图 1-5　汽车试验场

零部件及各大总成也应进行大量的各类试验。各类试验如图 1-2 ~ 图 1-4 和图 1-6 ~ 图 1-8 所示。

a)

b)

图 1-6 汽车动力系统试验

a）汽车动力系统的道路模拟试验 b）全轮驱动汽车的动力系统试验

三、按试验目的分类

按试验目的的不同，汽车试验可分为质检试验、新产品定型试验和科研试验三类。

汽车试验有各种各样不同的目的，围绕着如何保证汽车产品质量所开展的试验称为质量检查试验，简称质检试验；以考核新开发的汽车产品是否符合设计要求及考核其是否满足汽车法规为目的的试验称为新产品定型试验；为了推进汽车的技术进步所开展的各项试验，如汽车新产品、新结构、新技术、新材料、新工艺等的开发性试验以及汽车试验新方法的探索性试验统称为科研试验。

图 1-7　汽车悬架与制动系统试验

图 1-8　轮胎试验

四、各类试验的关系

对于汽车试验而言，无论是哪种试验对象(整车、总成、零部件)，还是哪种试验目的(质检、定型、科研)，通常均需进行室内台架试验、汽车试验场试验和实际的道路试验。其试验顺序是：先进行室内台架试验，若台架试验达到了相关要求则进行试验场试验，试验场试验的结果符合相关要求后，在汽车产品正式投放市场之前，必须要进行道路适应性试验。汽车总成及零部件的试验场试验无法独立进行，必须将其装在整车上试验；汽车总成及零部件室内台架试验均利用专用总成部件试验台架独立进行试验。

第三节　汽车试验系统的组成

汽车试验设备通常分为两大类，即室内台架试验设备和道路试验设备。由于道路试验设备所处的环境十分恶劣，因此对防尘、防振、防潮及抗环境老化的能力均要求很高。对于室内台架试验设备，由于不可能在室内建设汽车试验所需的跑道，因此需要搭建一个台架模拟汽车整车及总成部件的运动与所需的外界环境，以实现其有关参数的测量。由此可见，汽车道路试验设备和室内台架试验设备的功能、构成等方面均存在较大的差异。下面以汽车整车试验为例介绍汽车道路试验设备及室内台架试验设备的组成与工作原理。

一、汽车道路试验系统的组成与工作原理

图 1-9 所示是汽车道路试验最常用的仪器系统，它由数据采集与数据处理系统和各种不同类型的传感器组成，该系统可以满足汽车动力性、经济性、制动性及操纵稳定性等各项性能中全部项目的试验要求。现代汽车试验系统最突出的特点是：将信号的前处理功能(如信号的放大、模数转换、滤波等)全部集成到数据采集与数据处理系统中。要进行汽车性能试验时，只需配上与之对应的传感器就可以完成相应的试验。数据采集与数据处理系统是汽车道

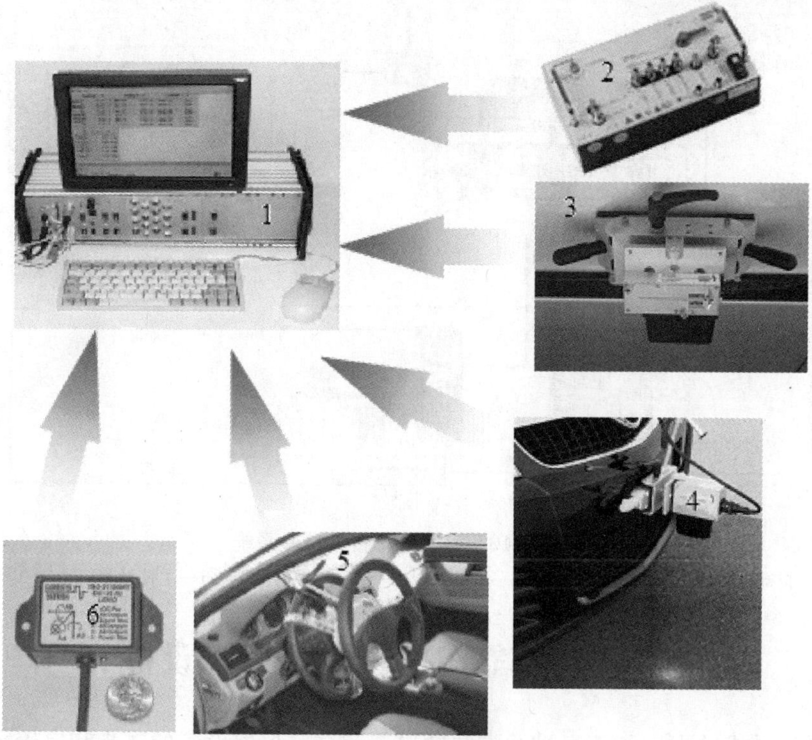

图 1-9 汽车道路试验系统

1—数据采集与数据处理系统 2—燃油流量传感器 3—高度传感器
4—双向速度传感器 5—转向盘转角/转矩传感器 6—陀螺仪

路试验系统的通用核心部件，试验系统的功能扩充十分简单，若要开发新的试验项目，只需配置与之对应的传感器及对软件作相应的调整。若来不及开发新的软件，将试验系统设置到手动操作模式也可以完成相应的试验。

二、汽车台架试验系统的组成与工作原理

汽车台架试验系统通常比道路试验系统复杂，除具有汽车道路试验系统中的数据采集与数据处理系统及各种传感器外，还必须配置模拟汽车运行工况的装置及控制该装置按试验要求运行的电控系统，如图 1-10 所示。图 1-10 中所示的主控计算机除具有控制底盘测功机按试验要求运行及控制自动驾驶仪按试验规程对汽车进行驾驶操作外，还兼有数据采集与数据处理的功能。底盘测功机转鼓的转动就像是连续不断的移动路面，汽车在道路上行驶的各种阻力（滚动阻力、坡道阻力、加速阻力、空气阻力）由测功机通过联轴器加在转鼓上。汽车的动力性、经济性等可以通过安装在底盘测功机上的转速传感器、转矩传感器及安装在汽车供油管路中的燃料流量传感器测出。汽车底盘测功机通常不用于汽车的制动性和操纵稳定性试验，汽车的制动性能试验常在专用的制动试验台上进行（也有汽车底盘测功机与汽车制动试验台一体化的设备），汽车操纵稳定性一般都在汽车操纵稳定性模拟试验台或汽车试验场专用试车道上进行。此外，汽车底盘测功机还是汽车整车室内试验的基础设备，如汽车噪声、排放、空调效果及各类与环境有关的试验都要用到汽车底盘测功机。

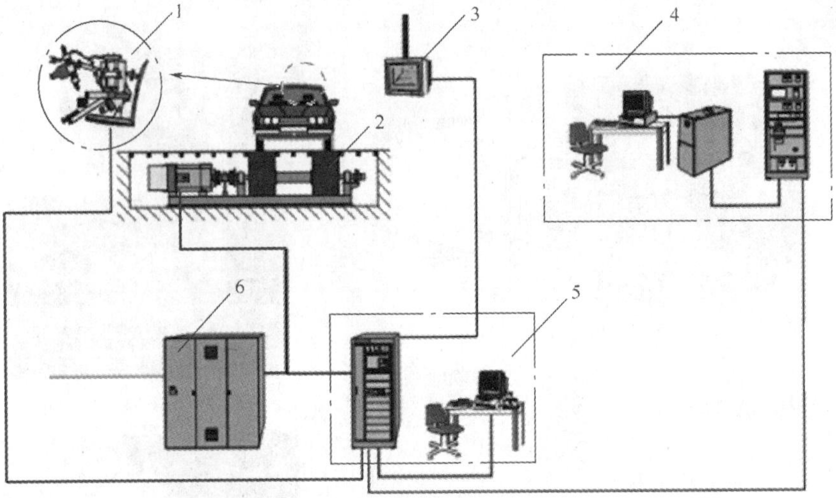

图 1-10　汽车整车台架试验系统

1—自动驾驶仪　2—底盘测功机　3—显示器　4—试验室中心机房　5—主控计算机　6—电源柜

第四节　汽车试验技术与试验设备

汽车试验技术的发展与汽车试验方法的更新及试验仪器设备的进步和完善密切相关。

一、汽车试验方法

谈到汽车试验方法，人们很容易想到国家标准及行业标准。事实上国家标准及行业标准所涉及的试验内容只是其中很少的一部分。汽车试验的内容很广，包括：探索性试验，新结构的原理验证试验，获取原始控制数据的标定试验，为产品、结构改进提供支持的功能试验，生产工艺的改进与验证试验，整车及总成部件的可靠性、耐久性试验，产品质量控制试验，汽车试验技术的探索、研究试验等。汽车试验方法是汽车试验大纲或规范内的重要内容，随着汽车及产业技术的不断进步与提高，汽车试验方法亦随之更新和发展。关于汽车试验方法的发展，主要表现在如下两个方面。

1. 试验内容逐年增加

为了满足人们对汽车日益提高的要求，需要不断地增加试验项目和试验内容；汽车功能的扩展，各种新结构、新技术在汽车上的应用必然导致新的试验内容的增加。

2. 试验方法的不断更新

高等级公路及高速公路的发展带来了汽车行驶速度的显著提高，轿车进入家庭进程的加快，新手大量上路等，这些不可避免地会带来许多新的问题，为此需要进行更多的试验，需要更新和补充新的试验内容与方法；汽车法规的日渐严格，也要求更新试验方法；试验技术的进步也会带来试验方法的变化。

二、汽车试验仪器设备

为了适应试验方法的变化，不可避免地会有更多更新的汽车试验用仪器设备推出；为了提高试验精度、降低试验成本，必须要有功能更强、精度更好、效率更高的仪器设备源源不断地取代传统的、落后的设备。汽车试验用仪器设备发展的重要特征是：

1. 自动化程度越来越高

现代汽车试验用仪器设备的开发，不仅包括仪器设备自身结构和功能的开发，还包括对被试对象操控内容的开发。对于这类仪器设备自身的操作控制已完全实现了自动化，对于许多试验项目而言，试验中的车辆或总成部件也已由计算机自动操控，如图 1-11 所示。

图 1-11 汽车发动机自动试验系统

2. 功能集成

功能集成包含两个方面的内容，其一是一机多功能。近几年开发的汽车道路试验仪器彻底改变了过去一项性能一套仪器的传统。现在一套仪器几乎可以完成所有的道路试验项目，如图 1-9 所示。其二是根据汽车试验要求的不同，将不同功能的仪器设备进行合理的组合，使之构成一个多功能的汽车试验系统，由计算机进行集中控制，以提高仪器设备的工作效率和降低试验成本，如图 1-12 所示。该系统包括汽车车轮定位参数检测、整车性能测试、带 ABS 的制动性能测试、发动机控制系统检测、发动机预热测试和发动机的调试等功能。

3. 在试验室内再现各种试验环境

为了全面了解各种不同使用环境对汽车整车及零部件各项性能的影响，一些跨国汽车公司都建有可再现不同使用环境的试验室，如图 1-13 所示。

4. 高精度、高效率

为了满足日益严格的汽车排放法规要求，最大限度地保护驾驶员及乘客的安全、尽可能地提高汽车的乘坐舒适性，继发动机采用计算机控制系统之后，汽车其他各大总成已逐渐开始采用计算机控制技术。计算机控制的依据除来自于各种不同传感器提供的汽车各总成部件工作状况的信息外，更主要的是，还需在试验室对计算机控制的汽车总成进行大量的试验，以采集电控所需的大量数据，只有这样才能保证计算机高精度地控制汽车各总成部件工作。这种在试验室采集控制所需信息的过程称为“标定”试验。由于标定试验的内容十分复杂且要求精度很高，因此标定试验所需的时间一般都很长，所用仪器设备通常都比较复杂。图

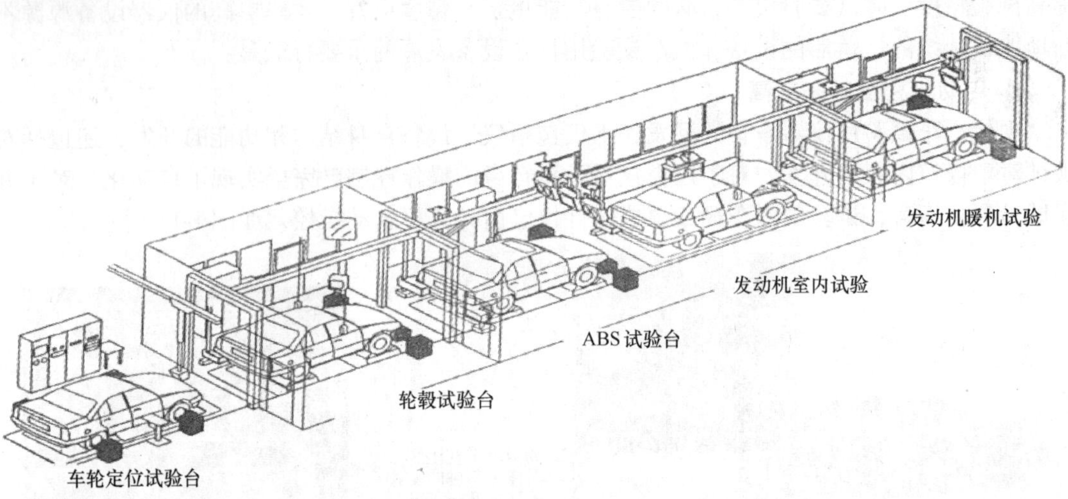

图 1-12　汽车试验系统

a)

b)

c)

图 1-13　汽车环境试验室

a）特殊环境试验　b）适合于噪声测量的室内环境　c）气候风洞

1-14 所示的是德国申克(Schenck)推出的汽车发动机自动标定系统，主要用于发动机电控燃油喷射系统的开发。

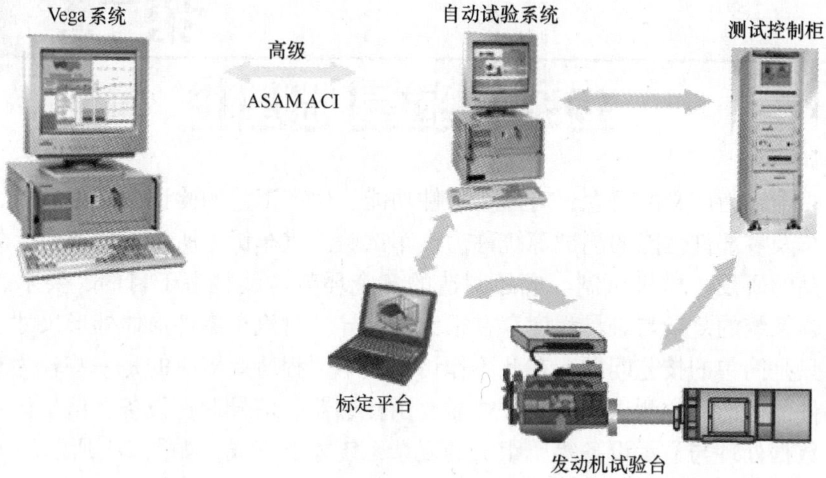

图 1-14 发动机标定系统

第二章 2

汽车试验基础理论

试验是一个较为广义的概念，对汽车部件功能、生产工艺的验证，零件形体、成分的检测，汽车整车及零部件性能的测试等统称为汽车试验。汽车试验所涉及的范围十分广泛，渗透到汽车产品的研发、样机试制、成品制造的各个环节。试验由于目的、要求、对象的不同，导致试验系统的复杂与难易程度存在很大的差异。对汽车零件形体外形尺寸与质量大小的测量，那只是简单的技艺问题，在此不作讨论。本课程所要解决的是一些较为复杂的汽车整车及零部件的性能参数测试问题，往往需要由传感器、信号调理设备、信号记录仪、数据采集设备、数据处理与显示设备等所组成的复杂系统才能完成，如图 2-1 所示。

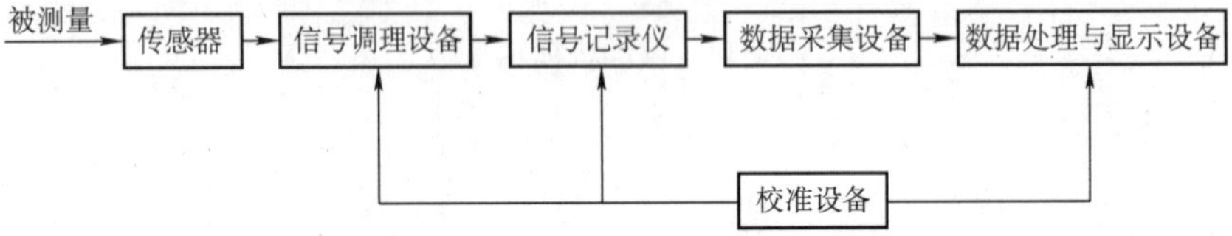

图 2-1　汽车试验系统的组成

在此需指出的是：并非是所有的汽车试验系统都必须包括图 2-1 所示的全部设备。对于汽车试验而言，由于被测量及所用传感器的不同，其试验系统的组成会存在很大的差异。无论是有多少个设备、是什么类型的设备所组成的汽车试验系统，其要求只有一个，那就是测试结果应与被测量保持一致。欲做到这一点，就必须深入了解试验系统的特性。

第一节　汽车试验系统的特性

前述的试验系统可以将其简化为图 2-2 所示的数学模型。被测量称为系统的输入（或激励），用 $x(t)$ 表示；测试结果称为系统的输出（或响应），用 $y(t)$ 表示。所谓试验系统的特性是指系统的输出 $y(t)$ 与输入 $x(t)$ 的关系。

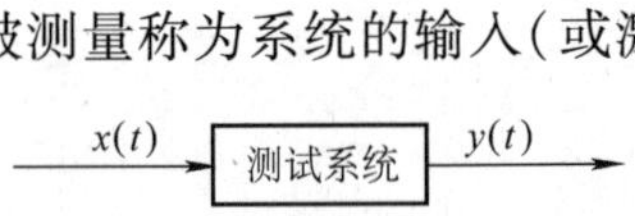

图 2-2　试验系统的数学模型

汽车试验与其他工程测试一样，其输入 $x(t)$ 具有两种不同的特征，即 $x(t)$ 随时间的变化而变化或不随时间的变化而变化。若被测量 $x(t)$ 不随时间变化或随时间缓慢变化时，系统的输出 $y(t)$ 与输入 $x(t)$ 之间的关系，称为试验系统的**静态特性**；若被测量 $x(t)$ 随时间的变化而变化，则系统的输出 $y(t)$ 与输入 $x(t)$ 之间的关系，称为试验系统的**动态特性**。

一、试验系统的静态特性

下式是任意静态系统的数学表达式

$$y(t) = a_0 + a_1 x(t) + a_2 x^2(t) + \cdots + a_n x^n(t) \tag{2-1}$$

式中 $y(t)$——系统的输出(测试结果);

$x(t)$——系统的输入(被测量);

$a_0,a_1,a_2,\cdots,a_n$——与系统相关的常数。

若 $a_0\neq0$，表示即使没有输入也有输出，即当 $x(t)=0$ 时，$y(t)=a_0$，a_0 称为试验系统的零点漂移。显然不希望试验系统存在零点漂移。

另外，对于任意一个试验系统，若除 $a_1\neq0$ 外，其他常数 $a_0,a_2,\cdots,a_n$ 均为零，则试验系统的输出与输入的关系最为简单，是人们追求的目标。所以常将

$$y(t)=a_1x(t) \tag{2-2}$$

称为理想系统，这是一种没有零点漂移的线性系统。

评价试验系统静态特性的指标有灵敏度、分辨率、重复性、漂移、回程误差和线性度等。

1. 灵敏度

输入量的变化 $\Delta x(t)$ 所引起输出量变化 $\Delta y(t)$ 的大小，称为灵敏度，用 E 表示，即

$$E=\frac{\Delta y(t)}{\Delta x(t)} \tag{2-3}$$

对于非线性系统，灵敏度就是静态特性曲线上各点的斜率。当试验系统输出与输入的量纲相同时，显然灵敏度 E 反映的是输出量与输入量的倍数关系，故将其称为放大倍数。

2. 分辨率

分辨率是指试验系统能测量到的最小输入量变化的值，即能引起输出量发生变化的最小输入变化量，用 Δx 表示。由于试验系统在全量程范围内，各测量区间的 Δx 不一定总是相等，因此常用全量程范围内最大的 Δx 即 $\Delta x_{\max}$ 来表示。

3. 重复性

重复性是指用同一试验系统在相同的试验条件下对同一被测量进行多次测量，其各次测试结果的接近程度。重复性的好坏，在很大程度上反映了测量结果中随机误差的大小。换言之，随机误差大，则测试结果的重复性就差。

4. 回程误差

回程误差又称迟滞性。在测试过程中，经常会出现正向输入(输入由小到大)所得到的输出规律与反向输入(输入由大到小)系统的输出规律不一致(见图 2-3)，二者之间的差值称为回程误差。

5. 线性度

线性度是指定度曲线偏离理想直线的程度。常用定度曲线与理想直线的最大偏差与测试系统量程之比来表示，即

$$\delta_{\mathrm{L}}=\frac{\Delta L_{\max}}{y_{\mathrm{FS}}}\times100\% \tag{2-4}$$

式中 δ_{L}——线性度;

$\Delta L_{\max}$——定度曲线与理想直线的最大偏差;

y_{FS}——测试系统的量程。

6. 漂移

漂移有两类，即零点漂移和灵敏度漂移。无论是哪种漂移，都是由温度的变化及元器件

性能的不稳定引起的。图 2-4 是零点漂移和灵敏度漂移的示意图。对于一般的测试系统，灵敏度越高，则测量范围越小，稳定性亦相对较差，即漂移亦相对较明显。

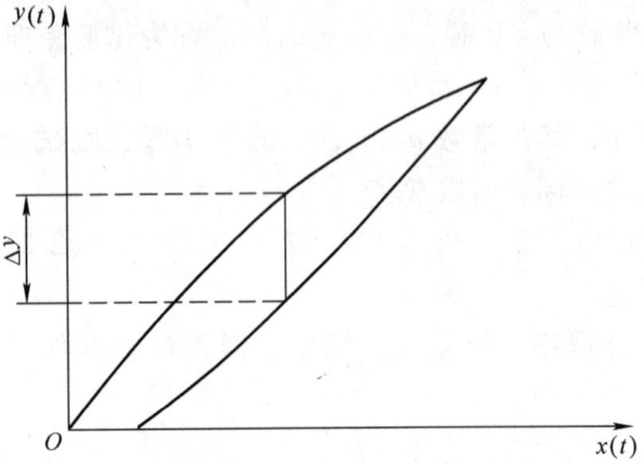

图 2-3 回程误差

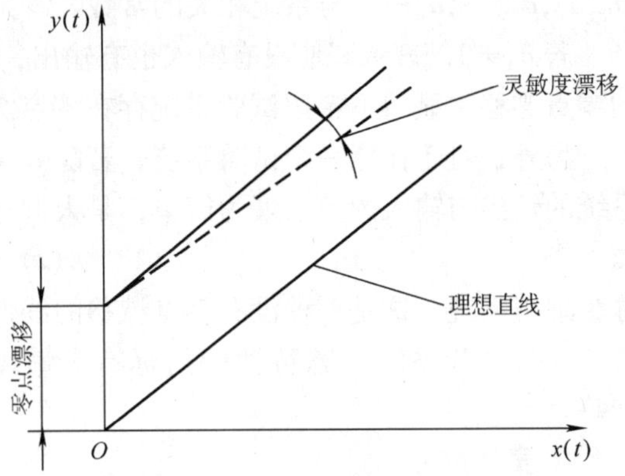

图 2-4 漂移

二、试验系统的动态特性

在输入变化时，人们所测得的输出量不仅受到研究对象(如汽车)动态特性的影响，还受到试验系统动态特性的影响。如进行汽车行驶平顺性试验，在测试条件完全相同的情况下，且用同一仪器系统对汽车不同位置进行测试，其结果均不相同；用不同的仪器对汽车同一部位进行测试，其结果也不可能完全相同。

前面述及，为了获得准确的测试结果，希望所组成的仪器系统是线性的，其原因是：①只有线性系统才便于用数学方法对其进行分析处理；②在动态测试中，非线性校正比较困难。

若试验系统是一线性系统，则该系统可用如下常系数微分方程进行描述

$$a_n \frac{d^n y(t)}{dt^n} + a_{n-1} \frac{d^{n-1} y(t)}{dt^{n-1}} + \cdots + a_1 \frac{dy(t)}{dt} + a_0 y(t)$$

$$= b_m \frac{d^m x(t)}{dt^m} + b_{m-1} \frac{d^{m-1} x(t)}{dt^{m-1}} + \cdots + b_1 \frac{dx(t)}{dt} + b_0 x(t) \tag{2-5}$$

式中 $x(t)$——系统的输入；

$y(t)$——系统的输出；

$a_n, a_{n-1}, \cdots, a_1, a_0$ 和 $b_m, b_{m-1}, \cdots, b_1, b_0$——与系统结构参数有关的常数。

1. 动态系统的性质

（1）叠加性 n 个输入同时作用于系统时的输出，等于这些输入单独作用于系统时系统各输出的和，即

若
$$x_1(t) \to y_1(t)$$
$$x_2(t) \to y_2(t)$$
$$\vdots$$
$$x_n(t) \to y_n(t)$$

则
$$[x_1(t) + x_2(t) + \cdots + x_n(t)] \to [y_1(t) + y_2(t) + \cdots + y_n(t)]$$

（2）比例性　由叠加性知，若 $x_1(t)=x_2(t)=x_3(t)=\cdots=x_k(t)=x(t)$，

且
$$x(t)\rightarrow y(t)$$
则
$$kx(t)\rightarrow ky(t)$$
即系统的输入增加 k 倍，则输出也增大 k 倍。

（3）微分性　系统输入微分的输出，等于原输入所引起的输出的微分，即

若
$$x(t)\rightarrow y(t)$$
则
$$\frac{dx(t)}{dt}\rightarrow\frac{dy(t)}{dt}$$

（4）积分性　若系统的初始状态为零，则系统输入积分的输出，等于原输入所引起的输出的积分，即

若
$$x(t)\rightarrow y(t)$$
则
$$\int_0^t x(t)\,dt\rightarrow\int_0^t y(t)\,dt$$

（5）频率保持性　若系统的输入为某一频率的简谐函数 $x(t)=x_0e^{j\omega t}$，则系统的稳态输出亦是与之频率相同的简谐函数，只是幅值和相位有所不同。这一性质简单证明如下：

若
$$x(t)\rightarrow y(t)$$
由比例性得
$$\omega^2x(t)\rightarrow\omega^2y(t)$$
据微分性有
$$\frac{d^2x(t)}{dt^2}\rightarrow\frac{d^2y(t)}{dt^2}$$
据叠加性有
$$\left[\frac{d^2x(t)}{dt^2}+\omega^2x(t)\right]\rightarrow\left[\frac{d^2y(t)}{dt^2}+\omega^2y(t)\right]$$
因为
$$x(t)=x_0e^{j\omega t}$$
$$\frac{d^2x(t)}{dt^2}=(j\omega)^2x_0e^{j\omega t}=-\omega^2x(t) \tag{2-6}$$
$$\frac{d^2(t)}{dt^2}+\omega^2x(t)=-\omega^2x(t)+\omega^2x(t)=0$$
则
$$\frac{d^2y(t)}{dt^2}+\omega^2y(t)=0 \tag{2-7}$$
解微分方程式(2-7)可得到唯一的解为
$$y(t)=y_0e^{j(\omega t+\varphi)} \tag{2-8}$$
式中　φ——初相位。

线性系统的频率保持性对研究汽车的震动及仪器系统十分有用。①可以利用线性系统的频率保持特性消除干扰，若已知某线性系统输入的频率，则该系统输出的频率必然与之相同，显然，其他频率的信号就是来自外界的干扰——噪声；②可以利用线性系统的频率保持性判断系统的属性，对于一个未知系统，若输出的频率与输入的频率相同，则该系统一定是线性系统。

2. 动态系统的传递函数

若线性系统的初始条件为零，即当 $t=0$ 时，
$$\left.\frac{d^ny(t)}{dt^n}\right|_{t=0}=\left.\frac{d^{n-1}y(t)}{dt^{n-1}}\right|_{t=0}=\cdots=\left.\frac{dy(t)}{dt}\right|_{t=0}=0$$

$$\left.\frac{d^m y(t)}{dt^m}\right|_{t=0}=\left.\frac{d^{m-1}y(t)}{dt^{m-1}}\right|_{t=0}=\cdots=\left.\frac{dy(t)}{dt}\right|_{t=0}=0$$

则对线性系统微分方程式(2-5)进行拉普拉斯变换(本书简称拉氏变换)的结果为

$$(a_n s^n+a_{n-1}s^{n-1}+\cdots+a_1 s+a_0)Y(s)=(b_m s^m+b_{m-1}s^{m-1}+\cdots+b_1 s+b_0)X(s) \quad (2\text{-}9)$$

将输出的拉氏变换与输入拉氏变换的比值$\frac{Y(s)}{X(s)}$称为系统的传递函数，常用$H(s)$表示，即

$$H(s)=\frac{Y(s)}{X(s)}=\frac{b_m s^m+b_{m-1}s^{m-1}+\cdots+b_1 s+b_0}{a_n s^n+a_{n-1}s^{n-1}+\cdots+a_1 s+a_0} \quad (2\text{-}10)$$

工程中的试验系统一般为稳定系统，其传递函数分母中s的幂次数总是高于分子中s的幂次数，即$n>m$。因此，分母s的幂次n代表微分方程的阶数。$n=1,n=2,n=3,\cdots$，所对应的系统分别称为一阶系统，二阶系统，三阶系统，…。

由式(2-10)不难看出：①传递函数中没有输入$x(t)$项，即它与系统的输入无关；②传递函数中的各系数$a_n,a_{n-1},\cdots,a_1,a_0$和$b_n,b_{n-1},\cdots,b_1,b_0$是由系统结构特征决定的，系统结构和类型不同，其取值也不同；③系统的传递函数$H(s)$是根据适合任何线性系统的微分方程式(2-5)得到的，因此它适合于各类系统，如电系统、机械系统及机电混合系统等。

正因为传递函数具有与系统输入无关且能够反映系统的全部特征，因此它是分析复杂系统的一个重要工具。

前面述及，汽车试验用仪器设备通常是由多种不同仪器所组成的复杂系统，为此我们必须要研究复杂系统的传递函数。对于任何一个复杂系统，都可以看成是由多个简单系统串联、并联、闭环或串、并、闭环混合而成的。若能求解串联、并联或闭环系统的传递函数，则可求解任何复杂系统的传递函数。

(1) 串联系统的传递函数　图2-5所示是$H_1(s)$和$H_2(s)$组成的串联系统，设其传递函数为$H(s)$，由传递函数的定义可得

$$H(s)=\frac{Y(s)}{X(s)}=\frac{Z(s)}{X(s)}\cdot\frac{Y(s)}{Z(s)}=H_1(s)\cdot H_2(s) \quad (2\text{-}11)$$

推而广之，由n个子系统串联在一起的大系统，其传递函数为

$$H(s)=\prod_{i=1}^{n}H_i(s) \qquad (i=1,2,3,\cdots,n) \quad (2\text{-}12)$$

(2) 并联系统的传递函数　图2-6所示是一并联系统，其传递函数$H(s)$为

$$H(s)=\frac{Y(s)}{X(s)}=\frac{Y_1(s)+Y_2(s)}{X(s)}=\frac{Y_1(s)}{X(s)}+\frac{Y_2(s)}{X(s)}$$

$$H(s)=H_1(s)+H_2(s) \quad (2\text{-}13)$$

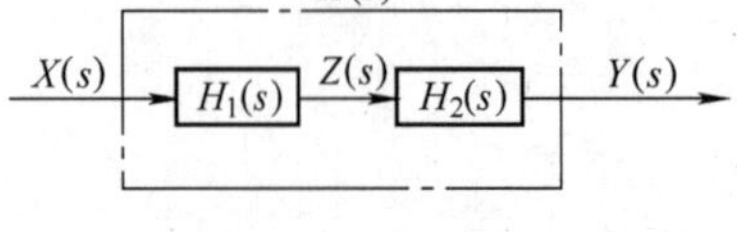

图2-5　串联系统

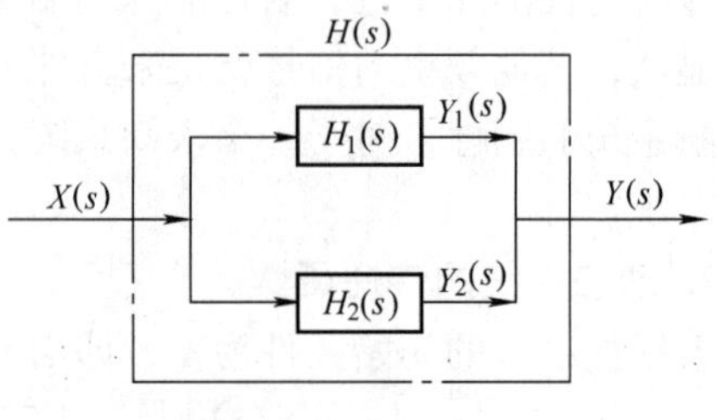

图2-6　并联系统

对于 n 个子系统并联所组成的大系统，其传递函数为

$$H(s)=\sum_{i=1}^{n}H_i(s)\qquad(i=1,2,3,\cdots,n)\tag{2-14}$$

(3) 闭环系统的传递函数　图 2-7 所示是两个子系统 $H_1(s)$ 和 $H_2(s)$ 组成的闭环系统，该系统的传递函数为

$$H(s)=\frac{Y(s)}{X(s)}\tag{2-15}$$

$$Y(s)=X_1(s)\cdot H_1(s)\tag{2-16}$$

$$X_2(s)=X_1(s)\cdot H_1(s)\cdot H_2(s)\tag{2-17}$$

$$X_1(s)=X(s)+X_2(s)\tag{2-18}$$

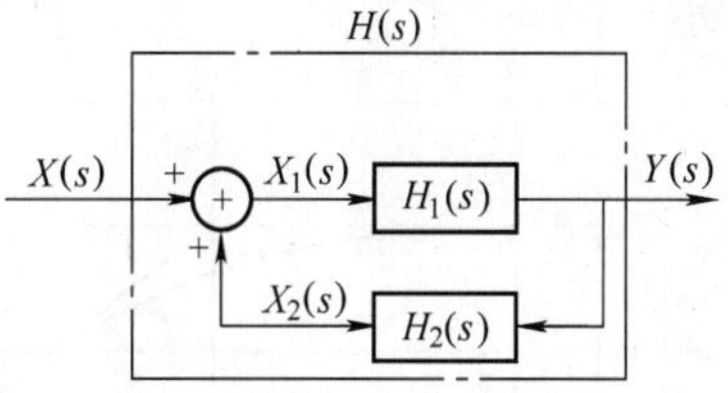

图 2-7　闭环系统

将式(2-16)、式(2-17)、式(2-18)代入式(2-15)并整理得

$$H(s)=\frac{Y(s)}{X(s)}=\frac{H_1(s)}{1-H_1(s)H_2(s)}\tag{2-19}$$

第二节　试验系统的动态响应

研究系统动态特性的目的在于深入了解试验系统的动态响应(即输出)，因为系统的输出才是试验所要得到的结果。

对于任何一个试验系统，若输入(又称激励)不同，则输出(又称响应)亦必然不同。为了便于分析又能全面地了解系统的动态响应，人们常利用正弦、阶跃、脉冲等输入来研究系统的动态响应。

一、频率响应函数

若系统的输入是一个正弦函数(又称定幅简谐函数)，对于线性系统而言，系统的输出一定是同频率、定幅、相位差为 φ 的正弦函数。而且其输出与输入的幅值比相位差正好与对线性系统的微分方程式(2-5)进行傅里叶变换(本书简称傅氏变换)，其输出傅氏变换与输入傅氏变换之比(又称频率响应函数)完全等价，即

$$\frac{y_0}{x_0}e^{j\varphi}=H(j\omega)=\frac{Y(j\omega)}{X(j\omega)}=\frac{b_m(j\omega)^m+b_{m-1}(j\omega)^{m-1}+\cdots+b_1(j\omega)+b_0}{a_n(j\omega)^n+a_{n-1}(j\omega)^{n-1}+\cdots+a_1(j\omega)+a_0}\tag{2-20}$$

式中　x_0、y_0——分别为输入和输出的幅值；

φ——输出与输入的相位差；

$j=\sqrt{-1}$。

式(2-20)是一复函数，任意复数均可写成如下形式，即

$$H(j\omega)=P(\omega)+jQ(\omega)=A(\omega)^{j\varphi(\omega)}=A(\omega)\angle\varphi(\omega)\tag{2-21}$$

式中　$A(\omega)$——复函数 $H(j\omega)$ 的模，其值为

$$A(\omega)=|H(j\omega)|=\sqrt{P^2(\omega)+Q^2(\omega)}\tag{2-22}$$

式中　$\varphi(\omega)$——$H(j\omega)$ 的相角，其值为

$$\varphi(\omega)=\arg H(j\omega)=\arctan\frac{Q(\omega)}{P(\omega)}\tag{2-23}$$

频率响应函数的模 $A(\omega)$ 和相角 $\varphi(\omega)$ 均是频率的函数，在工程上常将其分别称为幅频特性和相频特性。在直角坐标上画出的 $A(\omega)$—ω 和 $\varphi(\omega)$—ω 曲线分别称为幅频特性曲线和相频特性曲线。对于动态系统，为了表达上方便，常将 $A(\omega)$ 和 $\varphi(\omega)$ 画在对数坐标中，从而可得到 $20\lg A(\omega)$—ω 曲线和 $\varphi(\omega)$—ω 曲线，二者统称为博德(Bode)图，如图 2-8 所示。

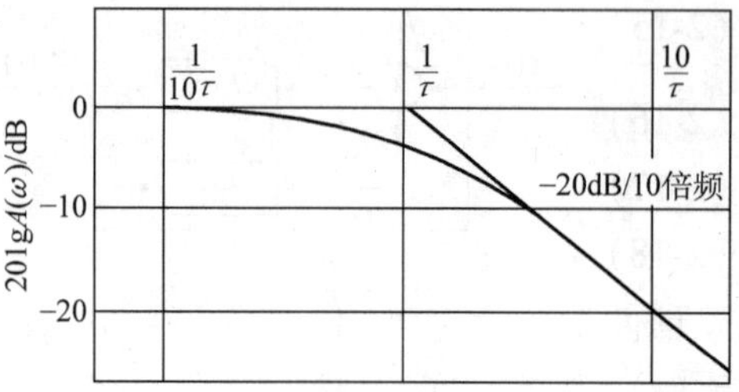

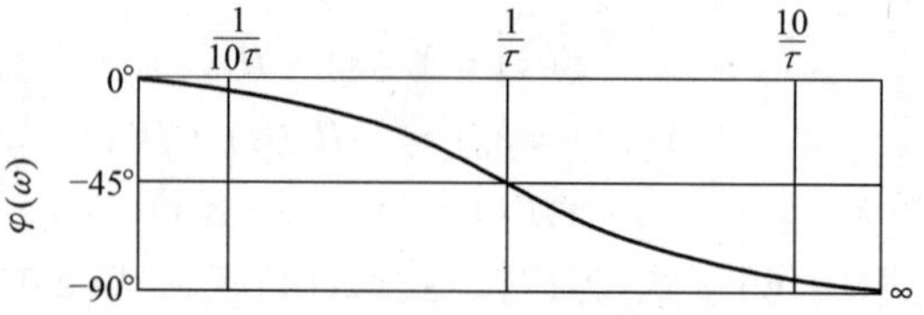

图 2-8　一阶系统的博德图

a) $20\lg A(\omega)$—ω 曲线　b) $\varphi(\omega)$—ω 曲线

系统幅频特性和相频特性的另一种作图法是，将频率响应函数的实部 $P(\omega)$ 和虚部 $Q(\omega)$ 分别作为横坐标和纵坐标，画出它们随 ω 的变化曲线，这时所得图形称为奈奎斯特(Nyquist)图，如图 2-9 所示。图中，自坐标原点到曲线上某一频率点所作的矢量长度便是该频率点的幅值 $|H(j\omega)|$，该矢量与横坐标的夹角便是相角 $\varphi(\omega)$。

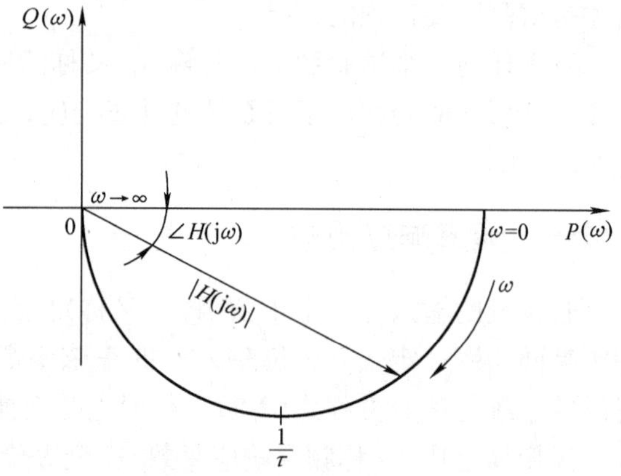

图 2-9　试验系统的奈奎斯特图

1. 一阶系统的频率响应函数

一阶系统的动态数学模型为

$$a_1\frac{dy(t)}{dt}+a_0y(t)=b_0x(t) \quad (2\text{-}24)$$

将等式两边除以 a_0 并令 $K=\frac{b_0}{a_0}$，$\tau=\frac{a_1}{a_0}$得：

$$\tau\frac{dy(t)}{dt}+y(t)=Kx(t) \quad (2\text{-}25)$$

对式(2-25)作傅氏变换得：

$$(j\tau\omega+1)Y(j\omega)=K\cdot X(j\omega)$$

$$H(s)=\frac{K}{j\tau\omega+1}=\frac{K}{1+(\tau\omega)^2}-j\frac{K\tau\omega}{1+(\tau\omega)^2} \quad (2\text{-}26)$$

式中　K——静态灵敏度；

　　　τ——时间常数。

静态灵敏度系数 K 是一个只取决于系统结构且与输入无关的常数，它不影响系统动态特性的变化规律，为了分析更加简洁和方便，常设 $K=1$，这种处理方式称为灵敏度归一处理(在后面的分析中,如无特别说明,则均采用灵敏度归一处理)。如此，一阶系统的频率响应

应函数 $H(s)$ 为

$$H(\mathrm{j}\omega)=\frac{1}{\mathrm{j}\tau\omega+1}=\frac{1}{1+(\tau\omega)^2}-\mathrm{j}\frac{\tau\omega}{1+(\tau\omega)^2} \tag{2-27}$$

一阶系统的幅频特性和相频特性分别为

$$A(\omega)=|H(\mathrm{j}\omega)|=\frac{1}{\sqrt{1+(\tau\omega)^2}} \tag{2-28}$$

$$\varphi(\omega)=-\arctan(\tau\omega) \tag{2-29}$$

图 2-10 所示是一阶系统在正弦输入下，稳态输出的幅频特性和相频特性曲线。当圆频率 ω 增加时，响应的幅值逐渐减少，相位差逐渐增加。此外，系统的响应还与时间常数τ有关，当 $\omega\tau<0.3$ 时，振幅与相位的失真均很小，表明：若系统的时间常数τ越小，在系统失真很小情况下的圆频率可以增大，即工作频率范围越宽；反之，τ越大，系统的工作频率范围越窄。

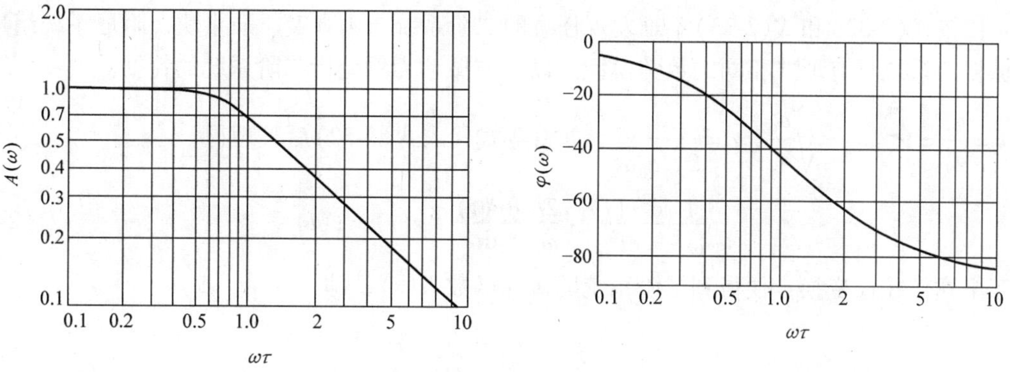

a)　　b)

图 2-10　一阶系统的频率响应

a）幅频特性　b）相频特性

2. 二阶系统的频率响应函数

若式(2-5)中除了 a_2、a_1、a_0 和 b_0 不为零外，其他各系数均为零，则有

$$a_2\frac{\mathrm{d}^2y(t)}{\mathrm{d}t^2}+a_1\frac{\mathrm{d}y(t)}{\mathrm{d}t}+a_0y(t)=b_0x(t) \tag{2-30}$$

这便是二阶系统的微分方程。

图 2-11 所示是二阶系统的实例，由弹簧、质量块、阻尼系统组成的机械振动系统和由电阻 R、电感 L、电容 C 组成的电系统的微分方程为

$$m\frac{\mathrm{d}^2y(t)}{\mathrm{d}t^2}+c\frac{\mathrm{d}y(t)}{\mathrm{d}t}+ky(t)=x(t) \tag{2-31}$$

$$LC\frac{\mathrm{d}^2y(t)}{\mathrm{d}t^2}+CR\frac{\mathrm{d}y(t)}{\mathrm{d}t}+y(t)=x(t) \tag{2-32}$$

式中　m——系统的质量；

c——系统的阻尼系数；

k——系统的刚度；

R、L、C——电阻、电感、电容。

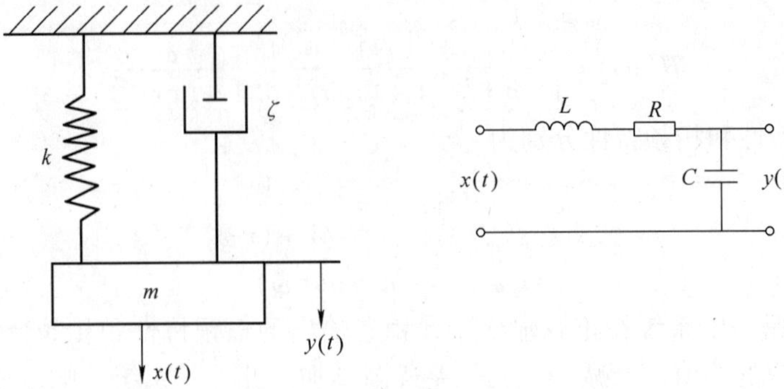

a)　　　　　　　　b)

图 2-11　实际的二阶系统

a）机械振动系统　b）RLC 组成的电系统

比较式(2-32)和式(2-33)不难发现任意的二阶系统与由弹簧、质量块、阻尼系统组成的机械振动系统具有形式相同的数学模型。以机械振动为例分析二阶系统的特征。

令 $k=\dfrac{b_0}{a_0}=1$、$\omega_n=\sqrt{\dfrac{a_0}{a_2}}$、$\zeta=\dfrac{a_1}{2\sqrt{a_0a_2}}$，并将各式代入式(2-32)后整理得

$$\frac{1}{\omega_n^2}\frac{\mathrm{d}^2y(t)}{\mathrm{d}t^2}+\frac{2\zeta}{\omega_n}\frac{\mathrm{d}y(t)}{\mathrm{d}t}+y(t)=x(t) \tag{2-33}$$

对于上式作拉氏变换，便得到二阶系统的传递函数 $H(s)$，即

$$H(s)=\frac{1}{\dfrac{s^2}{\omega_n^2}+\dfrac{2\zeta s}{\omega_n}+1} \tag{2-34}$$

若系统的输入 $x(t)=x_0\mathrm{e}^{\mathrm{j}\omega t}$，则可得到二阶系统的频率响应函数 $H(\mathrm{j}\omega)$。

$$H(\mathrm{j}\omega)=\frac{1}{\left(\dfrac{\mathrm{j}\omega}{\omega_n}\right)^2+\dfrac{2\zeta\mathrm{j}\omega}{\omega_n}+1}=\frac{1}{\left(1-\dfrac{\omega^2}{\omega_n^2}\right)+2\mathrm{j}\zeta\dfrac{\omega}{\omega_n}} \tag{2-35}$$

式中　ω_n——系统的固有频率，$\omega_n=\sqrt{\dfrac{a_0}{a_2}}$；

ζ——系统阻尼比，或称相对阻尼系数，$\zeta=\dfrac{a_1}{2\sqrt{a_0a_2}}$；

ω——系统振动的圆频率。

由式(2-35)可得到二阶系统的幅频特性和相频特性，即

$$A(\omega)=|H(\mathrm{j}\omega)|=\frac{1}{\sqrt{\left[1-\left(\dfrac{\omega}{\omega_n}\right)^2\right]^2+4\zeta^2\left(\dfrac{\omega}{\omega_n}\right)^2}} \tag{2-36}$$

$$\varphi(\omega)=-\arctan\frac{2\zeta\dfrac{\omega}{\omega_n}}{1-\left(\dfrac{\omega}{\omega_n}\right)^2} \tag{2-37}$$

图 2-12 和图 2-13 分别是二阶系统的幅频特性、相频特性和二阶系统的博德图。从图中可以看出：

当 $\zeta=0$ 时，在 $\frac{\omega}{\omega_n}=1$ 附近，输出的幅值显著增加，即当输入的频率与试验系统的固有频率相等时，系统将产生共振。此时，输出与输入的相位差 $\varphi(\omega)$ 由 0°突然变为180°。为了避免此现象的发生，最有效的方法是增加 ζ；随着 ζ 的增加，在 $\frac{\omega}{\omega_n}=1$ 附近，输出的幅值会逐渐减少，但当 ζ 仍较小时，输出的幅值仍会很大，即 $A(\omega)>1$；当 ζ 足够大，即 $\zeta\geqslant1$ 时，输出的幅值 $A(\omega)<1$，系统不会出现共振现象，但在此情况下，$A(\omega)\approx1$ 的频率范围较小；只有在 $\zeta=0.6\sim0.8$ 的范围内，$A(\omega)=1$ 的频率范围最宽，且 $\varphi(\omega)$ 与 $\frac{\omega}{\omega_n}$ 近似为线性关系，

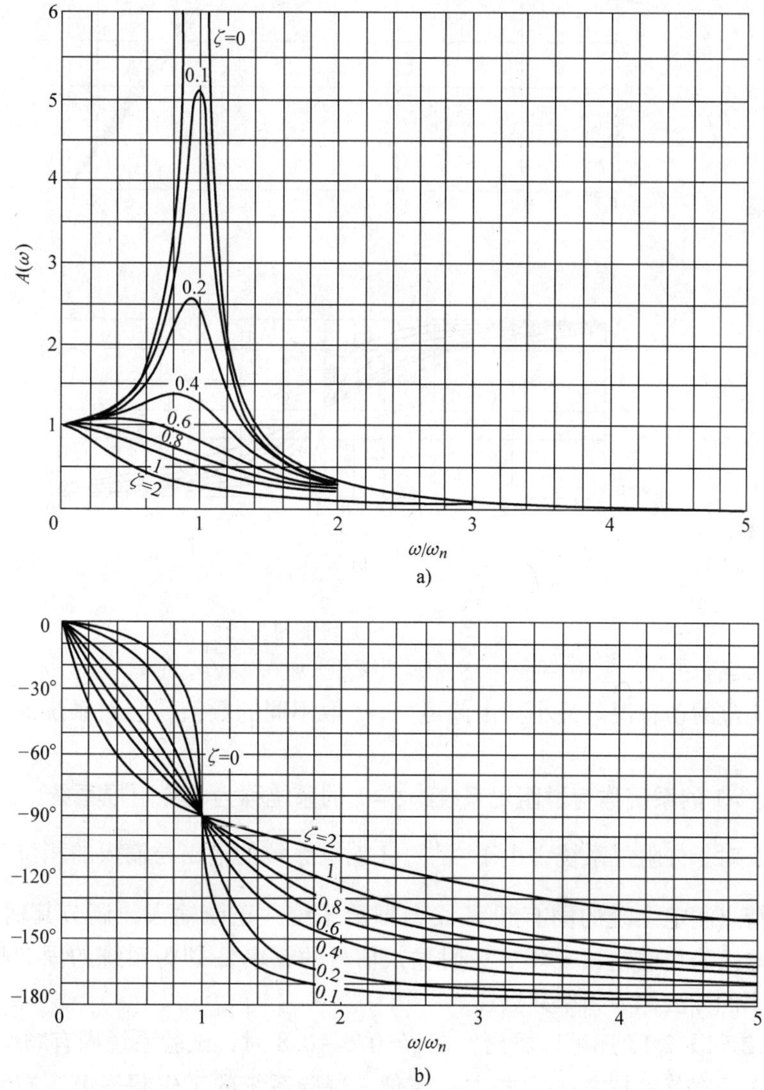

图 2-12　二阶系统的幅频和相频特性

a）幅频特性　b）相频特性

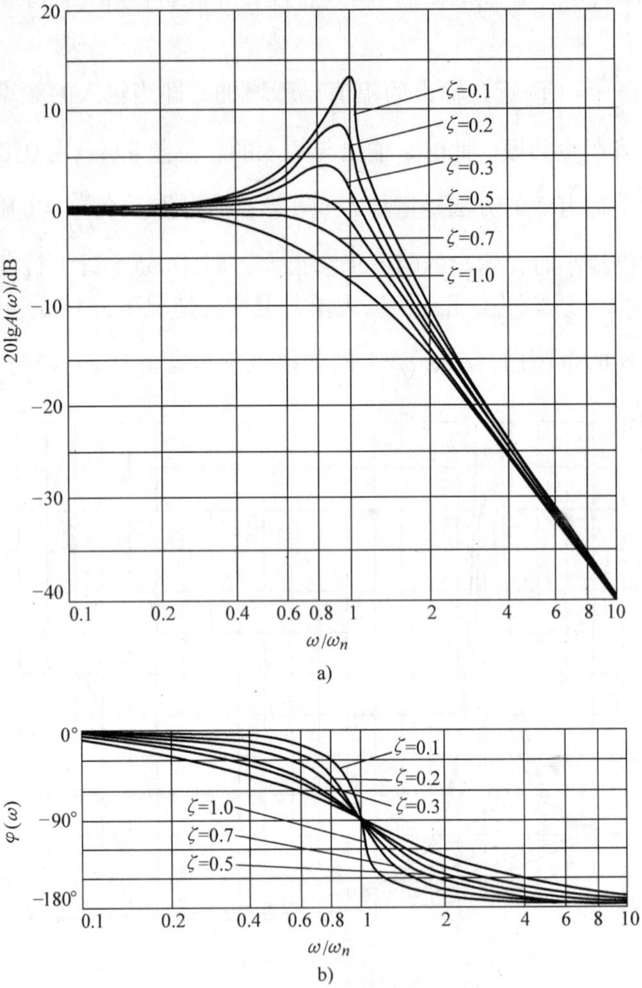

图 2-13　二阶系统的博德图

a）$20\lg A(\omega)$　ω/ω_n 曲线　b）$\varphi(\omega)$　ω/ω_n 曲线

即系统稳态响应的动态误差最小。由此可见，ζ 取不同的数值，会对系统的动态响应带来极大的影响。

阻尼比 $\zeta>1$ 的系统称为过阻尼系统；$\zeta=1$ 的系统称为临界阻尼系统；$\zeta<1$ 的系统称为欠阻尼系统。对于欠阻尼系统，由于当 $\frac{\omega}{\omega_n}=1$ 时，系统的输出与输入的相位差 $\varphi=90°$，因此可利用这一特点测定系统的固有频率 ω_n，即给系统一正弦输入，调节其输入信号的频率，直到输出与输入的相位差 $\varphi=90°$，此时输入信号的频率 ω 即为系统的固有频率。这种测试系统固有频率的方法称为频率共振法。

由图 2-12 和图 2-13 还可以看出，在 $\zeta=0.6\sim0.8$ 时，试验系统固有频率 ω_n 越高，动态误差小的工作频率范围越宽；反之，ω_n 越低，试验系统的工作频率范围越窄。由允许幅值误差所决定的试验系统的工作频率范围称为系统的通频带宽。要提高试验系统的通频带宽，应提高系统的固有频率 ω_n。

对于高阶系统可用上述同样的方法对其进行分析。

二、试验系统的阶跃响应

当给试验系统一阶跃输入时，其系统的输出称为阶跃响应。如对系统进行的突然加载或卸载均属阶跃输入。阶跃输入信号是一种常见的基本信号，其输入方式既简便易行，又能充分揭示系统的动态特性。

阶跃输入信号的函数表达式为

$$x(t)=\begin{cases}A & t>0\\0 & t\leqslant 0\end{cases} \tag{2-38}$$

式中　A——阶跃幅值，当 $A=1$ 时称为单位阶跃，工程测试中，所谈到的阶跃响应，均是指在单位阶跃输入下的系统响应。

1. 一阶系统的阶跃响应

对一阶系统的微分方程式(2-24)进行拉氏变换，并将单位阶跃函数 $x(t)$ 的拉氏变换后所得式 $X(s)=\frac{1}{s}$代入其中整理得

$$Y(s)=\frac{1}{(\tau s+1)s} \tag{2-39}$$

对上式进行拉氏逆变换得一阶系统的阶跃响应函数

$$y(t)=1-\mathrm{e}^{-\frac{t}{\tau}} \tag{2-40}$$

在灵敏度归一化($K=1$)的情况下，常将系统的输出 $y(t)$ 与输入 $x(t)$ 之差定义为系统的动态误差，用 $e(t)$ 表示，即

$$e(t)=y(t)-x(t)=1-\mathrm{e}^{-\frac{t}{\tau}}-1$$

$$e(t)=-\mathrm{e}^{-\frac{t}{\tau}} \tag{2-41}$$

图 2-14 所示是一阶系统的阶跃响应曲线和动态误差曲线。一阶系统阶跃响应曲线的重要特点是：①在 $t=0$ 点的切线斜率$\left.\frac{\mathrm{d}y(t)}{\mathrm{d}t}\right|_{t=0}=\frac{1}{\tau}$，据此，在系统参数未知的情况下，由一

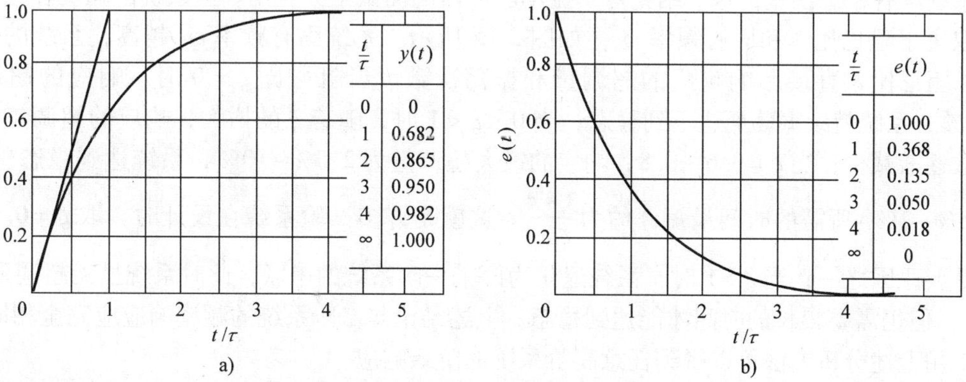

图 2-14　一阶系统的阶跃响应和动态误差曲线

a）阶跃响应曲线　b）动态误差曲线

阶系统阶跃响应的试验曲线可确定其时间常数τ；②$t=4\tau$时，$y(t)=0.982$，此时系统输出值与系统稳态响应值之差不足2%。因此，工程上常将$t=0\sim4\tau$时间段系统的输出称为瞬态，$t>4\tau$时，认为系统已进入稳态。显然，时间常数τ越小，系统进入稳态所需的时间就越短；反之，系统进入稳态的时间就越长。一般来说，一阶系统的时间常数τ越小越好。

2. 二阶系统的阶跃响应

将前述单位阶跃函数的拉氏变换$X(s)=\frac{1}{s}$代入二阶系统的传递函数式(2-34)并整理得

$$Y(s)=\frac{1}{s\left(\frac{s^2}{\omega_n{}^2}+\frac{2\zeta s}{\omega_n}+1\right)} \tag{2-42}$$

对上式进行拉氏逆变换得

$$y(t)=\begin{cases}1-\frac{e^{-\zeta\omega_n t}}{\sqrt{1-\zeta^2}}\sin(\sqrt{1-\zeta^2}\omega_n t+\varphi) & (\zeta<1)\\ 1-(1+\omega_n t)e^{-\omega_n t} & (\zeta=1)\\ 1-\frac{\zeta+\sqrt{\zeta^2-1}}{2\sqrt{\zeta^2-1}}e^{-(\zeta-\sqrt{\zeta^2-1})\omega_n t}+\frac{\zeta-\sqrt{\zeta^2-1}}{2\sqrt{\zeta^2-1}}e^{-(\zeta+\sqrt{\zeta^2-1})\omega_n t} & (\zeta>1)\end{cases} \tag{2-43}$$

式中　φ——相位差，$\varphi=\arctan\frac{\sqrt{1-\zeta^2}}{\zeta}$。

试验系统的动态误差$e(t)$为

$$e(t)=y(t)-x(t)$$

$$=\begin{cases}-\frac{e^{-\zeta\omega_n t}}{\sqrt{1-\zeta^2}}\sin(\sqrt{1-\zeta^2}\omega_n t+\varphi) & (\zeta<1)\\ -(1+\omega_n t)e^{-\omega_n t} & (\zeta=1)\\ -\frac{\zeta+\sqrt{\zeta^2-1}}{2\sqrt{\zeta^2-1}}e^{-(\zeta-\sqrt{\zeta^2-1})\omega_n t}+\frac{\zeta-\sqrt{\zeta^2-1}}{2\sqrt{\zeta^2-1}}e^{-(\zeta+\sqrt{\zeta^2-1})\omega_n t} & (\zeta>1)\end{cases} \tag{2-44}$$

由式(2-43)和式(2-44)知，当试验系统的响应时间$t\to\infty$时，动态误差$e(t)=0$，即试验系统没有稳态误差，这一结论对于振动和噪声的测试十分有用。但系统的响应在很大程度上取决于阻尼比ζ和固有频率ω_n，如图2-15所示。系统固有频率ω_n越高，系统的响应越快。阻尼比ζ直接影响响应的超调量和振荡次数。当阻尼比$\zeta=0$时，响应的超调量为100%，系统持续振荡而达不到稳态；当$0<\zeta<1$时，随着ζ的增大，响应的超调量和振荡次数逐渐减少；当$\zeta=0.6\sim0.8$，响应的最大超调量为2.5%～10%，系统达到稳态(动态误差5%～2%)所需的时间最短，约为$\frac{3\sim4}{\zeta\omega_n}$。这就是许多试验系统在设计时，取$\zeta=0.6\sim0.8$的重要原因之一；当$\zeta>1$时，系统退化为两个一阶系统的串联，此时系统虽无超调量(无振荡)，但仍需要较长的时间才能达到稳态。上述结论与二阶系统的频率响应应完全相同。

用上述分析方法可以得到任意高阶系统的阶跃响应。

三、试验系统的单位脉冲响应

单位脉冲函数的表达式为

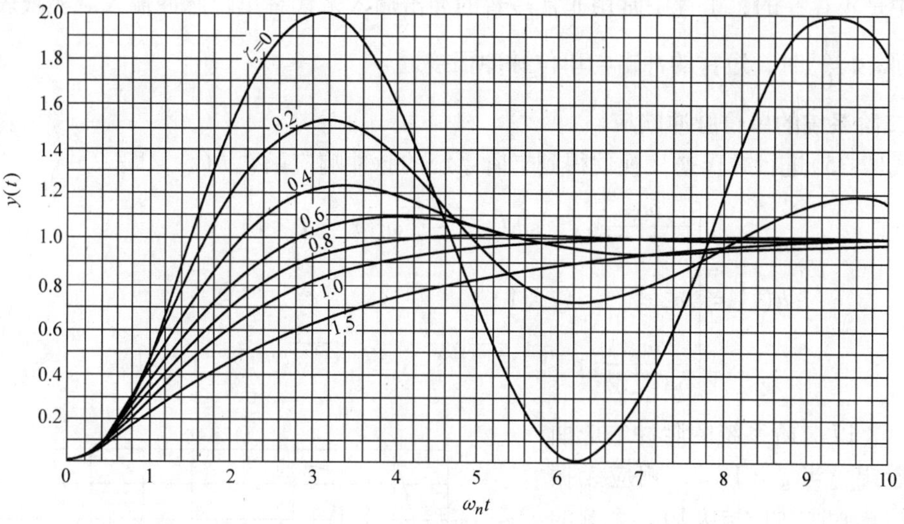

图 2-15　二阶系统的阶跃响应

$$\delta(t)=\begin{cases}\infty & t=0\\ 0 & t\neq 0\end{cases} \tag{2-45}$$

单位脉冲函数的傅氏变换 $F[\delta(t)]=1$，拉氏变换 $L[\delta(t)]=1$。因此，当试验系统的输入为 $\delta(t)$ 时，其输出的拉氏变换和傅氏变换分别为

$$Y(s)=H(s)X(s)=H(s) \tag{2-46}$$

$$Y(\mathrm{j}\omega)=H(\mathrm{j}\omega)X(\mathrm{j}\omega)=H(\mathrm{j}\omega) \tag{2-47}$$

系统的输出或称系统的单位脉冲响应为

$$y(t)=L^{-1}[H(s)]=h(t) \tag{2-48}$$

$$y(t)=F^{-1}[H(\mathrm{j}\omega)]=h(t) \tag{2-49}$$

即系统的单位脉冲响应函数 $h(t)$ 与传递函数 $H(s)$ 及频率响应函数互为拉氏变换对和傅氏变换对。

1. 一阶系统的单位脉冲响应

对一阶系统的传递函数 $H(s)=\dfrac{1}{\tau s+1}$ 进行拉氏逆变换得一阶系统的脉冲响应函数，即

$$h(t)=\frac{1}{\tau}\mathrm{e}^{-\frac{t}{\tau}} \tag{2-50}$$

图 2-16 所示是一阶系统的单位脉冲响应曲线，曲线揭示了和前面提到的其他典型输入相同的规律。时间常数 τ 大的系统，其响应达到稳态所需的时间就长；反之，响应达到稳态所需的时间就短。当 $t=0$ 时，一阶系统的单位脉冲响应函数 $h(t)=\dfrac{1}{\tau}$，据此在系统参数未知的情况下，利用实验所测得的单位脉冲响应曲线可求出时间常数 τ。当然，由式(2-45)所给出的单位脉冲函数

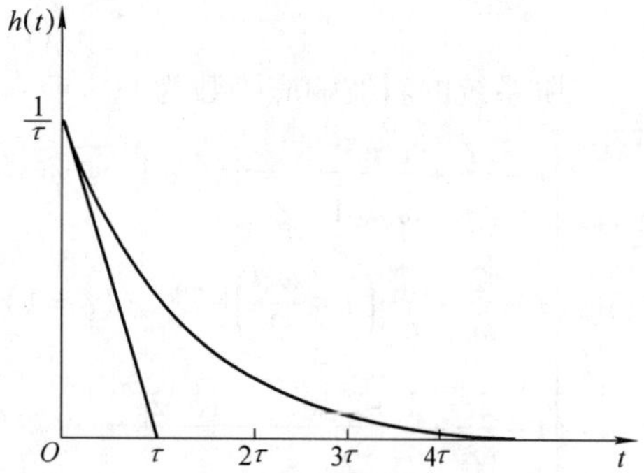

图 2-16　一阶系统单位脉冲响应

在实际中是不存在的，工程中常用非常短暂的冲击输入来代替单位脉冲输入。实践表明，当作用时间 $t<\frac{1}{10\tau}$时，短暂的冲击与单位脉冲很接近。

2. 二阶系统的单位脉冲响应

对式(2-35)进行拉氏逆变换便得到二阶系统的脉冲响应函数 $h(t)$，即

$$h(t)=\begin{cases}\dfrac{\omega_n}{\sqrt{1-\zeta^2}}e^{-\zeta\omega_n t}\sin(\sqrt{1-\zeta^2}\omega_n t) & (\zeta<1)\\ \omega_n^2 te^{-\omega_n t} & (\zeta=1)\\ \dfrac{\omega_n}{\sqrt{1-\zeta^2}}[e^{-(\zeta-\sqrt{\zeta^2-1})\omega_n t}-e^{-(\zeta+\sqrt{\zeta^2-1})\omega_n t}] & (\zeta>1)\end{cases} \tag{2-51}$$

从图 2-17 二阶系统的脉冲响应曲线可以看出，当 $\zeta=1$ 时，响应无振荡；当 ζ 很小时(如 $\zeta=0.1$)，系统的响应需较长的时间才能进入稳态；当 $\zeta=0.65$ 时，响应很快进入稳态。这与前面对其他典型输入信号的响应所显示的规律一致。

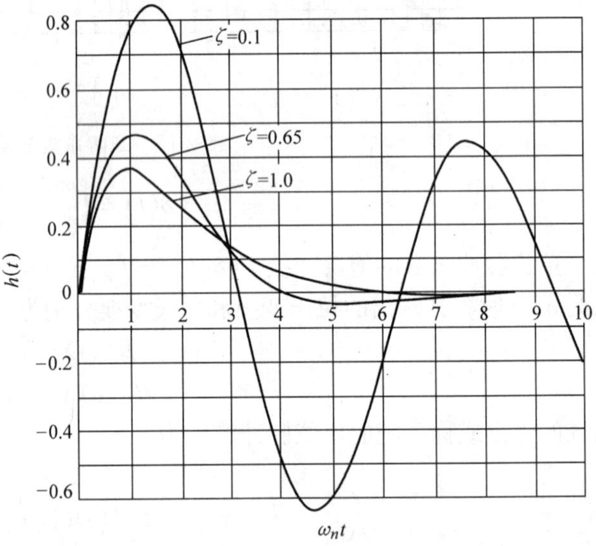

图 2-17　二阶系统的脉冲响应函数

四、试验系统的单位斜坡响应

从前面对频率响应、阶跃响应及单位脉冲响应的分析中，已了解到时间常数τ、阻尼比 ζ 和系统固有频率 ω_n 对系统响应的影响，但若要更加深入地认识动态系统，我们有必要对单位斜坡输入下系统的响应进行分析。

单位斜坡函数事实上是单位阶跃函数的积分。由线性系统的积分性知，单位阶跃响应函数的积分便是单位斜坡响应函数。对式(2-40)和式(2-43)进行积分得到一阶系统和二阶系统斜坡响应函数。

一阶系统的斜坡响应函数为

$$y(t)=t-\tau+\tau e^{-\frac{t}{\tau}} \tag{2-52}$$

二阶系统的斜坡响应函数为

$$y(t)=\begin{cases}t-\dfrac{2\zeta}{\omega_n}+\dfrac{e^{-\zeta\omega_n t}}{\omega_n\sqrt{1-\zeta^2}}\sin(\sqrt{1-\zeta^2}\omega_n t+\varphi) & (\zeta<1)\\ t-\dfrac{2}{\omega_n}+\dfrac{2}{\omega_n}\left(1+\dfrac{\omega_n t}{2}\right)e^{-\omega_n t} & (\zeta=1)\\ t-\dfrac{2\zeta}{\omega_n}+\dfrac{1+2\zeta\sqrt{\zeta^2-1}-2\zeta^2}{2\omega_n\sqrt{\zeta^2-1}}e^{-(\zeta+\sqrt{\zeta^2-1})\omega_n t}-\dfrac{1-2\zeta^2\sqrt{\zeta^2-1}-2\zeta^2}{2\omega_n\sqrt{\zeta^2-1}}e^{-(\zeta-\sqrt{\zeta^2-1})\omega_n t} & (\zeta>1)\end{cases} \tag{2-53}$$

式中 $\varphi=\arctan\dfrac{2\zeta\sqrt{1-\zeta^2}}{2\zeta^2-1}$。

图 2-18 所示是试验系统的斜坡响应曲线。无论是一阶系统还是二阶系统，斜坡响应 $y(t)$ 总是滞后于输入 $x(t)$ 一段时间，即便是系统进入稳态，仍存在动态误差。

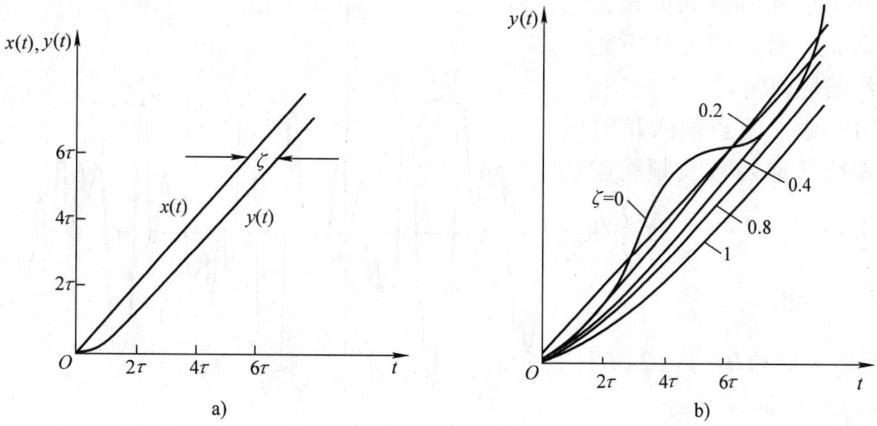

图 2-18 试验系统的斜坡响应曲线

a）一阶系统斜坡响应 b）二阶系统斜坡响应

从式(2-52)和式(2-53)中可以看出，一阶和二阶系统的斜坡响应函数中均有三项，其中：第一项等于输入 $x(t)$，显然第二项和第三项便是试验系统的动态误差。第三项中包含有与时间 t 有关的 e^{-kt} 因子，当 $t\to\infty$ 时，此项趋向于零，即该项是系统的瞬态误差，用 $e_s(t)$ 表示；第二项仅与系统的特性参数 τ、ω_n 及 ζ 有关，而与时间 t 无关，即系统进入稳态后它仍然存在，故将其称为稳态误差，用 $e_w(t)$ 表示。因此，式(2-52)和式(2-53)便可改写为如下形式

$$y(t)=t+e_w(t)+e_s(t) \tag{2-54}$$

式中的稳态误差 $e_w(t)$ 和瞬态误差 $e_s(t)$ 分别为

一阶系统
$$e_w(t)=-\tau$$
$$e_s(t)=\tau e^{-\frac{t}{\tau}}$$

二阶系统
$$e_w(t)=-\frac{2\zeta}{\omega_n}$$

$$e_s(t)=\begin{cases}\dfrac{e^{-\zeta\omega_n t}}{\omega_n\sqrt{1-\zeta^2}}\sin(\sqrt{1-\zeta^2}\,\omega_n t+\varphi) & (\zeta<1)\\[2ex] \dfrac{2}{\omega_n}\left(1+\dfrac{\omega_n t}{2}\right)e^{-\omega_n t} & (\zeta=1)\\[2ex] \dfrac{(1+2\zeta\sqrt{\zeta^2-1}-2\zeta^2)e^{-(\zeta+\sqrt{\zeta^2-1})\omega_n t}-(1-2\zeta\sqrt{\zeta^2-1}-2\zeta^2)e^{-(\zeta-\sqrt{\zeta^2-1})\omega_n t}}{2\omega_n\sqrt{\zeta^2-1}} & (\zeta>1)\end{cases}$$

式中 φ——相位差，$\varphi=\arctan\dfrac{2\zeta\sqrt{1-\zeta^2}}{2\zeta^2-1}$。

五、试验系统在任意输入下的响应

对几种典型输入下系统响应的分析，使我们对动态试验系统有了一个深入的了解。但在工程实际中，系统的输入很少是上述典型函数，实际输入大多是随机的。为此，必须研究任意输入下的系统响应问题。

图 2-19 是一任意输入信号 $x(t)$，由系统传递函数及频率响应函数的定义式 $H(s)=\dfrac{Y(s)}{X(s)}$和$H(j\omega)=\dfrac{Y(j\omega)}{X(j\omega)}$得

$$Y(s)=X(s)H(s) \tag{2-55}$$

$$Y(j\omega)=X(j\omega)H(j\omega) \tag{2-56}$$

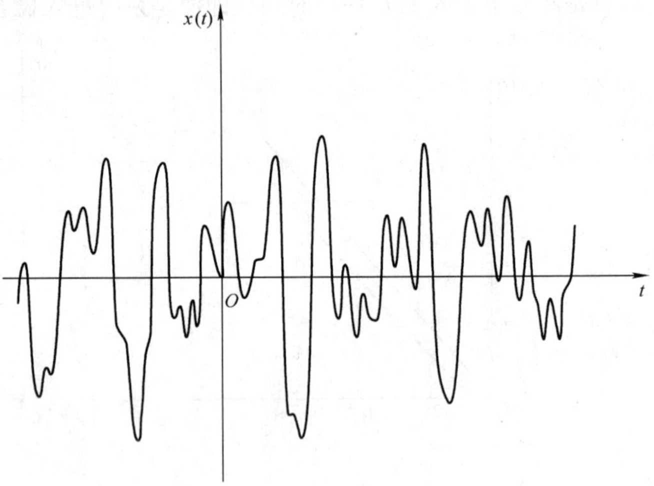

图 2-19　任意输入

若能获得传递函数 $H(s)$ 或频率响应函数 $H(j\omega)$，便可利用式(2-55)及式(2-56)求得系统的输入。在工程测试中，用得较多的是频率响应函数，下面就以频率响应函数为例，介绍任意输入下系统输出的计算方法。

$$X(j\omega)=\int_{-\infty}^{+\infty}x(t)e^{-j\omega t}dt \tag{2-57}$$

将式(2-57)代入式(2-56)得

$$Y(j\omega)=\int_{-\infty}^{+\infty}x(\tau)H(j\omega)e^{-j\omega\tau}d\tau \tag{2-58}$$

对 $Y(j\omega)$ 做傅氏逆变换得到任意输入下的系统响应

$$\begin{aligned} y(t)&=\frac{1}{2\pi}\int_{-\infty}^{+\infty}y(j\omega)e^{j\omega t}d\omega \\ &=\frac{1}{2\pi}\int_{-\infty}^{+\infty}\int_{-\infty}^{+\infty}x(\tau)H(j\omega)e^{j\omega\tau}e^{-j\omega t}d\tau\, d\omega \\ &=\frac{1}{2\pi}\int_{-\infty}^{+\infty}\int_{-\infty}^{+\infty}x(\tau)H(j\omega)e^{j\omega(\tau-t)}d\tau\, d\omega \end{aligned} \tag{2-59}$$

第三节　试验系统动态特性的试验测定

从前面几节的学习中我们了解到，欲对一个实际的试验系统有一个全面而深入的了解，需要知道系统的动态特性。那么如何获取由被测汽车和试验仪器组成的实际试验系统，以及试验系统中各个不同环节(如汽车本体、测试仪器)的动态特性呢？这便是本节将要重点讨论的问题。

获取试验系统动态特性的办法有很多种，在此着重介绍频率响应法和脉冲响应法。

一、频率响应法

由线性系统的频率保持特性可知，若系统的输入是一常幅简谐波，则系统的输出一定是一个同频率、定幅、相位差为 φ 的简谐波。设系统的输入为

$$x(t)=x_0 e^{j\omega t} \tag{2-60}$$

则系统的输出为

$$y(t)=y_0 e^{j(\omega t-\varphi)} \tag{2-61}$$

系统的频率响应函数 $H(j\omega)$ 为

$$H(j\omega)=\frac{y_0}{x_0}e^{-j\omega} \tag{2-62}$$

由式(2-62)可知，若给系统一系列不同频率单位幅值的简谐波输入，即

$$\begin{gathered} x_1(t)=e^{j\omega_1 t} \\ x_2(t)=e^{j\omega_2 t} \\ \vdots \\ x_n(t)=e^{j\omega_n t} \end{gathered}$$

测出系统与之对应的输出为

$$\begin{gathered} y_1(t)=y_{01}e^{j(\omega_1 t-\varphi_1)} \\ y_2(t)=y_{02}e^{j(\omega_2 t-\varphi_2)} \\ \vdots \\ y_n(t)=y_{0n}e^{j(\omega_n t-\varphi_n)} \end{gathered}$$

在坐标纸上分别绘出输出的幅值 y_n—ω 曲线和 φ—ω 曲线，即系统的幅频特性曲线和相频特性曲线。然后再利用本章第七节中将要介绍的一元非线性回归分析，便可得到测试系统的幅频特性 $A(\omega)$ 和相频特性 $\varphi(\omega)$，系统的频率响应函数 $H(j\omega)$ 为

$$H(j\omega)=A(\omega)e^{-j\varphi(\omega)} \tag{2-63}$$

频率响应法求试验系统动态特性的缺点是：麻烦、费时。因为要想得到频率响应函数 $H(j\omega)$，需对系统进行一系列不同频率的谐波输入，待系统稳定后，测出与之对应的一系列输出。这种方法虽然可行，但并不常用。

二、脉冲响应法

由前面的分析知，脉冲响应函数 $h(t)$ 与频率响应函数 $H(j\omega)$ 正好是一傅氏变换对，即

$$H(j\omega)=\int_{-\infty}^{+\infty}h(t)e^{-j\omega t}dt \tag{2-64}$$

$$h(t)=\frac{1}{2\pi}\int_{-\infty}^{+\infty}H(j\omega)e^{j\omega t}d\omega \tag{2-65}$$

由此可见，若给测试系统一单位脉冲 $\delta(t)$ 输入，记录下系统的输出 $h(t)$，然后对 $h(t)$ 进行傅氏逆变换，便可得到系统的频率响应函数 $H(j\omega)$。目前各类谱分析设备基本上都具有此分析功能。比较频率响应法和脉冲响应法不难发现，脉冲响应法比频率响应法更简单易行。但需指出的是，在工程实际中，标准的单位脉冲是不存在的。但若给系统一作用时间小于 $1/(10\tau)$ 的冲击输入，即可近似地认为是单位脉冲输入。

第四节　试验系统的负载效应

汽车试验用仪器系统通常由传感器、放大器、信号调制解调器、滤波器及信号处理设备等组成。所谓试验系统中的负载是相对前一级设备而言的，即后一级的设备是前一级设备的负载。如放大器是传感器的负载，信号处理设备是滤波器的负载，等等。在汽车测试过程中，人们都希望被测物理量经传感器测得并转换成的电信号，经过一系列中间设备(如放大器、调制解调器等)的处理后，信号的大小与特征仍能和原被测量保持一致。但事实往往并非如此，信号在多级设备的交换中，不可避免地会发生一些变化，这种现象称为试验系统的负载效应。

负载效应这一名词来自于电路系统，其本意是电路的后级与前级相连时，由于后级阻抗的影响而引起系统阻抗变化的一种效应。

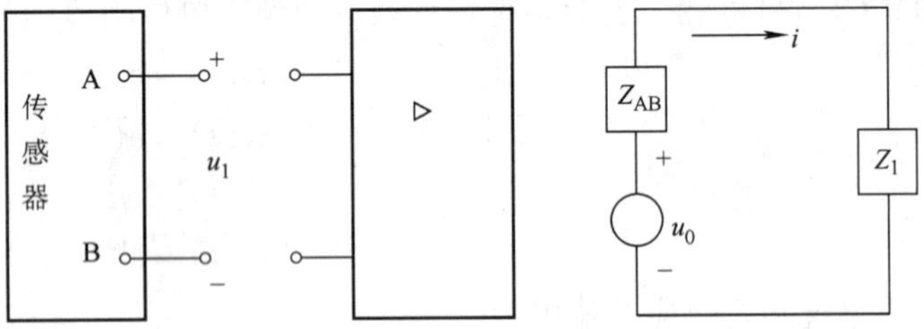

a)　　　　b)

图 2-20　负载效应的示意图

a) 实际系统　b) 等效电路

图 2-20 是一电压输入型的传感器与放大器相连的示意图，在传感器的输出端子 A、B 与放大器相连之前，设传感器的输出电压为 u。若端子 A、B 之间的阻抗为 Z_{AB}，放大器的阻抗为 Z_1，若将传感器和放大器连成一个回路，根据戴维南定理，可将其简化成图 2-20b 所示的等效电路。此时放大器的输入电压 u_1 为

$$u_1 = Z_1 i = u_0 \frac{Z_1}{Z_{AB} + Z_1} = u_0 \frac{1}{1 + \dfrac{Z_{AB}}{Z_1}} \tag{2-66}$$

显然，$u_1 \neq u_0$，其原因是阻抗 Z_1 的存在。欲使 u_1 接近 u_0，则应使 $Z_1 \gg Z_{AB}$。即负载的输入阻抗必须远大于前级系统的输出阻抗。将式(2-66)推广到包括非电系统在内的所有系统则有

$$y_g(t) = \frac{Z_i}{Z_i + Z_0} x_g(t) = \frac{1}{1 + \dfrac{Z_0}{Z_i}} x_g(t) \tag{2-67}$$

式中　$y_g(t)$——广义变量的输出；

$x_g(t)$——广义变量的输入；

Z_i——广义输入阻抗；

Z_o——广义输出阻抗(或称负载阻抗)。

任何一个试验系统，至少应由被测对象与测试装置所组成，如图 2-21 所示，$H_1(s)$ 和 $H_2(s)$ 分别是被测对象和测试装置的传递函数。$x(t)$ 为被测量，被测对象的输出量 $z(t) = L^{-1}[H_1(s)X(s)]$，测试系统的输出 $y(t) = L^{-1}[H_2(s)Z(s)]$。在 $y(t)$ 与 $z(t)$ 之间，由于传感器、信号调理及数据处理等中间环节的影响及系统前、后环节间的能量交换，试验系统的输

出 $y(t)$ 很可能不等于被测量，甚至也不等于被测对象的输出量 $z(t)$。在前面对串联，并联系统传递函数的分析中，均没有考虑前、后环节间的能量交换因素。而对于实际的测试系统，除光、波等非接触式传感器之外，任何系统的互联均会产生能量交换，因此对于图 2-21 所示的串联系统，其传递函数 $H_1(s)$ 和 $H_1(s)$ 乘积只要不等于 1，测试系统的输出就不可能与被测量完全相等，其结果必然会影响到测试精度，这种对测试精度的影响称为测试系统的**负载效应**。图 2-22 所示是汽车试验中的一个最典型的例子，尽管加速传感器、非接触式五轮仪及数据记录设备的质量 m_1、m_2 和 m_3 与汽车的总质量 m 相比是一个较小的量，但 m_1、m_2 和 m_3 的存在不可避免的会改变汽车的动态特性，即被测对象（汽车）自身的传递函数发生了变化，已不再是原来的 $H_1(s)$，而变成了包含 m_1、m_2、m_3、k_1、k_2、k_3、ζ_1、ζ_2、ζ_3 在内的新的传递函数 $H'_1(s)$。由于 $H'_1(s) \neq H_1(s)$，所以必然会带来测试误差，即负载效应。

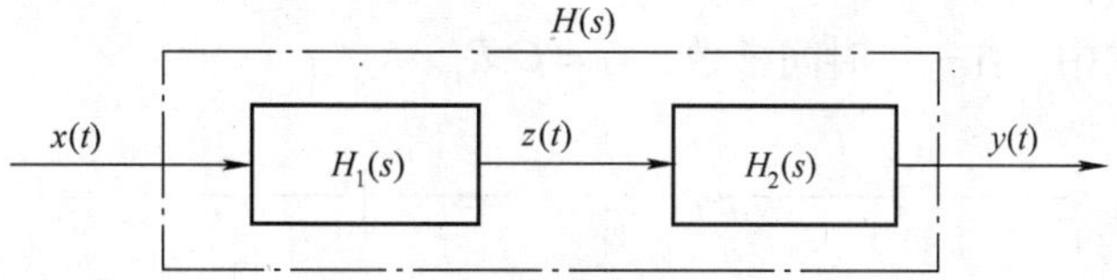

图 2-21　被测对象与测试装置组成的系统

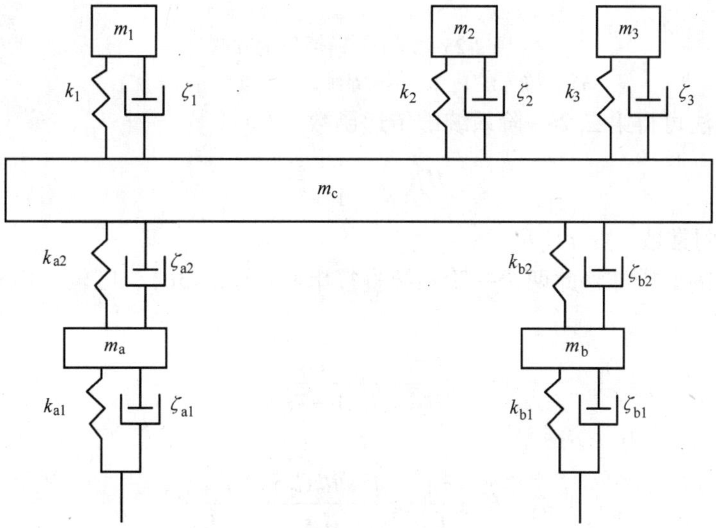

图 2-22　简化的汽车振动模型

汽车总质量 $m = m_a + m_b + m_c$；m_a、m_b、m_c 分别为汽车前桥、后桥的质量和簧载质量；m_1、m_2、m_3 分别为加速度传感器、五轮仪和数据记录设备的质量；k_1、k_2、k_3 分别为 m_1、m_2、m_3 安装部位的刚度；ζ_1、ζ_2、ζ_3 分别为 m_1、m_2、m_3 安装部位的阻尼比；k_{a1}、k_{b1} 分别为前后轮的刚度；ζ_{a1}、ζ_{b1} 分别为前后车轮的阻尼比；k_{a2}、k_{b2} 分别为前后悬架的刚度；ζ_{a2}、ζ_{b2} 分别为前后悬架的阻尼比。

一、一阶系统的互联

图 2-23a、b 是不同的一阶系统，第一个一阶系统的微分方程为

$$\mathrm{d}x = i_1 R_1 + u_z \tag{2-68}$$

$$i = C_1 \frac{\mathrm{d}u_z}{\mathrm{d}t} \tag{2-69}$$

将式(2-69)代入式(2-68)并整理得

$$C_1 R_1 \frac{\mathrm{d}u_z}{\mathrm{d}t} + u_z = u_x \tag{2-70}$$

对上式进行拉氏变化，得第一个一阶系统的传递函数

$$H_1(s) = \frac{1}{1 + \tau_1 s} \tag{2-71}$$

式中　τ_1——时间常数，$\tau_1 = C_1 R_1$。

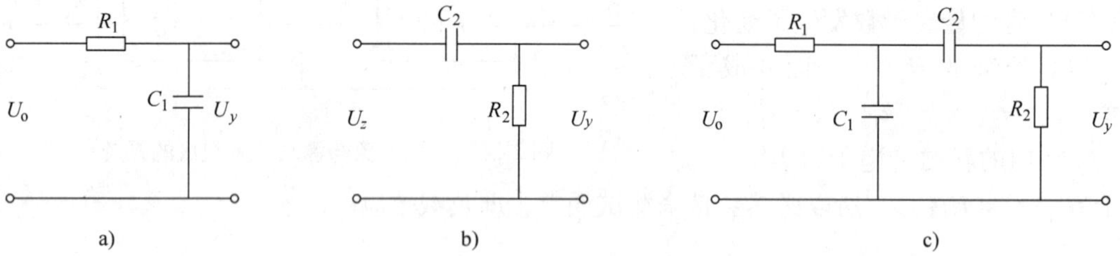

图 2-23　两个一阶系统的互联

a）一阶系统 1　b）一阶系统 2　c）互联一阶系统

用同样的办法可得第二个一阶系统的传递函数

$$H_2(s) = \frac{\tau_2 s}{1 + \tau_2 s} \tag{2-72}$$

式中　τ_2——时间常数，$\tau_2 = C_2 R_2$。

若不加任何隔离措施将此两个一阶系统直接串联(图 2-23c)，则输出电压与连接点的电压比为

$$\frac{U_y(s)}{U_z(s)} = \frac{\tau_2 s}{1 + \tau_2 s} \tag{2-73}$$

连接点右侧的阻抗 Z_2 为

$$Z_2 = R_2 + \frac{1}{C_2 s} = \frac{1 + R_2 C_2 S}{C_2 s} = \frac{1 + \tau_2 s}{C_2 s} \tag{2-74}$$

令 Z 为 R_1 右边电路的阻抗，其值为

$$Z = \frac{\frac{1}{C_1 s} Z_2}{\frac{1}{C_1 s} + Z_2} = \frac{\frac{1}{C_1 s} \cdot \frac{1 + \tau_2 s}{C_2 s}}{\frac{1}{C_1 s} + \frac{1 + \tau_2 s}{C_2 s}} = \frac{1 + \tau_2 s}{(C_1 + C_2) s + \tau_2 C_1 s^2} \tag{2-75}$$

$$\frac{U_z(s)}{U_x(s)} = \frac{Z}{R_1 + Z} = \frac{1 + \tau_2 s}{R_1 (C_1 + C_2) s + \tau_2 R_1 C_1 s^2 + 1 + \tau_2 s}$$

$$= \frac{1 + \tau_2 s}{1 + (\tau_1 + \tau_2 + R_1 C_2) s + \tau_1 \tau_2 s^2} \tag{2-76}$$

显然两个一阶系统连接后的传递函数应为

$$H(s) = \frac{U_y(s)}{U_x(s)} = \frac{U_y(s)}{U_z(s)} \cdot \frac{U_z(s)}{U_x(s)} = \frac{\tau_2 s}{1 + (\tau_1 + \tau_2 + R_1 C_2) s + \tau_1 \tau_2 s^2} \tag{2-77}$$

而
$$H_1(s)\cdot H_2(s)=\frac{1}{1+\tau_1 s}\cdot\frac{\tau_2 s}{1+\tau_2 s}=\frac{\tau_2 s}{1+(\tau_1+\tau_2)s+\tau_1\tau_2 s} \tag{2-78}$$

由式(2-77)和式(2-78)可以看出，$H(s)\neq H_1(s)\cdot H_2(s)$。其原因是：在两个串联的一阶系统之间有能量交换所带来的负载效应，欲避免此负载效应，最简单的办法是隔离，即在两级之间插入跟随器。跟随器的输入阻抗很大，基本上不从第一级取电流，此外跟随器的输入内阻极小，不因后端的负载而改变其输出电压。

二、二阶系统的互联

若将图 2-22 所示测量汽车振动的试验系统简化模型做进一步地简化，便可得到图 2-24 所示的由两个最简单的二阶系统串联的振动模型。

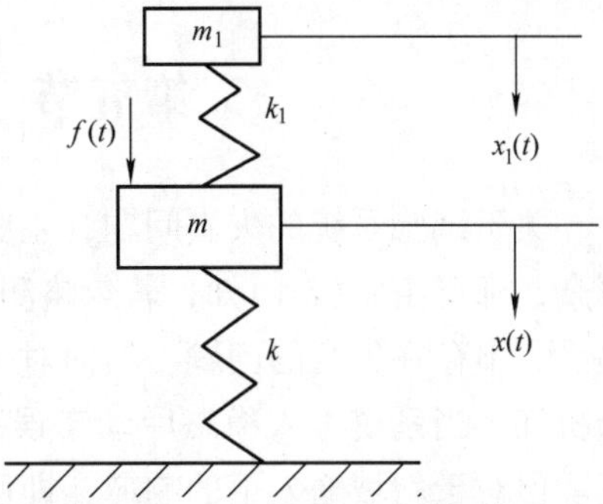

图 2-24 简化的汽车振动测量系统

根据牛顿第二定律可列出该振动测试系统的微分方程
$$\begin{cases} mx''+kx'+k_1(x-x_1)=f(t) \\ m_1x_1''+k_1(x_1-x)=0 \end{cases} \tag{2-79}$$
对上式进行傅氏变换并整理得
$$\begin{cases} [-m\omega^2+(k+k_1)]X(\mathrm{j}\omega)-k_1X_1(\mathrm{j}\omega)=F(\mathrm{j}\omega) \\ -k_1X(\mathrm{j}\omega)+[-m_1\omega^2+k_1]X_1(\mathrm{j}\omega)=0 \end{cases} \tag{2-80}$$
解上述方程组得
$$X(\mathrm{j}\omega)=\frac{F(\mathrm{j}\omega)[-m_1\omega^2+k_1]}{B} \tag{2-81}$$
$$X_1(\mathrm{j}\omega)=\frac{F(\mathrm{j}\omega)k_1}{B} \tag{2-82}$$
式中
$$B=\begin{vmatrix} -m\omega^2+(k+k_1) & -k_1 \\ -k_1 & -m\omega^2+k_1 \end{vmatrix}$$
$$=m_1m_2\omega^4-(m_1+m_1k+m_1k_1)\omega^2+kk_1 \tag{2-83}$$
令 $B=0$，并将等式两边同时除以 mm_1 得
$$\omega^4-\left(\omega_n^2+\omega_{n1}^2+\frac{k}{m}\right)\omega^2+\omega_n^2\omega_{n1}^2=0 \tag{2-84}$$
式中 ω_n——k、m 系统的固有频率，$\omega_n=\sqrt{\dfrac{k}{m}}$；

ω_{n1}——k_1、m_1 系统的固有频率，$\omega_{n1}=\sqrt{\dfrac{k_1}{m_1}}$。

解方程式(2-84)可得两个二阶系统直接串联所组成的大系统的固有频率 ω。若将 k、m 和 k_1、m_1 两个系统隔离后串联，则式(2-81)和式(2-82)中的分母(为了便于与未隔离的系统区别,在此用 B'表示)为
$$B'=mm_1\omega^4-(mk_1+m_1k_2)\omega^2+kk_1$$
令 $B'=0$，并将等式两边同时除以 mm_1 得
$$\omega^4-(\omega_n{}^2+\omega_{n1}{}^2)\omega^2+\omega_n{}^2\omega_{n1}{}^2=0 \tag{2-85}$$

比较式(2-84)和式(2-85)知，直接串联和隔离后串联所组成的系统，其固有频率不相等，因为 ω^2 项前的系数不同。

从式(2-84)中不难看出，若将此二系统互联后，系统的固有频率不再是原两个系统的固有频率，而是向两端偏移，即一阶固有频率比互联后的低频要低，二阶固有频率比互联前的高频要高。其偏移量的大小由参与能量交换的元件参数(m,k_1)决定。这一现象表明，被测对象装上传感器后，系统的动态特性发生了变化。欲提高测量精度，就必须尽可能地减少包括传感器在内的测量系统对系统动态特性的影响。这一点对于汽车试验而言尤为重要。因为进行汽车试验时，整个试验系统都需要置于车上。因此，汽车道路试验仪器的小型化一直是人们追求的一个重要目标。

第五节　试验系统的不失真测量

关于试验系统的失真问题，主要反映在动态试验系统中，关于静态测量，无论系统多么复杂，都可由式(2-1)知，若忽略测试误差和漂移的影响，输入与输出之间存在一一对应的关系，不存在失真的问题。然而对于动态试验系统，由前面对各种典型输入下系统的响应的分析知，当系统进入稳态后动态误差才很小，甚至可以忽略，即可以认为试验结果没有失真。但对于斜坡输入下的响应，即使系统进入稳态，动态误差依然存在，即始终都会存在失真问题。显然，对于任何内容的汽车试验，都是不允许失真存在的。那么如何才能避免失真呢？下面用汽车试验的实例来讨论试验系统的不失真问题。

一、汽车振动和噪声测试

汽车振动和噪声测试按其试验目的的不同，大致可分为如下几类，即①结构的疲劳强度分析；②汽车行驶平顺性分析；③噪声分析；④发动机工作时的爆燃测量。对于前三类测试，为了避免失真，通常是待系统进入稳态(时间 $t\geqslant 3\tau$)后才开始采集试验数据。因为系统达到稳态后，输出和输入的误差非常小，可以忽略。

对于不能等到系统进入稳态后再取输出值的第四类测量，显然只能取输出的瞬态值进行分析，而瞬态值是存在较大动态误差即失真的，对此如何处理呢？欲解决这一问题，我们需对测试量的性质和测试目的进行分析。

1. 测试量的性质

发动机爆燃是一种不正常的燃烧现象，爆燃一旦发生，在燃烧室内就会产生高频率冲击波。爆燃的重要特性在于，发动机缸体的振幅和振动频率均会产生突变。

2. 测试目的

发动机工作时的爆燃测量，其目的是对发动机的燃烧状况(是正常燃烧还是爆燃)给出一个判断，并不需要准确地测量其振动量(振幅和相位)的大小。

通过对测试量的性质及测试目的的分析了解到，若安装在发动机缸体上的爆燃传感器输出振动加速度的幅值和频率突然显著增大，发动机便出现爆燃；反之，发动机处于正常燃烧状态。即发动机爆燃测量的目的是希望知道发动机处于何种燃烧状态(爆燃状态还是正常燃烧状态)，实现“状态判断”。

二、速度、转速和位移的测量

速度 v 和位移 s 的关系是

$$v = \frac{ds}{dt} \tag{2-86}$$

若将线位移 s 换成角位移 θ，式(2-86)就变成了角速度的计算式

$$\omega = \frac{d\theta}{dt} \tag{2-87}$$

若将一旋转的物体沿半径方向剪开并展开，转动便变成为直线运动。由此可见，速度、转速和位移的测量，其实均是对同一量——位移的测量。图 2-25 所示是实现速度、转速和位移的不失真测量的两种典型的传感器。

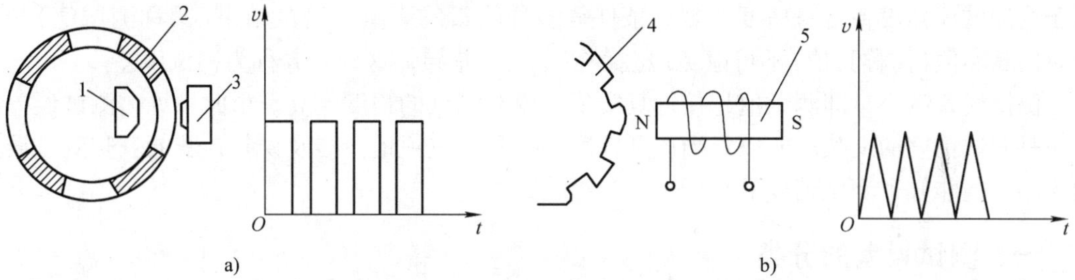

图 2-25　转速传感器

a）霍尔式转速传感器　b）磁阻式转速传感器

1—永磁铁　2、4—信号盘　3—霍尔元件　5—磁阻式传感器

尽管此两种传感器所用的器件不同，但其测量原理都完全相同，即均是将对转速的测量转换为对脉冲数的读取。在进行转速测量时，转速的不同，其脉冲宽度和幅值均会不同，但脉冲数和转速的对应关系却永远不会变化。

将转速、速度和位移的测量转换为脉冲数的读取，是实现转速、速度和位移不失真测量常用的一种有效而简便的方法。

三、发动机节气门位置的测量

发动机节气门位置是一个经常要变化的量，显然是动态测量问题。发动机节气门位置是发动机控制中必须的一个十分重要的量，对其测量是不允许失真的。如何做到这一点呢？其方法是将节气门位置测量的动态问题转换为静态来处理。由静态系统的数学模型知，静态测量不存在失真问题。

那么如何变动态测量为静态测量呢？动态和静态原本没有一个严格的界限，若试验系统的响应频率 ω_c 远大于被测量的变化频率 ω_b，即 $\omega_c \gg \omega_b$，则被测的动态量相对于试验系统而言，就是一个缓变量，即属于静态测试问题。

发动机节气门位置传感器常用的型式主要是：电位器式传感器和光电式传感器。此两种传感器的响应频率均非常高，而节气门位置的变化频率较低，完全满足 $\omega_c \gg \omega_b$ 的测试条件。由此可见，用电位器式或光电式传感器来测量节气门位置的变化，就相当于是将动态测试问题转换成为一个静态测量，显然不会失真。

由上述不难看出，解决动态测量不失真问题没有一个完全统一的方法。由于试验对象、目的和方法的不同，导致解决不失真测量问题的措施亦各不相同。对振动和噪声问题(除系统动态特征测定和分析之外)，避免失真的方法是取稳态值；对速度、转速、位置和位移量的测量，解决失真问题的方法常是将被测量转换为脉冲数再读取；对变化频率不是太高的动态量的测量，常用的方法是采用响应频率很高的传感器对其进行测量，即将动态测量转换为静态测量。由此可见解决动态测试中“失真”问题的常用方法有：①取稳态值；②状态判断；③将被测试转换为脉冲数再读取(简称转换)；④变动态测量为静态测量(简称变换)。

第六节　试验误差分析

要使汽车试验工作能有一个满意的结果，应能够十分准确地测出所有的被测量。然而，由于受测试仪器设备自身精度、测试条件等多种因素的影响，测试结果(又称测试值)与被测量的真实值(简称真值)不可避免地会存在一定的差异，这种差异称为测试误差。

测试误差越小，即测试值越接近真实值，说明测试的精度越高。由此可见，测试误差的大小是测试精度的反映。所以每当谈到精度往往不可避免地会涉及误差；若能获知测试误差的大小，便能知道测试精度的高低。

一、测试误差的分类

- 测试误差
  - 误差性质
    - 随机误差
    - 系统误差
    - 过失误差(粗大误差)
  - 误差表示方法
    - 绝对误差
    - 相对误差
    - 引用误差

1. 绝对误差

测定值与真值之差，称为绝对误差，简称误差，其表达式为

$$\delta_u = l - X \tag{2--88}$$

式中　δ_u——绝对误差；

l——测试值；

X——被测量的真值。

被测量的真值是无法得到的，为此常用测试结果的算术平均值作为被测量真值的估计值 $\hat{X}$，即

$$\hat{X} = \overline{L} = \frac{l_1 + l_2 + \cdots + l_n}{n} = \frac{1}{n} \sum_{i=1}^{n} l_i \tag{2-89}$$

式中　$\hat{X}$——真值的估计值；

$\overline{L}$——测试值的算术平均值；

l_i——同一量第 i 次测试的结果，$i = 1, 2, \cdots, n$。

2. 相对误差

绝对误差与被测量真值之比称为相对误差 δ_c。

$$\delta_c = \frac{\delta_j}{\hat{X}} \times 100\% = \frac{\delta_j}{L} \times 100\% \tag{2-90}$$

3. 引用误差

仪器、仪表示值的相对误差，即仪器、仪表示值的最大绝对误差与量程的比值称为引用误差。

$$\delta_a = \frac{\delta_{umax}}{Q} \times 100\% \tag{2-91}$$

式中　δ_a——引用误差；

δ_{umax}——仪器示值的最大绝对误差；

Q——仪器的量程。

引用误差是仪器设备精度的反映，我国相关标准规定，测试仪器的精度等级共有七级，用引用误差的百分数表示，分别是0.1，0.2，0.5，1.0，1.5，2.5和5.0。

4. 随机误差

即使在相同的条件下，对同一参数进行多次重复测量，所得到的测定值也不可能完全相同，即每次测量的误差都不相同。测量误差具有不同的数值与符号，这种误差称为随机误差。理论和实践都表明，大多数测量的随机误差都服从正态分布，正态分布的概率密度函数为

$$f(x) = \frac{1}{\sigma\sqrt{2\pi}} e^{-\frac{(l-\mu)^2}{2\sigma^2}} \tag{2-92}$$

式中　μ——测量列的均值；

σ——标准差。

正态分布在测量误差理论中有着极其重要的应用，σ 的大小表征各测量值的离散程度。图2-26给出了不同 σ 的正态分布概率密度曲线。从图中可以看出，σ 的值越小，正态分布概率密度曲线越陡峭，幅值越大；反之，σ 的值越大，曲线越趋平坦。从测量误差的角度看，σ 小表明测量列中多是数值较小的误差；σ 大则表明测量列中数值较大的误差相对较多。

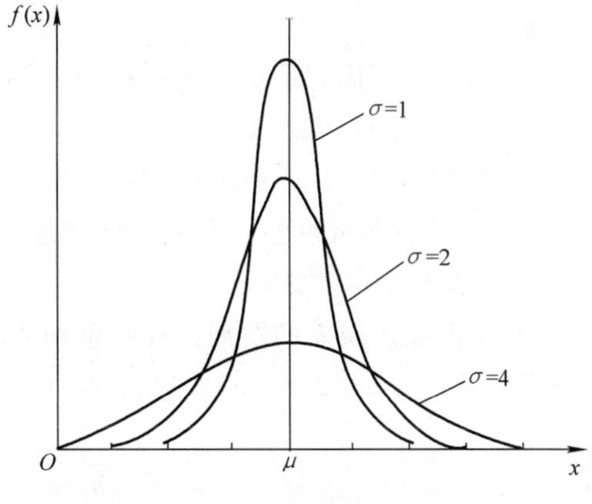

图2-26　正态分布的概率密度曲线

在等精密度测量列中，当测量次数趋于无穷大时，测量列的标准差 σ 为：

$$\sigma = \sqrt{\frac{1}{n}(\delta_1^2 + \delta_2^2 + \cdots + \delta_n^2)} = \sqrt{\frac{1}{n}\sum_{i=1}^{n}\delta_i^2} \quad (n \to \infty) \tag{2-93}$$

在实际测量工作中，测量次数是有限的，标准差的无偏估计可用贝塞尔法进行计算，即

$$\hat{\sigma} = \sqrt{\frac{1}{n-1}(\delta_1^2 + \delta_2^2 + \cdots + \delta_n^2)} = \sqrt{\frac{1}{n-1}\sum_{i=1}^{n}\delta_i^2} \quad (\text{有限次测量}) \tag{2-94}$$

由积分概率表可知，绝对值小丁 σ 的随机误差出现的概率约为0.68，而绝对值小于 2σ 和 3σ 的随机误差，出现的概率分别为0.95和0.997，即绝对值大于 3σ 的随机误差出现的概率仅为0.027，也就是说，每370次测量才可能出现一次。而在一般测量工作中，测量次

数远小于370次，因此，如果出现绝对值大于3σ的误差，有理由认为，该误差属于过失误差。因此，可以把3σ作为区分随机误差和过失误差的一个界限。

图2-27所示是标准差σ与测量次数n的关系曲线，从图中可以看出，当测量次数较少时，增加测量次数，可明显减小测量误差；但当测量次数超过15～20次时，继续增加测量次数，其测量误差几乎不变。

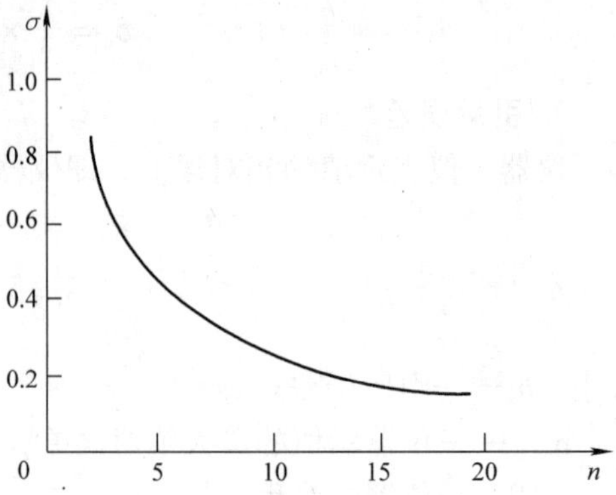

图2-27　标准差σ与测量次数n的关系曲线

5. 系统误差

保持一定数值或按一定规律变化的误差，称为系统误差。如由于仪器标度尺刻画的不准确；测量者观察仪器指针时习惯于斜视等原因引起的误差，就具有系统误差的特性。

（1）系统误差的分类　根据系统误差在测量过程中所具有的不同特性，可将其分为定值系统误差和变值系统误差两大类。

定值系统误差——在整个测量过程中，误差的大小和方向始终保持不变。

变值系统误差——在测量过程中，误差的大小和方向按一定的函数规律而变化。变值系统误差的种类较多，如

1）线性变化的系统误差：在整个测量过程中，误差的大小随时间线性递增或线性递减的系统误差。

2）周期性变化的系统误差：在整个测量过程中，误差的大小随时间呈周期性变化(如正弦规律变化)的系统误差。

3）复杂规律变化的系统误差：在整个测量过程中，误差的大小呈现复杂规律变化的系统误差，如线性与周期性组合的系统误差，按对数或指数规律变化的系统误差等。

（2）系统误差的发现

1）定值系统误差的发现：在测量列$l_1,l_2,\cdots,l_n$中，每个测量值都含有定值系统误差Δ_0和随机误差$\delta_i(i=1,2,\cdots,n)$，若真值为X，则平均值为

$$\overline{L}=\frac{1}{n}\sum_{i=1}^{n}l_i=X+\Delta_0+\frac{1}{n}\sum_{i=1}^{n}\delta_i \tag{2-95}$$

当n足够大时，$\frac{1}{n}\sum\limits_{i=1}^{n}\delta_i$趋向于零，则有

$$\overline{L}=X+\Delta_0 \tag{2-96}$$

式(2-96)表明在计算平均值$\overline{L}$的过程中，虽可使随机误差相互抵消，却不能排除定值系统误差Δ_0的影响。因此，如果存在定值系统误差，则应以测量值的平均值$\overline{L}$减去定值系统误差。

2）变值系统误差的发现：变值系统误差不同于定值系统误差，它对每一测量值的影响都不相同，因此，在测量列$l_1,l_2,\cdots,l_n$中，如果只存在变值系统误差$\Delta_1,\Delta_2,\cdots,\Delta_n$和随机误差$\delta_1,\delta_2,\cdots,\delta_n$，而且真值为$X$，则

$$\overline{L}=\frac{1}{n}\sum_{i=1}^{n}l_i=X+\frac{1}{n}\sum_{i=1}^{n}\Delta_i+\frac{1}{n}\sum_{i=1}^{n}\delta_i \tag{2-97}$$

当$n\to\infty$时，有

$$\overline{L}\approx X+\overline{\Delta} \tag{2-98}$$

式(2-98)表明，在计算平均值$\overline{L}$的过程中，由于变值系统误差的均值$\overline{\Delta}\neq 0$，故仍存在着$\overline{\Delta}$的影响。

发现变值系统误差常用的方法有残差分析法和分布检验法两种。

① 残差分析法。测量列$l_1,l_2,\cdots,l_n$中，任意单次测量的绝对误差，在工程上常将其称为残差v_i，可用下式表达

$$v_i=l_i-\overline{L}=l_i-\left(X+\frac{1}{n}\sum_{i=1}^{n}\Delta_i+\frac{1}{n}\sum_{i=1}^{n}\delta_i\right) \tag{2-99}$$

当随机误差小于系统误差时，测量列残差v_i的正负号主要取决于变化的系统误差Δ_i。因此根据残差v_i的符号，可以发现变化系统误差的存在。将测量列的残差v_i按测量顺序列表或作图便可观察到系统误差的变化规律。

若系统误差的数值不超过随机误差，可采用下述方法发现系统误差：

a. 将残差v_i按测量的先后顺序排列，如前一半残差和与后一半残差和之差显著不等于零，则该测量列包含有累进的系统误差。

b. 在一个测量列中，若测量条件改变前测定值的残差和与测量条件改变后测定值的残差和之差显著不等于零，则该测量列包含有随测量条件的变化而变化的系统误差。

② 分布检验法。因为随机误差服从正态分布，所以只包含有随机误差的测量列必然服从正态分布。如果发现测量列不服从正态分布，有理由怀疑测量列中包含有变化的系统误差。这就是分布检验法的基本思想。显然，分布检验法只适合于重复测量次数n足够多的测量。

（3）系统误差的消除　由于产生系统误差的原因非常复杂，消除系统误差不可能有统一的方法，因此需根据具体情况，采用适当的措施。消除系统误差最有效的方法主要有如下两种：

1）防止系统误差的产生：采用完善的测量方法，正确的安装、调试和使用测试仪器设备，保持稳定的测量条件，防止外界的干扰。

2）用函数补偿法予以修正：在测量工作之前，对测量仪器设备进行校正，获取仪器设备示值与准确值之间的关系，确定修正公式、修正表或修正曲线，用函数补偿的方法消除系统误差。

6. 过失误差

由于测量工作的错误、疏忽大意等原因引起的误差，称为过失误差。由于过失误差的数值通常较大，所以有时将其称为粗大误差。

（1）过失误差与异常数据　过失误差是由于在测量过程中某些突然发生的不正常情况(外界干扰、测量条件意外改变,测量者疏忽大意)所造成的，与其他误差相比明显偏大。

在某一测量列中，有时可能出现个别过大或过小的测定值，这种包含巨大误差的测定值，通常称为异常数据。异常数据往往是由过失误差引起的，也可能是由巨大的随机误差引起的。

（2）异常数据的取舍准则

1）莱伊达准则：莱伊达准则是以随机误差的正态分布规律为根据的。对于某一测量列，如果各测定值仅含有随机误差，根据随机误差的正态分布规律，其残差 v_i 落在 $\pm 3\sigma$ 以外的概率仅有 0.27%，可以认为实际上是不可能发生的。因而，莱伊达准则认为：凡残差超出 $\pm 3\sigma$ 者，即

$$|v_i| > 3\sigma \tag{2-100}$$

称为过失误差。由于实际测量的次数有限，因此常用标准差的估计值 $\hat{\sigma}$ 代替 σ。凡误差超出 $\pm 3\hat{\sigma}$ 者，便视为过失误差，应予以剔除。然后重新计算 $\hat{\sigma}$ 值，再次对误差进行判断，直至剩下测定值的误差均小于 $3\hat{\sigma}$ 为止。

2）格拉布斯准则：格拉布斯准则是按顺序统计量的某种规律所提出的一种判别过失误差的准则。格拉布斯准则规定：若有一服从正态分布的测量列，当残差 v_i 中有满足以下关系者

$$|v_i| > G_0\hat{\sigma} \tag{2-101}$$

则认为该测定值是一个包含过失误差的异常数据，应予剔除。G_0 为临界值，它取决于测量次数 n 和置信度 a（通常取 0.05、0.025 或 0.01），可从表 2-1 中查出。

必须注意：经剔除含有过失误差的异常数据后，要重新计算其余数据的算术平均值和标准误差，再作判别，直至完全剔除含有过失误差的异常数据为止。

表 2-1　临界值 G_0

G_0 a / n	0.05	0.025	0.01	G_0 a / n	0.05	0.025	0.01	G_0 a / n	0.05	0.025	0.01
3	1.15	1.15	1.15	13	2.33	2.46	2.61	23	2.62	2.78	2.96
4	1.46	1.48	1.49	14	2.37	2.51	2.66	24	2.64	2.80	2.99
5	1.67	1.71	1.75	15	2.41	2.55	2.71	25	2.66	2.82	3.01
6	1.82	1.89	1.94	16	2.44	2.59	2.75	30	2.75	2.91	3.10
7	1.94	2.02	2.10	17	2.47	2.62	2.79	35	2.82	2.98	3.18
8	2.03	2.13	2.22	18	2.50	2.65	2.82	40	2.87	3.04	3.24
9	2.11	2.21	2.32	19	2.53	2.68	2.85	45	2.92	3.09	—
10	2.18	2.29	2.41	20	2.56	2.71	2.88	50	2.96	3.13	—
11	2.23	2.36	2.48	21	2.58	2.73	2.91	60	3.03	3.20	—
12	2.29	2.41	2.55	22	2.60	2.76	2.94	70	3.09	3.26	—

二、测试精度

测试精度：测试结果与真实值的接近程度，测试精度的图式表达如图 2-28 所示。

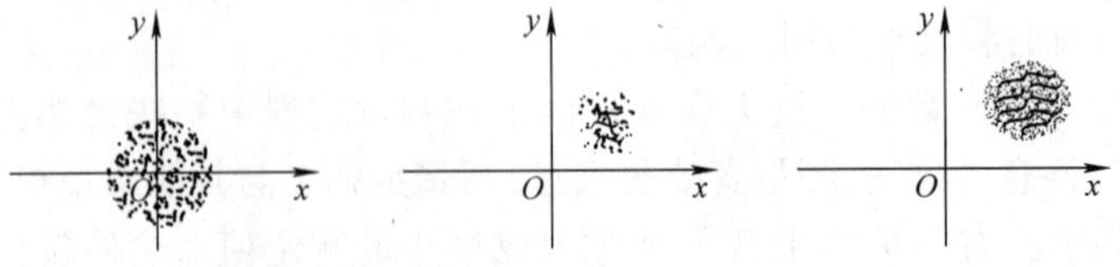

a)　　b)　　c)

图 2-28　测试精度的图式表达

a）精密度　b）准确度　c）精确度

测试精度：
- 精密度：多次反复测量，测试值重复性的好坏。随机误差的反映。
- 准确度：测试结果与真实值的偏离程度。系统误差的反应。
- 精确度：精密度与准确度的综合反映。精确度高，系统误差和随机误差都小。

第七节　试验数据的回归分析

为了便于用数学方法研究汽车试验中各被测量之间的规律，在静态测量数据处理中，寻求用简便的经验公式表达各变量之间的关系是很重要的。用最小二乘法原理确定经验公式的数理统计的方法称为回归分析。处理两个变量之间的关系称为一元回归分析。

一、一元线性回归分析

如果对两个变量 x 和 y 分别进行了 n 次测量，得到 n 对测量值(x_i,y_i)，$(i=1,2,\cdots,n)$ 将其描在直角坐标图上，就得到 n 个坐标点。若各点都分布在一条直线附近，则可用一条直线来代表变量 x 与 y 之间的关系

$$\hat{y}=a+bx \tag{2-102}$$

式中　$\hat{y}$——回归直线上的理论计算值，即试验结果的估计值；

a、b——线性回归方程的系数。

下面用一个实例来介绍一元线性回归分析的方法和步骤。

例如，某车辆在水平道路上直线行驶，根据不同的距离，测出车辆行驶的时间，对应的数据如表 2-2 所示。取距离 s 为自变量，用 x 表示；时间 t 为因变量，用 y 表示。将表中的数据画在坐标纸上，如图 2-29 所示。

表 2-2　实测汽车行驶距离与时间的关系

序　　号	1	2	3	4	5	6	7	8
距离 x/m	700	900	1160	1190	1270	1490	1620	2130
时间 y/s	3.8	4.2	4.7	4.8	4.9	5.4	5.6	5.7

1. 确定函数的类型

从图 2-29 中可以看出，测试结果均落在一条直线附近，于是可以利用一条直线来表达变量之间的关系，即

$$\hat{y}=a+bx \tag{2-103}$$

式中　$\hat{y}$——试验结果的估计值；

x——实测的车辆行驶距离；

a、b——线性回归方程的系数。

2. 确定函数中的各系数

计算实测值 y_i 与用回归直线式(2-103)算出的 $\hat{y}_i$ 值的差值 $y_i-\hat{y}_i$，该差值越小说明回归直线越接近理想直线。回归分析的原则是找出一条直线使其与实测

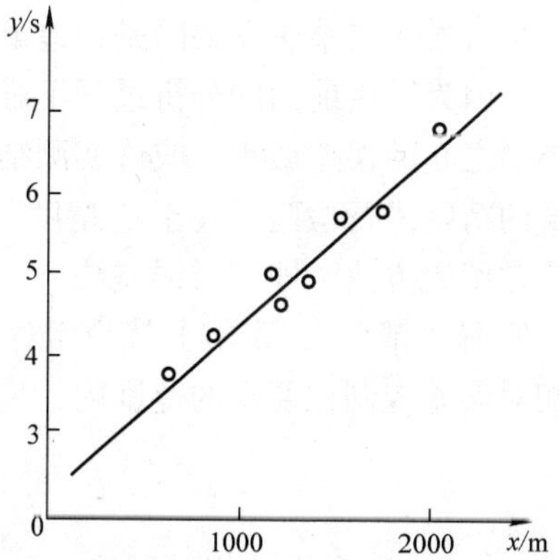

图 2-29　某车行驶时间—距离的关系曲线

数据之间的误差比任何其他直线与实测数据之间的误差都小。由于差值 $y_i - \hat{y}_i$ 有正有负，因此若该差值的平方和最小，则拟合出的直线符合前述回归分析的原则，这就是最小二乘法的基本思想。记为

$$Q = \sum_{i=1}^{n}(y_i - \hat{y}_i)^2 = \sum_{i=1}^{n}(y_i - a - bx_i) = \min \tag{2-104}$$

将 Q 分别对 a、b 求偏导数并令其等于零，便得到如下方程组

$$\begin{cases} \dfrac{\partial Q}{\partial a} = -2\sum_{i=1}^{n}(y_i - a - bx_i) = 0 \\ \dfrac{\partial Q}{\partial b} = -2\sum_{i=1}^{n}(y_i - a - bx_i) = 0 \end{cases}$$

即

$$\begin{cases} na + \left(\sum_{i=1}^{n} x_i\right)b = \sum_{i=1}^{n} y_i \\ \left(\sum_{i=1}^{n} x_i\right)a + \left(\sum_{i=1}^{n} x_i^2\right)b = \sum_{i=1}^{n} x_i y_i \end{cases}$$

解之得

$$a = \frac{\sum x_i^2 \sum y_i - \sum x_i \sum x_i y_i}{n\sum x_i^2 - \left(\sum x_i\right)^2} \tag{2-105}$$

$$b = \frac{n\sum x_i \sum y_i - \sum x_i y_i}{n\sum x_i^2 - \left(\sum x_i\right)^2} \tag{2-106}$$

或

$$a = \bar{y} - b\bar{x} \tag{2-107}$$

$$b = \frac{\sum (x_i - \bar{x})(y_i - \bar{y})}{\sum (x_i - \bar{x})^2} \tag{2-108}$$

式中 $\bar{x} = \frac{1}{n}\sum_{i=1}^{n} x_i$；

$\bar{y} = \frac{1}{n}\sum_{i=1}^{n} y_i$。

用式(2-105)、式(2-106)或式(2-107)、式(2-108)求出 a、b，即可得到回归方程

$$y = a + bx \tag{2-109}$$

3. 回归方程的检验

尽管最小二乘法反映的是误差最小原则，但所求得的经验公式的精度并非一定可以满足要求。因为，由前面的分析过程不难看出，前面计算中的误差最小只是测试结果与所选定曲线类型之间的误差最小，或许实测结果的规律原本就与选定曲线的类型不符。为此需对曲线拟合的精度进行检验。关于“精度”检验，人们提出过多种方法，在此仅介绍一种在工程上最常用的方法，即相对误差法。

所谓“精度”，事实上就是相对误差的大小。若能将经验公式的检测结果与实测值之间的相对误差控制在要求的范围内，显然符合工程上的要求，即

$$\frac{(y_i - \hat{y}_i)_{\max}}{y_i} \leqslant [v] \tag{2-110}$$

式中 $[v]$——允许的相对误差。

二、一元非线性回归

1. 确定经验公式类型

如果两个变量之间存在非线性关系，例如对数函数关系、指数函数关系、双曲线关系等，那么可以通过适当的变量变换将非线性关系转化为线性关系，然后利用前面介绍的线性回归方法进行回归处理。最后将求出的线性关系还原为非线性关系，便可得到所要求的拟合曲线。将测试结果描在坐标图上，并用光滑曲线将其连起来。将实验曲线与《数学手册》上的典型曲线(见图 2-30)进行比较，选取与试验曲线最接近的曲线方程作为经验公式的类型。

2. 将曲线进行直线化变换

(1) 双曲线方程$\frac{1}{y}=a+\frac{b}{x}$

令
$$y'=\frac{1}{y},\ x'=\frac{1}{x}$$
则$\frac{1}{y}=a+\frac{b}{x}$变为 $y'=a+bx'$

(2) 对数曲线 $y=a+b\lg x$

令
$$x'=\lg x$$
则对数曲线 $y=a+b\lg x$ 变为 $y=a+bx'$

(3) 指数曲线 $y=ce^{bx}$

对上式两边取对数得
$$\ln y=\ln c+bx$$
令
$$y'=\ln y,\ c'=\ln c$$
则指数曲线 $y=ce^{bx}$变为 $y'=c'+bx$

3. 进行一元线性回归

用前面所介绍的一元线性回归分析方法进行回归处理。

4. 检验其曲线拟合的精度

若曲线拟合的精度达不到所需精度的要求，则应重新选择曲线类型进行拟合，直至满足精度要求为止。

5. 将直线方程变回原曲线方程

常见的几种典型曲线如图 2-30 所示。

三、多项式回归

前面所讲的典型曲线往往是有限的，当试验结果与任何一条典型曲线都不相符时，就要寻找新的曲线，显然那就是多项式

$$y=a_0+a_1+a_2+\cdots+a_nx^n \tag{2-111}$$

1. 多项式次数的确定

多项式次数的确定一般采用差分法。设自变量的取值是等间距的，即

$$x_2-x_1=x_3-x_2=\cdots=x_n-x_{n-1}=\Delta x$$

计算出因变量 y 各相邻值之间的差值，即一阶差值 Δy

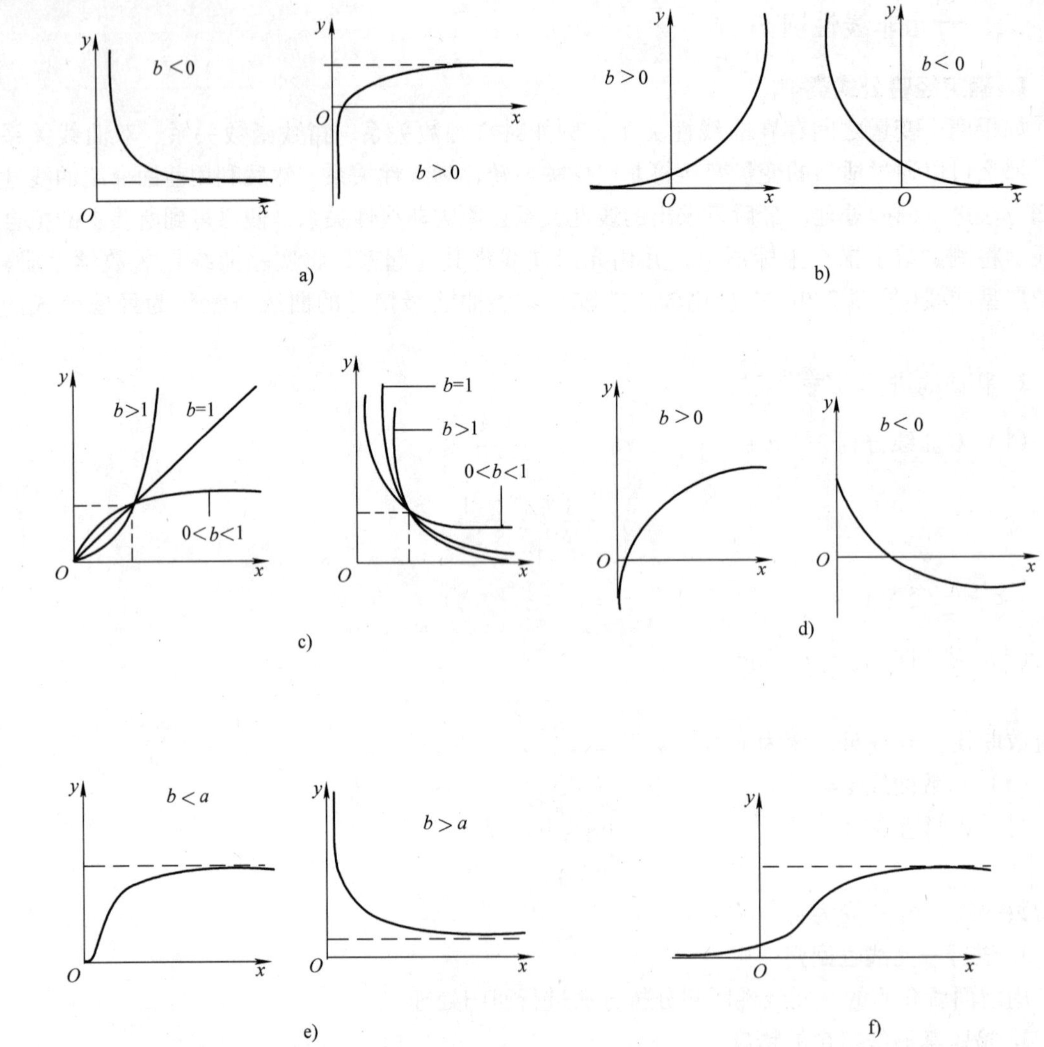

图 2-30　几种常见的典型曲线

a）双曲线$\frac{1}{y}=a+\frac{b}{x}$　b）指数曲线$y=ae^{bx}$　c）幂函数曲线$y=ax^{b}$

d）对数曲线$y=a+b\lg x$　e）指数曲线$y=ae^{\frac{b}{x}}$　f）S 形曲线$y=\frac{1}{a+be^{-x}}$

$$\Delta y_1=y_2-y_1,\Delta y_2=y_3-y_2,\cdots,\Delta y_{n-1}=y_n-y_{n-1}$$

二阶差值$\Delta^2 y$为

$$\Delta^2 y_1=\Delta y_2-\Delta y_1,\Delta^2 y_2=\Delta y_3-\Delta y_2,\cdots$$

三阶差值$\Delta^3 y$为

$$\Delta^3 y_1=\Delta^2 y_2-\Delta^2 y_1,\Delta^3 y_2=\Delta^2 y_3-\Delta^2 y_2,\cdots$$

依次类推直至n阶差值$\Delta^n y$为

$$\Delta^n y_1=\Delta^{n-1} y_2-\Delta^{n-1} y_1,\Delta^n y_2=\Delta^{n-1} y_3-\Delta^{n-1} y_2,\cdots$$

当某阶差值满足下列关系式时，此阶数即为多项式的次数，即

$$\Delta^i y \leqslant 2^i |\delta_y| \tag{2-112}$$

式中　δ_y——y 的测量误差。

式(2-112)中的阶数 i 即为多项式的次数 n。

2. 多项式系数的确定

同样用最小二乘法，即

$$Q_y = \sum_{i=1}^{n}(y_i - \hat{y}_i)^2 = \sum_{i=1}^{n}[y_i - (a_0 + a_1x_i + a_2x_i^2 + \cdots + a_nx_i^n)]^2 = \min \tag{2-113}$$

令$\frac{\partial Q_y}{\partial a_0}=0, \frac{\partial Q_y}{\partial a_1}=0, \cdots, \frac{\partial Q_y}{\partial a_n}=0$，解此方程组即可求出 $a_0, a_1, a_2, \cdots, a_n$ 的数值。

3. 经验公式精度的检验

多项式的曲线拟合，其拟合精度的检验方法与一元线性回归相同。

四、多元回归分析

1. 多元线性回归

对一组样本$(x_{1i}, x_{2i}, \cdots, x_{mi})$，设 $x_{1i}, x_{2i}, \cdots, x_{mi}$与 y_i 线性相关

$$y_i = b_0 + b_1x_{1i} + \cdots + b_mx_{mi} + \varepsilon_i \quad (i=1,2,\cdots,n, 且\ n>m+1) \tag{2-114}$$

式中　b_0、b_1——待求的估计值；

ε_i——n 个相互独立的等精度正态偶然误差，其矩阵表达式为

$$\boldsymbol{y} = \boldsymbol{XB} + \boldsymbol{E} \tag{2-115}$$

式中　$\boldsymbol{y} = \begin{pmatrix} y_1 \\ y_2 \\ \vdots \\ y_n \end{pmatrix}$；$\boldsymbol{X} = \begin{pmatrix} 1 & x_{11} & \cdots & x_{m1} \\ 1 & x_{12} & \cdots & x_{m2} \\ \vdots & \vdots & & \vdots \\ 1 & x_{1n} & \cdots & x_{mn} \end{pmatrix}$；$\boldsymbol{B} = \begin{pmatrix} b_1 \\ b_2 \\ \vdots \\ b_n \end{pmatrix}$；$\boldsymbol{E} = \begin{pmatrix} \varepsilon_1 \\ \varepsilon_2 \\ \vdots \\ \varepsilon_n \end{pmatrix}$。

依据最小二乘原理

$$Q = E^T E$$

可得关于 B 的正则方程组

$$(X^T X)B = X^T Y \tag{2-116}$$

解之得

$$B = (X^T X)^{-1} X^T Y \tag{2-117}$$

多元线性回归方程为

$$\hat{y} = b_0 + b_1x_1 + \cdots + b_mx_m \tag{2-118}$$

2. 线性回归效果检验

构造统计量

$$F = \frac{\dfrac{Q_2}{m}}{\dfrac{Q_1}{n-m-1}} \tag{2-119}$$

查 F 分布表得到 $F_a(m, n-m-1)$，两者相比较，判断回归效果是否显著，其中

$$Q_1 = \sum(y_i - \hat{y}_i)^2$$

$$Q_2 = \sum(\hat{y}_i - \overline{y})^2$$

$$Q = \sum(y_i - \overline{y})^2 = Q_1 + Q_2$$

3. 逐步回归分析

多元回归需要评估各变量作用的大小。逐步回归分析的基本思想就是按照变量 x_1，x_2，…，x_m 对 y 作用的大小，逐个地引入回归方程。当新变量的引入变得不显著时，则随时从方程中剔除，直到既不能引入又不能剔除其他变量时为止，从而得到最优的回归方程。在具体实施过程中，主要是求解正则方程组，对每个过渡回归方程用偏回归平方、方差分析和 F 显著性检验。

第三章 3

汽车试验系统中常用的典型传感器

汽车试验的最终目的是要获得与被测量一致的试验结果。试验结果的获取主要有两种方式，其一是将被测量或与被测量有确定函数关系的其他量与标准量(或事先经标准量校正过的校准量)进行比对；其二是利用一套复杂的测试系统来完成，此方式的第一环节就是利用传感器感知被测量的大小和变化。

传感器是一种将被测量(包括物理量、化学量、生物量等)转换为易于处理量的装置，其功用是：①感知被测量的变化，即敏感作用；②将非电量转换为便于传输、调理、处理和显示的量，即转换作用。

由于被测量的范围很广，且种类繁多，因此传感器的种类和规格亦十分繁杂。为了便于认识和了解传感器，需要对其进行适当地分类。

传感器的分类方法很多，在此仅介绍两种最常用的分类方法。

1. 按工作原理分类

传感器按其工作原理的不同可分为发电式传感器和电参量式传感器两大类。

1）发电式传感器：将非电量转化为电动势的传感器，如测速发电机、磁感式传感器、光电式传感器等。这类传感器的重要特点是，传感器就是一个电源(产生电动势)，因此不需外加电源。

2）电参量式传感器：将被测量转换为电参量(如电阻、电容、电感等)的变化，如电阻(热敏电阻、压敏电阻、可调电阻等)式传感器、电容式传感器(电容式加速度传感器、容栅式传感器)、电感式传感器(电感式传声器、电感式位移传感器)等。

2. 按被测物理量分类

按被测物理量的不同，传感器可分为很多类，汽车行业所用的传感器主要有：温度传感器、压力传感器、转矩传感器、速度/转速传感器、倾角传感器、气体传感器等。

第一节　电阻式传感器

电阻式传感器的种类很多，汽车试验领域所用的电阻式传感器主要有：热敏电阻式传感器、电阻应变片式传感器、压敏电阻式传感器、可调电阻式传感器、光敏电阻式传感器等。

一、热敏电阻式传感器

热敏电阻式传感器在汽车工程领域应用十分广泛，主要用来测量温度(汽车上各部位温度的测量几乎都用这种传感器)。热敏电阻式传感器具有结构简单、工作可靠、制造成本低、测量精度高等诸多优点。

热敏电阻式温度传感器是利用某些金属氧化物或单晶锗、单晶硅等材料的电阻值随温度的变化而变化的特性工作的。制造热敏电阻的材料不同，热敏电阻随温度变化的规律亦不同，据此，热敏电阻式温度传感器被分为三种不同类型，即

1）正温度系数型（PTC）：电阻值 R 随温度 T 的上升而上升；

2）负温度系数型（NTC）：电阻值 R 随温度 T 的上升而下降；

3）临界温度型（CTR）：在某一特定温度，电阻值 R 发生突变。

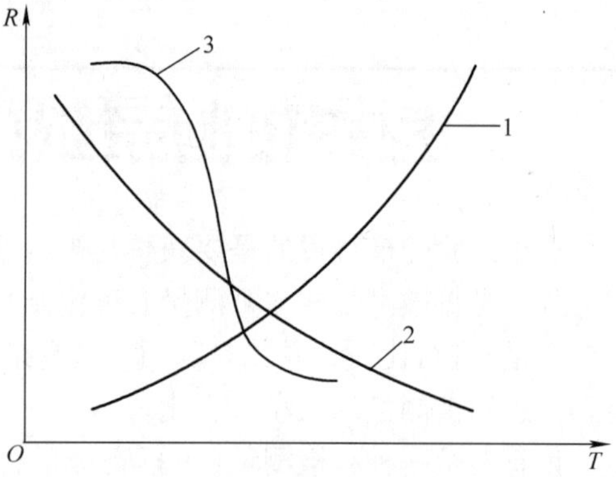

图 3-1　热敏电阻特性曲线

1—正温度系数型（PTC）

2—负温度系数型（NTC）　3—临界温度型（CTR）

无论哪一种热敏电阻，其特性均为非线性，如图 3-1 所示。汽车上各部位的温度（如发动机温度、进气温度、空调出风温度）测量几乎都采用负温度系数型（NTC）热敏电阻式温度传感器。图 3-2 所示是某种轿车发动机进气温度传感器和水温度传感器，主要由热敏电阻、引线和外壳组成。

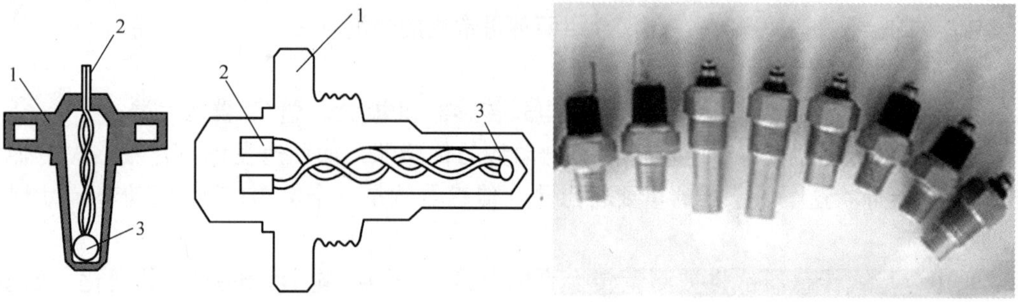

a)　　　b)　　　c)

图 3-2　热敏电阻温度传感器

a）进气温度传感器　b）水温度传感器　c）车用热敏电阻式温度传感器的外形

1—外壳　2—热敏电阻　3—引线

负温度系数型热敏电阻温度传感器的电阻值与温度的关系为

$$R = A\mathrm{e}^{B/T} \tag{3-1}$$

式中　R——热敏电阻的电阻值；

A、B——与热敏电阻材料和制造工艺有关的常数；

T——被测温度。

二、压敏电阻式传感器

有些半导体材料在受到压力作用后，其电阻率会发生变化，这一现象称为压阻效应。利用压阻效应制造出的敏感元件称为压敏电阻式传感器。

压敏电阻式传感器主要是单晶硅和锗经掺入杂质后形成的 P 型和 N 型半导体器件。由于半导体是各向异性的材料，因此它的压阻系数不仅与掺杂的多少、工作温度和材料的类型

有关，还与晶轴方向有关。当单晶半导体材料沿某一轴向受外力作用时，原子点阵排列规律随之发生变化，进而导致载流子迁移率及载流子浓度产生变化，从而引起电阻率 ρ 的变化，即

$$\frac{dR}{R}=\frac{d\rho}{\rho}=K_1E\varepsilon \tag{3-2}$$

式中　K_1——半导体的压阻系数；

E——半导体材料的弹性模量，晶向不同时，其值亦不同，晶向为 <110> 时，$E=1.67\times10^{11}\mathrm{N/m^2}$；

ε——材料的应变。

式(3-2)是压敏电阻的原理式。若从经专门处理过的单晶硅或锗上沿一定晶轴方向切割一小块晶片，便可制造出 P 型和 N 型压敏电阻，P 型压敏电阻在受压后，电阻值增加，而 N 型压敏电阻在受压后电阻值会减小。

压敏电阻常用来制造压力传感器，即压敏电阻式压力传感器，又称扩散硅压力传感器，如图 3-3 所示。其核心件是一块沿某晶向切割的 N 型硅膜片，在膜片上利用集成电路工艺扩散出四个阻值相同的 P 型电阻(四个电阻的分布如图 3-3b 所示)，并将其连成一平衡电桥，膜片的四周用圆形硅环固定，如此便形成了上、下两腔，上腔为高压腔，下腔为低压腔。若用此传感器测量流体的压力，则将下腔与被测系统相连，上腔通大气；若将此传感器用来测量系统的真空度，如测汽车发动机的进气压力，则将传感器的上腔与发动机进气管相连，下腔通大气。

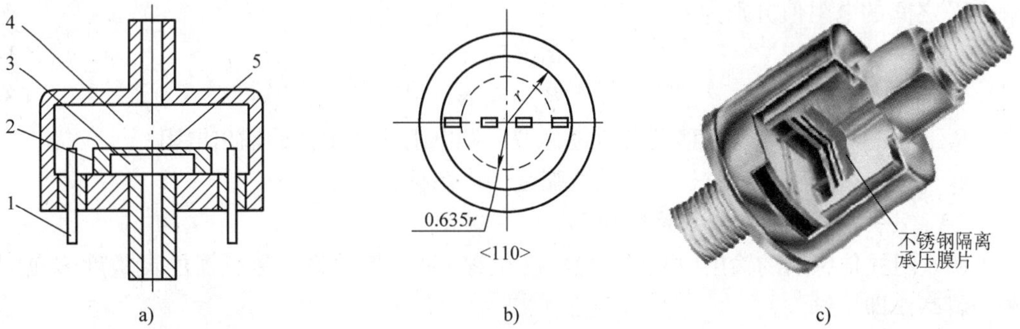

图 3-3　压敏电阻式压力传感器

a）压敏电阻式压力传感器的原理图　b）P 型电阻的分布　c）压敏电阻式传感器的结构

1—引线　2—硅环　3—高压腔　4—低压腔　5—硅膜片

压敏电阻式压力传感器的突出特点是，敏感元件与弹性元件制成一体，因此它的体积可以做的很小，最小的压敏电阻式压力传感器的外形呈圆柱状，截面直径只有 2mm 左右。此外，压敏电阻式压力传感器固有频率很高，其值为

$$f_n=\frac{2.56h}{\pi r_0^2}\sqrt{\frac{E}{3(1-\mu^2)\rho}} \tag{3-3}$$

式中　f_n——固有频率；

h——膜片厚度；

E——膜片的弹性模量；

μ——膜片材料的泊松比；

ρ——膜片材料的电阻率。

由第二章对测试系统动态特性的分析知，固有频率高的测试系统，其通频带就宽。因此，压敏电阻式压力传感器可以测量频繁变化的流体压力，包括脉动的压力。正因为如此，压敏电阻式压力传感器不仅在工程领域得到了广泛的应用（如用其测试汽车发动机进气压力），而且还大量用于生物医学领域。

三、可调电阻式传感器

可调电阻式传感器又称电位器式传感器，其工作原理是通过滑动触点改变电阻丝的长度来改变电阻值的大小，进而将电阻值的变化转变为电压或电流的变化。

可调电阻式传感器主要用于位置、位移的测量，图 3-4a 所示为用于直线位移或位置的测量的情况，称为线位移型可调电阻式传感器；图 3-4b 所示为用于角位移的测量的情况，称为角位移型可调电阻式传感器。图 3-4 所示中可调电阻的活动触点 C 的滑动量分别为 x（线位移型）和 α（角位移型）。固定触点 A 和活动触点 C 之间的电阻值分别为

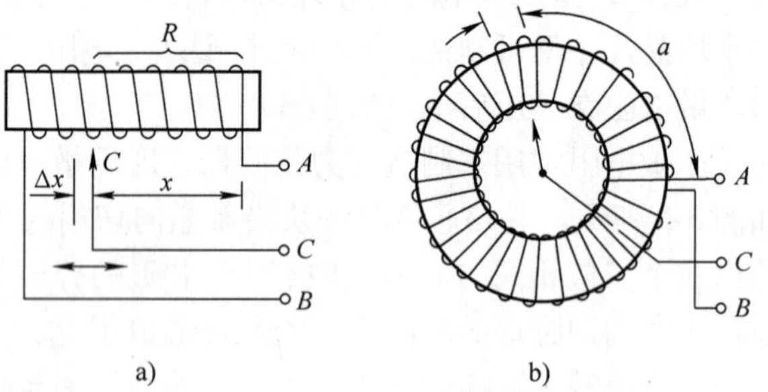

图 3-4　可调电阻式传感器

a）线位移型　b）角位移型

$$R_1 = K_\tau X \tag{3-4}$$

$$R_\alpha = K_w \alpha \tag{3-5}$$

式中　R_1、R_α——分别为线位移型和角位移型可调电阻式传感器的输出电阻；

K_τ、K_w——分别为单位长度和单位弧度的电阻值；

X、α——分别是线位移和角位移。

可调电阻式传感器的输出（电阻）与输入（位移）呈线性关系。传感器的灵敏度 E 就是该直线的斜率，即

$$E_1 = \frac{dR_1}{dX} = K_\tau \tag{3-6}$$

$$E_\alpha = \frac{dR_\alpha}{d\alpha} = K_w \tag{3-7}$$

分辨率是可调电阻式传感器的一个重要指标，为了获得高的分辨率，常采用线绕式结构，如图 3-4 所示。但绕线可调电阻式传感器存在如下两大缺点：①电阻的变化是台阶状（当滑动触点从一圈导线移至下一圈时，电阻值不是连续变化，而是呈现出一个一个的台阶）；②其呈现出电感式阻抗。为克服此两大缺点，现在常用碳膜或导电塑料制作滑变电阻式传感器。

可调电阻式传感器的优点是结构简单、性能稳定、使用方便，在汽车领域得到了广泛的应用，如汽车发动机的节气门位置传感器、汽车燃油箱中的油量传感器、汽车侧滑试验台上的线位移传感器都是滑变电阻式传感器。

四、电阻应变片式传感器

由《物理学》知，金属丝的电阻值 R 与金属丝的长度、截面积及电阻率的关系如下

$$R=\rho\cdot\frac{L}{A}\tag{3-8}$$

式中 R——电阻值，Ω；

ρ——电阻率，$\Omega\cdot mm^2/m$；

L——金属丝的长度，m；

A——金属丝的截面积，mm^2。

当金属丝受到拉伸或压缩时，由于金属丝的长度 L 和截面积 A 要发生变化，因此电阻值 R 亦会发生变化。为了了解其变化规律，下面对式(3-8)进行微分得

$$dR=\frac{A(\rho dL+Ld\rho)-\rho LdA}{A^2}\tag{3-9}$$

设金属丝的半径为 r，则截面积 $A=\pi r^2$，将其代入式(3-6)并整理得

$$\frac{dR}{R}=\frac{dL}{L}+\frac{d\rho}{\rho}-\frac{2dr}{r}\tag{3-10}$$

式中 $\frac{dL}{L}$——单位应变，常用 ε 表示；

$\frac{d\rho}{\rho}$——金属丝电阻率的相对变化率，其大小与纵向所受的应力 σ 有关；

$\frac{dr}{r}$——金属丝的径向相对变化率。

当金属丝沿轴向伸长时，径向必然会相对缩小，其二者的关系为

$$\frac{dr}{r}=-\gamma\frac{dL}{L}\tag{3-11}$$

式中 γ——金属丝的泊松比。

$\frac{d\rho}{\rho}$的计算公式为

$$\frac{d\rho}{\rho}=K_1\sigma=K_1E\varepsilon\tag{3-12}$$

式中 K_1——纵向压阻系数；

E——材料的弹性模量。

将式(3-11)和式(3-12)代入式(3-10)，并整理得

$$\frac{dR}{R}=(1+2\gamma+K_1E)\varepsilon\tag{3-13}$$

金属丝受拉、压力作用时，其电阻的变化率$\frac{dR}{R}$与纵向应变、横向应变及电阻率的变化率(纵向压阻系数 K_1)有关。对于一般的金属材料而言，电阻率的变化率很小，即纵向压阻系数 K_1 很小，可忽略不计。如此，式(3-13)就变为

$$\frac{dR}{R}=(1+2\gamma)\varepsilon\tag{3-14}$$

即金属丝的电阻变化率$\frac{\mathrm{d}R}{R}$与纵向应变 ε 成正比，这就是金属丝的应变效应，利用应变效应制成的传感器称为电阻应变片式传感器。式(3-14)中的$(1+2\gamma)$即为电阻应变片式传感器的灵敏度，用 E_R表示。

1. 电阻应变片式传感器的结构

电阻应变片式传感器由电阻应变片和弹性元件两大部分组成，如图 3-5 所示。

(1) 电阻应变片　电阻应变片有金属丝式和金属箔式两种，如图 3-6 所示。二者的唯一差别是敏感栅的材料和制造方法的不同，它们都由基底 1、敏感栅 2、盖片 3 和引线 4 等部分组成。图中 l 为栅长，又称格距，一般 $l=2\sim3\text{mm}$；a 为栅宽，通常 $a\leqslant10\text{mm}$。

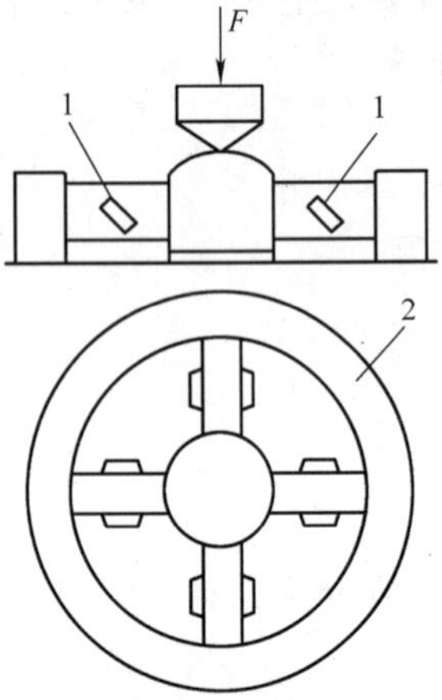

图 3-5　电阻应变片式传感器

1—电阻应变片

2—弹性元件

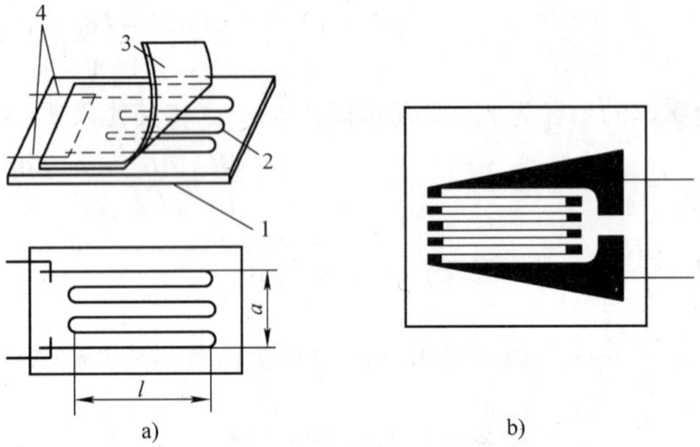

图 3-6　电阻应变片的构造

a）金属丝式　b）金属箔式

1—基底　2—敏感栅　3—盖片　4—引线

金属丝式应变片敏感栅的金属丝受到轴向应力作用时金属丝的轴向变形会带来敏感栅两端圆角曲率的变化，这种变化使得金属丝的轴向变形减小，由此会带来应变片灵敏度的降低，这种现象称为应变片的横向效应。栅长小的应变片横向效应严重，粘贴和定位较困难，所以常选用栅长大的应变片。栅长小的应变片主要用于应变变化梯度大、频率高、粘贴面受限的场合。

金属丝式应变片，其敏感栅常用直径为 20～30μm 的康铜或镍铬合金曲折地绕成栅状后贴在由浸渍过绝缘材料的纸上或合成有机聚合物的基底上。金属丝式应变片的最大缺点是横向效应比较明显。为了克服这一不足，并简化应变片的制造工艺，金属箔式应变片已呈现出全面取代金属丝式应变片的趋势。

金属箔式应变片的敏感栅通常是用光刻法在厚度仅为 1～10μm 的金属箔片上刻制而成。如此，不仅可制造出可满足各种不同测试要求的形状复杂的应变片(见图 3-7)，而且刻制出的线条均匀、尺寸精度高，适于大批量制造。

(2) 弹性元件　弹性元件是将被测量转换为应变的器件，它是电阻应变片式传感器不可或缺的重要组成部分。弹性元件应按被测量的性质及大小进行设计，以便将被测量转换为适合于应变片测量的应变范围，即电阻应变片式传感器的灵敏度及量程由弹性元件决定。图

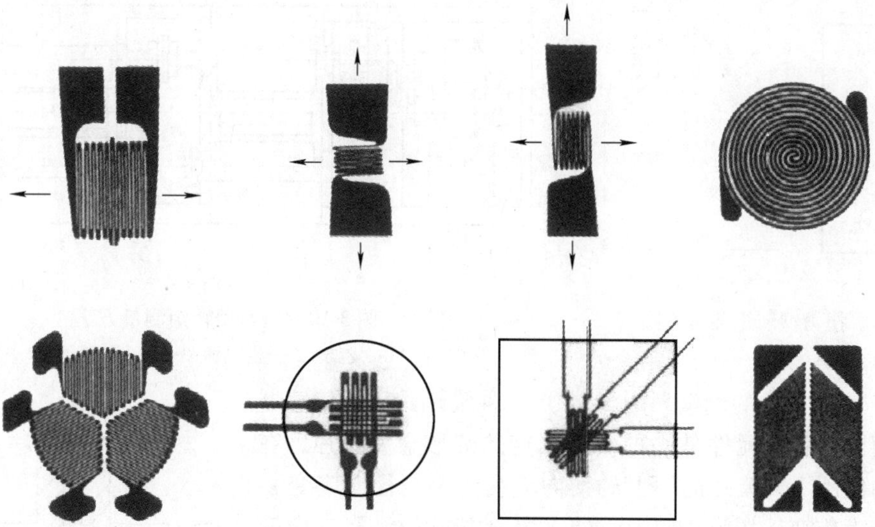

图 3-7　不同形状的箔式应变片

3-8 所示是各种不同类型弹性元件的结构简图。欲使电阻应变片式传感器获得良好的使用性能，需对弹性元件进行精心地设计。

2. 电阻应变片式传感器的应用

电阻应变片式传感器的应用十分广泛，除大量用于各种结构件的应力、应变测量外，在工程测试的各个领域也均有应用。下面简要介绍一下电阻应变片式传感器在汽车试验中的应用。

（1）拉压力的测量　汽车轴荷仪是电阻应变片式传感器测拉、压力的一种典型应用。汽车轴荷仪的结构多种多样，图 3-8 所示中右下角的图例和图 3-5 所示是两种较典型的结构。前者用于测量中、重型车辆，后者用于测量小型车辆。

（2）转矩测量　利用电阻应变片式传感器测转矩有扭力型和压力型两种不同的结构方案，如图 3-9 和图 3-10 所示。

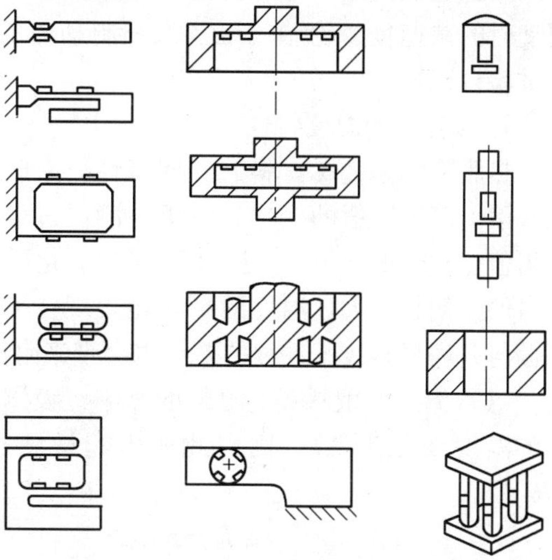

图 3-8　弹性元件结构简图

方案一：在转轴（弹性元件）的圆周上沿主应力方向（应变片长度方向与转轴轴线方向的夹角均为 45°）均布四个应变片，并将其连接成电桥（见图 3-9），测出转轴表面的最大应力便可计算出转矩的大小（因为转轴的弹性模量 E、截面形状和尺寸已知）。

方案二：通过一个力臂将转矩的测量转换为力的测量（见图 3-10）。电阻应变片式压力传感器 3 测得的压力 F 乘以测力臂 2 的长度 L 即为所要测量的转矩 M

$$M = L \cdot F \tag{3-15}$$

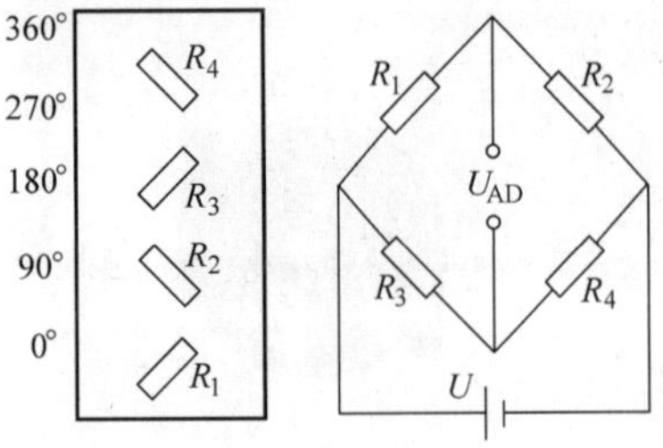

图 3-9　扭力型转矩测量方案

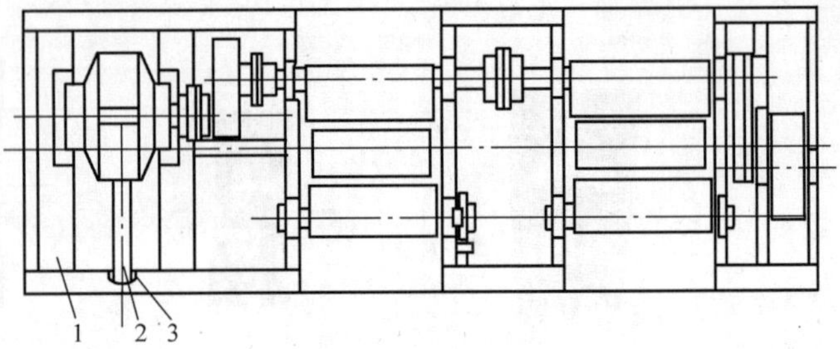

图 3-10　压力型转矩测量方案

1—支架　2—测力臂　3—压力传感器

（3）流体压力的测量　图 3-11 是一种膜片式压力传感器的结构简图。弹性元件是一种周边固定的圆形金属膜片，在压力 p 的作用下，膜片周围上的切向应变为零，径向应变 ε_r 为负的最大应变；在膜片的中心处，切向应变 ε_t 和径向应变 ε_r 相等，且均达到正的最大值。据此，将四个应变片按图 3-11c所示的方法粘贴，并将其接成差动电桥，便可测量流体的压力。

除上述几例外，电阻应变片式传感器还可用来测量汽车制动时的减速度、轮胎气压及汽车制动力的大小(反力式制动试验台)等。

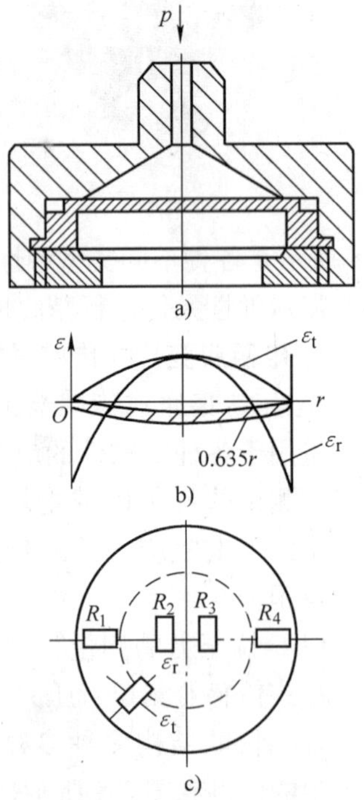

图 3-11　膜片式压力传感器

a）膜片式压力传感器的构造

b）膜片上的应变　c）应变片的布置

3. 应变片的温度特性

热胀冷缩是金属材料的共同特性。由此可见，温度的变化必然引起电阻值的变化。由于在测试过程中，应变引起的电阻值变化一般都很小，因此温度的变化引起的电阻值变化所占的比例相当大。温度的影响还表现在另一个方面，即敏感栅与基底材料线胀系数的差异也会带来附加的应变。

（1）温度对敏感栅电阻值的影响　设测试过程中被测试件的温度变化为 ΔT，则由此所引起敏感栅电阻值的变化 ΔR_T 为

$$\Delta R_T = R\gamma_t \Delta T \tag{3-16}$$

式中　ΔR_T——温度变化引起敏感栅电阻值的变化；

R——应变片电阻；

γ_t——应变片的电阻温度系数；

ΔT——测试过程中被测试件的温度变化值。

电阻值的变化 ΔR_T 折算成相应的应变值为

$$\varepsilon_t = \frac{\Delta R_T}{R} \cdot \frac{1}{E_R} = \frac{\gamma_t \Delta T}{E_R} \tag{3-17}$$

式中　E_R——应变片的灵敏度。

（2）敏感栅与基底线胀差异引起的附加应变

$$\varepsilon_s = (\alpha_g - \alpha_s)\Delta T \tag{3-18}$$

式中　ε_s——线胀差异引起的附加应变；

α_g、α_s——分别为敏感栅和基底材料的线胀系数。

温度引起的总的应变 ε_z 为：

$$\varepsilon_z = \varepsilon_t + \varepsilon_s = \frac{\gamma_t \Delta T}{E_R} + (\alpha_g - \alpha_s)\Delta T \tag{3-19}$$

欲消除温度的影响，常用的方法是进行补偿。关于测试结果的补偿，后面有专门的章节进行讨论。前面的应用实例中，将电阻应变片进行桥接就是一种有效的补偿方法。

第二节　电容式传感器

电容式传感器事实上就是一个可变电容。若忽略电容器的边缘效应，则平行极板电容器的电容量为

$$C = \frac{\varepsilon_r \varepsilon_0 A}{d} \tag{3-20}$$

式中　C——电容量，F；

A——极板的有效面积，m^2；

ε_0——真空介电常数，$\varepsilon_0 = 8.85 \times 10^{-12}$F/m；

ε_r——极板间介质的介电系数，当介质为空气时，$\varepsilon_r = 1$；

d——两极板间的距离，m。

由上式可知，改变电容器的 A、d 和 ε_r 均可带来电容量 C 的变化，据此便可制作出三种不同类型的电容式传感器：变极板有效面积型电容式传感器、变极板间距型电容式传感器和变介电系数型电容式传感器，他们分别可简称为 A 型电容式传感器、d 型电容式传感器和 ε_r 型电容式传感器。

一、A 型电容式传感器

图 3-12 所示是三种不同型式的 A 型电容式传感器，即平板平移式、圆柱平移式和旋转式电容传感器。

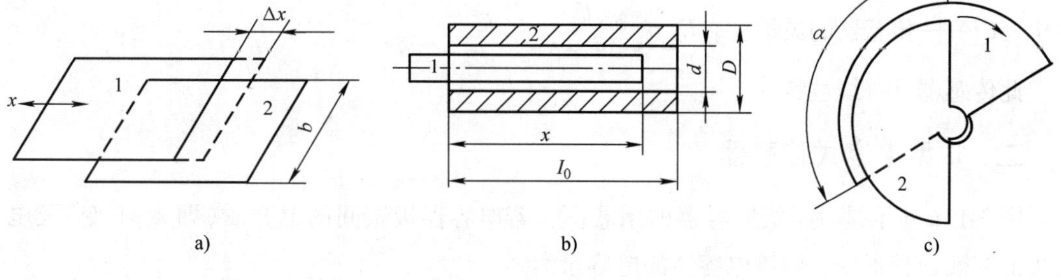

图 3-12　A 型电容式传感器

a）平板平移式　b）圆柱平移式　c）旋转式

1—活动极板　2—固定极板

1. 平板平移式电容传感器

当活动极板 1 沿 x 方向移动 Δx 时(见图 3-12a)，电容器极板有效面积的变化量为

$$\Delta A = b \cdot \Delta x \tag{3-21}$$

由此带来电容量的变化为

$$\Delta C = \frac{\varepsilon_0 \varepsilon_r b}{d} \Delta x = E_c \cdot \Delta x \tag{3-22}$$

式中　E_c——传感器的灵敏度，$E_c = \frac{\varepsilon_0 \varepsilon_r b}{d}$。

对于某一具体的电容式传感器，d、ε_r 和 b 均为定值，即 E_c 为常数。由此可见，该电容式传感器的输出与输入呈线性关系。

2. 圆柱平移式电容传感器

当沿电容器的轴线方向移动圆柱平移式电容传感器的活动极板时(图 3-12b)，利用高斯积分可得到该电容器的电容量为

$$C = \frac{2\pi \varepsilon_0 \varepsilon_r x}{\ln \frac{D}{d}} \tag{3-23}$$

式中　D、d——分别为固定极板的内径和活动极板的外径。

若活动极板的轴向移动量为 Δx，电容的变化量 ΔC 为

$$\Delta C = \frac{2\pi \varepsilon_0 \varepsilon_r}{\ln \frac{D}{d}} \Delta x = E_c \cdot \Delta x \tag{3-24}$$

式中　E_c——传感器的灵敏度，$E_c = \frac{2\pi \varepsilon_0 \varepsilon_r}{\ln \frac{D}{d}}$。

由于 ε_0、ε_r 及 D、d 均为不变的量，因此，此种传感器也具有线性特性。

3. 旋转式电容传感器

图 3－12c 给出的是一种旋转式电容传感器，当活动极板 1 旋转 $\Delta\alpha$ 角度时，电容量的变化 ΔC 为

$$\Delta C = \frac{\varepsilon_0 \varepsilon_r r^2}{2d} \Delta\alpha = E_c \cdot \Delta\alpha \tag{3-25}$$

式中　E_c——传感器的灵敏度，$E_c = \frac{\varepsilon_0 \varepsilon_r r^2}{2d}$。

此传感器具有线性特性。

二、d 型电容式传感器

图 3-13a 所示是一平板电容器的示意图，若电容器极板间的电介质(即 ε_r 不变)及电容极板的有效面积不变，则该电容器的电容量为

$$C = \frac{\varepsilon_0 \varepsilon_r A}{d} = K \frac{1}{d} \tag{3-26}$$

由式(3-26)知，当电容器极板间距 d 改变时，电容量随 d 的变化规律是一双曲线，如图 3-13b 所示。

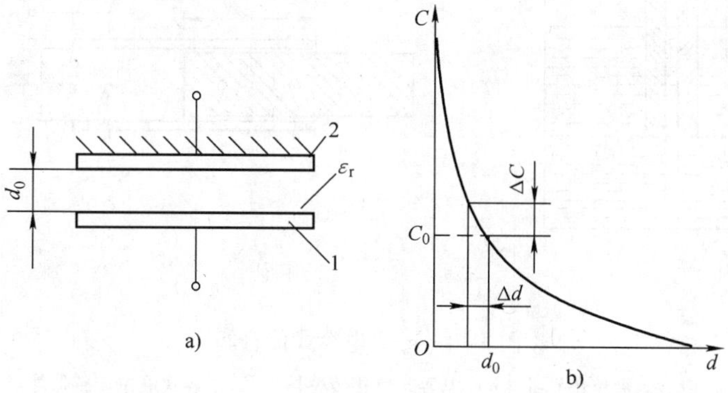

图 3-13　d 型电容式传感器
a) d 型电容式传感器的结构示意图　b) d 型电容式传感器的特性曲线
1—活动极板　2—固定极板

设电容器初始状态两极板的间距为 d_0，对应的电容量 C_0 为

$$C_0 = \frac{\varepsilon_0 \varepsilon_r A}{d_0}$$

当活动极板 1 向固定极板 2 的方向平移 Δd 的距离时，该电容器的电容量将增加 ΔC，即

$$C_0 + \Delta C = \frac{\varepsilon_0 \varepsilon_r A}{d_0 - \Delta d} \tag{3-27}$$

将式(3-27)等式右边的分子和分母同乘以 $d_0 + \Delta d$ 得

$$C_0 + \Delta C = \frac{\varepsilon_0 \varepsilon_r A(d_0 + \Delta d)}{d_0^2 - \Delta d^2}$$

$$\Delta C = \frac{\varepsilon_0 \varepsilon_r A}{d_0^2 - \Delta d^2} \Delta d \tag{3-28}$$

当 Δd 很小时，$d_0^2 - \Delta d^2 \approx d_0^2$，则上式变为

$$\Delta C = \frac{\varepsilon_0 \varepsilon_r A}{d_0^2} \Delta d \tag{3-29}$$

其灵敏度 E_c 为

$$E_c = \frac{\varepsilon_0 \varepsilon_r A}{d_0^2} \tag{3-30}$$

上式表明，当 Δd 很小时，d 型电容式传感器的灵敏度与极板间距的平方成反比，即极板间距越小，灵敏度越高。但当灵敏度提高时，非线性误差亦随之增大。此外，若增加 d_0 时，灵敏度 E_c 迅速减小，这表明此传感器的测量范围非常有限。

三、ε_r 型电容式传感器

图 3-14 是两种不同形式的 ε_r 型电容式传感器，分别称为 ε_r 型电容式液位传感器和 ε_r 型电容式位移传感器。

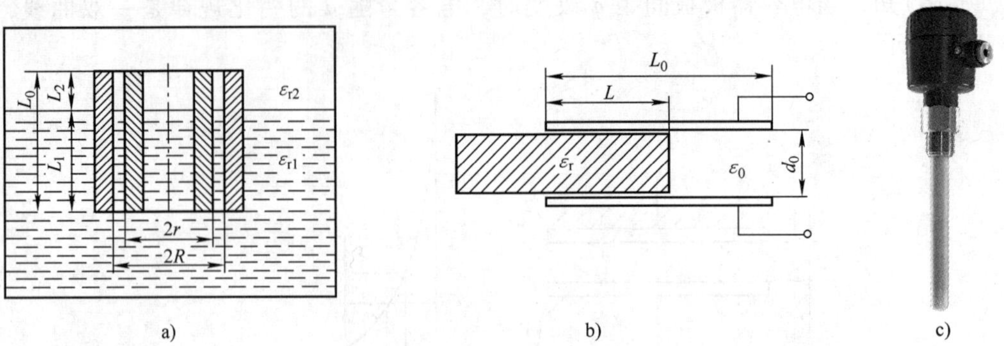

图 3-14　ε_r 型电容式传感器

a）电容式液位传感器　b）电容式位移传感器　c）电容式液位传感器外形

1. ε_r 型电容式液位传感器

设图 3-14a 所示传感器两圆筒形极板的长度为 L_0，内极板的外径为 $2r$、外极板的内径为 $2R$，极板间的液体介质为非导电液体，其介电常数为 ε_{r1}，极板间未被非导电液浸泡的部分是空气，其介电常数 $\varepsilon_{r2}=1$，极板被液体介质浸泡的深度为 L_1，此时该电容式传感器的输出电容 C 为

$$C=\frac{2\pi L_1\varepsilon_{r2}\varepsilon_{r1}}{\ln\frac{R}{r}}+\frac{2\pi(L_0-L_1)\varepsilon_{r2}}{\ln\frac{R}{r}}=\frac{2\pi L_0\varepsilon_{r2}}{\ln\frac{R}{r}}+\frac{2\pi(\varepsilon_{r1}-1)}{\ln\frac{R}{r}}L_1=C_1+E_cL_1 \tag{3-31}$$

式中　C_1——电容器两极板间为空气介质的电容量，$C_1=\dfrac{2\pi L_0\varepsilon_{r2}}{\ln\frac{R}{r}}$；

E_c——电容式传感器的灵敏度，$E_c=\dfrac{2\pi(\varepsilon_{r1}-1)}{\ln\frac{R}{r}}$。

由式(3-31)知，此电容器的特性为线性。

2. ε_r 型电容式位移传感器

由图 3-14b 知，该电容式传感器的电容为

$$C=\frac{\varepsilon_0\varepsilon_r BL}{d}+\frac{\varepsilon_0B(L_0-L)}{d}=\frac{\varepsilon_0BL_0}{d}+\frac{\varepsilon_0B(\varepsilon_r-1)}{d}L=C_1+E_cL \tag{3-32}$$

式中　B——电容器极板宽度；

L_0——电容器极板长度；

ε_0——真空介电常数；

ε_r——固体电介质的介电常数；

L——固体电介质进入电容器极板的深度；

d——极板间距；

C_1——电容器极板间为空气介质的电容量，$C_1=\dfrac{\varepsilon_0BL_0}{d}$；

E_c——传感器的灵敏度，$E_c=\dfrac{\varepsilon_0B(\varepsilon_r-1)}{d}$。

四、差动电容传感器

由第二章的分析知，提高测试系统的灵敏度是提高系统测试精度的有效方法之一；此外任何电器元件，当通电时间延长时，都必然会引起温升，电器件的性能会发生变化，进而会带来测试误差。为了提高测试系统的灵敏度、消除温升所产生的误差，常将电容器做成差动式结构，如图 3-15 所示。差动结构的电容式传感器，其输出电容 C_d 正好是相应的单个电容传感器输出电容的两倍，即传感器的灵敏度是相应单个电容传感器的两倍，而且还自动消除了温升所引起的测试误差。

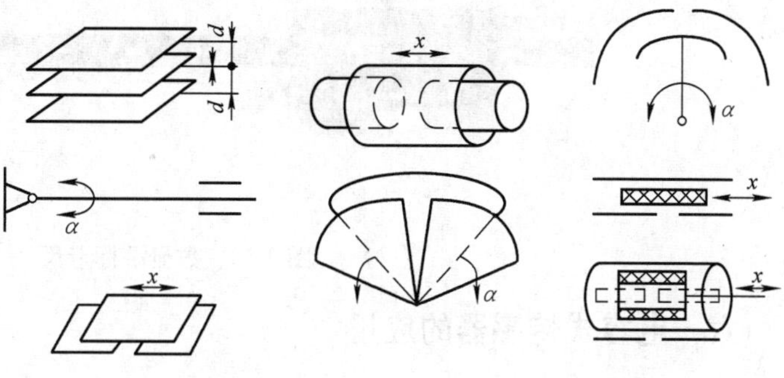

图 3-15　差动式结构的电容式传感器

五、容栅式传感器

由前面对 A 型、d 型和 ε_r 型三类电容式传感器的分析不难发现，电容式传感器的量程都非常有限，即只适合测量一些微小变化的量。然而在汽车试验及工程测试中经常会遇到变化范围很大的量。为了能有效解决变化范围较大的一些物理量的测量问题，近些年，在 A 型电容式传感器的基础上发展起来一种容栅式传感器，如图 3-16 所示。容栅式传感器的量程得到了极大地扩展。从理论上讲，它的测量范围可以达到任意大小。

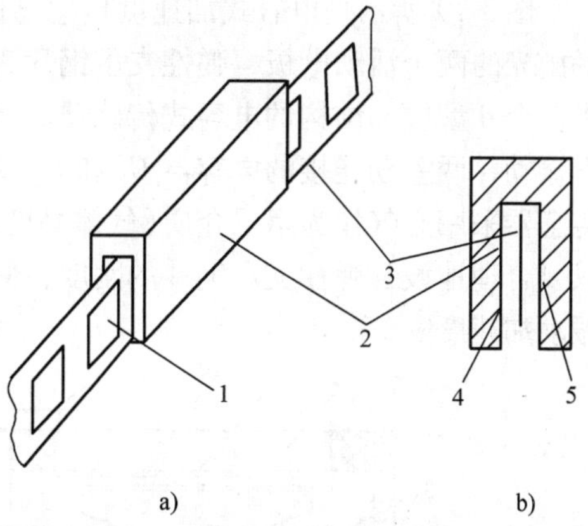

图 3-16　容栅式传感器

a）外形结构　b）剖面图

1—矩形窗口　2—测量装置

3—金属带　4—发射电极　5—接收电极

容栅式传感器仍然由两个电极组成，与前面所介绍的电容式传感器不同的是，传感器的一个极板变成了一个较长的栅片，另一个极板既可以是单极板(图 3-16)，也可以是两块栅片(图 3-17)。

容栅式传感器已发展出多种不同的结构型

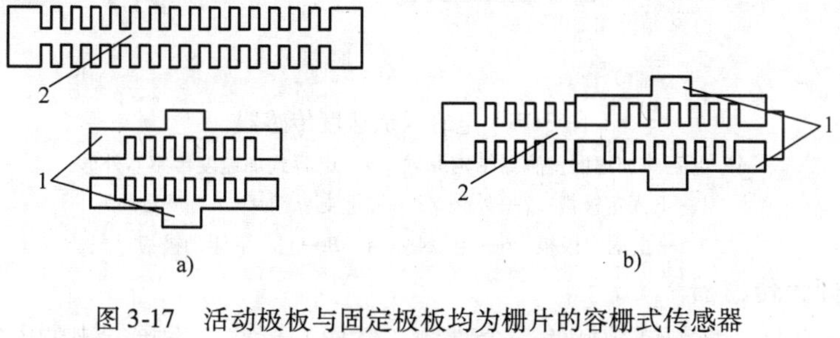

图 3-17　活动极板与固定极板均为栅片的容栅式传感器

a）活动和固定栅片　b）整体

1—活动栅片式极板　2—固定栅片式极板

式，由于其不仅量程大，而且精度很高(可达5μm)，因此被认为是一种极有发展前途的传感器，在汽车试验领域已开始用其来测位置、位移及长度的测量。数显游标卡尺(图3-18)是容栅式传感器在工程测试领域的一个典型应用。

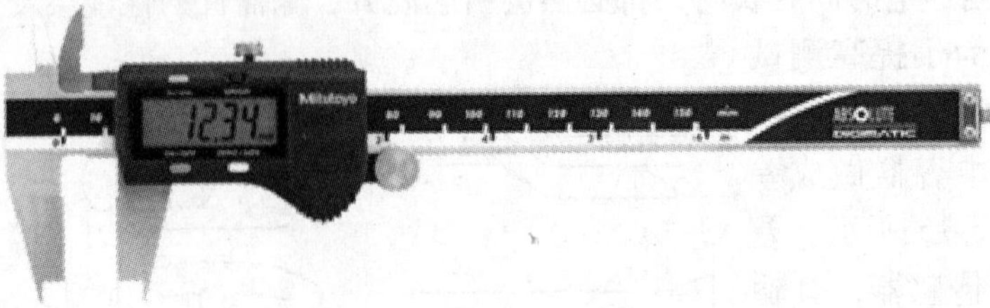

图3-18　数显游标卡尺

六、电容式传感器的应用

由于电容式传感器具有体积小、功耗低、精度高、性能稳定及所需驱动力小等特点，因此在汽车及各工程领域被广泛用于测量位置、位移、压力、振动、噪声和倾角等。下面举两例介绍电容式传感器的应用。

1. 电容式加速度传感器

图3-19所示是电容式加速度传感器的结构示意图。质量块4的上、下两块平面是经磨平抛光的两个活动电极，弹性支承钢片3将其支承在两固定极板5和1的中间，如此便构成了一个d型差动结构的电容式传感器。当该传感器受到振动加速度的作用时，质量块便上、下振动，两差动连接的电容器 C_1 和 C_2 便向外输出与振动加速度相对应的电容量 C。由于该传感器采用空气作为阻尼介质(气体黏度的温度系数比液体小得多)，因此其测试精度较高。只要合理地设计弹性支承钢片的刚度，便可获得高的通频带宽，因此它可以测量较高频率的振动加速度。

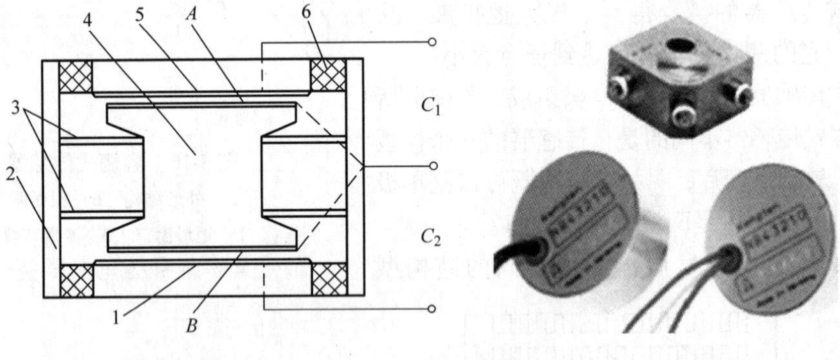

a)　　　　b)

图3-19　电容式加速度传感器

a）电容式加速度传感器结构原理　b）电容式加速度传感器外形

1—下固定极板　2—外壳　3—弹性支承钢片　4—质量块

5—上固定极板　6—绝缘垫　*A*、*B*—上、下活动极板

2. 电容式倾角传感器

倾角测量一直是工程测试领域的一个难题，然而，近些年发展起来的电容式倾角传感器实现了用一种经济、简单的方法解决一个相对较难的倾角测试问题。图3-20是电容式倾角

传感器的工作原理简图。电容器的上极板1是一金属平板，下极板3是一种球形极板(球的一部分)，两极板的连接处用绝缘材料隔开并将不导电的特制液体介质密封在两极板所围的空腔中，液体介质并不注满两极板所围成的空腔。

图3-20a所示是倾角为零的状态。此时只有电容器的下极板的部分面积被不导电的特制液体介质浸泡，而下极板的另外部分和上极板仍处在空气介质中。当传感器随被测试件倾斜任意角度时(图3-20b)，电容器两极板被不导电的特制液体介质浸泡的面积随之改变，介电常数 ε_r 随之发生变化，于是传感器的输出电容 C 随倾角 α 的变化而变化，如此便实现了倾角的测量。

图3-20所示的倾角传感器只能测量单一方向的倾角大小，对其略做改造，便可利用电容式倾角传感器测量绕 x 轴和 y 轴两个方向倾斜的倾角 α 和 β，如图3-21所示。这种传感器称双轴式倾角传感器。

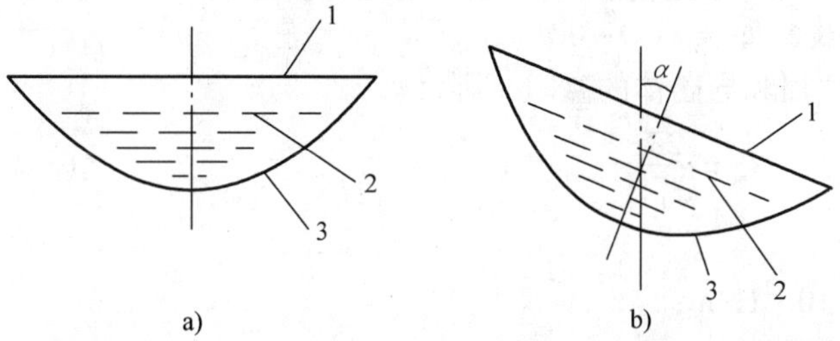

图3-20　电容式倾角传感器

a）倾角为零　b）倾角为 α

1、3—分别是电容器的两个极板　2—不导电的液体介质

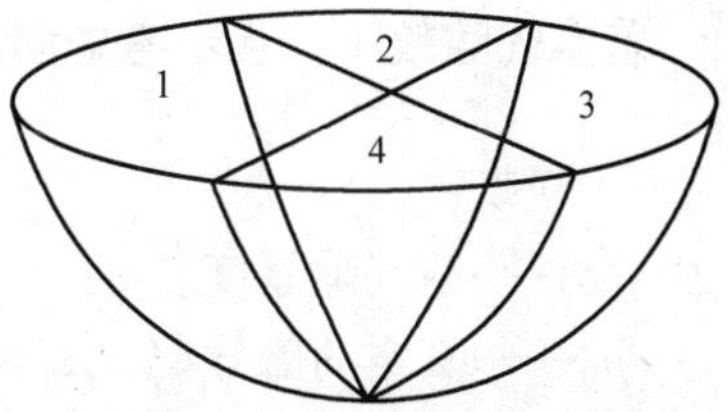

图3-21　双轴式倾角传感器

将图3-20所示的传感器按图3-21所示的方法将其分成四个参数完全相同的电容器1、2、3、4，并将电容器1和3、2和4分别连接成2个差动式结构。显然，由电容器1和3组成的差动式 ε_r 型电容传感器可测量绕 y 轴的倾角 α，由2和4组成的差动式 ε_r 型电容传感器可测量绕 x 轴的倾角 β。这种传感器在各工程领域的应用十分广泛，如航空、航天器的飞行姿态控制，汽车车轮定位参数的测量，高层建筑及桥梁施工的倾斜量测量等。

第三节　电感式传感器

电感式传感器是利用电磁感应原理将被测的非电感量转换为电感量的变化。电磁感应有自感和互感之分，与之对应的分别称为自感式和互感式传感器。

一、自感式传感器

图3-22所示是三种不同结构形式的自感式传感器，由电磁感应原理可知，线圈1中电感 L 为

$$L=\frac{N^2}{R_m} \tag{3-33}$$

式中　N——线圈的匝数；

R_m——磁路的磁阻。

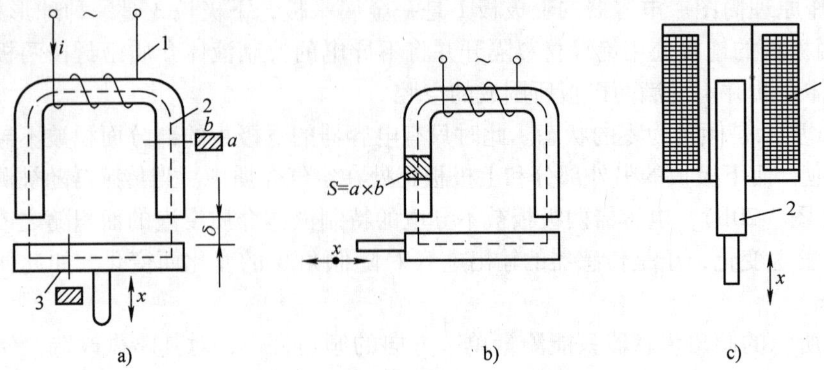

图 3-22　自感式传感器

a）δ 型自感式传感器　b）A 型自感式传感器　c）螺旋管式自感传感器

1—线圈　2—铁心　3—衔铁

若空气隙较小，且不考虑磁路的铁损和导磁体的磁阻，则

$$R_m = \frac{2\delta}{\mu_0 A} \tag{3-34}$$

式中　δ——空气隙厚度，m；

μ_0——真空的磁导率，$\mu_0 = 4\pi \times 10^{-7}$H/m；

A——空气隙的截面积，m^2。

将式(3-34)代入式(3-33)得线圈的电感量为

$$L = \frac{N^2\mu_0 A}{2\delta} \tag{3-35}$$

由上式知，改变空气隙厚度 δ 或空气隙的截面积 A 均可改变电感 L。据此便可制造出两种不同的传感器：①变空气隙厚度的自感式传感器，简称为 δ 型自感式传感器(图 3-22a)；②变空气隙截面积的自感式传感器，简称为 A 型自感式传感器，如图 3-22b 所示。图 3-18c 所示是一种螺旋管式自感传感器。

1. δ 型自感式传感器

由式(3-35)知，δ 型自感式传感器的特性曲线是一双曲线，如图 3-23a 所示，该传感器的灵敏度 E_c 为

$$E_c = \frac{dL}{d\delta} = -\frac{N^2\mu_0 A}{2\delta^2} \tag{3-36}$$

式(3-36)表明，δ 型自感式传感器的灵敏度与气隙厚度 δ^2 成反比，δ 越小，灵敏度越高。

2. A 型自感式传感器

当气隙厚度 δ 不变时，该传感器的电感值 L 与气隙截面积呈线性关系，如图 3-23b 所示，灵敏度 $E_c = \dfrac{N^2\mu_0}{2\delta}$。

3. 螺旋管式自感传感器

螺旋管式自感传感器输出电感的计算比较复杂，在此直接引用“电磁学”中的结论，即电感 L 为

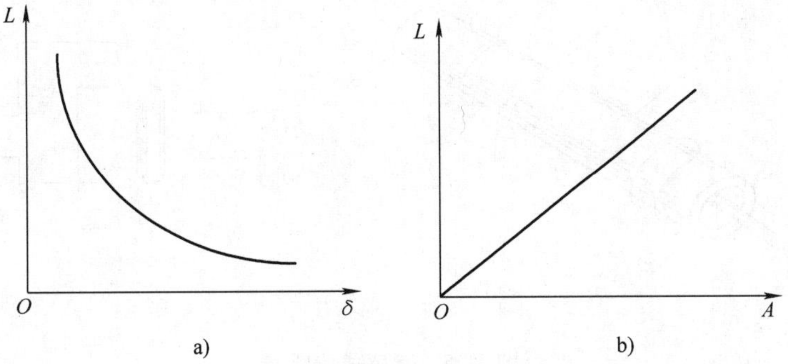

图 3-23　自感式传感器的特性曲线
a）δ 型自感式传感器　b）A 型自感式传感器

$$L=\left(\frac{\mu_0 \pi R^2}{h-t}+\frac{\lambda t^2}{3h^2}\right)N^2 \tag{3-37}$$

式中　μ_0——真空的磁导率，$\mu_0=4\pi\times10^{-7}\text{H/m}$；
R——磁通作用半径；
h——线圈的高度；
t——铁心插入线圈的深度；
λ——比磁导；
N——线圈的匝数。

上式表明，螺旋管式自感传感器的特性是一条复杂的曲线。通常螺旋管式自感传感器的特性曲线由试验获得，因为式(3-37)是在某些假设的基础上得到的，它与实际存在一定的误差。

4. 差动式自感传感器

电感式传感器最突出的特点是线圈通电后会产生温升，而温度的变化会带来输出特性的变化。此外，供电电压的波动也会给测试带来影响，为克服这些不足，提高传感器的灵敏度，在实际应用中，和电容式传感器一样，常采用差动式结构，如图 3-24 所示。

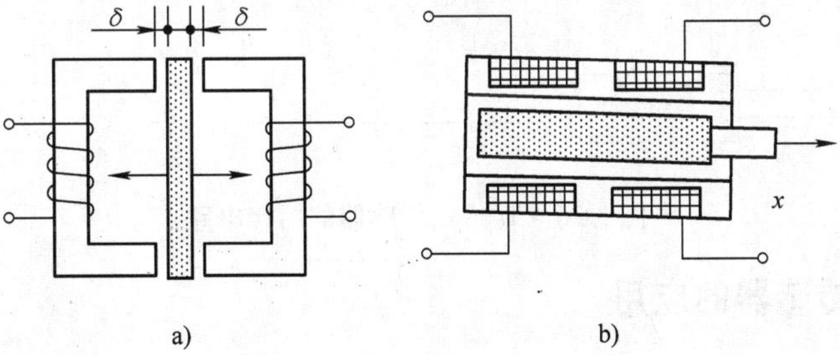

图 3-24　差动式自感传感器

二、互感式传感器

互感式传感器常采用两个次级线圈组成差动式结构，因此又称为差动变压器式传感器，如图 3-25 所示。在结构上，差动变压器式传感器和差动式自感传感器基本相同，所不同的

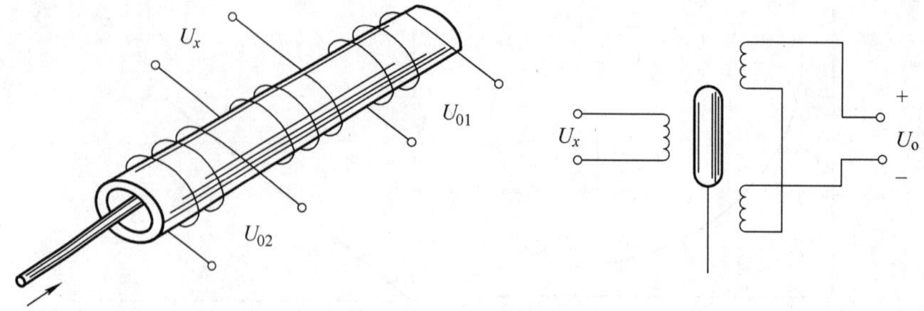

图 3-25　互感式传感器

只是差动变压器式传感器在一个铁心上绕制了初级线圈和次级线圈，两个次级线圈反向串联，当给初级线圈 w 加上交流电压 U_x 时，次级线圈 w_1 和 w_2 分别产生感应电动势 U_{01} 和 U_{02}，其大小与衔铁位移 x 有关。当衔铁在中间位置时，$U_{01}=U_{02}$ 输出电压 $U_o=U_{01}-U_{02}=0$；当衔铁向上偏离中心位置时，$|e_{01}|>|e_{02}|$，$|U_o|=|U_{01}|-|U_{02}|>0$；当衔铁向下偏离中心位置时，$|e_{01}|<|e_{02}|$，$|U_o|=|U_{01}|-|U_{02}|<0$。

通常，U_o 不直接作为传感器的输出电压，因为：①传感器的输出是交流电压，其幅值与衔铁位移成正比，因此输出电压的大小只能反映衔铁的位置，而不能反映其运动的方向；②当衔铁经过中间位置时，其输出有一定的零点残余电压，因此，即使 U_{01} 和 U_{02} 的有效值相等，由于其相位不相同，输出电压 U_o 亦不等于零。为此，互感式传感器的后接电路常采用能反映衔铁位置和运动方向的可补偿零点残余电压的相敏检波电路，如图 3-26 所示。

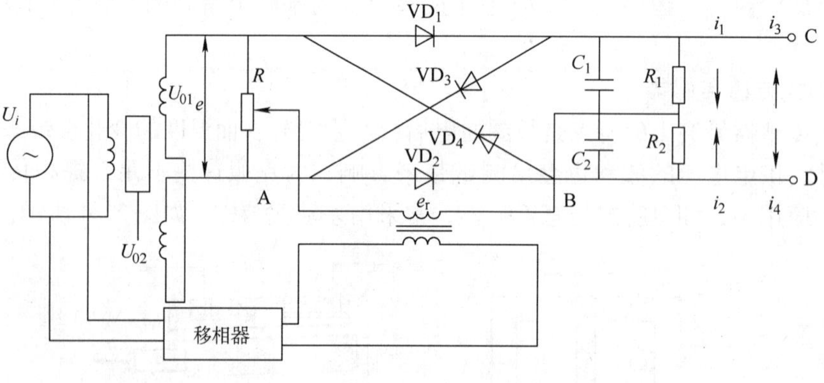

图 3-26　互感式传感器的后接电路

三、电感式传感器的应用

电感式传感器是一种结构简单、工作可靠、灵敏度高、重复性好、精度高的传感器，因此在汽车及工程领域应用十分广泛。

从电感式传感器的工作原理看，其输入方式与电容式传感器很相像，因此绝大多数可用电容式传感器所测得的量均可用电感式传感器来测量(倾角的测量除外)。即电感式传感器可用于测量位置、位移、振动、噪声和压力等。

第四节　气体传感器

可用于检测气体浓度或成分的传感器统称为气体传感器。气体传感器的种类很多，分类方法各异。

按结构的不同，气体传感器可分为干式气体传感器和湿式气体传感器两大类。构成材料为固体的称为干式气体传感器；利用水溶性或电解液感知气体浓度或成分的气体传感器称为湿式气体传感器。

按工作原理的不同，气体传感器可分为接触燃烧式气体传感器、半导体式气体传感器、固体电化学式气体传感器和红外吸收式气体传感器。

一、接触燃烧式气体传感器

1. 接触燃烧式气体传感器的工作原理

可燃性气体(H_2、CO、CH_4 等)与空气中的氧气接触，发生氧化反应，产生反应热(无焰接触燃烧热)，使得作为敏感材料的铂丝温度升高，电阻值相应增大。一般情况下，空气中可燃性气体的体积分数都不太高(低于 10%)，可燃性气体可以完全燃烧，其发热量与可燃性气体的浓度有关。空气中可燃性气体体积分数愈大，氧化反应(燃烧)产生的反应热量(燃烧热)愈多，铂丝的温度变化(增高)愈大，其电阻值增加的就越多。因此，只要测定作为敏感件的铂丝的电阻变化值(ΔR)，就可检测空气中可燃性气体的体积分数。但是，使用单纯的铂丝线圈作为检测元件，其寿命较短，所以，实际应用的检测元件，都是在铂丝圈外面涂覆一层氧化物触媒。这样既可以延长其使用寿命，又可以提高检测元件的响应特性。

接触燃烧式气体敏感元件的桥式电路如图 3-27 所示。图中 F_1 是检测元件；F_2 是补偿元件，其作用是补偿可燃性气体接触燃烧以外的环境温度、电源电压变化等因素所引起的偏差。工作时，要求在 F_1 和 F_2 上保持 100 ~ 200mA 的电流通过，以供可燃性气体在检测元件 F_1 上发生氧化反应(接触燃烧)所需要的热量。当检测元件 F_1 与可燃性气体接触时，由于剧烈的氧化作用(燃烧)，释放出热量，使得检测元件的温度上升，电阻值相应增大，桥式电路不再平衡，在 A、B 间产生电位差 E

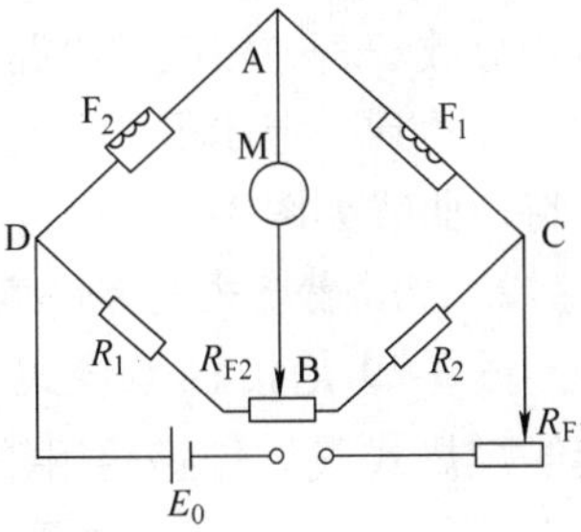

图 3-27　接触燃烧式气体敏感元件的桥式电路

$$E = E_0\left(\frac{R_{F1} + \Delta R_F}{R_{F1} + R_{F2} + \Delta R_F} - \frac{R_1}{R_1 + R_2}\right) \tag{3-38}$$

式中　R_{F1}——检测元件 F_1 的电阻值，Ω；

ΔR_F——检测元件 F_1 在测试过程中的电阻值的变化，Ω；

R_{F2}——补偿原件 F_2 的电阻值，Ω；

R_1、R_2——电桥电阻，Ω。

因为 ΔR_F 很小，且 $R_{F1}R_1 = R_{F2}R_2$，式(3-38)可改写为

$$E = E_0\left[\frac{R_1}{(R_1 + R_2)(R_{F1} + R_{F2})}\right]\left(\frac{R_{F2}}{R_{F1}}\right)\Delta R_F \tag{3-39}$$

令 $k=E_0R_1/[(R_1+R_2)(R_{F1}+R_{F2})]$，则有

$$E=k\left(\frac{R_{F2}}{R_{F1}}\right)\Delta R_F \tag{3-40}$$

若检测元件 F_1 和补偿元件 F_2 的电阻比（R_{F2}/R_{F1}）接近于1，A、B两点间的电位差 E 近似地与 ΔR_F 成比例。在此，ΔR_F 是由于可燃性气体接触燃烧所产生的温度变化（燃烧热）引起的，与接触燃烧热（可燃性气体氧化反应热）成比例，即 ΔR_F 可用下式表示

$$\Delta R_F=\rho\Delta T=\rho\frac{\Delta H}{C}=\rho\alpha m\frac{Q}{C} \tag{3-41}$$

式中　ρ——检测元件的电阻温度系数；

ΔT——由于可燃性气体接触燃烧所引起的检测元件的温度增加值；

ΔH——可燃性气体接触燃烧的发热量；

C——检测元件的热容量；

Q——可燃性气体的燃烧热；

m——可燃性气体的体积分数[%(Vol)]；

α——由检测元件上涂覆的催化剂决定的常数。

ρ，C 和 α 的数值与检测元件的材料、形状、结构、表面处理方法等因素有关。Q 由可燃性气体的种类决定。因而，在一定条件下均为常数。将式(3-41)代入式(3-40)得

$$E=k\rho\alpha m\frac{R_{F2}}{R_{F1}}\frac{Q}{C} \tag{3-42}$$

即A、B两点间的电位差与可燃性气体的浓度 m 成比例。在A、B两点间连接电流计或电压计，就可以测得A、B间的电位差 E，并由此求得空气中可燃性气体的体积分数。若与相应的电路配合，就能在空气中当可燃性气体达到一定体积分数时，自动发出报警信号，其感应特性曲线如图3-28所示。

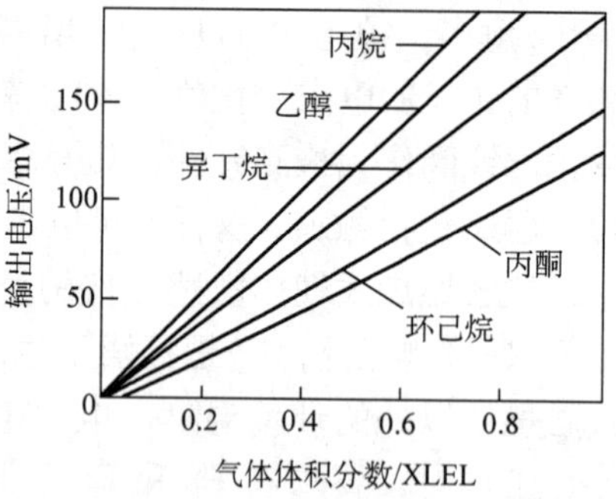

图3-28　接触燃烧式气体传感器的特性

2. 接触燃烧式气体传感器的结构

图3-29是接触燃烧式气体传感器的结构示意图，接触燃烧式气体传感器用铂丝绕制成线圈，为了使线圈具有适当的阻值（1～2Ω），一般绕10圈以上。在线圈外面涂以氧化铝或氧化铝和氧化硅组成的膏状涂覆层，干燥后在一定温度下烧结成球状多孔体。将烧结后的小球，放在贵金属铂、钯等的盐溶液中，充分浸渍后取出烘干。然后经过高温热处理，使在氧化铝（氧化铝—氧化硅）载体上形成贵金属触媒层，最后组装成气体敏感元件。作为补偿元件的铂线圈，其尺寸、阻值均应与检测元件相同，并且，也应涂覆氧化铝或者氧化硅载体层，只是无须浸渍贵金属盐溶液或者混入贵金属触媒粉体以形成触媒层。

二、半导体式气体传感器

半导体式气体传感器的敏感元件大多是以金属氧化物半导体为基础材料。当被测气体在半导体表面吸附后，使半导体敏感材料的电学特性（例如电导率）发生变化，这一现象称为气敏效应，具有气敏效应的半导体材料又称气敏电阻。常用的气敏材料有：SnO_2、ZnO、

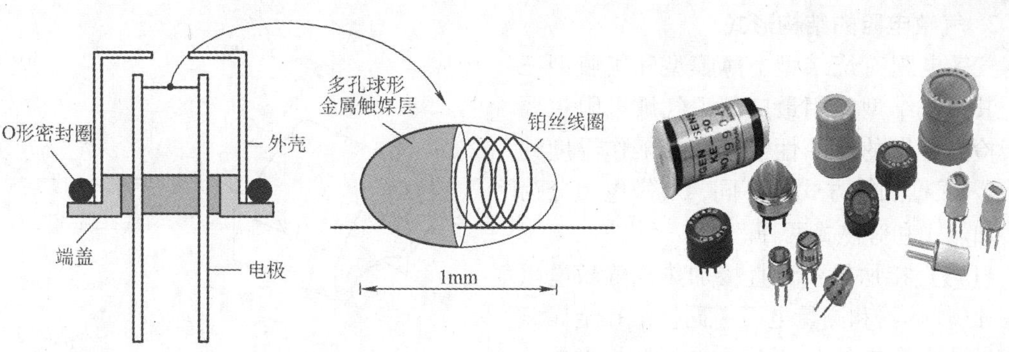

a)　　　　b)

图 3-29　接触燃烧式气体传感器结构示意图

a）元件的内部示意图　b）敏感元件外形图

Fe_2O_3、MgO、NiO、$BaTiO_3$ 等。通过测量其电阻的变化，就可以实现对气体的检测。半导体式气体传感器可以有效地用于：甲烷、乙烷、丙烷、丁烷、酒精、甲醛、一氧化碳、二氧化碳、乙烯、乙炔、氯乙烯、苯乙烯、丙烯酸等很多气体的检测。半导体式气体传感器低廉的成本使其在各个领域得到了广泛的应用。

1. 气敏电阻的特性参数

（1）气敏电阻的固有电阻值　将半导体气体传感器在常温下置于洁净空气中所测得的电阻，称为气敏电阻的固有电阻值 R_a，其值为 103 ~ 105Ω。由于地理环境的差异，各地区空气中含有的气体成分差别较大，即使对于同一气敏电阻在温度相同的条件下，在不同地区进行测量，其电阻值也会各不相同。

（2）气敏元件的加热电阻和加热功率　气敏电阻一般工作在200℃以上的高温下。为气敏元件提供必要工作温度的加热电路的电阻（指加热器的电阻值）称为加热电阻，用 R_H 表示。直热式的加热电阻的阻值一般小于 5Ω；旁热式的加热电阻的阻值大于 20Ω。气敏元件正常工作所需的加热电路功率，称为加热功率，用 P_H 表示，其数值为 0.5 ~ 2.0W。

（3）气敏电阻的响应时间　在工作温度下，从气敏电阻与一定体积分数的被测气体接触开始，到气敏电阻的阻值达到在此体积分数下稳定电阻值的63%为止所经历的时间，称为气敏电阻的响应时间，用 t_r 表示。

（4）气敏电阻的恢复时间　在工作温度下，从气敏元件脱离被测气体时开始，至其阻值恢复到在洁净空气中阻值的63%时为止所需的时间，称为气敏电阻的恢复时间，用 t_f 表示。

（5）初期稳定时间　长期在非工作状态下存放的气敏电阻，因表面吸附空气中的水分或者其他气体，导致其表面状态变化。因此，使气敏电阻恢复正常工作状态需要一定的时间，此时间称为气敏元件的初期稳定时间。通常气敏电阻在刚通电的瞬间，其电阻值会先下降后上升，最后达到稳定值。从接通气敏电阻的电源到电阻值到达稳定值所需的时间，称为初期稳定时间。初期稳定时间是气敏电阻存放时间和环境状态的函数。存放时间越长，其初期稳定时间也就越长。在一般条件下，气敏电阻存放两周以后，其初期稳定时间即可达最大值。

2. 气敏电阻的结构形式

气敏电阻有烧结型、薄膜型和厚膜型三类，其中烧结型应用最广泛。气敏电阻主要用于检测可燃的还原性气体，其工作温度约300℃。根据加热方式的不同，气敏电阻分为直接加热式和旁热式两种。

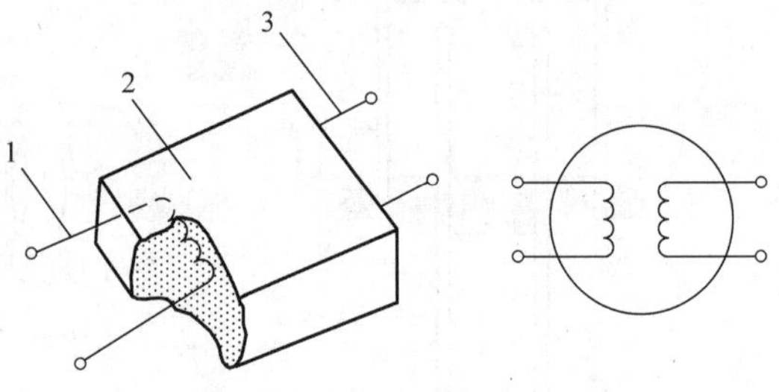

a)　　b)

图3-30　直接加热式气敏电阻

a）结构　b）符号

1—测量电极　2—烧结体　3—加热电极

（1）直接加热式　直接加热式气敏电阻由芯片(加热器和测量电极一同烧结在金属氧化物半导体管芯内)、基座和金属防爆网罩三部分组成，如图3-30所示。因其热容量小、稳定性差，测量电路与加热电路间易相互干扰，加热器与气敏电阻基体间由于热膨胀系数的差异而容易导致接触不良，因此，此种形式的热敏电阻在工程实践中应用相对较少。

（2）旁热式　旁热式热敏电阻以陶瓷管为基底，管内穿加热丝，管外侧有两个测量极，测量极之间为金属氧化物气敏材料，经高温烧结而成，如图3-31所示。

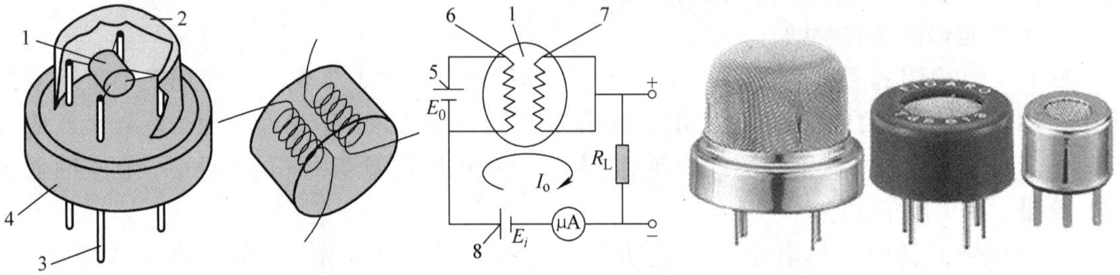

a)　　b)　　c)　　d)

图3-31　旁热式气敏电阻

a）气敏电阻结构　b）烧结体　c）基本测量转换电路　d）气敏电阻外形

1—烧结体　2—不锈钢网罩　3—引脚　4—塑料底座　5—加热回路电源

6—加热电极　7—工作电极　8—测量回路电源

三、固体电解质式气体传感器

导电体有两大类。一类是金属导体，依靠自由电子导电。当电流通过导体时，导体本身不发生任何化学变化。另一类是电解质导体，依靠离子的运动导电，在相界面有化学反应发生，其电导率随温度升高而增大。电解质导体有液体和固体之分，固体电解质是离子迁移速度较高的固态物质，具有一定的形状和强度。对于多数固体电解质而言，只有在较高温度下，电导率才能达到10^{-6}S/cm数量级，因此固体电解质的电化学实际上是高温电化学。

ZrO_2具有很好的耐高温性能以及化学稳定性。它在常温下是单斜晶系晶体，当温度升高到约1150℃时发生相变，成为正方晶系，同时产生大约9%(有资料介绍为7%)的体积收缩。温度下降时相变会逆转。由于ZrO_2晶形随温度变化，因此它也是不稳定的。但若在ZrO_2中加入一定数量阳离子半径与Zr^{4+}相近的氧化物，如CaO、MgO、Y_2O_3、Sc_2O_3等，经高温煅烧后，它们与ZrO_2形成置换式固溶体。掺杂后，ZrO_2晶形将变为萤石型立方晶系，并且不再随温度变化，成为稳定的 ZrO_2。掺入 CaO 的 ZrO_2 可记作 ZrO_2 – CaO 或 ZrO_2(CaO)，其余类同。稳定的 ZrO_2 和用类似的方法制作的 TiO_2 固体电解质是制造气体传感器较为理想的材料。固体电解质式气体传感器可用来测量 O_2、H_2、C_4H_{10}、CH_4、CO、CO_2、NO_2、H_2S、NO、NH_3、PH_3 等多种气体。

安装在汽车发动机排气管上的氧传感器大多用 ZrO_2 或 TiO_2 制成，图 3-32 和图 3-33 所示分别是 ZrO_2 和 TiO_2 氧传感器的结构图。下面以 ZrO_2 氧传感器为例介绍其结构原理。

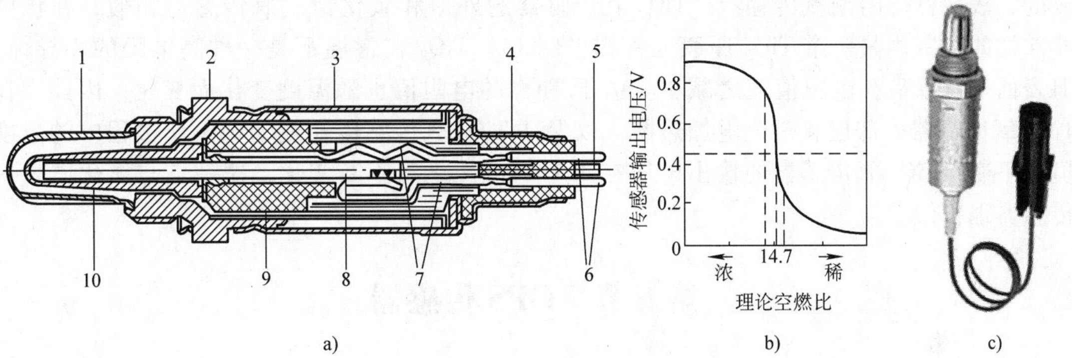

图 3-32　ZrO_2 氧传感器

a）传感器内部结构　b）传感器特性曲线　c）传感器外形

1—带槽保护套　2—管座　3—外壳　4—绝缘体　5—电极

6—传感器加热线　7—簧片　8—加热电阻　9—陶瓷体　10—多孔陶瓷电极板

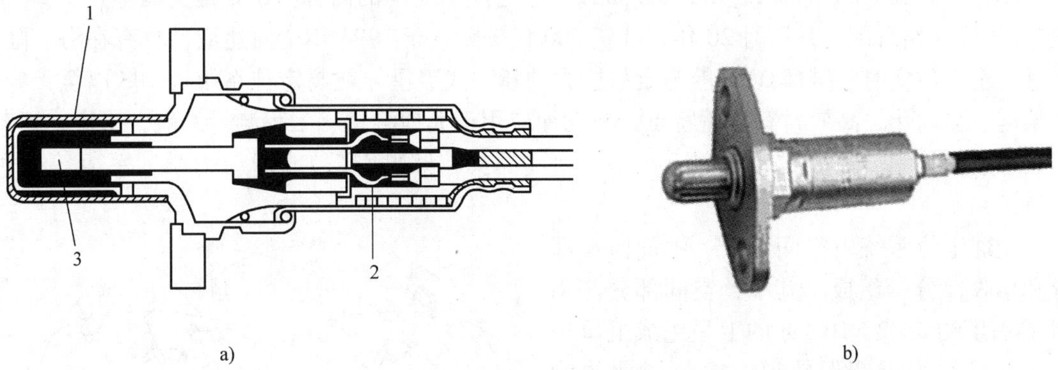

图 3-33　TiO_2 氧传感器

a）TiO_2 氧传感器内部结构　b）TiO_2 氧传感器外形

1—保护套管　2—连接线　3—二氧化钛厚膜元件

ZrO_2 氧传感器的基本元件是陶瓷体 9，固定在管座 2 中。多孔陶瓷电极板(ZrO_2 固体电解质)10 的一边与环境空气接触。多孔陶瓷电极板的外面有一带槽的保护套 1，一旦氧气渗入到多孔陶瓷电极板就会发生电离，若陶瓷体内(大气)、外(废气)侧氧含量不一致，即存在体积分数差时，在多孔陶瓷电极板内部的氧离子从大气一侧向废气一侧扩散，在多孔陶瓷电极板间便产生电压，即电信号。当混合气体积分数小时，废气中含氧量多，多孔陶瓷电极板两侧的氧体积分数差相对较小，电极间只产生小的电压；当混合气体积分数大时，废气中含氧量少，同时伴有较多的未完全燃烧的中间产物 CO、HC 等，这些成分在氧传感器外表面的作用下，消耗废气中残余的氧，使多孔陶瓷电极板外表面氧气的体积分数变为零，这样就使其两侧的氧气体积分数差突然增大，两极间产生的电压便突然增大。氧传感器输出的电压在空燃比为理论空燃比(14.7)时发生突变。当可燃混合气体积分数较小时，氧传感器的输出电压几乎为0；当可燃混合气体积分数相对较大时，氧传感器的输出电压接近1V(图3-32b)。

氧化钛式氧传感器是利用 TiO_2 材料的电阻值随排气中氧含量的变化而变化的特性制成的，故又称电阻型氧传感器。TiO_2 氧传感器的外形和氧化锆式氧传感器相似，在传感器前端的护罩内是一个 TiO_2 厚膜元件(图3-33)。TiO_2 在常温下是一种高电阻的半导体，但表面一旦缺氧，电阻值随之减小。由于 TiO_2 的电阻值也随温度变化而变化，因此，在 TiO_2 氧传感器内部也有一个电加热器，以保证 TiO_2 氧传感器在发动机工作过程中的温度恒定不变。TiO_2 氧传感器的输出电压在0.1～0.9V之间不断变化，这一点与氧化锆式氧传感器很相似。

第五节　GPS传感器

所谓GPS传感器实质上是利用GPS接收机(也称GPS天线)实现绝对/单点定位测量，通过相应的计算得到所需的测试结果。当然，欲使GPS接收机实现其测试功能，必须要有GPS系统。

全球定位系统，即GPS的英文全称是Global Positioning System，是“导航卫星测时与测距(Navigation Satellite Timing And Ranging)全球定位系统”的简称。GPS是美国军方从20世纪70年代开始研制的，历时20年，耗资200亿美元，于1994年全面建成，具有在海、陆、空进行全方位实时三维(3D)导航与定位能力的新一代卫星导航与定位系统。GPS以全天候、高精度、自动化、高效益等显著特点，成功地应用于大地测量、工程测量、航空摄影、运载工具导航和管制、地壳运动监测、工程变形监测、资源勘察、地球动力学、军事等多种学科。

全球定位系统由空间部分、地面监控部分和接收部分等组成。其中：空间部分使用24颗高度约 2.02×10^4km的卫星组成卫星星座。卫星均为近圆形轨道，运行周期约为11h58min，分布在6个轨道面上(每轨道面4颗)，轨道倾角为55°，如图3-34所示。卫星的分布使得在全球的任何地方，任何时间都可观测到4颗以上的卫星，并能保持良好定位解算精度的几何图形(DOP)。这就提供了在时间上连续的全球导航能力。地面监控部分包括4个监控站、1个上行注入站和1个主控站。监控站设有GPS用户接收机、原子钟、收集当地气象数据的传感器和进行数据初步处理的计算机。监控站的主要任务是

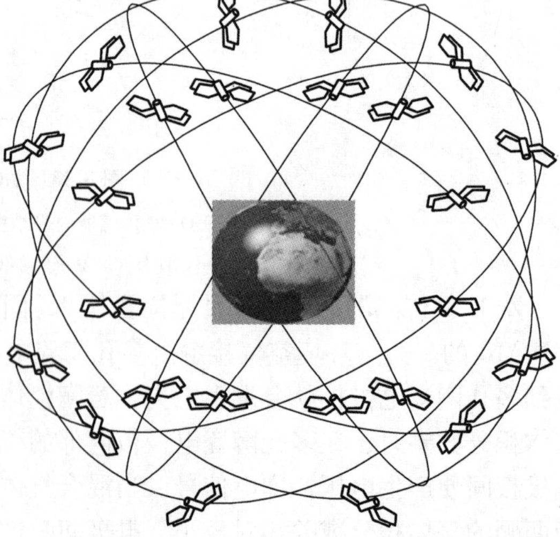
图3-34　GPS卫星星座

取得卫星观测数据并将这些数据传送至主控站。主控站设在范登堡空军基地。它对地面监控部实行全面控制。主控站主要任务是收集各监控站对 GPS 卫星的全部观测数据，利用这些数据计算每颗 GPS 卫星的轨道和对卫星钟进行修正。接收部分已有各种不同功能和不同用途的设备，目前 GPS 接收部分一般可以同时接收 12 颗卫星信号。GPS 接收部分收到 3 颗卫星的信号可以输出二维(2D)数据，即只有经纬度数据，没有高度数据。如果收到 4 颗以上的卫星，就能输出 3D 数据，可以提供海拔高度。但由于地球不是标准球体，因此高度数据有一定的误差。现在有些 GPS 接收设备内置了大气压表，通过多渠道得到的高度数据综合出最终的海拔高度，从而提高了准确度。

GPS 信号有 C/A 码和 P 码两种类型。C/A 码的误差是 29.3 ~ 2.93m。民用接收设备利用 C/A 码计算定位。美国在 20 世纪 90 年代中期为了自身的安全考虑，在信号上作了干扰处理，令接收机的误差增大，达到 100m 左右。但在 2000 年 5 月 2 日之后，干扰取消。所以，现在的 GPS 精度都能在 20m 以内。P 码的误差为 2.93 ~ 0.293m 是 C/A 码的 1/10，但是 P 码只有美国军方才能使用。

GPS 定位坐标系：常用的是 LAT/LON 即经纬度，以及海拔高度。一般从 GPS 得到的数据也是经纬度和海拔高度。在经纬度坐标系里，纬度是平均分配的，从南极到北极一共 180 个纬度。经度就不是这样，在纬度为零的时候，即在赤道上，一个经度之间的距离大约是 111.319km，经线随着纬度的增加，距离越来越近，最后交汇于南北极点。

GPS 以地心为原点，z 轴指向北极，如图 3-35 所示。其工作原理是测量出已知位置的卫星到用户接收机之间的距离，然后综合多颗卫星的数据计算出接收机的具体位置。而卫星的位置可以根据卫星星载时钟所记录的时间(以下简称卫星时间)在卫星星历中查出。GPS 系统卫星部分的作用就是不断地发送电文。当用户接到电文时，提取出卫星时间并将其与自己的时钟做对比便可得知卫星与接收设备的距离，再利用电文中的卫星星历数据推算出卫星发送电文时所处位置，从而接收设备在大地坐标系中的位置速度等信息便可得知。然而，由于用户接收设备使用的时钟与卫星星载时钟不可能总是同步，所以除了用户的三维坐标 x、y、z 外，还要引进一个 Δt，即卫星与接收设备之间的时间差作为未知数，然后用四个方程将这四个未知数解出来。所以如果想知道接收设备所处的位置，至少要能接收到四个卫星的信号。

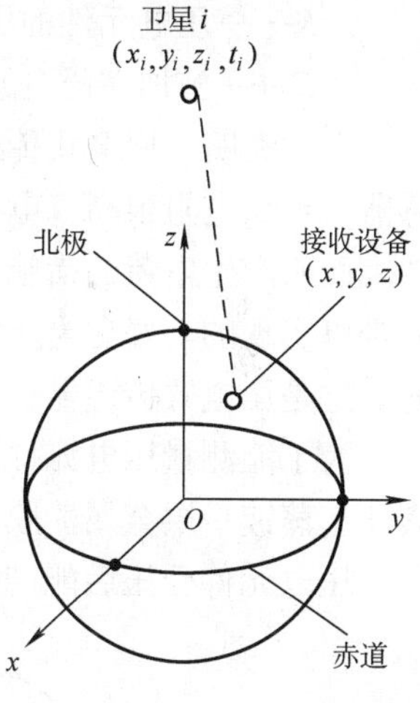

图 3-35　GPS 定位原理

接收器与卫星之间的距离为

$$(x-x_i)^2+(y-y_i)^2+(z-z_i)^2=c^2\ (t-t_i)^2 \tag{3-43}$$

式中　(x_i, y_i, z_i, t_i)——第 i 个卫星的坐标；

(x, y, z)——接收设备的坐标；

c——光速。

将各卫星的坐标(x_i, y_i, z_i, t_i)代入式(3-43)便可解出接收设备的坐标(x, y, z)。GPS 接收设备移动时，其坐标(x, y, z)随之发生变化，将坐标的变化量对事件求导，即$\frac{dx}{dt}$、$\frac{dy}{dt}$、$\frac{dz}{dt}$是

接收设备在各坐标方向上的运行速度，这就是 GPS 的测速原理。

GPS 传感器已大量用于汽车的性能试验，其测试内容包括最高车速、加速性能、爬坡性能、制动性能、滑行性能、操纵稳定性、最小稳定车速等。

第六节　压电式传感器

压电效应：某些功能材料，当对其沿一定方向施压时，晶体不仅会产生机械应变，其内部还会产生极化现象，从而在材料的相对表面上产生异性电荷而形成电场；当外力移去后，晶体重新恢复到不带电的状态。利用压电效应制成的传感器称为压电式传感器。压电效应是由法国人皮埃尔·居里和雅克·居里于 1880 年发现的。已发现具有压电效应的材料有三类：①单晶压电晶体，如石英、罗谢尔盐(四水酒石酸钾钠)、硫酸锂、磷酸二氢铵等；②多晶压电陶瓷，如极化的铁电陶瓷(钛酸钡)、锆钛酸铅等；③高分子压电薄膜，如聚偏二氟乙烯、聚氟乙烯等。

虽然不同的压电材料产生压电效应的机理不尽相同，但对所有压电材料制成的压电元件来说，外力加于其晶面所产生的电荷量的关系式却都很相似，即

$$Q = KF \tag{3-44}$$

式中　Q——压电元件表面产生的电荷量；

K——压电元件的压电系数；

F——施加在压电元件上的压力。

上式表明，压电式传感器所产生的电荷量与所施的压力成正比。值得注意的是，压电传感器的绝缘电阻很高，电荷易泄漏，欲获得一个精确的测量结果，就必须采用不消耗压电元件表面所产生电荷的措施，即压电传感器与后继设备不进行能量交换，这在实际测试过程中是难以实现的。好在当压电元件受动态交变力作用时，压电元件产生的电荷可不断地得到补充。这是压电式传感器适合于动态测量，而不适合于静态测量的原因。

为了能测量压电元件两工作表面上所产生的电荷量，常用金属蒸镀法在压电晶片两工作表面上蒸镀一层金属薄膜，其材料多为银或金，从而构成两个相应的电极，如图 3-36 所示。

压电元件受压后能产生的电荷量很小，在实际使用中，常把多片组合在一起使用，且根

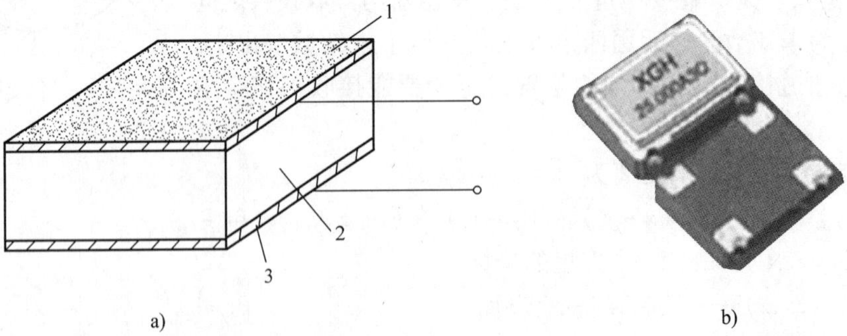

图 3-36　压电晶片

a）压电晶片结构示意图　b）双面镀银并封装的压电晶片

1、3—蒸镀的金属薄电极　2—压电晶片

据输出的需要进行串联或并联连接，如图 3-37 所示。

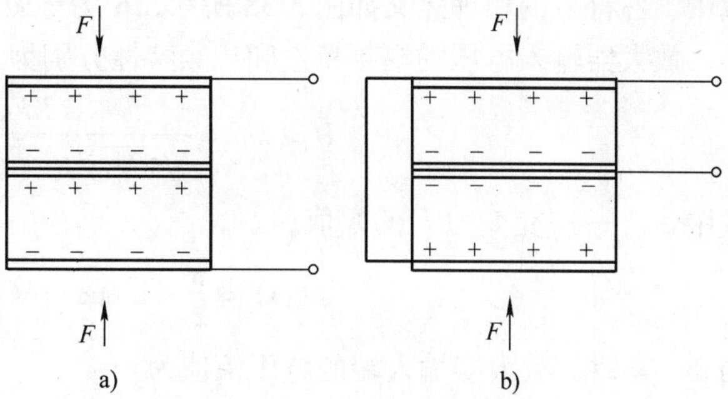

图 3-37　压电晶片的组合方式
a）串联　b）并联

对于串联接法，其输出的总电压 U、总电荷量 Q、总电容量 C 与单晶片电压 u、电荷 q 和电容 c 的关系为

$$Q=q,\quad U=u,\quad C=\frac{1}{n}c$$

式中　n——晶片数。

对于并联接法

$$Q=nq,\quad U=u,\quad C=c$$

串联接法较适合于电压量的输出，并联接法较适合于电荷量的输出。

尽管将多个压电元件组合起来使用可使传感器的输出量得以增大，但其值仍很有限，因此需对其进行放大；此外欲使压电式传感器能正常工作，就应尽可能地减小它与后继设备或电路的能量交换，即它的负载阻抗应很大。与压电式传感器配套的测量电路或前置放大器必须具有两大作用：①放大压电式传感器的微弱信号；②将高阻抗输入变为低阻抗输出。如此，按压电晶片组合方式的不同，前置放大器有两种不同的形式：一种是电压放大器，其输出电压与输入电压(压电式传感器的输出电压)成正比；另一种是电荷放大器，其输出电压与输入的电荷量成正比。前者称为电压放大型压电式传感器，后者称为电荷放大型压电式传感器。

一、电压放大型压电式传感器

图 3-38 所示是电压放大型压电式传感器的等效电路，设压电式传感器感受交变压力的输出电压 U 为

$$U=U_{\mathrm{m}}\sin\omega t \tag{3-45}$$

式中　ω——交变应力的圆频率；

U_{m}——电压的幅值。

压电元件开路时的电压 U 与电荷量 Q 的关系为

$$U=\frac{Q}{C_{\mathrm{a}}} \tag{3-46}$$

将式(3-44)代入式(3-46)得

$$U=\frac{K}{C_{\mathrm{a}}}F \tag{3-47}$$

式中　K——压电元件的压电系数；

F——施加在压电元件上的力；

C_{a}——压电元件的等效电容。

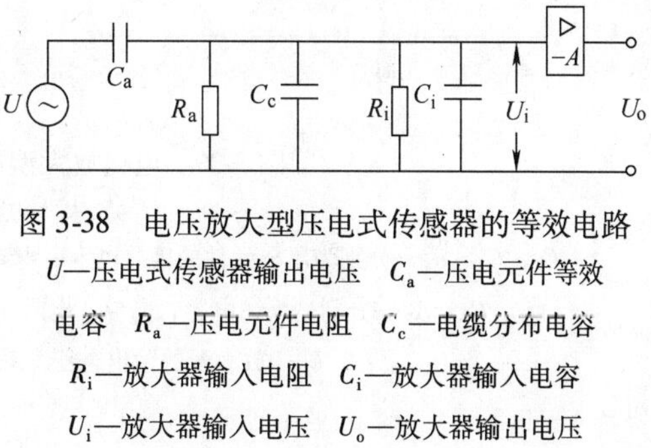

图 3-38　电压放大型压电式传感器的等效电路
U—压电式传感器输出电压　C_{a}—压电元件等效电容　R_{a}—压电元件电阻　C_{c}—电缆分布电容　R_{i}—放大器输入电阻　C_{i}—放大器输入电容　U_{i}—放大器输入电压　U_{o}—放大器输出电压

由图 3-38 所示知，放大器的输入电压 U_{i} 为

$$U_{\mathrm{i}}=KF\frac{\mathrm{j}\omega R}{1+\mathrm{j}\omega R(C_{\mathrm{a}}+C_{\mathrm{c}}+C_{\mathrm{i}})} \tag{3-48}$$

式中　各符号的物理意义如图 3-38 所示，R 为等效电阻。

放大器输入电压的幅频特性和相频特性分别为

$$U_{mi}(\omega)=\frac{KF_m\omega R}{\sqrt{1+\omega^2R^2(C_a+C_c+C_i)^2}} \tag{3-49}$$

式中　F_m——交变力 F 的幅值。

$$\varphi(\omega)=\frac{\pi}{2}-\arctan\omega(C_a+C_c+C_i)R \tag{3-50}$$

当 $\omega\to\infty$ 时，放大器输入端的电压幅值为

$$U_{mi}\big|_{\omega\to\infty}=\frac{KF_m}{C_a+C_c+C_i} \tag{3-51}$$

这时传感器的电压灵敏度 E_u 为

$$E_u=\frac{U_{mi}\big|_{\omega\to\infty}}{F_m}=\frac{K}{(C_a+C_c+C_i)} \tag{3-52}$$

式(3-49)～式(3-52)表明，电缆电容 C_c 和放大器输入电容的存在，会使传感器的输出和传感器的灵敏度减小。在测试过程中如因某种原因需要更换电缆，那么 C_c 就会发生变化，传感器的输出和灵敏度亦随之变化，因此改变电缆的规格和长度后均需要对灵敏度重新进行校正。不仅如此，若电缆线加长，C_c 将随之增大，传感器的输出和灵敏度 E_u 亦随之减小，这就是电压放大型压电式传感器的输出信号不适合于远距离传送的根本原因。

二、电荷放大型压电式传感器

图 3-39 是电荷放大型压电式传感器的电路原理图。据此可得到等效电路的方程为

$$U_o=\frac{-j\omega AQ}{[G_a+G_i+(1+A)G_F]+j\omega[C_a+C_i+(1+A)C_F]} \tag{3-53}$$

式中各符号的物理意义如图 3-39 所示。

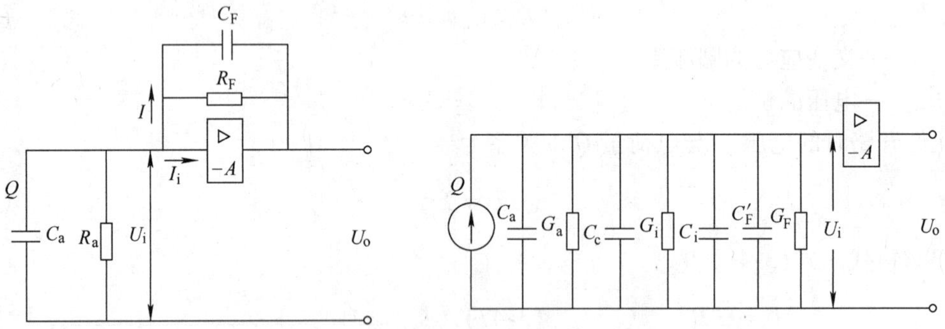

图 3-39　电荷放大型压电式传感器的电路原理图

a）基本电路　b）等效电路

C_a、G_a、R_a—分别为压电元件的等效电容、电导和电阻　C_i、G_i—分别为放大器的输入电容和电导　C_F、G_F、R_F—分别是反馈电容、电导、电阻　Q—压电元件的输出电荷量　U_i—放大器的输入电压　U_o—放大器的输出电压　A—放大倍数　C_c—电缆的分布电容

式(3-53)表明，只要放大器的放大倍数A足够大，分母中的$C_a+C_c+C_i \ll (1+A)C_F$，$G_a+G_i \ll (1+A)G_F$，即压电元件的电容C_a及电缆的分布电容C_c对电荷放大器输出的影响很小。电荷放大型压电式传感器的输出信号可以进行远距离传输，且电缆线的改变不会影响到测试结果，这是电荷放大型压电式传感器的突出优点。但电荷放大器的电路远比电压放大器复杂，因此价格较高。

由于电压放大型压电式传感器存在传感器与放大器间信号线分布电容的变化会影响测试系统的灵敏度及传感器的输出信号，不适合远距离传输等严重缺点，因此，尽管电荷放大型压电式传感器的放大电路复杂且价格昂贵，但在一个相当长的时期内，在工程测试中广泛采用电荷放大型压电式传感器。随着微电子技术的快速发展，这种状况已发生了根本性的改变。大规模的集成电路的制造工艺使得将压电式传感器的电压型前置放大器和传感器做成一体，而几乎不改变原传感器的质量和体积，这样不仅从根本上克服了原电压放大型压电式传感器的上述缺点，且与电荷放大型的压电式传感器系统相比还具有十分显著的价格优势。因此，一体化的电压放大型压电式传感器几乎完全取代了电荷放大型的压电式传感器。

三、压电式传感器的应用

由于压电式传感器具有体积小、重量轻、信噪比高、工作可靠、通频带宽、精度高等优点，因此其在汽车及各工程领域得到了广泛应用。尤其是其极小的体积和重量、大的通频带宽，使之成为测量振动的首选传感器。汽车振动及发动机爆燃的测量，几乎无一例外地都采用压电式传感器。

第七节　磁电式传感器

磁电式传感器是利用电磁感应原理工作的传感器。当闭合回路中的磁通量发生变化时，回路中就产生感应电动势，其大小与磁通量的变化率有关，即

$$E=-N\frac{\mathrm{d}\Phi}{\mathrm{d}t} \tag{3-54}$$

式中　E——感应电动势；

N——导电回路中线圈的匝数；

$\frac{\mathrm{d}\Phi}{\mathrm{d}t}$——穿越线圈磁通量的变化率。

改变$\frac{\mathrm{d}\Phi}{\mathrm{d}t}$可以有三种方式，即移动线圈、移动磁铁及改变磁阻，与之对应的分别称为动圈式磁电传感器、动铁式磁电传感器及磁阻式磁电传感器。

一、动圈式与动铁式磁电传感器

动圈式与动铁式磁电传感器，究其实质，二者属同一种类型。因为对于动圈式传感器而言，若视运动的线圈为静止，则动圈式磁电传感器就变成了一个动铁式磁电传感器。因此，有时将动圈式和动铁式磁电传感器统称为恒定磁场式磁电传感器，因为这类传感器的磁场一般都由永磁体提供，在整个工作过程中磁场强度B不变。

动圈式与动铁式磁电传感器常用于速度和转速的测量，其测速原理如图 3-40 所示。

1. 线速度型

图 3-40a 所示是线速度型传感器的工作原理图，当磁体相对线圈直线运动时，在线圈中产生的感应电动势 E 为

$$E = NBLv$$

上式可改写为

$$v = \frac{E}{NBL} \tag{3-55}$$

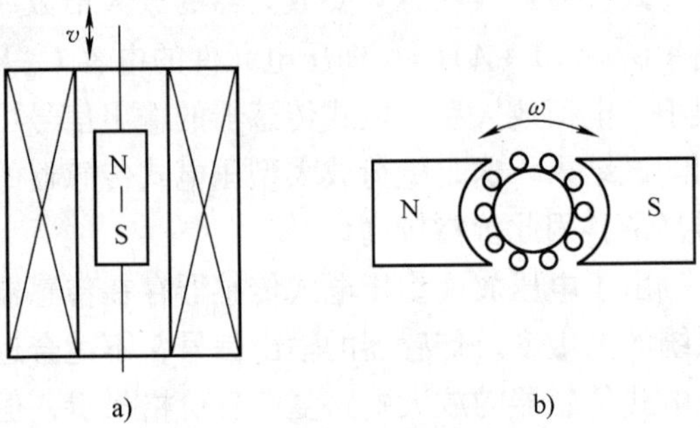

图 3-40　动圈式和动铁式磁电传感器

a）线速度型　b）转速型

式中　N——线圈的有效匝数；

B——磁场强度；

L——单匝线圈导线的长度；

v——磁体相对线圈运动的速度。

对于某一具体传感器而言，N、B、L 均为常数，磁体的移动速度 v 与感应电动势 E 成正比。

2. 转速型

图 3-40b 所示是转速型传感器的工作原理图，在磁场中以 ω 的转速旋转的线圈中产生的感应电动势 E 为

$$E = kNBA\omega$$

则

$$\omega = \frac{E}{kNBA} \tag{3-56}$$

式中　k——与结构有关的系数，$k<1$；

N——线圈的匝数；

B——磁场强度；

A——线圈中导线的截面积；

ω——线圈的旋转角速度。

传感器结构一旦确定，则 k、N、B、A 均为常数，由式(3-56)可知，线圈的旋转角速度 ω 与感应电动势 E 成正比。

二、磁阻式磁电传感器

磁阻式磁电传感器的工作原理：线圈和磁体均不运动，利用运动着的物体改变磁路中磁阻 R_m 的变化，进而引起磁场的变化，使线圈中产生感应电动势，如图 3-41 所示。图 3-41a 所示是磁阻式转速传感器的结构原理简图，由此测得的转速 n 和角速度 ω 分别为

$$n = \frac{60m}{zt} \tag{3-57}$$

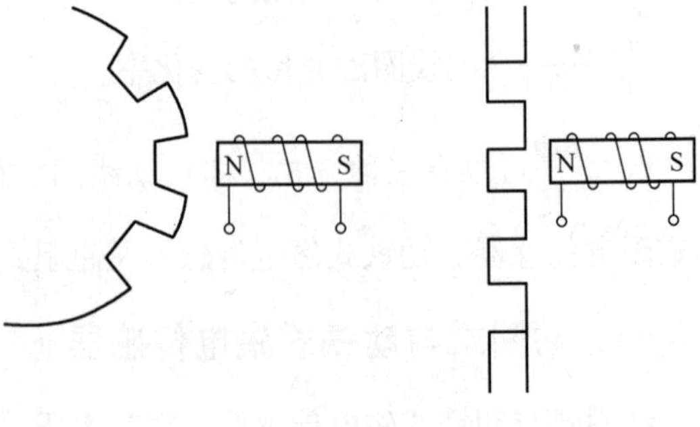

图 3-41　磁阻式磁电传感器

a）转速型　b）线速度型

$$\omega = 2\pi n = \frac{120\pi m}{zt} \tag{3-58}$$

式中　m——脉冲个数；

t——时间，s；

z——信号齿盘的齿数。

同理，由图 3-41b 可得到磁阻式速度传感器所测得的速度 v 为

$$v = \frac{ml}{t} \tag{3-59}$$

式中　m——脉冲数；

l——信号齿条的齿距，m；

t——时间，s。

比较式(3-55)和式(3-59)及式(3-56)和式(3-58)不难发现，尽管磁阻式磁电传感器和恒定磁场式磁电传感器的工作原理均是 $E = -N\dfrac{d\Phi}{dt}$，但此两类传感器的测试量却完全不同，恒定磁场式磁电传感器测量的是感应电动势 E，而磁阻式磁电传感器测量的是感应电动势的变化次数 m。由第二章中对“如何实现不失真测量的分析”知，将速度、转速的测量转换为对脉冲数的读取是避免测试失真的一种最有效的方法。正因为如此，汽车上的车载转速型传感器(如发动机转速型传感器、车轮转速型传感器等)及汽车试验用转速型传感器(如汽车底盘测功机上的转速测量、各总成部件试验台架上的转速测量等)大多都采用磁阻式磁电传感器。

三、磁电式传感器的应用

在汽车工程领域，磁电式传感器主要用于转速的测量。另由磁电式传感器的原理式 $E = -N\dfrac{d\Phi}{dt}$ 知，当被测量的变化较缓慢时，由于 $\dfrac{d\Phi}{dt}$ 较小，因此其输出变量 E 亦很小。由此可见，磁电式传感器用于速度和转速的测量时，显然它不适用于小速度和小转速的情况，即磁电式传感器的低速特性不好。在选用传感器时对此应予以足够的重视。

关于磁电式传感器的应用，在前面已经提到，在此主要介绍其在汽车领域应用十分广泛且相当经典的一款传感器，即磁阻式发动机转速/上止点位置传感器，如图 3-42 所示。

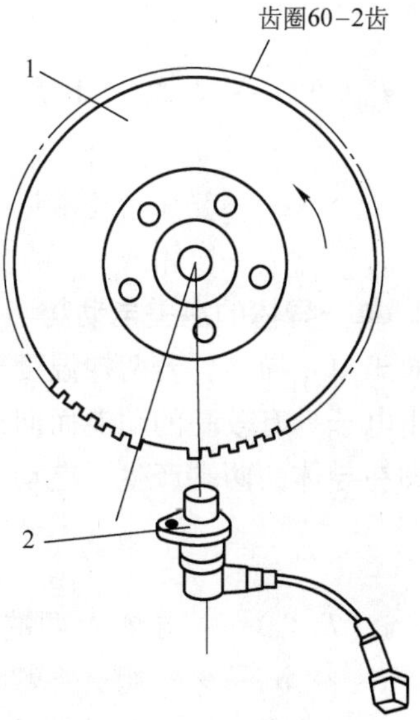

图 3-42　发动机转速/上止点位置传感器

1—信号齿盘　2—传感器探头

发动机转速/上止点位置传感器与图 3-41a 所示中转速传感器的唯一区别就在于，发动机转速/上止点位置传感器的信号齿盘上少了两齿，当缺齿部分转到传感器探头处时，便少了两个脉冲信号，由于信号齿盘与发动机曲轴刚性相连，缺少的两个脉冲信号正好可表达活塞的位置。

第八节　热电式传感器

热电式传感器是利用某些材料或元件的物理性能与温度相关的特性来工作的，热电式传感器主要用于测量物体的温度，因此常将其称为温度传感器。

温度的测量有两种不同的方式，即接触测量和非接触测量。其中，接触测量方式中，常用的有两种不同结构的传感器，分别是热电偶式和热敏电阻式；对于非接触测量方式，目前在汽车及工程领域中应用的主要是红外测温仪。

一、热电偶式温度传感器

在两种不同的导体材料所组成的闭合回路中，若两接触点的温度 T_0、T 不同，在回路中便会产生电动势，即热电效应，此电动势称为热电动势。它由两种导体的接触电动势和单一导体的温差电动势两部分组成。

1. 两种导体的接触电动势

有两种不同的导体 A 和 B，由于材料的不同，它们各自的自由电子的密度 n_A 和 n_B 亦不同，设 $n_A > n_B$，当此两种导体接触时，将会产生自由电子的扩散现象。自由电子密度高的 A 导体扩散到自由电子密度低的 B 导体中的自由电子比 B 导体扩散到 A 导体中的自由电子多，A 导体因失去电子而带正电，B 导体因得到电子而带负电。如此在接触面处便形成了电场，此电场阻止电子的进一步扩散而达到平衡时，在 A 和 B 导体之间便形成了电位差，即接触电动势 $e_{AB}(T)$

$$e_{AB}(T) = \frac{kT}{e}\ln\frac{n_A}{n_B} \tag{3-60}$$

式中　$e_{AB}(T)$——导体 A、B 在接触温度为 T 时的接触电动势；

e——电子电荷，$e = 1.6 \times 10^{-19}$C；

k——玻耳兹曼常量，$k = 1.38 \times 10^{-23}$J/K；

n_A、n_B——导体 A、B 的自由电子密度。

2. 单一导体的温差电动势

对于单一导体，若两端温度分别为 T、T_0，且 $T > T_0$，则在温度为 T 的高温端，由于导体自由电子具有较高的动能而向低温端扩散。高温端失去电子带正电，低温端得到电子带负电，即在导体的两端产生了电动势，这个电动势称为单一导体的温差电动势 $e_A(T, T_0)$。

$$e_A(T, T_0) = \int_{T_0}^{T} \sigma_A \mathrm{d}T \tag{3-61}$$

式中　$e_A(T, T_0)$——导体 A 两端的温度为 T、T_0 时的温差电动势；

σ_A——汤姆逊系数，同一导体两端温差为 1℃时，所产生的温差电动势；

T、T_0——高、低端的热力学温度。

3. 热电偶的总电动势

图 3-43 所示是两种不同导体材料所组成的闭合回路，两个接点的温度分别为 T 和 T_0，其中温度为 T 的接触点用于测温，称为热端；另一接触点是测温的参考点，称为冷端。在此闭合回路中，在两接触点存在接触电动势，由于热端和冷端的温度不相等，因此在 A、B 导

体中还存在温差电动势，在闭合回路中的总电动势 $E_{AB}(T,T_0)$ 为

$$E_{AB}(T,T_0)=e_{AB}(T)+e_B(T,T_0)-e_{AB}(T_0)-e_A(T,T_0) \tag{3-62}$$

式中　$e_{AB}(T)$——热端接触电动势；

$e_B(T,T_0)$——B 导体的温差电动势；

$e_{AB}(T_0)$——冷端接触电动势；

$e_A(T,T_0)$——A 导体的温差电动势。

实际应用中，热电偶中的总电动势 $E_{AB}(T,T_0)$ 与被测温度之间的关系是通过分度表来确定的。分度表是在参考端温度为0℃时由实验得到总电动势与测温端温度之间的数值关系(不同的热电偶材料,分度表中的数值各不相同)。

4. 热电偶的基本定律

有了前面对热电偶测温原理的分析及热电偶总电动势的计算式仍无法进行温度的测量，因为：①温度信号无法引出；②进行温度测量时还需知道冷端温度所产生的电动势。为了解决这些问题，需了解热电偶的基本定律。

(1) 中间导体定律　若在热电偶中接入第三种导体，只要该导体两端的温度相等，则热电偶产生的总电动势不变。同理，接入第四，第五种导体，只要两端的温度相等，同样不会影响电路中的总电动势，如图 3-44 所示。下面证明之。

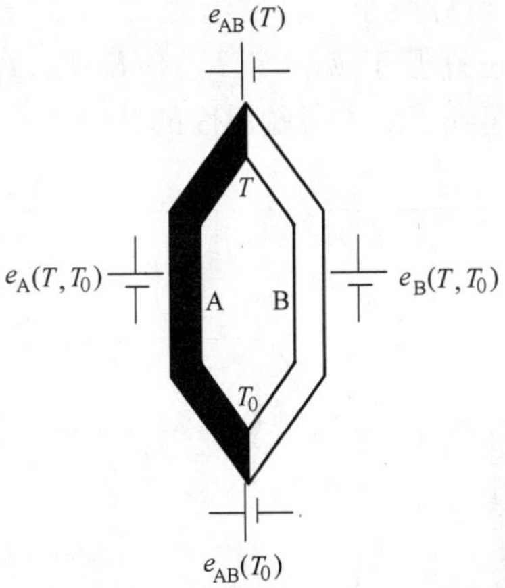

图 3-43　热电偶中的电动势

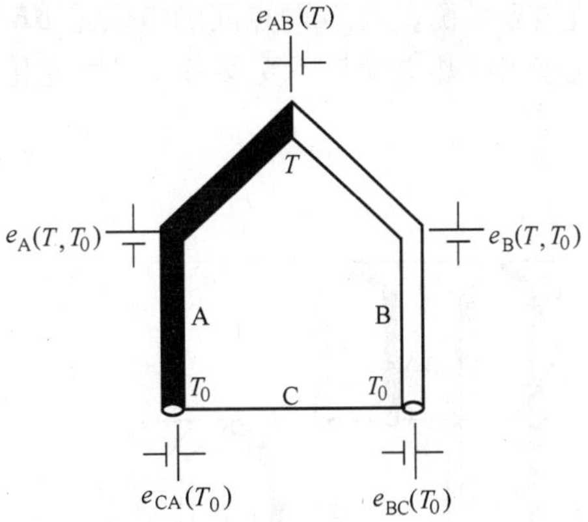

图 3-44　中间导体定律示意图

$$E_{ABC}(T,T_0)=e_{AB}(T)+e_B(T,T_0)+e_{BC}(T_0)-e_{CA}(T_0)-e_A(T,T_0) \tag{3-63}$$

若 $T=T_0$，则 $E_{ABC}(T,T_0)=0$

由于 $e_B(T,T_0)=e_A(T,T_0)=0$，则有

$$e_{CA}(T_0)-e_{BC}(T_0)=e_{AB}(T_0) \tag{3-64}$$

将式(3-64)代入式(3-63)得

$$E_{ABC}=e_{AB}(T)+e_B(T,T_0)-e_{AB}(T_0)-e_A(T,T_0)=E_{AB}(T_0,T_0)$$

根据此定律，我们可以采取任意方式焊接导线，将热电动势引出，并传递到显示仪表或数据处理设备而不影响测量结果。

(2) 中间温度定律　在热电偶的测量电路中，若测量端温度为 T，参考端温度为 T_0，中间温度为 T_0'(见图 3-45)。则

$$E_{AB}(T,T_0)=E_{AB}(T,T'_0)+E_{AB}(T'_0,T_0) \tag{3-65}$$

下面证明之。

$$E_{AB}(T,T'_0)=e_{AB}(T)+e_B(T,T'_0)-e_{AB}(T_0)-e_A(T,T'_0)$$

$$E_{AB}(T'_0,T_0)=e_{AB}(T'_0)+e_B(T'_0,T_0)-e_{AB}(T_0)-e_A(T'_0,T_0)$$

将上两式相加得

$$E_{AB}(T,T'_0)+E_{AB}(T'_0+T_0)=e_{AB}(T)+e_B(T,T_0)-e_{AB}(T_0)-e_A(T,T_0)$$

即

$$E_{AB}(T,T_0)=E_{AB}(T,T'_0)+E_{AB}(T'_0,T_0) \tag{3-66}$$

中间温度定律较好地解决了参考温度 $T'_0\neq 0$℃时的测量问题(实际测试过程中,往往 $T'_0\neq 0$℃)。$E_{AB}(T,T'_0)$是热电偶的输出值,$E_{AB}(T'_0,T_0)$可以从分度表中查得,将二者代入式(3-66)便可得到 $E_{AB}(T,T_0)$,反查分度表便可得到温度 T。

当然在实际测试过程中若要反复查分度表显然太过麻烦,中间温度定律所揭示的规律,常用补偿电路来完成,而 $E_{AB}(T,T_0)$与被测温度 T 的变化规律常固化在测试电路中,因此热电偶测温仪输出的就是被测对象的温度值。

图 3-46 所示是一种较典型的热电偶温度补偿电路,它利用电桥对其进行补偿。补偿电路中,电阻 R_1、R_2、R_3、R_5 的电阻温度系数较小,补偿电阻 R_4 的电阻温度系数较大。当 $T_0=0$℃时,将电桥调平衡,即 a、b 两点的电位相等,电桥对仪表的读数无影响。当参考端的温度 T_0 上升到 T'_0而不等于零时,热电偶输出的电动势减小,补偿电阻 R_4 的阻值增加,电桥失去平衡,a、b 两点间的电位差 $\Delta E>0$。若 ΔE 正好等于 $E_{AB}(T,T'_0)-E(T'_0,T_0)$,则仪表读出的热电动势不受参考端温度变化的影响,即起到了对参考端温度的补偿。

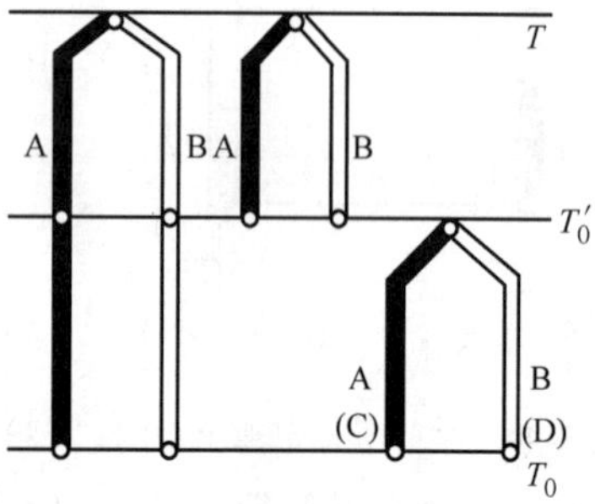

图 3-45 热电偶中间温度定律示意图

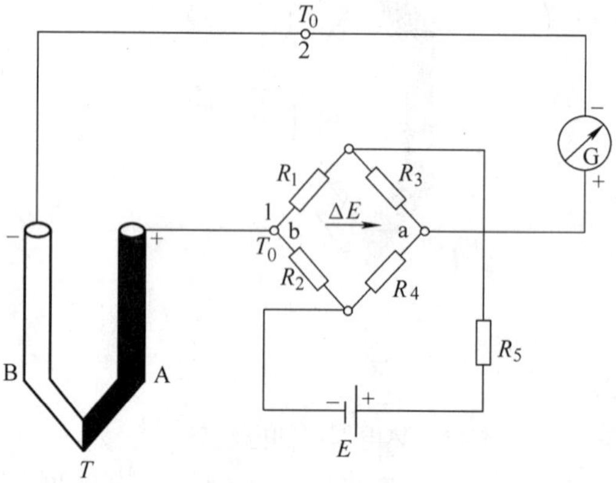

图 3-46 热电偶的温度补偿电路

(3) 参考电极定律 图 3-47 是参考电极定律的示意图。已知热电极 A、B 与参考电极 C 组成的热电偶,在结点温度为(T,T_0)时的热电动势分别为 $E_{AC}(T,T_0)$、$E_{BC}(T,T_0)$,则在相同温度下,由 A、B 两种热电极配对后的热电动势 $E_{AB}(T,T_0)$为

$$E_{AB}(T,T_0)=E_{AC}(T,T_0)-E_{BC}(T,T_0) \tag{3-67}$$

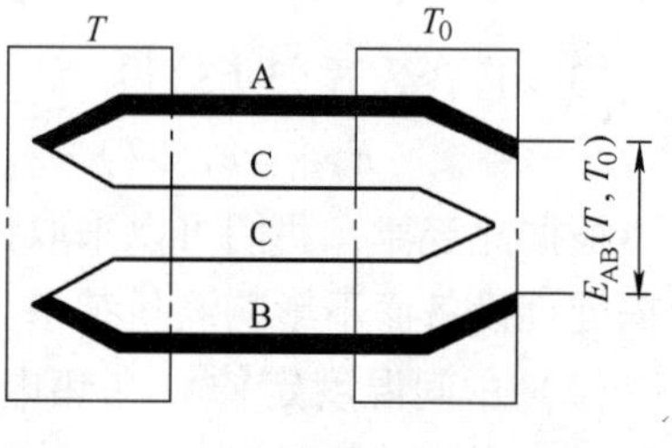

图 3-47 热电偶参考电极定律示意图

热电偶参考电极定律为获得不同材料组成热电偶的

分度表提供了方便，即只需测量少数几种导体组成热电偶的热电动势与温度的关系，便可获得其他各种不同材料所组成的热电偶的分度表。

5. 热电偶温度传感器的优点

1）热电偶的大小和形状可按需要进行配置，使用方便。

2）热电偶的测温范围为 $-270\sim+800$℃，如此宽的测温范围是许多温度传感器不易做到的。

3）测量数据易于实现远距离传输。

正因为热电偶具有上述诸多优点，因此热电偶温度传感器在工业过程控制中得到了广泛应用，如汽车零部件进行热处理的温度控制，汽车烤漆房的温度控制等。

二、非接触式温度传感器（红外测温仪）

非接触式温度传感器是近些年发展起来的一种新型温度传感器，它的诞生较好地解决了各工程领域一些不易接触、环境恶劣及高温物体表面等的温度测量问题。如汽车制动热衰退性试验过程中的温度测量，过去常用的方法是在摩擦衬片中埋热电偶，不仅麻烦，而且所测得的温度并非是所要求的制动器摩擦表面的温度。用非接触式温度传感器就可十分方便地解决这类问题。当然，非接触式温度传感器的应用并不局限于汽车试验，它在汽车制造过程及各工程领域均有广泛的应用。

非接触式温度传感器有多种不同的结构形式，红外测温仪是其中最常用的一种，在此仅对红外测温仪作一介绍。

红外测温仪的测温原理：任何物体的温度只要高于 0K（即 -273.16℃）就处于“热状态”。处于热状态的物质分子和原子不断振动、旋转并发生电子跃迁，从而产生电磁波。这些电磁波的波长处于可见光的红光之外，因此称为“红外光”或称“红外线”。物体红外热辐射的强度和波长分布取决于物体的温度和辐射率。若能对红外热辐射的强度进行测量，便可知道物体的温度 T。

斯特藩—玻耳兹曼（Stefan-Boltzmann）定律指出，物体的温度 T 与红外线辐射功率 W 的关系为

$$W=\varepsilon\sigma T^{4} \tag{3-68}$$

式中　W——单位面积的红外热辐射功率，W/m^2；

σ——斯特藩—玻耳兹曼常量，$\sigma=5.67\times10^{-8}$W/m$^2\cdot$K^4；

ε——比辐射率，黑体的 $\varepsilon=1$，非黑体的 $\varepsilon<1$；

T——热力学温度，K。

式（3-68）表明，物体的辐射强度随温度的上升而显著增强。图 3-48a 是利用斯特藩-玻耳兹曼定律制作的红外测温仪的工作原理简图。被测物体 1 的红外线辐射经光学系统 2 聚焦在光栅调制盘 5 上，经光栅盘调制成一定频率的光入射到红外探测器 3 上，红外探测器 3 将其转换为交变的电信号经放大后送到显示或记录设备。光栅调制盘由两块光栅片组成，一块为定片，另一块为动片。动片受光栅调制电路控制，由微电机 4 驱动，其按一定的频率转动，实现光路的开（光透过）和关（光不透过），从而使入射光被调制成具有一定频率的辐射信号作用于红外探测器 3 上。

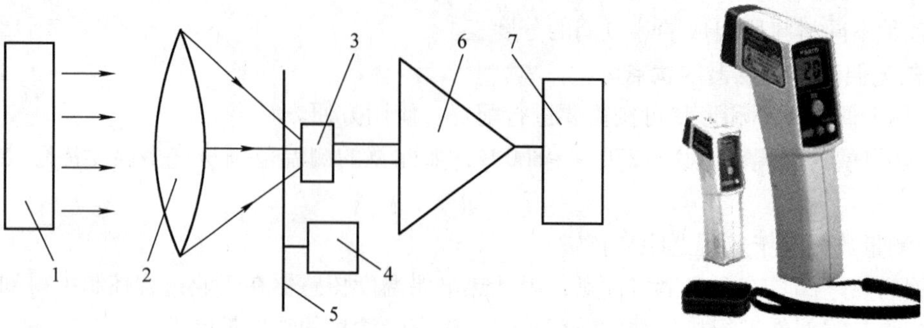

a) b)

图 3-48 红外测温仪

a）红外测温仪工作原理简图 b）红外测温仪外形

1—被测物体 2—光学系统 3—红外探测器 4—微电机 5—光栅调制盘 6—放大器 7—显示器

第九节 光电式传感器

光电式传感器是利用光电效应来工作的。光电效应按其作用原理的不同分为外光电效应、内光电效应和光伏效应。

一、外光电效应

在光照作用下，物体内的电子从物体表面逸出的现象称为外光电效应，又称为光电子发射效应。外光电效应的实质是能量形式发生了变化，即光能转换为电磁能。典型的外光电效应器件有光电管、光电倍增管等。

二、内光电效应

在光照作用下，物体的导电性能发生变化的现象称为内光电效应，又称为光导效应。光敏电阻、光敏晶体管均属此类。

1. 光敏电阻

光敏电阻又称为光导管，它是利用某些半导体材料，受光照作用时电阻值随光照强度的增大而减小且光照停止后，电阻值又恢复到原来数值的特性制造出来的。其原理是，若照射到的某些半导体材料上的光子能量大于半导体的禁带宽度，价带中的电子吸收一个光子后，便可跃迁到导带，从而激发出电子-空穴对，于是降低了半导体的电阻值，提高了其导电性能。

2. 光敏二极管

光敏二极管与普通二极管相似。光敏二极管装在透明的玻璃外壳中，置于管顶的 PN 结可直接接受光的照射。光敏二极管在电路中处于反向工作状态。无光照时，暗电流很小，电路中无电流通过；有光照时，在 PN 结附近产生电子-空穴对，在内电场的作用下定向运动，形成光电流，光电流随光强的增加而增大。

3. 光敏晶体管

光敏晶体管与普通晶体管相似，也有 NPN 和 PNP 两种类型。由于光敏晶体管是由光照作用导通的，因此它的发射极很小，以扩大其受光面积。当光照射光敏晶体管的 PN 结时，便产生电子-空穴对，在内电场的作用下形成光电流。如此 PN 结的方向电流显著增大。光照发射极所产生的电流相当于晶体管的基极电流，则集电极的输出电流为光电流的 β 倍。这就是光敏晶体管比光敏二极管灵敏度高的原因。

三、光伏效应

在光照作用下，某些特殊物质（如硅、硒、砷化镓、硫化镉等）可产生一定方向的电动势，这种现象称为光伏效应。能产生光伏效应的材料称为光电池。光伏效应的工作原理是，在一块 N 型半导体晶片上，用扩散的方法掺入一些 P 型杂质形成 PN 结，分别将 P 型层和 N 型层用电极引出，即正、负极。当光照射到 PN 结上时，若光子的能量大于半导体的禁带宽度，则在 PN 结内产生电子-空穴对，在内电场的作用下，空穴向 N 型区移动，使 P 型区带正电，N 型区带负电，因而 PN 结产生电动势。光照越强，产生的电动势越大。

四、光电传感器的应用

光电传感器在汽车及各工程领域的应用十分广泛，它可用于速度、转速、位置、位移、汽车排放、汽车灯光等物理量的测量。下面是光电传感器在汽车上的几个应用实例。

1. 光电转速传感器

光电转速传感器在汽车试验中得到了广泛的应用。光电转速传感器由信号盘、光源和光电转换器件（光电元件）组成，如图 3-49 所示。光信号盘上的透光窗口转到光电元件处时，光源发射出的光经过信号盘上的透光窗口照射到光电元件上，光电元件就输出与之对应的脉冲信号。若信号盘上的透光窗口数为 z，光电元件在时间 t 内输出的脉冲数为 m，则被测物体的转速 n 为

$$n=\frac{60m}{zt} \tag{3-69}$$

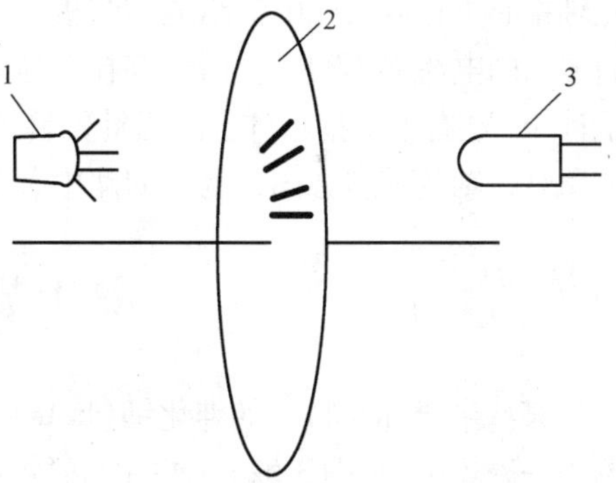

图 3-49　光电转速传感器

1—光源　2—信号盘　3—光电转换器件

2. 透光式烟度计

汽车发动机排出的烟尘越浓，对光的吸收能力越强，即透光能力越差。透光式烟度计就是基于这一原理制成的，如图 3-50 所示。发动机排出的废气经采样头 2 进入测试管 6 的过程中，恒定光源 7 发出的光透过测试管中的废气后到达光电元件 5。废气中烟尘浓度的不同，透过测试管到达光电元件的光强亦有不同，光电元件输出的电信号的大小随之发生变化。光电元件输出的电信号越强，光源发出的光被废气吸收的量越少，废气中烟尘浓度越低；光电元件输出的电信号越弱，则废气中的烟尘浓度越高。

3. 汽车前照灯检测仪

汽车前照灯检测仪所用的原理是光伏效应，其核心部件是四块性能完全相同的光电池，如图 3-51 所示。

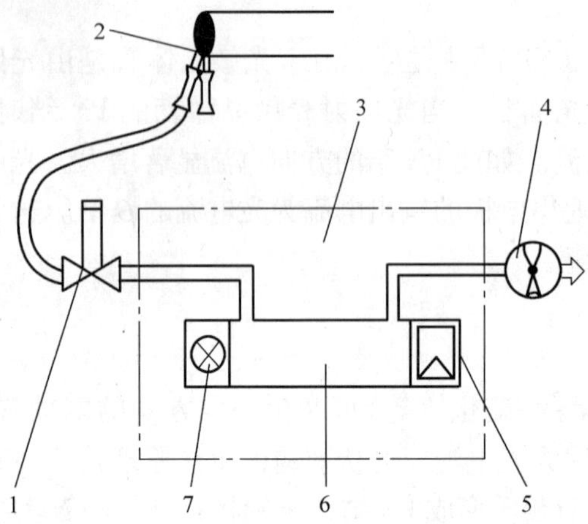

图 3-50　透光式烟度计工作原理图

1—换向阀　2—采样头　3—测量室　4—采样泵
5—光电元件　6—测试管　7—光源

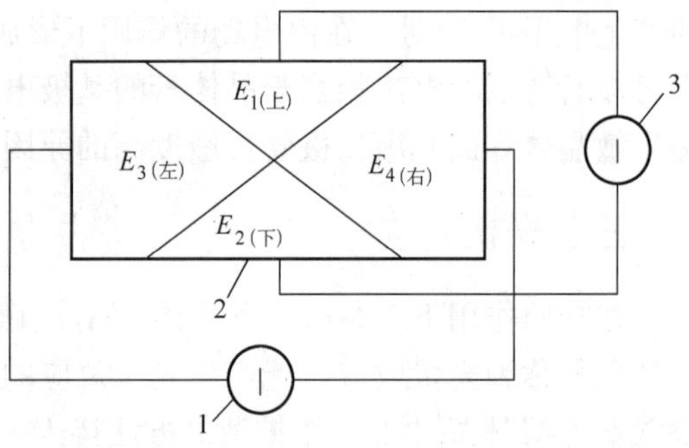

图 3-51　汽车前照灯检测仪

1—左、右偏斜指示计　2—光电池　3—上、下偏斜指示计

（1）发光强度的检测　由前面介绍的光电池产生电动势的原理知，若汽车前照灯照在光电池 2 上的光线越强，则光电池的电动势就越大。若设四块光电池在光照作用下产生的电动势分别为 E_1、E_2、E_3 和 E_4，则四块光电池产生的电动势之和即反映了汽车前照灯发光强度的大小。

（2）光轴偏斜量的检测　将四块光电池两两联成回路，如图 3-51 所示。若汽车前照灯的光轴中心不在四块光电池组成的靶板中心，而向某一方向偏斜，则四块光电池因受光面积不等而输出的电流亦不相等。由于存在上与下和左与右之间的电流大小差异，就会使上、下偏斜指示计 3、左右偏斜指示计 1 的指针偏转。显然，两个方向的偏斜指示计的偏转方向反映了汽车前照灯光轴的偏斜方向，两个回路中各电流的大小反映了汽车前照灯光轴偏移量的大小。

第十节　霍尔式传感器

某些半导体材料，如砷化铟（InAs）、锑化铟（InSb）、砷化镓（GaAs）、锗（Ge）等，若将其置于一磁场中（见图 3-52），并在与磁场垂直的方向上加一控制电流 I，则在与磁场 B 和电流 I 垂直的方向上便会产生霍尔电压，这一现象是一位名叫霍尔的工程师发现的，因此称之为霍尔效应。能产生霍尔效应的半导体器件称为霍尔元件。

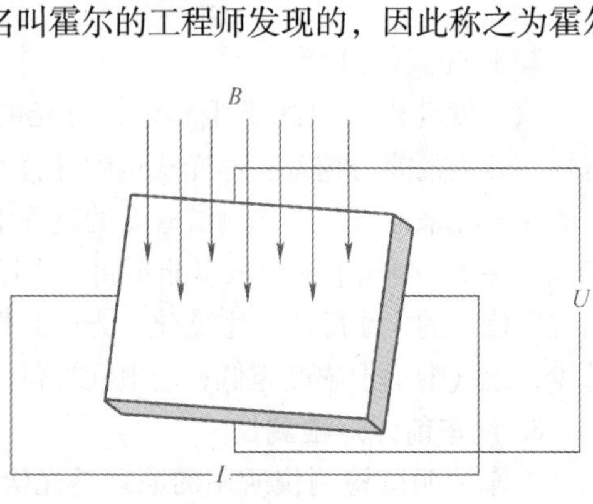

图 3-52　霍尔效应原理

霍尔元件产生的霍尔电压 U 的大小为

$$U = \frac{IB}{ne_0 d} \tag{3-70}$$

式中　I——控制电流，A；

e_0——带电粒子的电荷，$e_0 = 1.602 \times 10^{-19}$C；

B——磁感应强度，T；

d——半导体的厚度，mm；

n——电子浓度。

霍尔式传感器是一种结构简单、价格低廉、性能可靠、使用方便的传感器，在汽车及各工程领域得到了广泛应用。它可用来测量速度、转速、位置、位移等多种不同的物理量，还可用来制作各种非接触式行程开关。由霍尔效应原理知，霍尔传感器的输出电压 U 与被测物体的运动速度无关，因此它的高、低速特性都很好，若用其测量物体的转速，其下限速度可以接近 0，上限速度从理论上讲可以不受限制，即它可以满足工程中各种运行速度的测量。正因为如此，汽车上的车速传感器大多采用霍尔式传感器。

霍尔式传感器的工作原理与前面介绍的磁电式转速传感器和光电式转速传感器很相像，在此不再介绍。下面介绍一下广泛应用于电控燃油顺序喷射系统中的霍尔式判缸信号传感器，该传感器的工作原理如图 3-53 所示。信号转子 1 通过减速机构与发动机曲轴相连或与发动机凸轮轴相连(曲轴转速与信号转子的转速比为 2∶1)，即传感器的信号转子与曲轴具有固定不变的相对角位置关系。信号转子上的缺口数与发动机气缸数相同。当信号转子的缺口到达永磁体 2 和霍尔元件 3 之间时，由于磁场 B 可以垂直作用到霍尔元件 3 中，因此在霍尔元件中便产生霍尔电压；当缺口转离永磁体和霍尔元件时，由于磁力线遇到导磁材料，其磁力线的路径发生变化，没有磁场作用到霍尔元件上，因此没有霍尔电压输出。如图 3-53 所示的状态，正好与发动机 1 缸的进气行程相对应，则当信号转子随曲轴旋转时，便可按发动机的点火顺序(1→4→3→2)在各个缸处于进气行程的始端略前的时刻向汽车计算机(ECU)提供即将进入进气行程的信息，以便 ECU 接通相应缸的喷油器电源，实现对相应缸的供油。

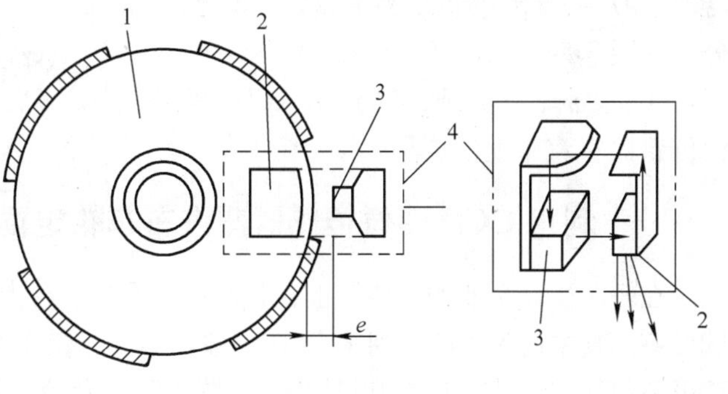

图 3-53　霍尔式判缸信号传感器

1—信号转子　2—永磁体　3—霍尔元件　4—输出霍尔电压时的状态

事实上，该传感器还可以作为电子点火系统的点火信号发生器，也可用来测量转速。

第十一节　CCD 图像传感器

电荷耦合器又称 CCD 图像传感器，英文名称为 Charge Coupled Device，简称 CCD。它是由以阵列方式(线阵、面阵)排列在衬底材料上的金属-氧化物-半导体(Metal-Oxide-Semiconductor，简称 MOS)电容器件组成的，具有光生电荷、积蓄和转移电荷的功能。是 20 世纪 60 年代由美国贝尔电报电话公司的工程师发明。尽管 CCD 图像传感器自发明至今只有近半个世纪，但它的应用已渗透到人类生产、生活的各个领域，它和计算机一样，对当代人类的社会活动产生了极大的影响。在当今社会人们几乎每天都不可避免地要和 CCD 图像传感器打交道。如到超市购物，要用到 CCD 图像传感器制成的条码阅读器。再如可视电话、摄制各类电视节目所用的数码摄像机、数码照相机、传真机、复印机等，这些设备的核心部件均是 CCD 图像传感器。不仅如此，CCD 图像传感器在工程测试领域的应用也十分广泛。它可用于位置、位移、高度、速度、振动等各类物理量的测量。各工业领域的在线检测，如交通、指纹、虹膜的识别，各种复杂物体的三维扫描测量等都因 CCD 图像传感器变得十分简便。

CCD图像传感器主要由CCD芯片和驱动器两大部分组成。CCD芯片是由在P型(或N型)单晶硅的衬底上生长出一层很薄的二氧化硅，再在其上沉积一层金属电极而组成的排列整齐、尺寸和位置十分准确的若干个MOS结构元组成的，通常将MOS结构元称为像素。由半导体的原理知，当在金属电极上施加一正偏电压形成的电场，将排斥电极下面的硅衬底中的多数载流子而形成一个耗尽区，它对于带负电的电子而言是一个势能很低的区域，称为“势阱”。金属电极上所加偏压愈大，电极下的势阱愈深，捕获少数载流子的能力愈强。若此时有光线射入，半导体硅片上就会产生电子-空穴对，光生电荷被附近的势阱所捕获，空穴被电场排斥出耗尽区。势阱所捕获的电子数与入射的光强成正比。一个势阱所捕获的若干光生电荷称为一个“电荷包”。将电荷包中的电荷按一定规律输出的设备就是CCD驱动器。CCD图像传感器有线阵和面阵之分，如图3-54所示。

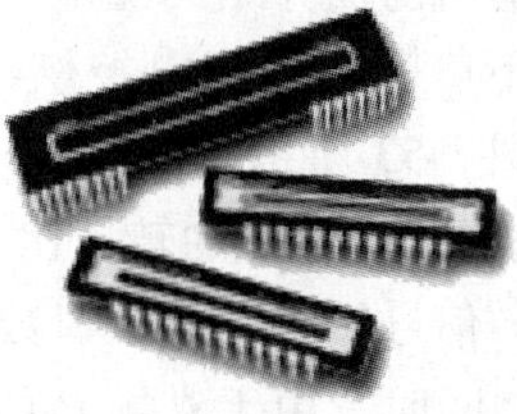

a)

b)

图3-54　CCD图像传感器

a）线阵CCD图像传感器　b）面阵CCD图像传感器

下面举两个实例，以介绍CCD图像传感器在汽车上的应用。

一、利用CCD图像传感器测汽车车轮定位参数

在轿车生产企业的总装线上，我们可以看到一台十分重要的检测设备——车轮定位参数测试设备，其中最先进的是利用CCD图像传感器测量车轮外倾角和前束角，如图3-55所示。整套设备包括四组转鼓和四组测量头(见图3-55a)及控制系统(图中未画出)。该设备的测量原理如图3-55b、c所示。每个测量头由三个传感器总成组成，每个传感器都包含一个激光器和一个CCD器件。三个激光器所发出的三条激光线分别打在被测车轮侧壁的三个特定位置A、B、C上，由于车轮存在外倾角和前束角，因此车轮侧壁上的三个特定位置距测量头的距离L_A、L_B、L_C各不相等。若设车轮的前束角为α，外倾角为β，被测参数α和β即为

$$\alpha = \arcsin \frac{|L_A - L_C|}{S} \tag{3-71}$$

$$\beta = \arcsin \frac{L_A + L_C - 2L_B}{S} \tag{3-72}$$

式中的L_A、L_B、L_C分别由三个CCD器件测得。

二、利用CCD图像传感器进行三维扫描测量

汽车车身设计通常要经历车身造型设计、模型制作、模型测量及车身结构设计等过程，其中模型测量是一件烦琐而费时的工作，然而，有了CCD图像传感器，这件事情就变得十分简单。图3-56所示是对某一复杂工件进行三维扫描测量的原理简图，将激光线(也可用白光)打在被测物体上，利用CCD图像传感器对被测物体上的激光线进行摄像，该形线在CCD图像传感器上的影像如图3-56所示，影像在CCD图像传感器上水平方向的位置，反映了被测形线上的对应点距CCD图像传感器的距离，即被测形线对应点的x坐标；影像在CCD图像

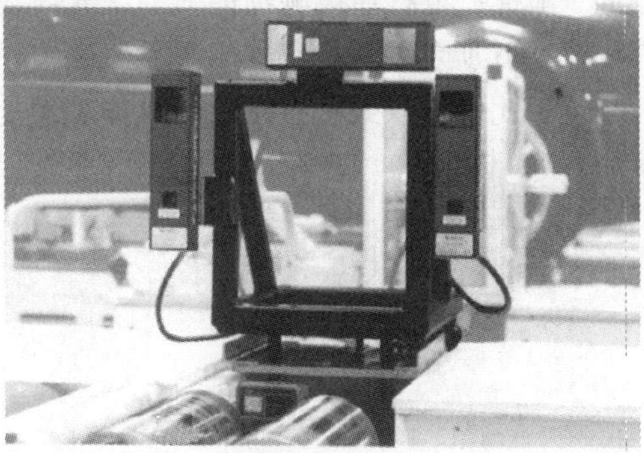

a)

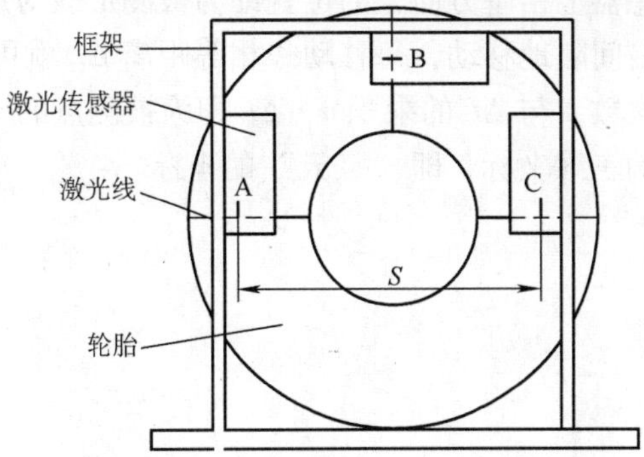

b)

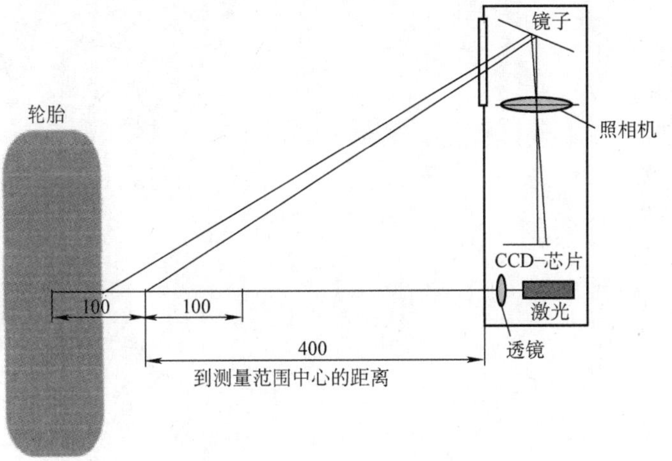

c)

图 3-55　车轮定位参数测试

a）转鼓传感器组件　b）三个测点位置　c）测试原理

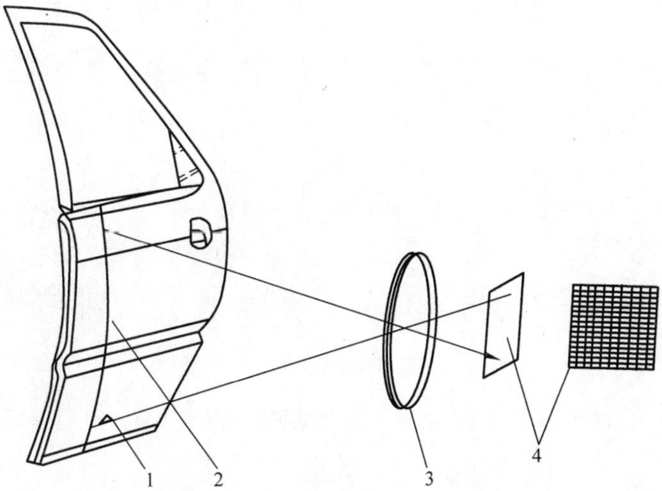

图 3-56　非接触式三维扫描测量

1—车门　2—激光线　3—光学系统　4—CCD 芯片

传感器上铅垂方向上的位置即为被测形线对应点的 z 坐标；将打在被测物体上的激光线自左向右间隔地移动，每移动一相等距离 ΔL 就可得到图 3-56 所示的一幅图像，显然激光线移动的次数 n 与 ΔL 的乘积 $n \cdot \Delta L$ 即为被测点的 y 坐标。如此便可得到密布在被测物体表面上各点的三维坐标，即“点云”的坐标。

第四章 4

信号的调理与传输

汽车试验的最终目的是要得到试验结果，即将经传感器感知并转换为电量的被测量送到处理或显示设备对其进行分析处理并输出试验结果。然而有些传感器输出的电量过于微弱或变化缓慢不易传输，有些传感器输出的电量特别容易受到外界干扰，为了有效地解决这些问题，需对传感器输出的测试信号进行技术处理，工程上将对测试信号所作的技术处理称为信号的调理。

第一节　信号的调制与解调

在汽车测试过程中，常会遇到诸如力、位移等一些变化缓慢且比较微弱的测试信号，若用直流放大器对其放大，容易出现零漂和级间耦合问题；而用阻容耦合交流放大器对其进行放大，虽能抑制零漂，但交流放大器的低频特性较差，用于放大缓变信号尚存在一定的困难。为了解决上述矛盾，常将这些低频信号转换为高频信号，这一过程称为调制。经调制的高频信号用高频放大器进行放大后，再将其恢复为原缓变信号，称为解调。

信号调制的方法是利用传感器输出的缓变信号控制高频振荡波的幅值、频率、相位的变化。当被控制量是高频振荡波的幅值时，称为幅值调制，简称调幅(AM)；当被控制量是高频振荡波的频率时，称为频率调制，简称调频(FM)；若被控量是高频振荡波的相位，称为相位调制，简称调相(PM)。

用于控制高频振荡波的缓变信号称为调制信号，被控的高频振荡波称为载波，经调制后的高频信号称为已调波。由于调相在汽车试验中用的很少，在此只介绍调幅与解调、调频与解调。

一、调幅与解调

1. 调幅

若将传感器输出的缓变信号与一高频的正弦(或余弦)波相乘，则缓变信号大小的变化就变成了高频正弦(或余弦)波幅值的变化。

取高频余弦波 $z(t)=\cos 2\pi f_0 t$，设传感器输出的缓变信号为 $x(t)$，二者相乘的结果即为已调波 $x_m(t)$，如图 4-1 所示。

由傅氏变换的性质知

$$F[x(t)z(t)] = F[x(t)] * F[z(t)] = X(f) * Z(f) \tag{4-1}$$

$$Z(f) = F[\cos 2\pi f_0 t] = \frac{1}{2}\delta(f-f_0) + \frac{1}{2}\delta(f+f_0) \tag{4-2}$$

将式(4-2)代入式(4-1)得

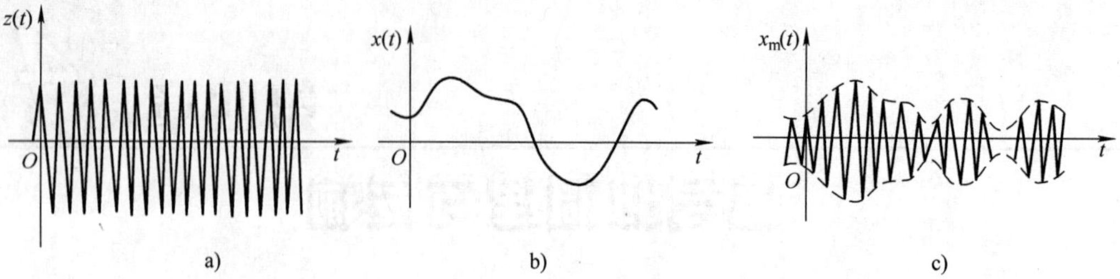

图 4-1　调幅原理

a）高频余弦信号 $z(t)=\cos 2\pi f_0 t$　b）调制信号 $x(t)$　c）已调波 $x_m(t)=x(t)\cos 2\pi f_0 t$

$$F[x(t)z(t)]=\frac{1}{2}X(f)\delta(f-f_0)+\frac{1}{2}X(f)\delta(f+f_0) \tag{4-3}$$

图 4-2 所示是式(4-3)的图形表示，调制信号 $x(t)$ 与载波 $z(t)$ 的乘积在频域上相当于将 $x(t)$ 在原点处的频谱图形移至载波频率 f_0 处，但幅值减小了一半。由此可见，调幅在频域上相当于一个移频过程。

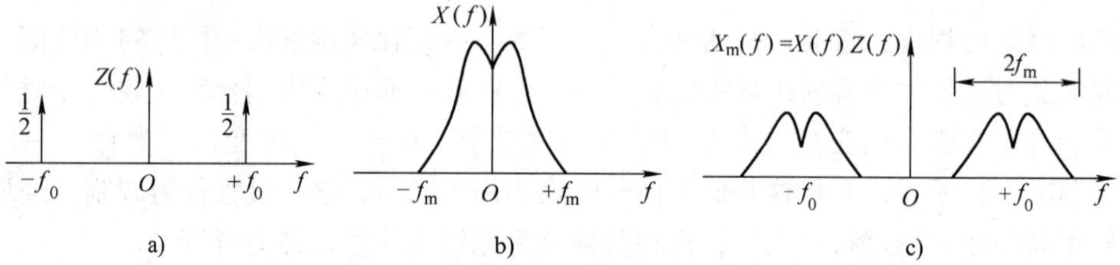

图 4-2　调幅的频域表达

a）$Z(f)$　b）$X(f)$　c）$X_m(f)=X(f)Z(f)$

上述的调幅原理在工程实际中如何实现呢？由电桥原理知，电阻式电桥的输出电压 $u_{bd}(t)$ 为

$$u_{bd}(t)=KR(t)u_{ac}(t) \tag{4-4}$$

式中　$R(t)$ ——被测量的电阻变化；

K ——与电桥接法有关的常数；

$u_{ac}(t)$ ——电桥的供电电压。

由式(4-4)知，若被测量可以通过传感器转换为电参量(如电阻、电容或电感)的变化，则式中的 $R(t)$ 就是调制信号；若电桥供电电压 $u_{ac}(t)$ 是一高频余弦信号 $u_{ac}(t)=A_0\cos 2\pi f_0 t$ (A_0 为供电电压的幅值)，则 $u_{ac}(t)$ 就是幅值调制中的载波。显然，电桥就是一个很好的幅值调制设备。

在此需要特别指出的是，欲使已调波的包络线能不失真地反映出调制信号(图 4-1c)的大小，载波的频率应远大于被测量信号的频率。为保证调幅的精度，载波的频率至少应比被测信号的频率大 10 倍以上。

2. 幅值调制的解调

幅值调制的解调方法有多种，常用的有同步解调、整流检波解调和相敏检波解调。

(1) 同步解调　由三角函数的倍角公式知

$$\cos^2(2\pi f_0 t) = 2\cos^2(2\pi f_0 t) - 1$$

$$\cos^2(2\pi f_0 t) = \frac{1}{2} + \frac{1}{2}\cos(4\pi f_0 t) \tag{4-5}$$

若能消除式(4-5)中的 $\frac{1}{2}\cos(4\pi f_0 t)$ 项，则将已调波 $x_m(t)$再与载波 $z(t) = \cos(2\pi f_0 t)$ 相乘便可将幅值调制的高频信号恢复成原信号，即

$$x(t)\cos(2\pi f_0 t)\cos(2\pi f_0 t) = \frac{1}{2}x(t) + \frac{1}{2}x(t)\cos(4\pi f_0 t) \tag{4-6}$$

为了能找到消除 $\frac{1}{2}x(t)\cos(4\pi f_0 t)$的方法，下面来看看 $x_m(t)\cos(2\pi f_0 t)$在频域中的情况。

$$F[x_m(t)z(t)] = X(f) * Z(f) * Z(f) \tag{4-7}$$

将式(4-2)代入式(4-7)并整理得

$$F[x_m(t)z(t)] = \frac{1}{4}X(f)\delta(f-f_0)\delta(f-f_0) + \frac{1}{2}X(f)\delta(f+f_0)\delta(f-f_0) + \frac{1}{4}X(f)\delta(f+f_0)\delta(f+f_0) \tag{4-8}$$

图 4-3 是式(4-8)的图形表示，从中可以看出，若用低通滤波器(下一节将要详细讨论)滤掉集中在 $2f_0$ 处的高频信号，便可实现幅值调制的解调。

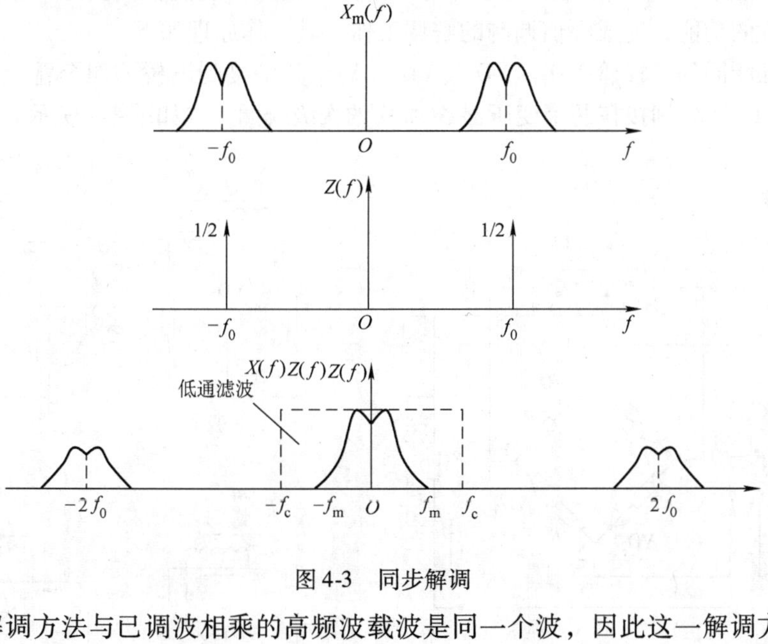

图 4-3　同步解调

由于此解调方法与已调波相乘的高频波载波是同一个波，因此这一解调方法称为同步解调。

(2) 整流检波解调　整流检波解调的原理和步骤：①对传感器输出的缓变信号(调制信号)偏置一个直流分量 A，使偏置后的信号均为正值，如图 4-4a 所示；②对传感器输出的缓变信号进行幅值调制，调制后的高频信号如图 4-4b 所示；③对已调波进行整流(全波整流或半波整流)，经整流后的波形如图 4-4c 所示；④利用低通滤波器滤掉高频振荡波并减掉原偏

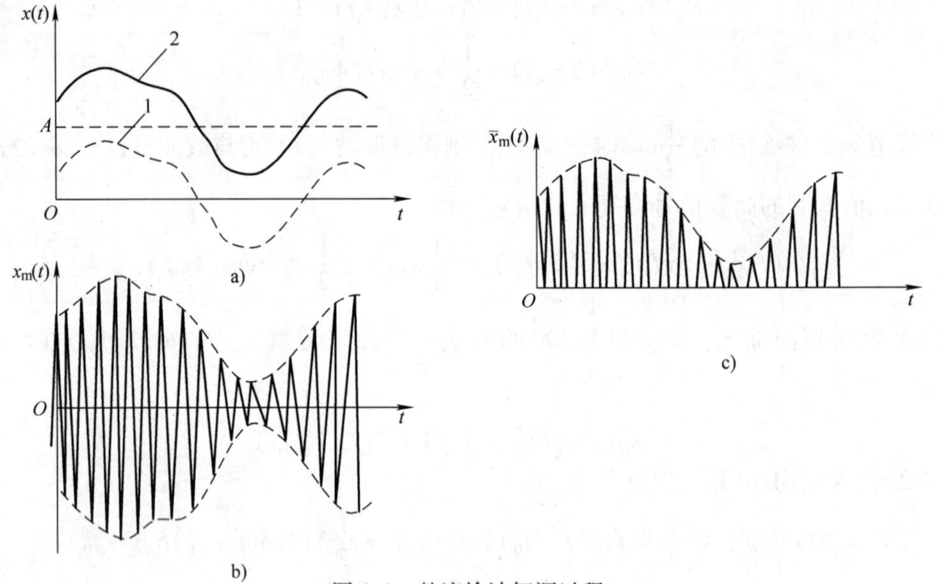

图 4-4　整流检波解调过程

a）调制信号　b）已调波　c）整流后的已调波

1—原调制信号　2—偏置直流分量后的调制信号

置的直流分量 A（偏置一个 $-A$ 的直流分量），便可恢复原来的调制信号。

（3）相敏检波解调　相敏检波解调是利用相敏检波器既能鉴别信号的幅值变化，又能识别信号极性的功能，完成幅值调制的解调工作，其工作原理如下：

四个特征相同的二极管 VD_1、VD_2、VD_3、VD_4 分别接到电桥的四个臂上，电桥的四个端点 2、4 和 1、3 分别接在两个变压器 A 和 B 的次级线圈上，如图 4-5 所示。变压器 A 的初

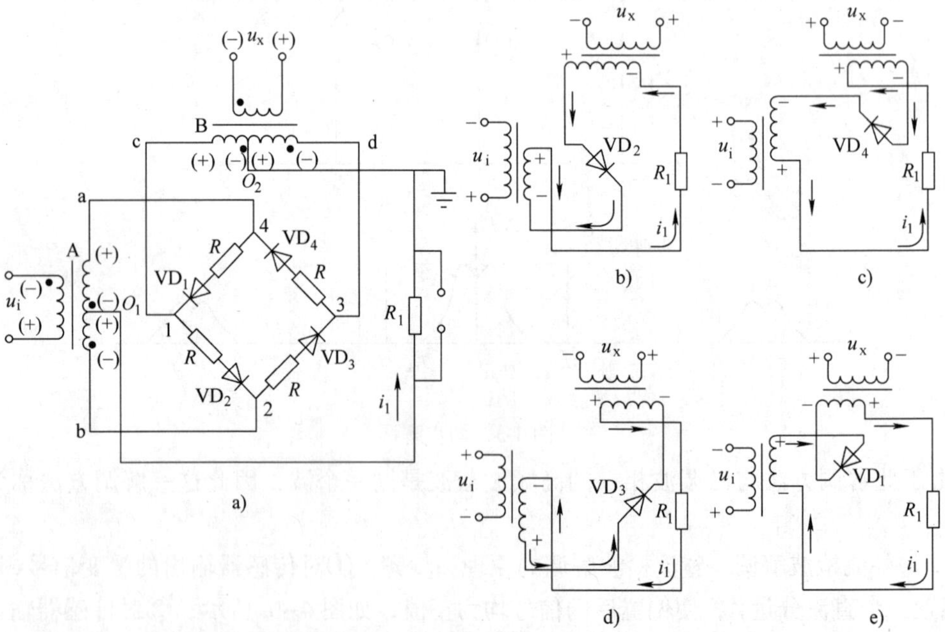

图 4-5　相敏检波解调工作原理

a）相敏检波器　b）、c）u_i、u_x 的极性相同　d）、e）u_i、u_x 的极性相反

级端输出已调波信号 u_i，变压器 B 的初级端输入参考信号 u_x，u_x 为幅值调制所用的载波，R_1 为负载电阻。

当已调波 u_i 和参考信号 u_x 的极性相同即 u_i、u_x 同时大于零或同时小于零时，从图 4-5b 和图 4-5c 中可以看出，电流 i_1 流进负载电阻 R_1 的方向均为逆时针方向，其输出电压为正，$u_o>0$。

当已调波 u_i 和参考信号 u_x 的极性相反即 $u_i>0$，$u_x<0$ 或 $u_i<0$，$u_x>0$ 时，从图 4-5d 和图 4-5e 中可以看出，电流 i_1 流进负载电阻 R_1 的方向与图 4-5b 和图 4-5c 中的方向相反，其输出电压为负，$u_o<0$。

当已调波 u_i 和参考信号 u_x 均为零时，负载电阻 R_1 两端的电压差为零，此时的输出电压为 $u_o=0$。

图 4-5a 是一全波相敏检波器，已调波 u_i 经其检波整流后便可得到图 4-6d 所示的波形，再用低通滤波器滤掉高频成分便将其恢复成原调制信号，如图 4-6e 所示。

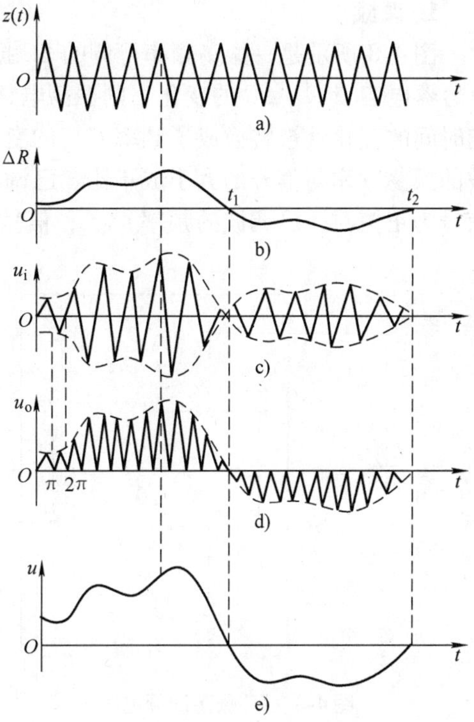

图 4-6　相敏检波解调过程

a）载波　b）调制信号　c）放大后的已调波　d）经相敏检波后的波形　e）滤波后的波形

图 4-7 所示是用动态应变仪测量汽车车身各部分应力分布的测试原理框图，振荡器输出一高频振荡电压给电桥供电，被测量（车身各部应力）通过电阻应变片的电阻变化来控制调幅电桥的输出，已调波经放大和相敏检波后，再经低通滤波便可将恢复后的信号传递给显示或处理设备。

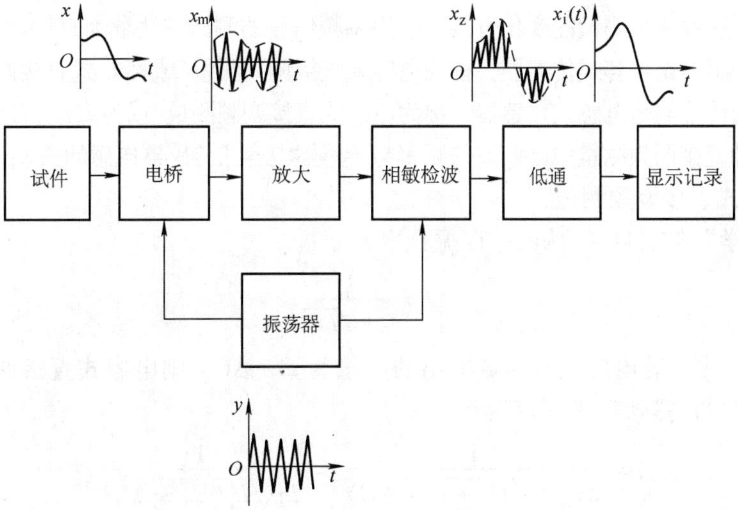

图 4-7　动态应变仪的测试原理框图

二、调频与解调

1. 调频

图 4-8 所示是一振荡频率可调的 LC 振荡电路，可用传感器输出的缓变信号去控制可变电容器电容量 $C+\Delta C$ 的变化，则振荡电路的输出频率 f 也随之发生变化，如此被测量 $x(t)$ 随时间的变化就被转换成了频率 $f(t)$ 的变化，如图 4-9 所示。频率调制的重要特点是，已调波的振荡频率与信号的大小成正比。已调波的中心频率 f_c 是调制信号为零时所对应的频率，信号为正值时，已调波的频率 $f>f_c$；信号为负值时，已调波的频率 $f<f_c$。

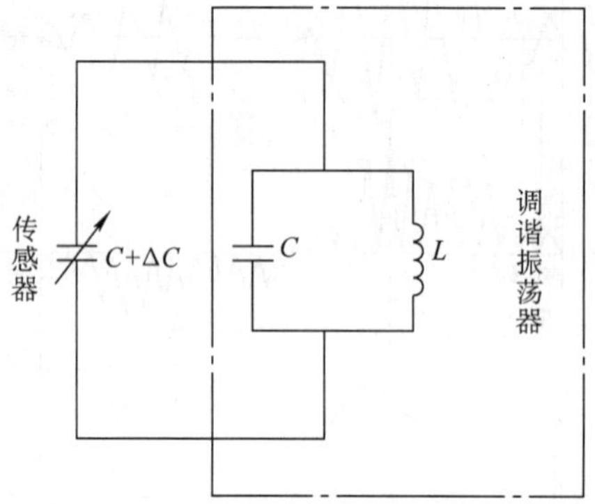

图 4-8　LC 振荡调频电路

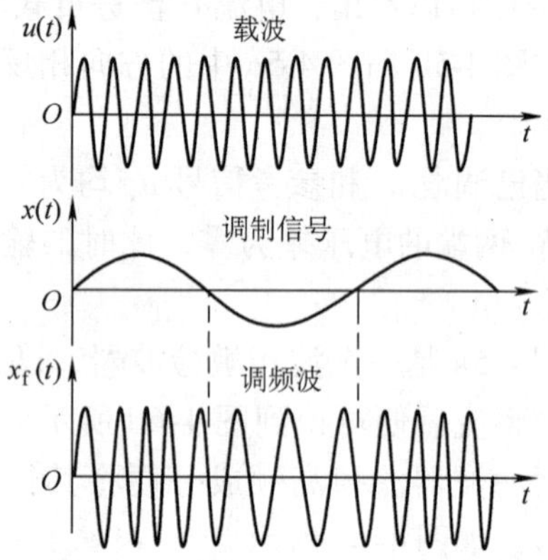

图 4-9　测试信号的频率调制

外界的干扰通常都不能改变信号的频率。而对于调制信号，其频率调制储存在频率变化之中，因此调制信号的抗干扰能力强，便于远距离传输。

图 4-8 所示的 LC 振荡调频电路中，实现频率调制的控制量是可变电容 $C+\Delta C$。若将控制量改变为可变电感 $L+\Delta L$ 同样可以实现频率调制。显然，对于电容式传感器和电感式传感器，若将其直接接入图 4-8 中所示可变电容的位置，则由传感器和 LC 振荡器所组成的测试系统所输出的便是调频信号，这种将被测量的变化直接转换为调频信号的测试方法称为直接调频测量。若直接调频测量中的传感器是电容式传感器，称为电容式直接调频测量(或称 C 式直接调频测量)；若直接调频测量中的传感器是电感式传感器，称为电感式直接调频测量(或称 L 式直接调频测量)。下面分别分析两种直接调频测量中已调波的频率与传感器电容或传感器电感的关系。

（1）电容式直接调频测量

由“电工学”知，LC 振荡器的谐振频率 f 为

$$f=\frac{1}{2\pi\sqrt{LC}} \tag{4-9}$$

在测量过程中，若电容式传感器输出的电量为 $C+\Delta C$，则电容式直接调频测试系统输出的经频率调制的高频信号频率 f 为

$$f=\frac{1}{2\pi\sqrt{L_1(C_1+C+\Delta C)}}=\frac{1}{2\pi\sqrt{L_1(C_0+\Delta C)}} \tag{4-10}$$

式中　C_0——振荡电路中的电容 C_1 和电容式传感器零位电容值 C 之和，$C_0=C_1+C$。

对式(4-10)等号的两边平方并取倒数得

$$\frac{1}{f^2}=4\pi^2L_1(C_0+\Delta C)=\frac{1}{f_j^2}+\frac{1}{\Delta f^2}$$

$$f=\frac{f_j\Delta f}{\sqrt{f_j^2+\Delta f^2}} \tag{4-11}$$

式中　Δf——ΔC 所引起的频率变化，$\Delta f=\dfrac{1}{2\pi\sqrt{L_1\Delta C}}$；（4-12）

f_j——已调波的基准频率。

通常已调波的基频 f_j 远大于 Δf，由式(4-11)和式(4-12)可以看出，已调波的振动频率 f 与传感器电容量的变化 ΔC 的平方根近似呈反比关系，由 ΔC 所引起 Δf 近似呈线性关系。

（2）电感式直接调频测量　用上述方法可得到电感式直接调频测量的已调波的振动频率 f 与传感器电感量的变化 ΔL 的平方根近似呈反比关系，与由 ΔL 所引起 Δf 近似呈线性关系。

2. 频率调制的解调

实现频率调制解调的常用工具是鉴频器(如图 4-10 所示)，因此频率调制的解调又称鉴频。

尽管干扰信号一般不会改变已调波的频率，但它会带来已调波的幅值变化，此幅值的变化在解调过程中同样会反映到解调后的原信号中，因此将干扰信号所引起的已调波幅值的变化称为寄生调幅。为了消除寄生调幅，在进行频率调制的解调前，常采用限幅器将已调波变为等幅振荡波。

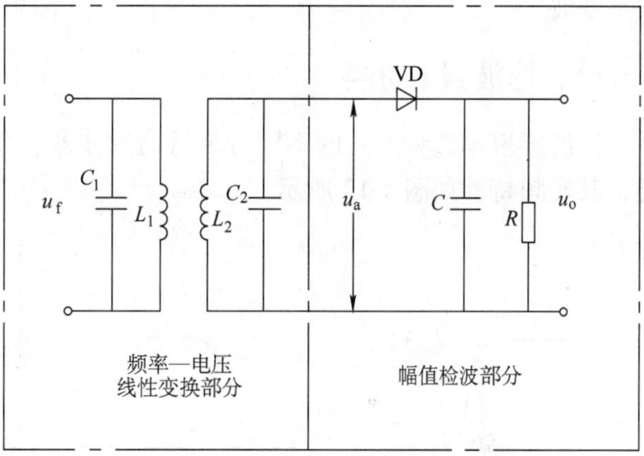

图 4-10　频率解调的解调电路

鉴频器有振幅鉴频器和相位鉴频器两种，在汽车试验中很少采用相位鉴频器，因此在此仅介绍图 4-10 所示的振幅鉴频器。振幅鉴频器由线性变换电路和幅值检波电路两部分组成，线性变换电路的作用是将等幅的调频波转换为调幅波。其工作原理是：在线圈 L_1、电容 C_1 和线圈 L_2、电容 C_2 所组成的并联谐振电路中，当初级线圈 L_1 的输入为等幅调频波 u_f 时，次级线圈 L_2 的输出为 u_a，当输入波 u_f 的频率 f 与谐振回路的固有频率 f_n 相等(即 $f=f_n$)时，线圈 L_1 和线圈 L_2 中的耦合电流达到最大值，次级线圈 L_2 的输出电压 u_a 亦最大；当输入波 u_f 的频率偏离谐振回路的固有频率时，输出电压 u_a 随之下降。而对于前面所述的利用测试信号控制可变电容或可变电感的变化实现调频，由于已调波频率的变化与测试信号大小的平方根近似呈反比，因此，鉴频器并联谐振回路的固有频率 f_n 应小于已调波的最小频率 f_e（即 $f_n<f_e$）。频率调制的已调波需经振幅鉴频器的线性变换，其过程如图 4-11 所示。

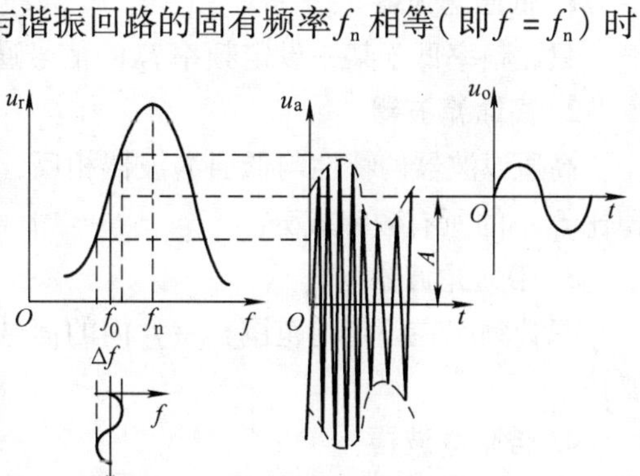

图 4-11　频率调制的解调过程

振幅鉴频器的幅值检波电路的作用是对调幅波进行整流和滤波，将其恢复成原测试信号。

需特别指出的是，图 4-11 中的 f_0 是传感器输出为零时所对应的已调波频率，即前面所述的已调波的基准频率，或称调频测量的基频。显然，已调波经振幅鉴频器后所得到的调幅波并非输出的调幅波，而是有一正的偏置分量 A 。正因为如此，图 4-10 中的幅值检波电路采用的是前面所述的整流检波电路。经整流检波和低通滤波后的信号还需减掉正偏置分量 A 才能恢复为原测试信号。

第二节　信号的滤波

在测试过程中，有时不可避免地会有一些干扰信号的混入，在进行试验数据处理之前，需将干扰信号从测试信号中分离出来。在进行动态测试的数据处理时，常需对频率进行筛选。在工程上将信号的分离与筛选称为滤波，实现滤波处理的设备称为滤波器。

测试信号的滤波可以通过电路和数值计算两种不同的方法来实现，分别称为模拟滤波和数字滤波。

一、滤波器的分类

滤波器根据选频方式的不同分为低通滤波器、高通滤波器、带通滤波器和带阻滤波器四类，其幅频特性如图 4-12 所示。

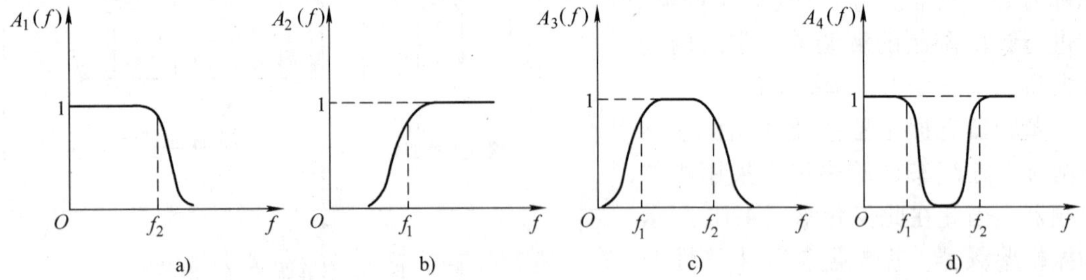

图 4-12　滤波器的幅频特性

a）低通滤波器　b）高通滤波器　c）带通滤波器　d）带阻滤波器

1. 低通滤波器

只让频率低于某一设定频率 f_2 的信号通过，滤掉测试信号中高于 f_2 的所有频率成分。

2. 高通滤波器

高通滤波器的特性与低通滤波器相反，它只让频率比某设定频率 f_1 高的信号通过，而滤掉比 f_1 小的所有频率成分。

3. 带通滤波器

只让频率在设定的范围 $f_1 \sim f_2$ 内的信号通过，频率比 f_1 低的信号和比 f_2 高的信号全部被滤掉。

4. 带阻滤波器

带阻滤波器的特性与带通滤波器相反，在设定频率范围 $f_1 \sim f_2$ 内的信号被滤掉，频率比 f_1 低和比 f_2 高的信号可通过。

滤波器还有其他一些分类方法，如按组成滤波器元件的不同，可分为 RC、LC 和晶体管谐振滤波器；按滤波器中是否有有源器件，可分为无源滤波器和有源滤波器。

二、滤波器的滤波原理

由第二章中对串联系统动态特性的分析知，若传感器的频率响应函数为 $H_1(f)$ 、滤波器的频率响应函数为 $H_2(f)$ ，则二者串联后所组成的系统的频率响应函数为 $H(f)$

$$H(f) = H_1(f) \cdot H_2(f) \tag{4-13}$$

若滤波器的频率响应函数 $H_2(f)$ 为：

1）低通滤波器：

$$H_2(f) = \begin{cases} 1 & 0 \leqslant f \leqslant f_2 \\ 0 & f > f_2 \end{cases} \tag{4-14}$$

2）高通滤波器：

$$H_2(f) = \begin{cases} 0 & 0 \leqslant f < f_1 \\ 1 & f \geqslant f_1 \end{cases} \tag{4-15}$$

3）带通滤波器：

$$H_2(f) = \begin{cases} 1 & f_1 \leqslant f \leqslant f_2 \\ 0 & \text{其他} \end{cases} \tag{4-16}$$

4）带阻滤波器：

$$H_2(f) = \begin{cases} 0 & f_1 < f < f_2 \\ 1 & \text{其他} \end{cases} \tag{4-17}$$

则此串联系统的频率响应函数为

$$H(f) = \begin{cases} H_1(f) & \text{在滤波器的通频带内} \\ 0 & \text{其他} \end{cases} \tag{4-18}$$

由此可见，利用串联系统的乘法特性，便可实现滤波。若各类滤波器具有式(4-14)～式(4-17)所示的特性，则测试信号在设定的选频范围内可以完全不失真地传送到下一个环节，这是信号滤波处理所追求的目标，因此将其称为理想的滤波器特性。实际的滤波器特性通常与之略有不同。

三、实际滤波器的特性

图 4-13 中的实线是实际带通滤波器的特性，它与虚线所表达的理想滤波器的特性并不一致。实际滤波器特性曲线无明显的转折点，选频带中的曲线部分也并非是一水平直线。

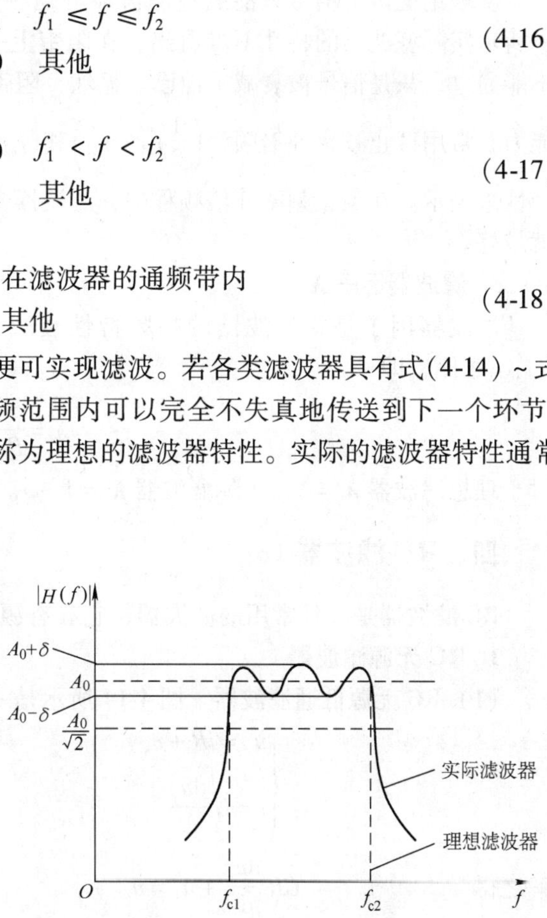

图 4-13　实际带通滤波器的特性

1. 纹波度 δ

从图 4-13 可以看出，实际滤波器特性曲线的中部呈现出起伏的波动，其波动的幅值 δ 称为纹波度。

2. 截止频率 f_c

对于低通滤波器，下截止频率为 $f_{c1}=0$，上截止频率为 f_{c2}；对于高通滤波器，下截止频率为 f_{c1}，上截止频率 $f_{c2}=\infty$。若以信号幅值的平方表示信号功率，则截止频率对应的点正好是半功率点。对于一个性能良好的滤波器，其纹波度 δ 应远小于工程测试领域中的规定。实际滤波器幅频特性曲线上数值为 $\frac{A_0}{\sqrt{2}}$ 所对应的频率，称为截止频率 f_c，它是均值 A_0 衰减 $-3\text{dB}\left(20\lg\frac{A_0}{A_c\sqrt{2}}\right)$ 所对应的频率。对于图 4-13 所示的带通滤波器，有两个截止频率 f_{c1} 和 f_{c2}，分别称为下截止频率和上截止频率；对于低通滤波器下截止频率 $f_{c1}=0$，上截止频率为截止频率所对应的数值，即 $\delta\leqslant\frac{A_0}{\sqrt{2}}$。

3. 带宽 B

带宽是滤波器通频带宽度的简称，是上、下截止频率中的频率范围，用 B 来表示，$B=f_{c2}-f_{c1}$。带宽 B 是滤波器分频能力的一项重要指标。

4. 倍频程选择性

从理论上讲，信号只能通过滤波器的通频带，而不能通过滤波器的阻带，但由图 4-13 中所示实际滤波器的特性不难看出，在阻带上一定的频率范围内(即过渡带内)，信号并非不能通过，只是信号被衰减了而已。显然，阻带对信号的衰减能力反映了滤波器的频率选择能力，常用截止频率外倍频程 $\left(\frac{1}{2}f_{c1}\sim f_{c1}\right)$ 和 $(f_{c2}\sim 2f_{c2})$ 中幅频特性的衰减值(dB)即倍频程选择性来表示。在截止频率外倍频程中，滤波器幅频特性衰减得越快，滤波器倍频程的选择性就越好。

5. 滤波器因子 λ

滤波器因子是指滤波器的幅频特性衰减 -60dB 的带宽 $B_{-60\text{dB}}$ 与衰减 -30dB 的带宽 $B_{-30\text{dB}}$ 之比，即

$$\lambda=\frac{B_{-60\text{dB}}}{B_{-30\text{dB}}} \tag{4-19}$$

对于理想滤波器 $\lambda=1$，实际滤波器 $\lambda=1\sim5$。

四、RC 滤波器

RC 滤波器是一种常用的滤波器，它有有源和无源之分。

1. RC 无源滤波器

(1) RC 无源低通滤波器　图 4-14 所示是一 RC 电路，其电路方程为

$$\begin{cases} u_x=iR+u_y \\ i=C\dfrac{\mathrm{d}u_y}{\mathrm{d}t} \end{cases} \tag{4-20}$$

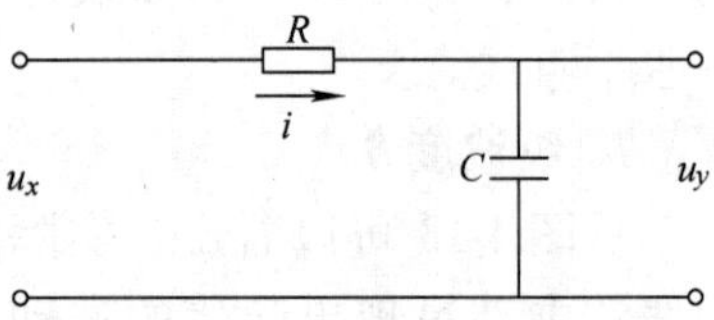

图 4-14　RC 低通滤波器

解之得

$$CR\frac{\mathrm{d}u_y}{\mathrm{d}t}+u_y=u_x \tag{4-21}$$

式中　u_x ——输入的电压信号；

u_y ——输出的电压信号。

对式(4-21)进行傅氏变换得到该电路的频率响应函数

$$H(\mathrm{j}\omega)=\frac{1}{\mathrm{j}\omega\tau}$$

$$H(f)=\frac{1}{(1+\mathrm{j}2\pi\tau)} \tag{4-22}$$

其幅频特性和相频特性分别为

$$A(f)=\frac{1}{\sqrt{1+(2\pi f\tau)^2}} \tag{4-23}$$

$$\varphi(f)=-\arctan 2\pi f\tau \tag{4-24}$$

式中 τ——时间常数，$\tau=RC$；

f——自然频率。

当$f<\frac{1}{2\pi\tau}$时，$A(f)=1$，$\varphi(f)=0$，由图4-15所示的幅频特性曲线不难看出，它和低通滤波器的特性基本相同，因此，图4-14所示的RC电路就是一种无源低通滤波器。

当$f=\frac{1}{2\pi\tau}$时，$A(f)=\frac{1}{\sqrt{2}}$，此低通滤波器的截止频率$f_{c2}=\frac{1}{2\pi\tau}$。欲获得不同截止频率的低通滤波器，只需改变时间常数$\tau=RC$的大小，即改变电路中电阻或电容的大小，便可获得不同的截止频率。

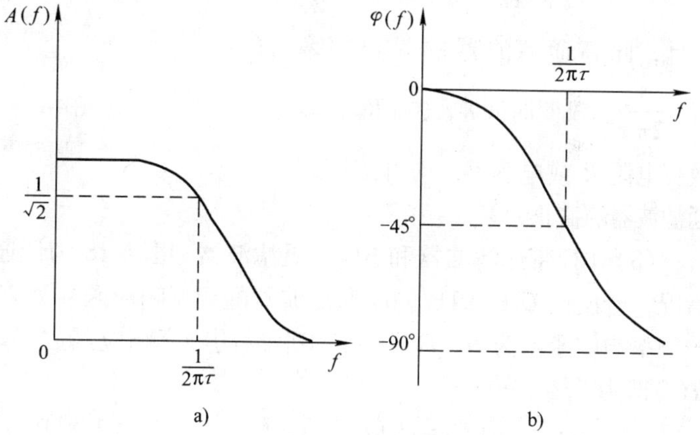

图4-15 RC低通滤波器的特性曲线

a）幅频特性 b）相频特性

（2）RC无源高通滤波器 改变图4-14所示的RC无源低通滤波器中电阻R和电容C的位置，便得到了图4-16所示的电路系统，列出此电路方程。

$$\begin{cases} u_x=\dfrac{1}{C}\int i\mathrm{d}t \\ i=\dfrac{u_y}{R} \end{cases} \tag{4-25}$$

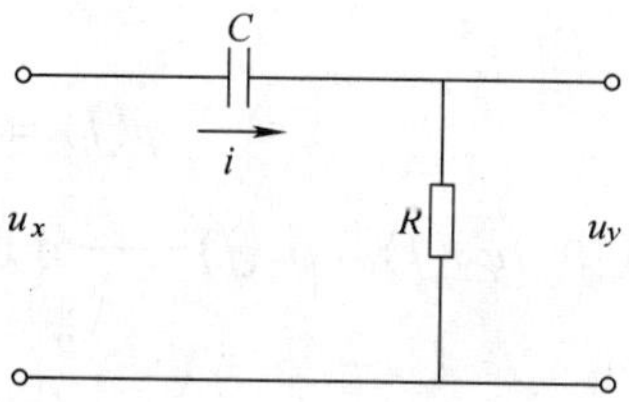

图4-16 RC高通滤波器

解之得

$$u_y=\frac{1}{i}\int u_y\mathrm{d}t=u_x \tag{4-26}$$

将式(4-26)进行傅氏变换得该电路的频率响应函数$H(f)$为

$$H(f)=\frac{\mathrm{j}2\pi f\tau}{1+\mathrm{j}2\pi f\tau} \tag{4-27}$$

幅频特性和相频特性分别为

$$A(f)=\frac{2\pi f\tau}{\sqrt{1+(2\pi f\tau)^2}} \tag{4-28}$$

$$\varphi(f)=\arctan\frac{1}{2\pi f\tau} \tag{4-29}$$

式中 τ——时间常数，$\tau=RC$；

f——自然频率。

从该系统的幅频特性曲线（图4-17）可以看出，它具有高通滤波器的特性。

当 $f>\frac{1}{2\pi\tau}$ 时，$A(f)=1$，$\varphi(f)=0$；当 $f=\frac{1}{2\pi\tau}$ 时，$A(f)=\frac{1}{\sqrt{2}}$，因此，此高通滤波器的截止频率 $f_{c1}=\frac{1}{2\pi\tau}$。改变时间常数 $\tau=RC$，即改变电阻 R 或电容 C，均可改变高通滤波器的截止频率 f_{c1}。

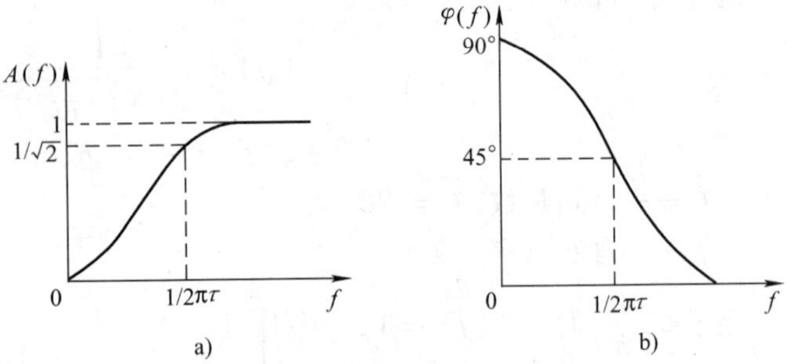

图 4-17 RC 高通滤波器特性
a）幅频特性 b）相频特性

（3）RC 带通滤波器和 RC 带阻滤波器 图 4-18 为低通滤波器和高通滤波器串联起来的情况，若设由 C_1R_1 组成的高通滤波器的频率响应函数为 $H_1(f)$，由 C_2R_2 组成的低通滤波器的频率响应函数为 $H_2(f)$，两者串联后的频率响应函数 $H(f)$ 即为

$$H(f)=H_1(f)\cdot H_2(f) \tag{4-30}$$

将式(4-27)和式(4-22)代入式(4-30)得

$$H(f)=\frac{j2\pi f\tau_1}{(1+j2\pi f\tau_1)(1+j2\pi f\tau_2)} \tag{4-31}$$

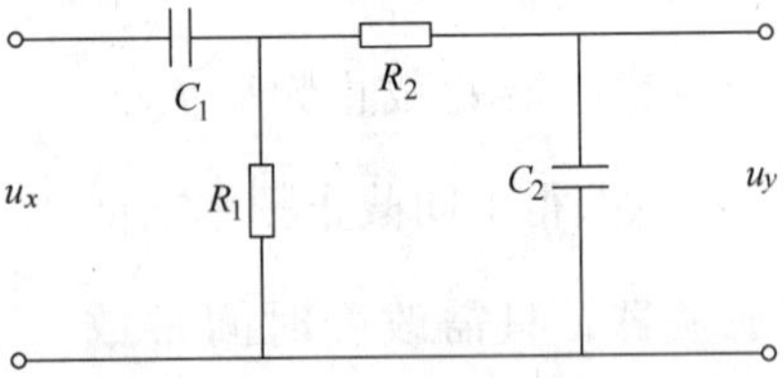

图 4-18 RC 带通滤波器或带阻滤波器

频率响应函数的幅频特性和相频特性分别为

$$A(f)=\frac{2\pi f\tau_1}{\sqrt{[1+(2\pi f\tau_1)^2][1+(2\pi f\tau_2)^2]}} \tag{4-32}$$

$$\varphi(f)=\varphi_1(f)+\varphi_2(f)=\arctan\frac{1}{2\pi f\tau_1}-\arctan\frac{1}{2\pi f\tau_2} \tag{4-33}$$

式中 $\varphi_1(f)$、$\varphi_2(f)$——分别为 R_1、C_1 组成的高通滤波器和 R_2、C_2 组成的低通滤波器的相频特性；

τ_1、τ_2——分别为高通滤波器和低通滤波器的时间常数，$\tau_1=R_1C_1$，$\tau_2=R_2C_2$。

显然，该滤波器的两个截止频率分别为 $f_{c1}=\frac{1}{2\pi\tau_1}$，$f_{c2}=\frac{1}{2\pi\tau_2}$。若 $f_{c1}<f_{c2}$，则滤波器是带通滤波器；若 $f_{c1}>f_{c2}$，则滤波器是带阻滤波器。

由此可见，RC 带通滤波器和 RC 带阻滤波器的结构完全相同，欲使带通滤波器变为带阻滤波器或将带阻滤波器变为带通滤波器，只需调整时间常数 τ_1 和 τ_2 的大小。

（4）多环级联滤波器　由上述滤波器的幅频特性曲线不难看出，它们的倍频程选择性均较差，仅为6dB。为了改善滤波器的倍频程选择性，可采取将多个RC环级联的方式，或采用电感元件代替电阻元件的方式，如图4-19所示。如此便可以达到较好的滤波效果。基于这种设计思想，便产生了四种不同的滤波器，即：巴特沃思(Butter worth)滤波器、切比雪夫(Chebyshev)滤波器、贝赛尔(Bessel)滤波器、考尔(Cauer)滤波器又称椭圆(Ellipieal)滤波器。随着滤波器级联数(或称阶次)的增加，滤波器的倍频程选择性明显改善。此四种滤波器中，考尔滤波器的倍频程选择性最好，但它的纹波度较大。

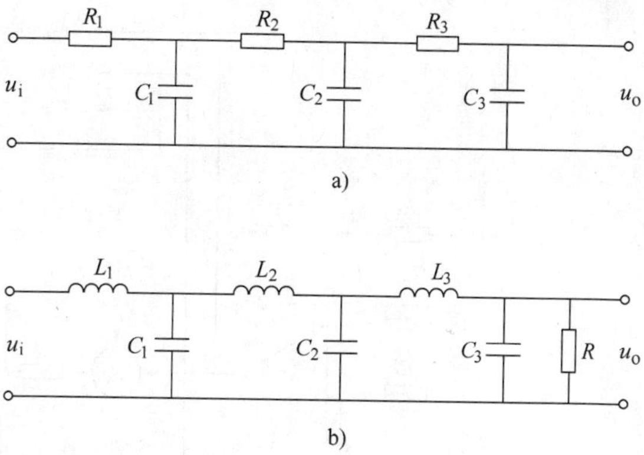

图4-19　多环级联滤波器

从上述的分析知，尽管多环级联可以改善滤波器的性能，但各级间必然存在负载效应。而解决负载效应最有效的方法是采用运算放大器来构成有源滤波器。

2. RC有源滤波器

有源滤波器由RC调谐网络和运算放大器(有源器件)组成。运算放大器可作为级间隔离，又可起信号幅值放大作用；RC网络通常作为运算放大器的负反馈作用。将低通RC有源网络接到运算放大器的输入端，便可得到一有源RC低通滤波器，如图4-20a所示。将高通网络接到运算放大器的反馈网络，也可得到一有源RC低通滤波器，如图4-20b所示。

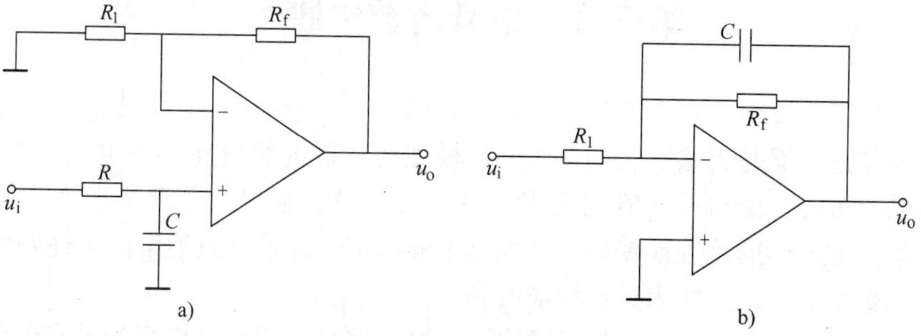

图4-20　一阶有源低通滤波器

图4-21所示是一个有源二阶低通滤波器，图4-22所示是一种“状态变量”滤波器，通

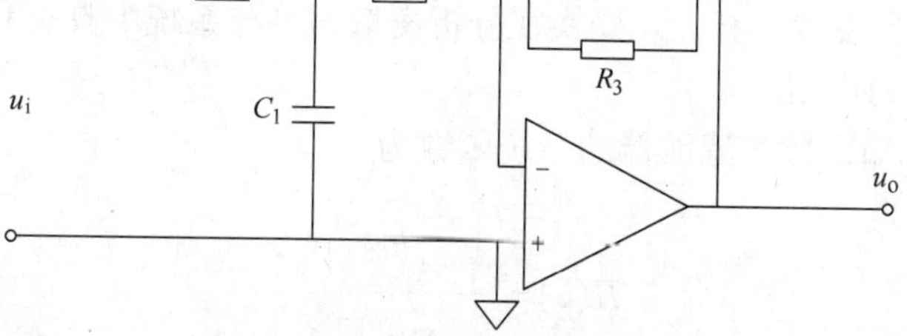

图4-21　有源二阶低通滤波器

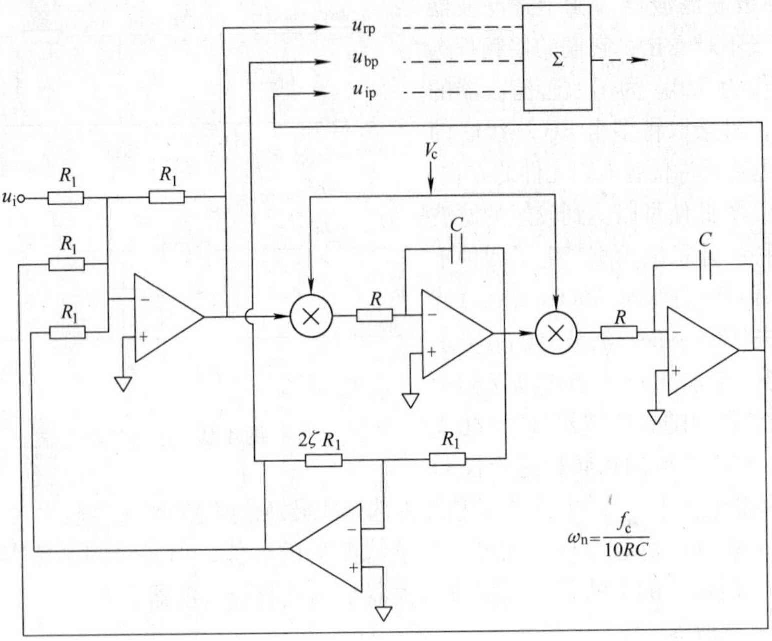

图 4-22　“状态变量”滤波器

过滤波器电参量的调节，可使之呈现出三种状态：低通滤波器状态、高通滤波器状态和带通滤波器状态。

第三节　信号的数字滤波

若测试信号是一离散的数字序列 $x(m)$，且该数字序列中还混有干扰信号，显然用上一节所介绍的模拟滤波器是无法解决的；此外，模拟滤波器的组成元件是电阻、电容和电感，这些滤波器的参数不可能与设计值完全相等(制造误差)，且还会受环境温度和通电时间的影响，因此模拟滤波器的特性误差较大且性能不够稳定。为了有效地解决上述问题，科学家便开始研究用数值计算的方法来处理滤波问题。

由于数字滤波技术具有灵活、性能稳定、精度可控且可用计算机编程来实现等优点，因此数字滤波器技术发展十分迅速，其应用比模拟滤波更加广泛，在雷达、通信、语音处理、图像传输及工程测试领域正发挥着十分重要的作用。

所谓数字滤波，就是设计或选择一离散的时间系统 $h(n)$，使之和模拟滤波器一样具有选频特性。数字滤波的理论基础是 Z 变换和离散傅氏变换。正像在分析连续信号和系统时离不开拉氏变换和傅氏变换一样，Z 变换在分析离散信号与系统中具有和拉氏变换在连续信号与系统中同等重要的作用。

由 Z 变换理论可知，数字滤波器的系统函数为

$$H(z)=\frac{\sum_{k=0}^{M} b_k z^{-k}}{1-\sum_{k=1}^{N} a_k z^{-k}} \tag{4-34}$$

式中　$H(z)$——单位抽样响应函数 $h(n)$ 的 Z 变换；

z——变换因子；

a_k、b_k——数字滤波器参数；

N、M——数字滤波器的阶数。

对于离散时域，若系统单位抽样响应延伸到无穷大，称为无限长单位抽样响应系统，简称ⅡR系统，只要式(4-34)所示的系统函数中分母多项式有一个系数 $a_k \neq 0$，即属于此类系统，若ⅡR系统函数的分子中只有常数项 b_0，即在有限的 z 平面内只有极点，则将该系统称为全极点的ⅡR系统；若系统的抽样响应是一个有限序列，称为有限长单位抽样响应系统，简称FIR系统，若此系统中的系数 a_k 全部等于零，即系统函数 $H(z)$ 在有限 z 平面没有极点，只有零点，则将此系统称为全零点FIR系统。

一、无限长单位抽样响应(ⅡR)滤波器的结构

无限长单位抽样响应(ⅡR)滤波器系统函数 $H(z)$ 的结构有直接型、级联型、并联型和格型多种。

1. 直接型

ⅡR滤波器的系统函数 $H(z)$ 见式(4-34)，其输入和输出的 N 阶差分方程为

$$y(n)=\sum_{k=1}^{N} a_k y(n-k)+\sum_{k=0}^{M} b_k x(n-k) \tag{4-35}$$

式中　$\sum_{k=0}^{M} b_k x(n-k)$——将输入和延时后的输入组成 M 阶的延时网络，并将每阶延时抽样后的加权值(加权系数为 b_k)相加；

$\sum_{k=1}^{N} a_k y(n-k)$——输出所组成的 N 阶延时网络，将每节延时抽样后的加权值(加权系数为 a_k)相加。

由于输出 $y(n)$ 中包含了输出的延时部分，因此它是一个反馈网络。

2. 级联型

将系统函数 $H(z)$ 按零、极点进行因式分解得

$$H(z)=\frac{\sum_{k=0}^{M} b_k z^{-k}}{1-\sum_{k=1}^{N} a_k z^{-k}}=\frac{\prod_{k=1}^{M_1}(1-p_k z^{-1})\prod_{k=1}^{M_2}(1-q_k z^{-1})(1-q_k^* z^{-1})}{\prod_{k=1}^{N_1}(1-c_k z^{-1})\prod_{k=1}^{N_2}(1-d_k z^{-1})(1-d_k^* z^{-1})} \tag{4-36}$$

式中　M、N——滤波器阶数，$M=M_1+2M_2$，$N=N_1+2N_2$；

p_k、c_k——分别为一阶因式的实零点和实极点；

q_k、q_k^*——二阶因式的共扼复零点；

d_k、d_k^*——二阶因式的共扼复极点；

a_k、b_k——滤波器参数。

为了简化级联形式，常采用相同形式的子网络结构，并将实系数的两个因子组合成二阶因子，如此，系统函数 $H(z)$ 便可分解成实系数的二阶因子形式，即

$$H(z)=\prod_{k}^{n}\frac{1+\beta_k z^{-1}+\beta_k z^{-2}}{1-a_k z^{-1}-a_k z^{-2}}=\prod_{k}^{n} H_k(z) \tag{4-37}$$

式中　α_k、β_k——各子网络的参数。

式(4-37)所示的级联结构就是第二章所介绍的串联系统，如图4-23所示。级联的阶数(或称节数)视具体情况而定。当 $M=N$ 时，共有 $n=\frac{N+1}{2}$ 节(n 为整数)。若有奇数个实零点，则必然有一个 β_{2k} 等于零；若有奇数个实极点，同样有一个 α_{2k} 等于零。

3. 并联型

将进行因式分解的系统函数 $H(z)$ 展开成多个相叠加的分式，便得到了ⅡR滤波器的并联结构，即

$$H(z)=\sum_{k=1}^{N_1}\frac{A_k}{1-c_kz^{-1}}+\sum_{k=1}^{N_2}\frac{B_k(1-g_kz^{-1})}{(1-d_kz^{-1})(1-d_k^*z^{-1})}+\sum_{k=0}^{M-N}G_kz^{-k} \tag{4-38}$$

式中　A_k、B_k、g_k、c_k、G_k——均为实系数；

　　　d_k、d_k^*——为一对共轭复数。

当 $M<N$ 时，式(4-38)中不包含 $\sum\limits_{k=0}^{M-N}G_kz^{-k}$ 项；当 $M=N$ 时，$\sum\limits_{k=0}^{M-N}G_kz^{-k}$ 项为一常数 G_0，对于ⅡR滤波器，都满足 $M\leqslant N$ 的条件，故式(4-38)就变为

$$H(z)=G_0+\sum_{k=1}^{N_1}\frac{A_k}{1-c_kz^{-1}}+\sum_{k=1}^{N_2}\frac{\gamma_{0k}+\gamma_{1k}z^{-1}}{1-a_{1k}z^{-1}-a_{2k}z^{-2}} \tag{4-39}$$

式中　a_{1k}、a_{2k}、γ_{0k}、γ_{1k}——滤波器参数。

式(4-39)所示的系统是由 N_1 个一阶系统和 N_2 个二阶系统及延时加权单元并联而成，如图4-24所示。

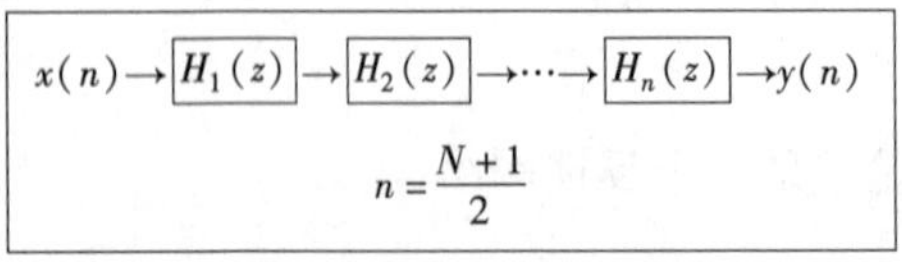

图4-23　级联的ⅡR数学滤波器结构

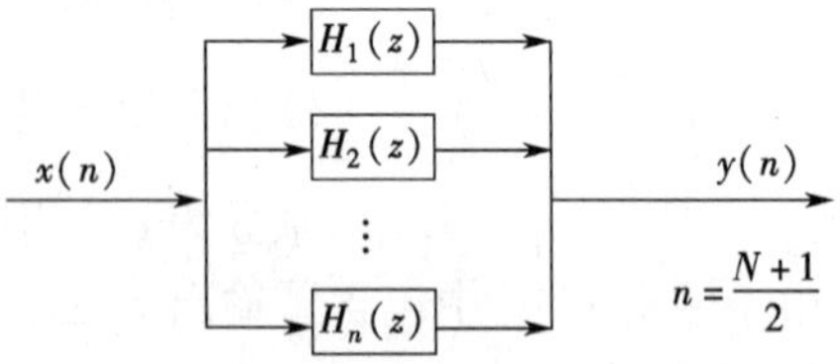

图4-24　并联型ⅡR滤波器结构

为了简化并联型ⅡR滤波器的结构，常将一阶实极点和共轭极点对都化成实系数二阶多项式，如此并联型ⅡR滤波器的系统函数 $H(z)$ 就变为

$$H(z)=G_0+\sum_{k=1}^{n}\frac{\gamma_{0k}+\gamma_{1k}z^{-1}}{1-a_{1k}z^{-1}-a_{2k}z^{-2}}=G_0+\sum_{k=1}^{n}H_k(z) \tag{4-40}$$

4. 格型结构

若ⅡR滤波器是一全极点的滤波器，即式(4-34)中分子只有常数项 b，则全极点ⅡR滤波器的系统函数 $H(z)$ 为

$$H(z)=\frac{b}{1+\sum\limits_{k=1}^{N}a_kz^{-k}} \tag{4-41}$$

二、有限长单位抽样响应(FIR)滤波器的结构

FIR系统的特点是：①系统的单位抽样响应函数 $h(n)$ 在有限个 n 值处不为零；②系统

函数 $H(z)$ 在 $|z|>0$ 处收敛，在 $|z|>0$ 的有限 z 平面只有零点，全部极点均在 $z=0$ 处，因此，FIR 滤波器的系统函数为

$$H(z)=\sum_{n=0}^{N-1} h(n) z^{-n} \tag{4-42}$$

FIR 数字滤波器也有多种不同的结构，如横截型、级联型、频率抽样型和格型等。

1. 横截型

FIR 系统的差分方程为

$$y(n)=\sum_{m=0}^{N-1} h(m) x(n-m) \tag{4-43}$$

式(4-43)是线性移不变系统的卷积和公式，也是 $x(n)$ 的延时链的横向结构，因此将其称为横截型或卷积型结构。

2. 级联型

将式(4-42)分解成实系数二阶因子的乘积形式，则有

$$H(z)=\sum_{n=0}^{N-1} h(n) z^{-n}=\prod_{k=1}^{N/2}\left(\beta_{0k}+\beta_{1k} z^{-1}+\beta_{2k} z^{-2}\right) \tag{4-44}$$

式中　β_{0k}、β_{1k}、β_{2k}——均为滤波器的参数。

3. 频率抽样型

若将一个具有 N 个点的有限序列的 Z 变换 $H(z)$ 在单位圆上作 N 等分抽样，其主序列就等于单位抽样响应函数 $h(n)$ 的离散傅氏变换 $H(e^{j\omega})$，即

$$H(z)=(1-z^{-N}) \frac{1}{N} \sum_{k=0}^{N-1} \frac{H_k(e^{j\omega})}{1-W_N^{-k} z^{-1}}=\frac{1}{N} H_a(z) \sum_{k=0}^{N-1} H_k(z) \tag{4-45}$$

式中　$H_a(z)$——相当于级联结构中的第一个环节，$H_a(z)=1-z^{-N}$；

$\sum_{k=0}^{N-1} H_k(z)$——相当于级联结构中的 N 个并联环节，$\sum_{k=0}^{N-1} H_k(z)=\sum_{k=0}^{N-1} \frac{H_k(e^{j\omega})}{1-W_N^{-k} z^{-1}}$；

W_N——滤波器参数；

$H_k(e^{j\omega})$——N 个并联环节的频率响应函数。

若令 $z=e^{j\omega}$，则级联结构中的第一个环节的系统函数 $H_a(z)$ 就变成了频率响应函数

$$H_a(e^{j\omega})=1-e^{j\omega N}=2je^{j\frac{W_N}{2}}\sin\left(\frac{W_N}{2}\right) \tag{4-46}$$

其幅频特性和相频特性分别为

$$A_c(j\omega)=2\left|\sin \frac{W_N}{2}\right| \tag{4-47}$$

$$\varphi_c(j\omega)=\frac{\pi}{2}-\frac{W_N}{2}+m\pi \tag{4-48}$$

式中　$m=0$ 时，$W_N=0 \sim \frac{2\pi}{N}$；

$m=1$ 时，$W_N=\frac{2\pi}{N} \sim \frac{4\pi}{N}$；…；

$m=m$ 时，$W_N=\frac{2m\pi}{N} \sim \frac{2(m+1)\pi}{N}$。

级联结构中的 N 个并联环节(第二部分)为

$$\sum_{k=0}^{N-1} H_k(z) = \sum_{k=0}^{N-1} \frac{H_k(e^{j\omega})}{1 - W_N^{-k} z^{-1}} \tag{4-49}$$

从上式可以看出，它由 N 个一阶网络组成，当 $1 - W_N^{-k} z^{-1} = 0$ 时，此一阶网络在单位圆上有一个极点

$$z^k = W_N^{-k} = e^{j\frac{2\pi}{N}k} \tag{4-50}$$

即此一阶网络在频率 $W = \frac{2\pi}{N}k$ 处的响应为“∞”。此极点正好与第一个环节中的一个零点 $(i = k)$ 相抵消，使得该滤波器在频率为 $W = \frac{2\pi}{N}k$ 处的频率响应等于 $H_k(e^{j\omega})$。如此，N 个并联的一阶网络和第一环节中的 N 个零点抵消，从而在 N 个频率抽样点 $W = \frac{2\pi}{N}k(k = 0,1,2,\cdots,N-1)$ 处的频率响应就分别等于 N 个 $H_k(e^{j\omega})$。由此可见，欲控制该滤波器的频率响应十分方便。其缺点是该滤波器结构中的 $H_k(e^{j\omega})$ 和 W_N^{-k} 均是复数，在进行数字计算时，其乘法次数和数据的储存量均较大。

4. 全零点 FIR 滤波器的格型结构

若 FIR 是一个全零点的滤波器，即式(4-34)中分母的系数全为零($a_k = 0$)，则全零点 FIR 滤波器的系统函数 $H(z)$ 为

$$H(z) = \sum_{k=0}^{M} b_k z^{-k} \tag{4-51}$$

三、数字滤波器的设计

所谓数字滤波器的设计，是将前面所介绍的各种数字滤波器的结构具体化，实现各种不同结构数字滤波器的滤波功能。无论是ⅡR 数字滤波器还是 FIR 数字滤波器，都有低通、高通、带通、带阻和全通等多种形式。前人已总结出了多种不同的设计方法，如用模拟滤波器设计数字滤波器法、脉冲响应不变法、阶跃响应不变法、双线性变换法、直接数字域设计法、窗函数设计法、频率抽样设计法等。受篇幅的限制，在此不可能一一介绍。下面仅介绍数字滤波器的设计步骤。

数字滤波器设计的一般步骤：

1）按实际需要确定合理的数字滤波器性能指标。

2）用数字滤波器的系统函数去逼近所确定的性能指标。

3）利用有限精度算法求出系统函数 $H(z)$。

由上一节对实际滤波器的分析知，滤波器的性能指标主要有：纹波度 δ、截止频率 f_c、带宽 B 和倍频程选择性。数字滤波器的设计就是确定其系统函数 $H(z)$，使之满足上述各项性能指标的要求。

第四节　信号的放大

由于传感器受到体积、质量、功耗及转换效率等多种因素的限制，许多传感器的输出信

号都比较微弱，难以直接用来驱动后继的显示或记录设备，为此需利用放大器对信号进行放大。关于放大器，目前已有各种各样成熟的产品可供选用。放大器的具体结构不是本课程的内容，在此不再介绍，本节着重讨论传感器与放大器的阻抗匹配及放大器与负载的阻抗匹配问题。

一、传感器与放大器的阻抗匹配

设传感器的输出阻抗为 Z_x、放大器的输入阻抗为 Z_1，二者级联后的等效电路如图 4-25 所示，据此可得到如下的电路方程

$$\begin{cases} U_1 = U_x - iZ_x \\ i = \dfrac{U_1}{Z_1} \end{cases} \tag{4-52}$$

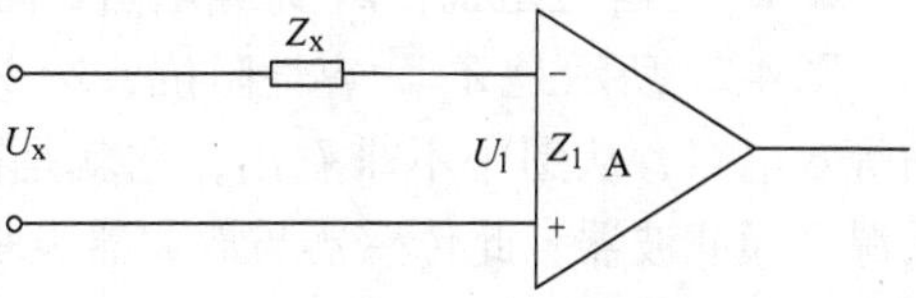

图 4-25　传感器与放大器相连的电路

解之得

$$U_1 = \frac{Z_1}{Z_1 + Z_x} U_x \tag{4-53}$$

因阻抗匹配所引起的误差 ΔU 为

$$\Delta U = U_x - U_1 = U_x - \frac{Z_1}{Z_1 + Z_x} U_x = U_x \frac{Z_x}{Z_1 + Z_x} \tag{4-54}$$

若阻抗 $Z_1 >> Z_x$，如 $Z_1 = 100Z_x$，将其代入式(4-54)得

$$\Delta U = U_x \frac{Z_x}{Z_1 + Z_x} = U_x \frac{Z_x}{100Z_x + Z_x} = \frac{U_x}{101} \tag{4-55}$$

由此可见，若放大器的输入阻抗比传感器的阻抗大 100 倍，则阻抗匹配所带来的误差不到百分之一。就此而论，阻抗匹配所带来的误差问题似乎容易解决。但在一般情况下，阻抗 Z_1 和 Z_x 常为复数。若设 $Z_x = a + \mathrm{j}b$，$Z_1 = c + \mathrm{j}d$，将其代入式(4-54)得

$$\Delta U = U_x \frac{a + \mathrm{j}b}{a + c + \mathrm{j}(b + d)} \tag{4-56}$$

下面来讨论两种特殊复阻抗的匹配对信号放大的影响：

1. Z_x 为纯电阻，Z_1 为容性复阻抗

Z_x 为纯电阻，Z_1 为容性复阻抗（图 4-26），该电路方程为

$$\begin{cases} U_x = iR_x + U_1 \\ i = C_1 \dfrac{\mathrm{d}U_1}{\mathrm{d}t} + \dfrac{U_1}{R_1} \end{cases} \tag{4-57}$$

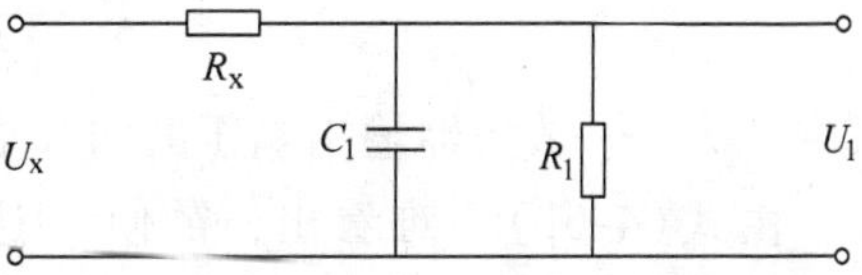

图 4-26　Z_x 为纯电阻，Z_1 为容性复阻抗的等效电路

解之得

$$C_1 R_x \frac{\mathrm{d}U_1}{\mathrm{d}t} + \left(\frac{R_x}{R_1 + 1}\right) U_1 = U_x \tag{4-58}$$

对式(4-58)进行傅氏变换得该系统的频率响应函数

$$H(f) = \frac{1}{\left(\dfrac{R_x}{R_1} + 1\right) + \mathrm{j}2\pi\tau} \tag{4-59}$$

式中　τ——时间常数，$\tau = R_x C_1$。

由式(4-59)不难看出，传感器与放大器级联所组成的系统呈现出低通滤波器的特性，这就是第二章所讲的负载效应。此低通滤波器的截止频率$f_{c2}=\frac{1}{2\pi\tau}$。欲利用放大器对测试信号进行有效地放大，则首先必须确保测试信号不被滤掉，这就要求滤波器的截止频率一定要大于信号频率f，即$f_{c2}>f$，欲提高截止频率f_{c2}，则应减小R_x和C_1以减小时间常数τ；此外欲保证信号传到放大器输入端的精度，就要求$R_1>>R_x$。

2. Z_x 为容性阻抗，Z_1 为纯电阻式阻抗

图4-27所示是Z_x为容性阻抗，Z_1为纯电阻式阻抗的等效电路，从图中不难看出，它就是前面所述的RC无源高通滤波器，此传感器与放大器级联所组成系统的频率响应函数为

$$H(f)=\frac{j2\pi\tau}{1+j2\pi\tau} \tag{4-60}$$

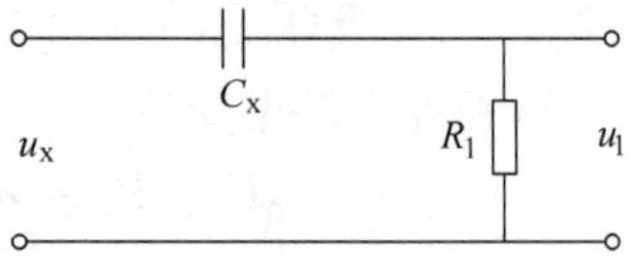

图4-27　Z_x为容性阻抗($Z_x=C_x$)，Z_1为纯电阻阻抗的等效电路

式中　τ——时间常数，$\tau=R_1C_x$。

此高通滤波器的截止频率为$f_{c1}=\frac{1}{2\pi\tau}$。欲利用放大器对容性阻抗的传感器的信号进行放大，则：①滤波器的截止频率f_{c1}应小于信号频率f，即$f_{c1}<f$，这就要求R_1C_x应尽可能大；②为了保证信号传到放大器的精度，还要求$Z_1>>Z_x$。

对于实际的传感器与放大器的级联，其阻抗的匹配往往不会像上述两例那么简单，其阻抗Z_x和Z_1可能均是比较复杂的复阻抗，对此我们必须考虑到级联的负载效应。

二、放大器与负载的阻抗匹配

信号放大的目的在于使测试信号获得足够大的功率，以驱动处理、显示或记录设备。显然，放大器驱动负载的能力是放大器与负载阻抗匹配的重要评价指标之一；此外，放大器与负载(处理、显示或记录设备)级联的负载效应亦必须考虑。如何避免负载效应对测试信号的影响，前面已经述及，在此不再重复。下面简要讨论如何使负载获得最大功率的阻抗匹配。

设负载的阻抗$Z_1=R_1+jX_1$，放大器的输出阻抗为$Z_2=R_2+jX_2$，则负载功率P为

$$P=\frac{U_y^2R_1}{(R_1+R_2)^2+(X_1+X_2)^2} \tag{4-61}$$

式中　U_y——放大器输出电压的均方根值。

由式(4-61)不难看出，欲使P达到最大，则分子R_1应尽可能大，分母$(R_1+R_2)^2+(X_1+X_2)^2$应尽可能小。当阻抗Z_1和Z_2为不同性质的阻抗时，R_1和R_2不可能为负，但X_1和X_2可为正也可为负，若$X_1=-X_2$，则分母$(R_1+R_2)^2+(X_1+X_2)^2=(R_1+R_2)^2$。在此情况下，显然增加$R_1$、减小$R_2$可使负载功率$P$增加。

由此可见，为获得较大的负载功率，放大器的输出电阻R_2应尽可能小，负载电阻R_1应较大，且负载阻抗Z_1和放大器输出阻抗Z_2中的虚部应满足$X_1=-X_2$。

第五节　信号的传输

将信号由一个环节传送到另一个环节的过程，称为信号的传输。若汽车试验系统中的每

一个环节均相距很近，且试验系统中各环节的位置相对固定，则通常采用信号线（有线）传输。但如果试验系统各环节的相对位置较远，则要视信号的类型、性质及信号传输的方便性与成本等诸多因素采用合理的信号传输方式。

信号传输有有线传输和无线传输两大类。有线传输方式中有屏蔽信号线传输、同轴电缆传输、双绞线传输、光纤传输等多种；无线传输方式中有无线模块传输、网桥传输、无线局域网传输及 GPRS 传输等四种。

一、有线传输

有线传输的优点是抗外界干扰能力强，但有线传输所存在的问题已很明显：当导线较长时，分布在导线上的电阻、电容和电感不可忽视，这样就相当于在测试系统的两个环节中串进了另一个环节，此环节的介入，不可避免地会产生负载效应。正因为如此，在汽车试验中，在可能的情况下应尽量缩短传输信号线的长度。若必须采用长信号线传输时，则应在测试系统的组成及测试电路上采取相应的技术措施，以减小或消除其影响。

1. 屏蔽信号线传输

在计算机网络诞生之前，屏蔽信号线传输曾是工程测试领域的一种主流传输方式，它可以用来传输各种不同类型的测试信号。图 4-28 所示是屏蔽信号线的结构，利用包裹在多芯电缆外的金属网屏蔽外界的干扰。对于距离较近、信号流量不大的汽车试验领域，屏蔽信号线仍是一种常用的传输方式。

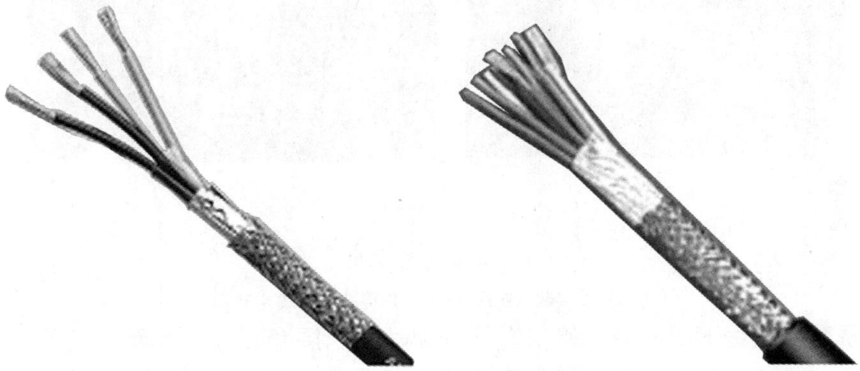

图 4-28 屏蔽信号线

2. 同轴电缆传输

同轴电缆（Coaxial Cable）最早应用于有线电视网络。可以以很高的速率传输很长的距离。同轴电缆由圆柱形金属网导体（外导体）及其所包围的单根金属芯线（内导体）组成，外导体与内导体之间由绝缘材料隔开，外导体外部也是一层绝缘保护套，如图 4-29 所示。同轴电缆有粗缆和细缆之分。

粗缆传输距离较远，传输衰耗小，可靠性高。但使用粗缆时必须安装收发器和收发器电缆，安装难度大，总体成本高。而细缆由于功率损耗较大，一般传输距离不超过 185m。

同轴电缆有两种基本类型，基带同轴电缆和宽带同轴电缆。基带同轴电缆一般只用来传输数据。基带同轴电缆的外导体是用铜做成网状的，特性阻抗为 50Ω。宽带同轴电缆传输速率较高，传输距离较远，但成本较高。宽带同轴电缆不仅能传输数据，还能传输图像和语音信号。宽带同轴电缆的特性阻抗为75Ω。

3. 双绞线传输

双绞线(Twisted Pair,TP)是最常用的一种传输介质，它由两条具有绝缘保护层的铜导线相互绞合而成。把两条铜导线按一定的密度绞合在一起，可增强双绞线的抗电磁干扰能力。一对双绞线形成一条通信链路。在双绞线中可传输模拟信号和数字信号。双绞线有非屏蔽式和屏蔽式两种。

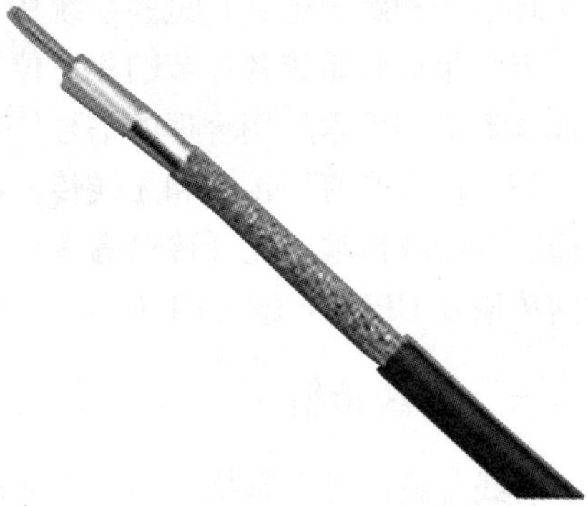

图4-29 同轴电缆

(1) 非屏蔽双绞线UTP 把一对或多对双绞线组合在一起，用塑料套装所得到的双绞线电缆称为非屏蔽双绞线(Unshield Twisted Pair,UTP)，如图4-30所示。UTP具有成本低、重量轻、尺寸小、易弯曲、易安装、阻燃性好、适于结构化综合布线等优点，因此，在一般的局域网建设中被普遍采用。但它也存在传输时有电磁辐射、容易被窃听的缺点，所以，在少数信息保密级别要求高的场合，还须采取一些辅助屏蔽措施。

a) b)

图4-30 双绞线

a) 非屏蔽双绞线UTP b) 屏蔽双绞线STP

(2) 屏蔽双绞线STP 采用铝箔套管或铜丝编织层套装双绞线就构成了屏蔽双绞线(Shield Twisted Pair,STP)。STP有3类和5类两种形式，有150Ω阻抗和200Ω阻抗两种规格。屏蔽绞线具有抗电磁干扰能力强、传输质量高等优点，但它也存在接地要求高、安装复杂、弯曲半径大、成本高的缺点，尤其是如果安装不规范，实际效果会更差。因此，屏蔽双绞线的实际应用并不普遍。

4. 光纤传输

汽车测试中的光纤传输就是利用光导纤维传输测试信号。光导纤维(Optical Fiber,简称光纤)是目前发展最为迅速、应用广泛的传输介质。它是一种能够传输光束的、细而柔软的通信媒体。光纤通常是由石英玻璃拉成细丝，由纤芯和包层构成的双层通信圆柱体，其结构一般是由双层的同心圆柱体组成，中心部分为纤芯。常用的多模纤芯直径为62μm，纤芯以外的部分为包层，一般直径为125μm。

分析光在光纤中传输的理论一般有两种：射线理论和模式理论。射线理论是把光看作射线，引用几何光学中反射和折射原理解释光在光纤中传播的物理现象。模式理论则把光波当作电磁波，把光纤看作光波导，用电磁场分布的模式来解释光在光纤中的传播现象。这种理论相同于微波波导理论，但光纤属于介质波导，与金属波导管不同。模式理论比较复杂，一般用射线理论来解释光在光纤中的传输。光纤的纤芯用来传导光波，包层有较低的折射率。当光线从高折射率的介质射向低折射率的介质时，其折射角将大于入射角。因此，如果折射角足够大，就会出现全反射，光线碰到包层时就会折射回纤芯，这个过程不断重复，光线就会沿着光纤传输下去，如图 4-31 所示。光纤就是利用这一原理传输信息的。

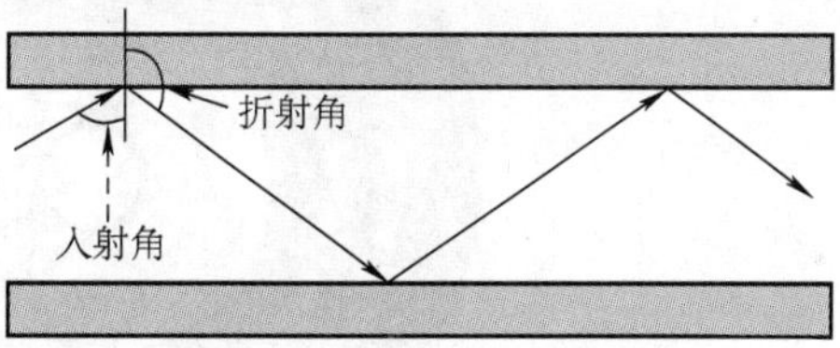

图 4-31　光在光纤中的传输

在光纤中，只要射入光纤的光线的入射角大于某一临界角度，就可以产生全反射，因此可存在许多角度入射的光线在一条光纤中传输，这种光纤称为多模光纤。但若光纤的直径减小到只能传输一种模式的光波，则光纤就像一个波导一样，可使光线一直向前传播，而不会有多次反射，这样的光纤称为单模光纤。单模光纤在色散、效率及传输距离等方面都要优于多模光纤，表 4-1 列出了两者的特性对比。

表 4-1　单模光纤和多模光纤特性对比表

单 模 光 纤	多 模 光 纤	单 模 光 纤	多 模 光 纤
用于高速率，长距离	用于低速率，短距离	窄芯线，需要激光源	宽芯线，聚光好
成本高	成本低	耗损极小，效率高	耗损大，效率低

光纤有很多优点，如频带宽、传输速率高、传输距离远、抗冲击和抗电磁干扰性能好、数据保密性好、损耗和误码率低、体积小和重量轻等。但它也存在连接和分支困难、工艺和技术要求高、需配备光/电转换设备、单向传输等缺点。由于光纤是单向传输的，要实现双向传输就需要两根光纤或一根光纤上有两个频段。

因为光纤本身脆弱，易断裂，直接与外界接触易产生接触伤痕，甚至被折断。因此在实际通信线路中，一般都是把多根光纤组合在一起形成不同结构形式的光缆。随着通信事业的不断发展，光缆的应用越来越广，种类也越来越多。按用途分，有中继光缆、海底光缆、用户光缆、局内光缆，此外还有专用光缆、军用光缆等；按结构分，有层绞式、单元式、带状式和骨架式光缆。光纤的结构如图 4-32 所示。

光纤传输的突出特点是传输的信息量大。一对金属电话线至多只能同时传送一千多路电话，而根据理论计算，一对细如蛛丝的光导纤维可以同时传送一百亿路电话！铺设 1000km 的同轴电缆大约需要 500t 铜，改用光纤通信只需几千克石英就可以了。

二、无线传输

由于信号的无线传输不存在导线分布及电阻、电容和电感所组成的导线环节，且应用方便灵活，因此近些年在汽车试验领域信号的无线传输得到了较大的发展。无线传输是利用无线电波传输信息的通信方式。无线传输的方式有双向、单向、单路、多路、直达、中转等多种。无线传输存在测试信号在传输过程中容易受到干扰等严重问题，故信号的无线传输的关键是抗干扰。

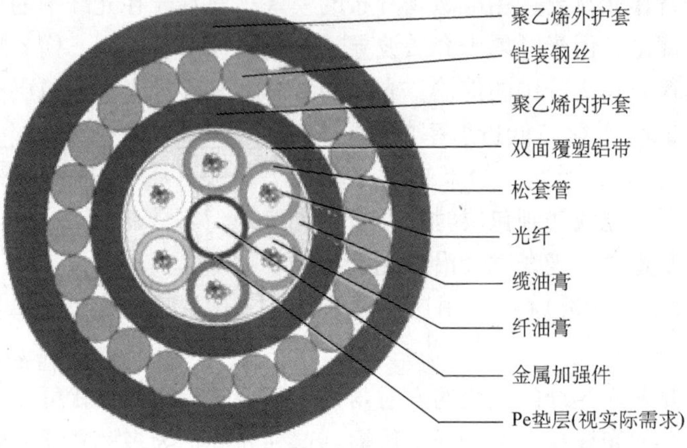

图 4-32　光纤的结构

由前面对信号的调制与解调的讨论中发现，频率调制信号具有较强的抗干扰能力，因此，为尽可能地减小对测试信号的干扰，在汽车试验中，测试信号的无线传输常采用频率调制信号。

1. 无线模块传输

无线模块是一种中短距离无线通信设备，通过软件协议栈可将其拓展成易布建的大容量、不依赖现有通信网络和现有电力网络的无线传输网络系统，具有广泛的应用前景。无线模块传输的突出特点有：

1）低功耗。在低耗电待机模式下，2 节 5 号干电池可支持 1 个结点工作 6 ~ 24 个月，在相同条件下，蓝牙能工作数天，WiFi 仅能工作数小时。

2）低成本。通过大幅简化协议(不到蓝牙协议的 1/10)，降低了对通信控制器的要求，以 8051 的 8 位微控制器测算，全功能的主结点需要 32Kb 代码，子功能结点只需 4Kb 代码。

3）接口灵活。可方便地利用各种不同的标准接口(如 TTL、RS—485、RS—232、USB 等)与数据处理设备及汽车试验系统的其他各类设备相连。

4）安全性能高。提供了多级安全模式，包括无安全设定、使用访问控制列表(ACL)、防止非法获取数据等，可采用高级加密标准(AES128)的对称密码，灵活确定其安全属性。

无线通信模块的种类很多，图 4-33 所示是几种较典型的无线通信模块。

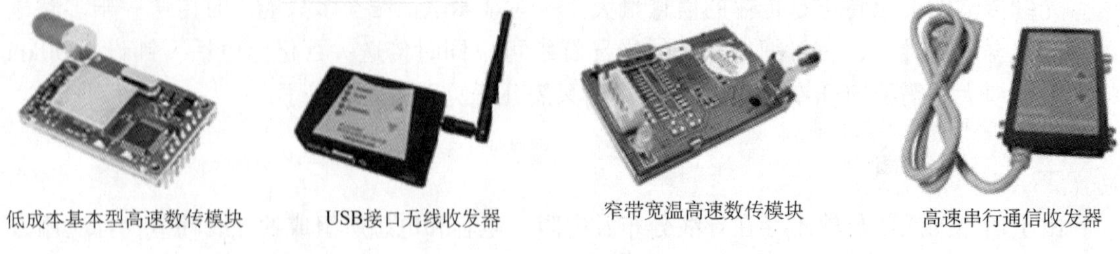

图 4-33　无线通信模块

2. 无线网桥传输

网桥(Bridge)又称桥接器，它是一种在链路层实现局域网互联的存储转发设备。无线网桥即无线网络的桥接设备，可在两个或多个网络之间搭起通信的桥梁(图 4-34)。无线网桥工作在 2.4G 或 5.8G 的免申请无线执照的频段。无线网桥功率大、传输距离远(最大可达约 50km)、抗干扰能力强，常配备抛物面天线实现长距离的点对点连接。

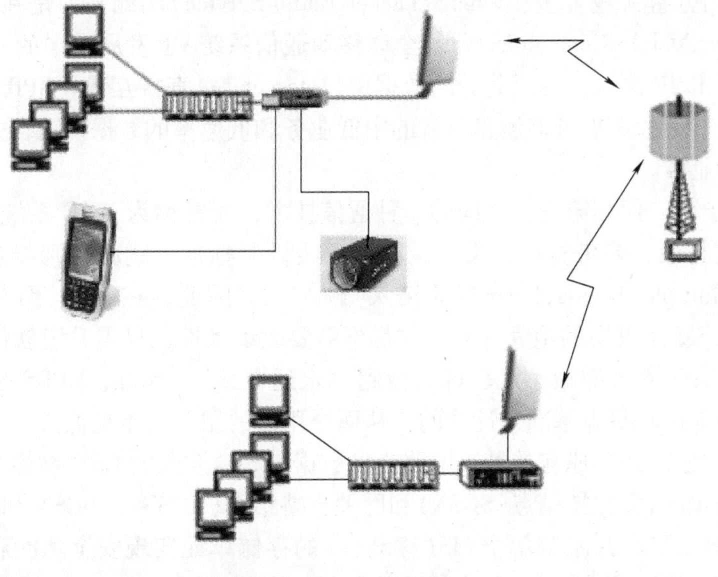

图 4-34　无线网桥

无线网桥的特点是不再有信息传输的物理性障碍，如公路、铁路、河流、沟壑等。无线网桥可大大降低布线安装费用，保证了在设备扩展或地点移动时能够快速地重新部署设备，是汽车试验信息远距离传输领域中性价比最高的设备之一。

无线网桥有单点对多点(PTMP)、点对点(PTP)等不同类型，目前多数无线网桥设备能够兼具这两种桥接功能。

3. 无线局域网传输

无线局域网传输的核心部件是无线 AP(无线接入点)，无线局域网的覆盖范围与无线 AP 的数量有关。常用的无线 AP 的覆盖半径为 50～100m，欲增大无线局域网的覆盖范围，可以通过增加无线 AP 的数量来实现。在无线局域网的覆盖范围内，汽车试验系统的各类设备，如数据处理用计算机、各类传感器、控制器等均可实现无障碍的无线通信(图 4-35)。

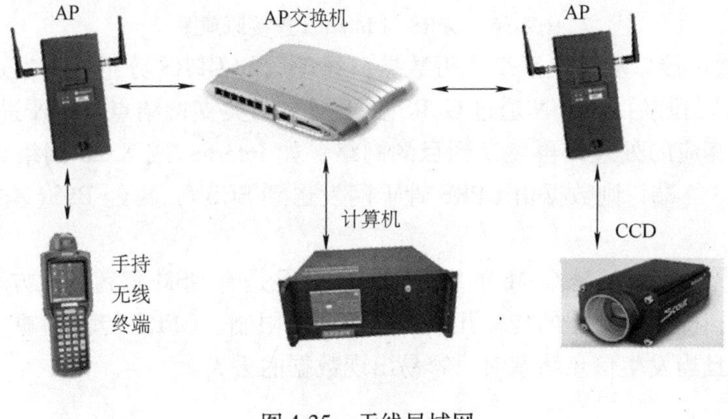

图 4-35　无线局域网

现在市面上流行的AP除了有覆盖功能外，大多AP带有接入点客户端模式(AP client)，即无线AP就相当于一个无线网卡，能与其他AP进行无线连接。

4. GPRS传输

GPRS是通用分组无线业务(General Packet Radio Service)的缩写，是在现有GSM系统(Global System for Mobile Communications,全球移动通信系统)上发展出来的一种新的信息传输系统，支持TCP/IP协议，可以与分组数据网(Internet等)直接互通。GPRS无线传输系统的应用范围非常广泛，几乎可以涵盖所有的中低业务和低速率的数据传输，尤其适合突发的小流量数据传输业务。

GPRS是介于第二代和第三代之间的一种通信技术，通常称为2.5G系统。GPRS采用与GSM系统相同的频段、频带宽度、突发结构、无线调制标准、跳频规则以及相同的TDMA(Time Division Multiple Access,时分多址接入)帧结构。因此，在GSM系统的基础上构建GPRS系统时，GSM系统中的绝大部分部件都不需要改动硬件，只需升级软件。有了GPRS，用户的呼叫建立时间大大缩短，几乎可以做到“永远在线”。此外，GPRS是以营运商传输的数据量而不是连接时间为基准来计费的，从而令用户的服务成本更低。

GPRS的工作原理是在原有的基于电路交换数据(CSD)方式的GSM网络上引入两个新的网络结点——GPRS服务支持结点(SGSN)和网关支持结点(GGSN)。SGSN和MSC(移动交换中心)在同一等级水平，并跟踪单个MS(移动台)的存储单元实现安全功能和接入控制，并通过帧中继连接到基站系统。GGSN支持与外部分组交换网的互通，并经由基于IP的GPRS骨干网和SGSN连通，如图4-36所示。

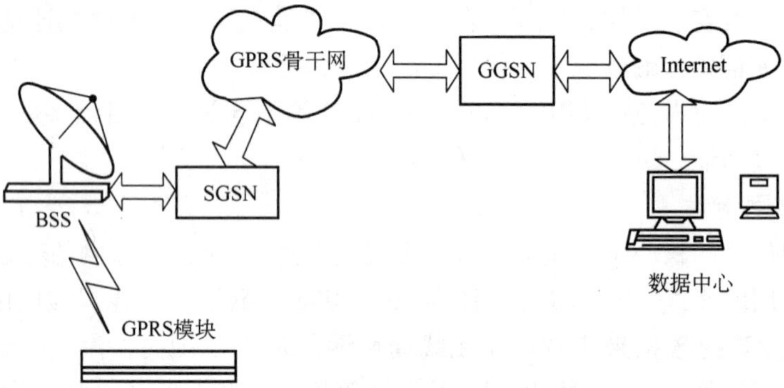

图4-36　GPRS与Internet连接原理图

GPRS终端通过接口从客户系统取得数据，处理后的GPRS分组数据发送到GSM基站。分组数据经SGSN封装后，SGSN通过GPRS骨干网与网关支持结点GGSN进行通信。GGSN对分组数据进行相应的处理，再发送到目的网络，如Internet或X.25网络。若分组数据发送到另一个GPRS终端，则数据由GPRS骨干网发送到SGSN，再经BSS(基站子系统)发送到GPRS终端。

由于GPRS传输利用的是GSM和Internet，因此凡是有GSM覆盖的地方均可有效地实现试验数据的传输，即试验数据的传输几乎不受地域的限制。GPRS传输的缺点是试验数据传输的保密性差，且当发生信息堵塞时，容易出现数据的丢失。

第六节　信号的补偿和修正

信号的补偿与修正有多种不同的方法，常用的主要有电桥补偿、函数补偿、通道补偿和均衡补偿等。

一、电桥补偿

电桥具有灵敏度高、测量范围宽、容易实现对因环境变化所引起的测量误差的补偿，因此在测试工程中得到了广泛的应用。电桥的电源可以是直流电源，也可以是交流电源。若接入电桥的激励电压(又称供电电压)是直流电压，则称为直流电桥，若激励电压是交流电压，则称为交流电桥。

1. 直流电桥

图 4-37a 所示是直流电桥的基本形式，电桥的四个臂上均为纯电阻，分别为 R_1、R_2、R_3 和 R_4。若用四个电阻式传感器取代四个桥臂电阻 R_1、R_2、R_3 和 R_4，则此电桥就变成了图 4-37b 所示的形式。若电桥的输出端所接的仪表或放大器的输入阻抗很大时，可视为电桥的输出端开路。据欧姆定理便可列出桥路 a、b 和 a、d 之间的电位差方程，即

$$U_{ab} = I_1(R_1 \pm \Delta R_1) = \frac{R_1 \pm \Delta R_1}{(R_1 \pm \Delta R_1) + (R_2 \pm \Delta R_2)} U_0$$

$$U_{ad} = I_2(R_4 \pm \Delta R_4) = \frac{R_4 \pm \Delta R_4}{(R_3 \pm \Delta R_3) + (R_4 \pm \Delta R_4)} U_0$$

输出电压 U_{bd} 为

$$U_{bd} = U_{ab} - U_{ad} = \left[\frac{R_1 \pm \Delta R_1}{(R_1 \pm \Delta R_1) + (R_2 \pm \Delta R_2)} - \frac{R_4 \pm \Delta R_4}{(R_3 \pm \Delta R_3) + (R_4 \pm \Delta R_4)}\right] U_0$$

$$= -\frac{(R_1 \pm \Delta R_1)(R_3 \pm \Delta R_3) - (R_2 \pm \Delta R_2)(R_4 \pm \Delta R_4)}{(R_1 \pm \Delta R_1 + R_2 \pm \Delta R_2)(R_3 \pm \Delta R_3 + R_4 \pm \Delta R_4)} U_0 \quad (4\text{-}62)$$

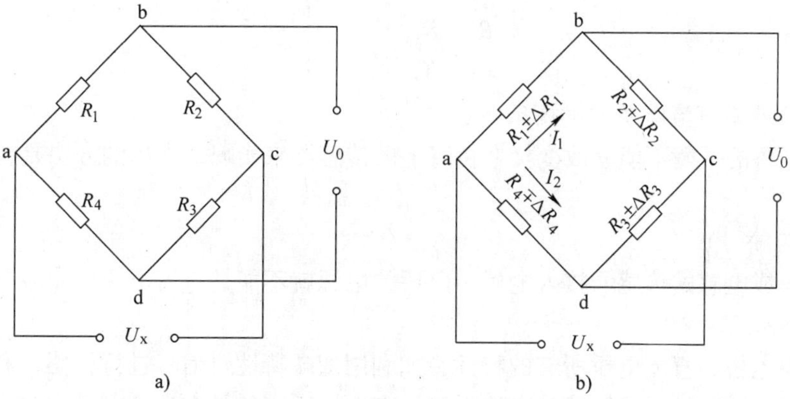

图 4-37　直流电桥

a）直流电桥的基本形式　b）将传感器接入电桥的形式

若接在四个桥臂上的四个电阻式传感器的参数完全相同，即 $R_1 = R_2 = R_3 = R_4 = R_0$，且

在测试过程中，各电阻式传感器电阻量的变化均较小并同号，即 $\Delta R << R_0$，ΔR_1、ΔR_2、ΔR_3 和 ΔR_4 同时为正或同时为负，则式(4-62)可改写为

$$U_{bd}=\frac{U_0}{4}\left(\frac{\Delta R_1}{R_0}-\frac{\Delta R_2}{R_0}+\frac{\Delta R_3}{R_0}-\frac{\Delta R_4}{R_0}\right) \tag{4-63}$$

式(4-63)就是电桥的加减特性。若式(4-63)中的 ΔR_1、ΔR_2、ΔR_3 和 ΔR_4 是因为环境的变化(如温度的变化)所引起的，且各电阻式传感器均处于相同的测试环境，即 $\Delta R_1=\Delta R_2=\Delta R_3=\Delta R_4$，则电桥的输出电压 $U_{bd}=0$，传感器因环境的变化所引起的电阻输出在电桥中自动被消除，这就是对测试信号进行补偿的工作原理。

事实上，信号的电桥补偿并不需要在四个桥臂上都接上传感器，只要将两个相同的电阻式传感器分别接到 1、2 或 3、4 两个臂上即可。

若电桥四个桥臂上的电阻值均随被测量变化(图 4-37a)，则电桥称为全臂电桥；若只有两个桥臂上的电阻随被测量而变，则电桥称为双臂半桥；若只有一个桥臂上的电阻值随被测量变化，则电桥称为单臂半桥。显然，若要利用电桥进行信号补偿，就必须采用双臂半桥或全臂电桥。

前面介绍的提高传感器灵敏度最有效的措施之一是将两个相同的传感器组成差动结构。若将欲组成差动结构的两个传感器分别接在电桥的 1、2 或 3、4 臂上，电桥不仅可实现两个传感器的差动连接，还可自动地实现信号的补偿。

式(4-63)还告诉我们，电桥的输出 U_{bd} 与电桥供电电压 U_0 有关，电桥供电电压的波动会带来测量误差。为了避免供电电压波动对测试结果产生影响，最简单的方法是调节图4-37a所示电桥中各桥臂上的电阻值 R_1、R_2、R_3 和 R_4，使电桥的输出电压 $U_{bd}=0$，这种电桥称为平衡电桥。

对于直流电桥的基本形式(图 4-37a)，其输出电压为

$$U_{bd}=\frac{R_1R_3-R_2R_4}{(R_1+R_2)(R_2+R_3)}U_0 \tag{4-64}$$

当 $U_{bd}=0$ 时，则有

$$\left.\begin{aligned}&R_1R_3-R_2R_4=0\\ \text{或}\quad &\frac{R_2}{R_1}=\frac{R_3}{R_4}\end{aligned}\right\} \tag{4-65}$$

式(4-65)就是直流电桥的平衡条件。

当然，电桥的平衡不能靠改变接在桥臂上的传感器来实现，常用的方法是在桥臂上串接可调电阻。

2. 交流电桥

若将电容或电感式传感器接入电桥，电桥的电源就不能是直流电源，而应该向电桥供交流电。

对于交流电桥，直流电桥所有的特性，如利用加减特性对信号进行补偿，利用平衡电桥消除供电电压对测试结果的影响等交流电桥均有。所不同的是在直流电桥中，各桥臂上是纯电阻，在交流电桥中各桥臂上是复阻抗(即使交流电桥臂上是纯电阻器件,但由于电阻器件也存在分布电容,因此它仍然是复阻抗)。用复阻抗 Z_1、Z_2、Z_3 和 Z_4 去代换直流电桥中的 R_1、R_2、R_3 和 R_4，则直流电桥的所有计算公式都适合于交流电桥。

二、测试结果的函数补偿

测试结果的函数补偿主要用于静态测量，其补偿方法有两种：一是引入修正函数；二是消除系统误差。

1. 引入修正函数

在进行汽车试验之前，先对测试系统进行精确地标定，以确定系统的输出 $y(t)$ 与输入 $x(t)$ 之间的修正函数 $f(t)$。将试验结果 $y(t)$ 乘以修正函数 $f(t)$ 便是被测参量的大小，即

$$x(t)=f(t)\cdot y(t) \tag{4-66}$$

这种补偿方法在汽车试验中经常用到。如进行汽车基本性能试验及汽车排放和噪声测试之前，通常应对测试系统（如五轮仪、燃油流量计、废气分析仪和声级计）进行标定，以确定其修正函数 $f(t)$。

实现函数补偿的方法有两种：①将修正函数输入测试系统（键入或旋钮调节），测试系统自动完成对测试结果的修正；②人工处理，试验人员通过手工计算来完成测试结果的修正工作。方法①在汽车试验中被广泛采用，方法②在某些特殊场合仍有采用，如汽车燃料经济性的环境修正等。

2. 消除系统误差

通过对测试结果误差的分析，找出测试结果中的系统误差，然后再利用数学方法消除其系统误差。

三、通道补偿

测试信号的通道补偿主要用于消除测试信号的干扰。在进行测试信号的采集和记录时，专门拿出一个信号通道来记录外界的干扰信号（该通道不记录任何测试信号），这个通道称为补偿通道。在进行试验数据处理之前，将测试信号与补偿通道进行比较，这样便可消除外界的干扰。

这种补偿方法在汽车试验中经常用到，凡是采用磁带记录及计算机记录的汽车测试系统，均采用这种信号补偿方式。如进行汽车振动、噪声和实验模态分析时，都采用通道补偿法。

四、均衡补偿

设汽车试验中的某一测试系统的输入（被测量）为 $x(n)$，测试系统的输出为 $y(n)$，在理想情况下，希望 $y(n)=x(n)$，然而，由于实际测量环节中的线性畸变和非线性畸变，通常会出现 $y(n)\neq x(n)$ 的情况。欲将 $y(n)$ 恢复成原被测信号 $x(n)$ 就需采用一些特殊的处理，这种将测试系统的输出恢复成输入信号 $x(n)$ 的过程称为均衡补偿。

若仅考虑到线性时不变系统引起的畸变，则输出 $y(n)$ 与输入 $x(n)$ 的关系为

$$y(n)=g(n)\cdot x(n) \tag{4-67}$$

式中　$g(n)$——测试系统的传递函数。

其离散的傅氏变换表达式为

$$Y(\mathrm{e}^{\mathrm{j}\omega})=G(\mathrm{e}^{\mathrm{j}\omega})\cdot X(\mathrm{e}^{\mathrm{j}\omega}) \tag{4-68}$$

欲消除信号的畸变应为

$$G(\mathrm{e}^{\mathrm{j}\omega})=G_0\mathrm{e}^{-\mathrm{j}\omega n_0} \tag{4-69}$$

即测试系统的输出信号 $y(n)$ 相对于输入信号 $x(n)$ 只有幅度上的增益 G_0 和时间上的延时 n_0，而实际上的 $G(e^{j\omega})$ 与式(4-69)所表达的理想情况有较大的差别。消除幅频特性上的误差，称为幅度均衡；消除相频特性上的误差，称为相位均衡，或称相位补偿。欲做到这些，常用的方法是设计一个数字滤波器(称为均衡滤波器)，使之满足

$$y_h(n)=h(n)\cdot y(n)=x(n) \tag{4-70}$$

$$Y_h(e^{j\omega})=H(e^{j\omega})Y(e^{j\omega})=X(e^{j\omega}) \tag{4-71}$$

式中 $h(n)$、$H(e^{j\omega})$——分别为均衡滤波器的单位抽样响应函数和频率响应函数；

$y_h(n)$、$Y_h(e^{j\omega})$——分别为均衡滤波器补偿后的系统响应函数和频率响应函数。

从理论上讲，均衡滤波器的频率响应函数是测试系统传输函数频率响应的逆函数，即

$$H(e^{j\omega})=\frac{1}{G(e^{j\omega})} \tag{4-72}$$

均衡补偿的实值是设计一个满足式(4-72)要求的数字均衡滤波器。

第五章 5

试验数据的采集与处理

试验数据的采集与处理是将试验过程中由各类传感器所测得的速度、振动加速度、倾角、温度、压力、流量、位移等模拟量先采集、转换成数字量后，再由计算机对其进行分析、处理，以获得所需要的测试结果的过程。

数据采集系统性能的好坏，主要取决于它的精度和速度。在保证精度的条件下，应该尽可能采用高的采样速度，以满足实时采集、实时处理和实时控制的要求。

汽车试验系统有静态与动态之分，与之对应的就有静态数据处理和动态数据处理。静态试验数据处理比较简单，涉及的内容主要是误差分析及试验数据的回归分析等，已在第二章中作了介绍，在此不再重复。动态试验数据处理的内容多而复杂，一直是工程试验领域的重点和难点问题。各工业领域对动态测试数据的研究方法较为相近，但由于不同工业领域进行动态测试的要求、目的和对象的不同，所以对动态试验数据处理研究的侧重点有所不同。对于汽车产业而言，动态测试研究的重点是振动和噪声。

汽车振动与噪声问题十分复杂，且涉及多个层面，如汽车的行驶平顺性问题、汽车的结构强度问题、汽车噪声的识别与声场测试问题等。关于汽车结构强度问题的动态研究已形成了一个独立的学科——“汽车试验模态分析”，有兴趣的同学可以去研读相关的内容，噪声识别与声场测试问题在第十二章中专门讨论。本章的重点是以汽车行驶平顺性为例讨论汽车动态测试的数据处理中的一般性问题。

第一节　数据采集技术基础

在汽车试验中所需采集的信号，大多是在时间上和幅值上均连续变化的模拟量，而试验信号的处理绝大多数由数字计算机来完成，处理的结果又常常需要以模拟量的形式“反馈”给外部的试验系统。这就需要解决模拟量与数字量之间的相互转化问题，即采样与重构(恢复)。一般的数据采集系统可以简化成如图 5-1 的形式。

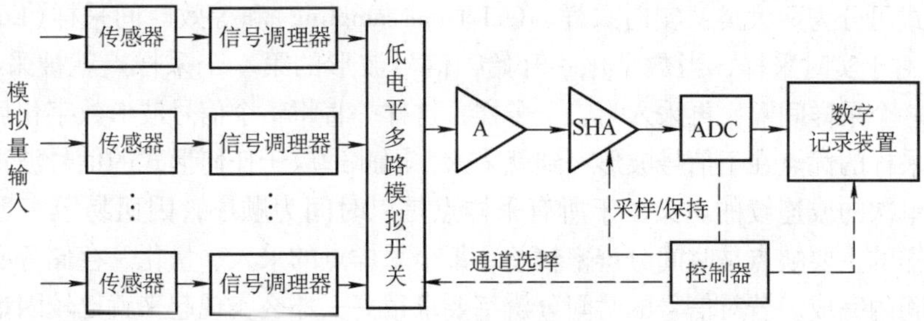

图 5-1　数据采集系统

一、采样与采样定理

1. A/D 转换过程

为了能将传感器输出的模拟信号送到计算机中进行处理，需将其转换成数字量，将连续的模拟信号转换成数字量的过程称为采样，A/D 转换器是采样的常用工具。

2. 采样周期

连续的模拟信号 $x(t)$ 经采样过程后变换为离散的信号（或简称为采样信号）$x^*(t)$，离散信号相邻两个采样值之间的时间间隔 T_s，称为采样周期。

3. 香农（Shannon）采样定理

采样周期 T_s 决定了采样信号的质量和数量：T_s 太小，会使 $x^*(t)$ 的数量剧增，占用大量的计算机内存；T_s 太大，会使模拟信号的某些信息丢失，这样，若将采样后的信号恢复成原来的信号，就会出现失真现象，影响数据处理的精度。因此，必须有一个选择采样周期 T_s 的依据，以确保 $x^*(t)$ 能不失真地恢复成原信号 $x(t)$，这就是香农采样定理。

设传感器输出的连续信号为 $x(t)$，其频谱为 $X(f)$，如果频谱 $X(f)$ 和采样周期 T_s 满足下列条件：

1）频谱 $X(f)$ 为有限频谱，即当 $f \geqslant f_c$（f_c 为截止频率），$X(f)=0$；

2）$T_s \leqslant \dfrac{1}{2f_c}$ 或 $2f_c \leqslant \dfrac{1}{T_s} = f_s$。

则连续时间函数 $x(t)$ 可以由下式唯一确定：

$$x(t) = \frac{\Delta t}{\pi} \sum_{n=-\infty}^{+\infty} x(n\Delta t) \times \frac{\sin \dfrac{\pi}{\Delta t}(t - n\Delta t)}{t - n\Delta t}$$

式中 $n=0, \pm 1, \pm 2, \cdots$；

$x(n\Delta t)$——第 n 点即 $t=n\Delta t$ 的函数值 x_n。

采样定理表明，$x(t)$ 只要满足 $|f| > f_c$ 时有 $X(f)=0$，则以 $\Delta t \leqslant \dfrac{1}{2f_c}$ 采得的离散序列 $\{x_n\}$ 就能完全表征连续函数 $x(t)$。因此，采样定理提供了选择采样间隔的准则。若以 f_s 表示采样频率，则 $f_s = \dfrac{1}{\Delta t} \geqslant 2f_c$。

二、采样方式

采样方式可分为两大类：实时采样（Real-Time sampling）和等效时间采样（Equivalent-Time Sampling）。对于实时采样，当数字化一开始，信号波形的第一个采样点就被采样并数字化。然后，经过一个采样间隔，再采入第二个子样，这样一直将整个信号波形数字化后存入波形存储器。实时采样的优点在于信号波形一到就采入，因此适应于任何形式的信号波形，重复的或不重复的，单次的或连续的。又由于所有采样点是以时间为顺序，因而易于实现波形显示功能。实时采样的主要缺点是时间分辨率较差，每个采样点的采入、量化、存储等必须在小于采样间隔的时间内完成。若对信号的时间分辨率要求很高，那么实现起来就比较困难。

等效时间采样技术可以实现很高的数字化转换速率，但这种采样方式的应用前提是信号波形是可以重复产生的。由于波形可以重复取得，故采样可以用较慢的速度进行。采样的样本可以是时序的(步进、步退、差额)，也可以是随机的。这样就可以把许多采集的样本合成一个采样密度较高的波形。一般也常将“等效时间采样”称为“变换采样”。

第二节　计算机数据采集系统

数据采集系统主要由传感器、信号调理器、多路模拟开关、放大器、A/D 转换器、采样保持器、控制器和数据记录装置等组成，如图 5-1 所示。

一、多路模拟开关(MUX)

在工程测试中，经常会遇到多路数据采集的问题，如果每一路都单独采用各自的输入回路，即每一路都采用放大、采样/保持和 A/D 转换等环节，不仅成本会成倍增加，还会导致系统体积庞大以至于从结构上无法实现，如 128 路信号的采集。因此，除少数特殊情况外，常采用公共的采样保持器及 A/D 转换电路，而要实现这种设计，就需采用多路模拟开关。

多路模拟开关的主要作用是把多个模拟量参数分时地接通并送到 A/D 转换器，即完成多到一的转换。

随着大规模集成电路的发展，各厂家已推出各种各样的多路模拟开关。多路模拟开关的通道数有 4 路、8 路和 36 路等。由于组成多路开关的电路不同，多路模拟开关又分为 TTL、CMOS 和 HMOS 等多种不同的结构形式。

多路模拟开关的选用应考虑如下一些因素：

1）对于信号电平较低的场合，可选用低压型多路模拟开关，但需有严格的抗干扰措施。

2）在切换速度要求高、路数多的情况下，应尽可能选用单片的模拟开关，因为这样可使每路特性参数基本一致；在使用多片组合时，也宜选用同一型号的芯片以尽可能使每个通道的特性一致。

3）在选择多路模拟开关的速度时，要考虑到与后级设备速度的匹配，通常多路模拟开关的速度应略高于采样保持放大器和 A/D 转换器的速度。

4）在使用高精度采样保持放大器和 A/D 转换器进行精密数据采集时，应充分考虑模拟开关的传输精度。多路模拟开关在数据采集系统中，主要用作通道选择。

二、采样保持器(SHA)

如果直接用 A/D 转换器对模拟量进行转换，则应考虑到任何一种 A/D 转换器都需要有一定的时间来完成量化及编码的操作。在转换过程中，模拟量的变化，将直接影响转换精度。特别是在同步系统中，几个并联的量均需要取同一瞬时值，若仍直接送入 A/D 转换器进行转换(共用一个 A/D 转换器)，所得到的几个量就不是同一时刻的值，无法进行计算和比较。所以要求输入到 A/D 转换器的模拟量在整个转换过程中保持不变，但转换之后，又要求 A/D 转换器的输入信号能够跟随模拟量变化。能够完成上述任务的器件称为采样保持放大器(SHA)。

SHA 主要由模拟开关、存储介质和缓冲放大器 A 组成，它的一般形式如图 5-2 所示。

采集时间是 SHA 的一个关键动态指标，其主要取决于电容量和输入放大器最大供电电流，采集时间范围是 15ns ~ 10μs。任何 SHA 所具有的最高采样速率均由采样与保持状态所需要的时间之和来决定；保持方式的时间(此时瞬态已建立)主要由采用 SHA 的系统决定；用于采样方式的最小时间则由满足给定精度的采集时间确定。

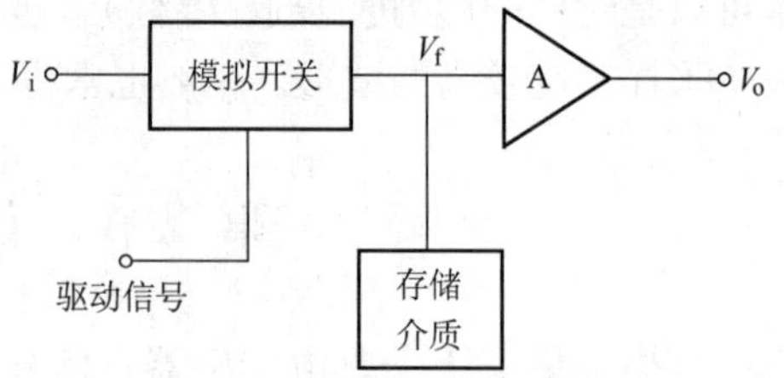

图 5-2　采样保持器 SHA 的一般形式

三、模数(A/D)转换器

A/D 转换器的作用是对每一个由采样保持电路在时间上离散的模拟电压值输出一个 n 位二进制数字量。A/D 转换技术不下几十种，但只有少数几种能以单片集成的形式来实现。这里介绍最常用的两种：计数器式和逐次逼近式A/D转换器。

1. 计数器式 A/D 转换器

最简单最廉价的 A/D 转换器是计数器式 A/D 转换器。一个计数器控制着一个 D/A 转换器，随着计数器由 0 开始计数，D/A 转换器输出一个逐步升高的阶梯形电压。输入的模拟电压和 D/A 转换器生成的电压被送至比较器进行比较，当二者一致或基本一致(在允许的量化误差范围内)时，比较器辅以一个指示信号，立即停止计数器计数。此时，D/A 转换器的输出值就是采样信号的模拟近似值，其相应的数字值由计数器给出。

2. 逐次逼近式 A/D 转换器

逐次逼近式 A/D 采用的是从最高位逐位试探方法。转换前寄存器各位清 0，转换时，把最高位置 1，并将 D/A 转换器的输出值与该测得的模拟值进行比较，如果“低于”，该位的 1 被保留；如果“高于”，该位的 1 被清除。然后，次高位置 1，再比较，决定去留，直至最低位完成同一过程。寄存器从最高位到最低位都试探过一遍的最终值就是 A/D 转换的结果。

计数器式和逐次逼近式 A/D 转换器都属于负反馈式比较型 A/D 转换器。但对于一个 n 位 A/D 转换器，逐次逼近式只需 n 次比较就可以完成 A/D 转换；而计数器式的比较次数却不固定，最多可能需 2^n 次。逐次逼近式 A/D 转换器是中速(转换时间 1ms ~ 1μs)8 ~ 16 位 A/D 转换器的主流产品。

四、数据采集系统的控制

整个数据采集系统由控制器控制。控制器使系统的各个部件以适当的时间执行自己的功能。它依次给出一系列脉冲，使多路模拟开关选择通道、采样保持放大器进行采样保持、启动 A/D 转换器和数字记录装置投入工作。在简单的数据采集系统中，其只能实现顺序采样和选点采样，这两种采样方式都是反复执行同一程序。在复杂的大型系统中，常由计算机控制。如图 5-3 所示是微型计算机化的数据采集系统。

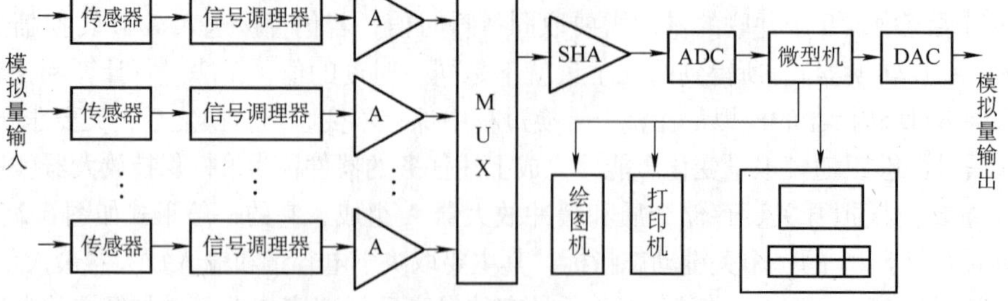

图 5-3　微型计算机化的数据采集系统

第三节　动态试验数据处理

汽车试验的目的在于要了解汽车整车及各总成部件性能的优劣，即需要建立一个指标体系对其进行评价。不同的试验对象及同一试验对象的不同性能都对应着不同的试验评价方法。限于篇幅，在此不可能对全部试验对象的各项性能的评价问题一一进行讨论，所以仅以具有代表性的汽车行驶平顺性试验为例讨论汽车试验的动态数据处理问题。

一、汽车行驶平顺性试验评价

关于汽车行驶平顺性的试验评价体现在国际标准 ISO 2631：1978《人承受全身振动的评价指南》中。我国于 1985 年制定了相应的国家标准 GB 4970—1985《汽车平顺性随机输入行驶试验方法》，1996 年修订过一次。

在 1985 年版的汽车行驶平顺性试验国家标准 GB 4970 中列出了 1/3 倍频程、加速度加权均方根值和吸收功率等三种行驶平顺性试验的评价方法。

1. 1/3 倍频程与加速度加权均方根值的评价方法

1/3 倍频程和加速度加权均方根值的评价方法是基于人体对振动的反应而提出来的，其评价指标为：①舒适降低界限（用于客车和轿车）。②疲劳降低工作效率界限（用于货车和越野车）。③暴露极限。人体对振动的反应随频率的变化而变化，对于垂直方向的振动，人体最敏感的频率范围是 4～8Hz；对于水平方向的振动，人体最敏感的频率范围是 1～2Hz；振动频率离人体最敏感的频率范围越远，人体对振动的敏感性越差。

舒适降低界限：与乘坐的舒适性有关，用以评价人在车上是否能进行吃、读、写等正常活动。

疲劳降低工作效率界限：与持续工作效率有关，是指驾驶员所承受的振动在此界限内，是否能保持正常有效地驾驶操作。

暴露极限：与人体的健康与安全有关，人体承受的振动应在此界限内以保证健康和安全。这是人体所能承受振动能量的上限。

舒适降低界限、疲劳降低工作效率界限和暴露极限三者的振动加速度的均方根值 σ_a 彼此相差 10dB，或者说三个界限指标的加速度均方根值彼此相差 3. 15 倍。

汽车行驶平顺性试验中的无量纲量 dB 和噪声测量中的 dB 具有几乎相同的概念，是为了表达上的方便所采用的对数表达方式。将所测得的汽车振动加速度均方根值取对数后再乘以 20 便是振动测量中的分贝值，即 $20\lg\sigma_a$。20lg3. 15 正好等于 10dB。

2. 吸收功率

吸收功率是根据人体对振动强度的承受能力提出来的。由于国家标准中只给出了吸收功率的试验和计算方法，而没有相应的评价指标，所以此试验评价方法在实际中应用不多。然而，由于 B&K2512 人体振动分析仪所用测试与评价方法的引进，使得另一种汽车行驶平顺性试验评价方法——总的加速度加权均方根值的评价方法被补充进了 1996 年版的国家标准 GB/T 4970 中，而吸收功率的评价方法已被取消。

二、三种试验评价方法的关系

1/3 倍频程分别评价方法是将试验所设定的分析频段按照如下关系，分为若干个频带，关系式为

$$\frac{f_u}{f_l}=2^{\frac{1}{3}} \tag{5-1}$$

式中 f_u、f_l——分别为多个频带上的上限和下限频率。

通过上式可计算出每个频带上振动加速度的均方根值 σ_{ai}，然后将其与国家标准中的评价指标进行比较，以确定汽车行驶平顺性的水平，其结果用暴露时间 T_{CD} 表示，暴露时间由影响最大的那个频带上的加速度均方根决定。暴露时间越长，汽车的行驶平顺性越好；反之，汽车的行驶平顺性就越差。为了方便表达每个频带上的数值，按 1/3 倍频程所分出的每个频带均用中心频率 f_i 来表示，即

$$f_i=\sqrt{f_l f_u} \tag{5-2}$$

国家标准中规定，客车和轿车行驶平顺性试验的分析频率范围为 0.1～100Hz，货车和越野车行驶平顺性试验的分析频率范围为 0.1～500Hz，按照 1/3 倍频程的分频方法可得到 1/3 倍频程各频带的上限频率、下限频率和中心频率(见表 5-1)。

加速度加权均方根值的评价方法是利用频率加权函数 $w(f_i)$ 将人体最敏感频率范围以外的各频带上人所承受的加速度均方根值 σ_{ai} 折算为等效 4～8Hz(垂直振动)、1～2Hz(水平振动)的数值 σ'_{ai}。

$$\sigma'_{ai}=w(f_i)\sigma_{ai} \tag{5-3}$$

式中 σ'_{ai}——加速度加权均方根值；

σ_{ai}——各个频带上的加速度均方根值；

$w(f_i)$——频率加权函数。

垂直振动的频率加权函数为

$$w(f_i)=\begin{cases}0.5f_i^{\frac{1}{2}} & (f_i\leqslant 4)\\ 1.0 & (4<f_i\leqslant 8)\\ 8/f_i & (f_i>8)\end{cases}$$

表 5-1 1/3 倍频程各频带的上限频率、下限频率和中心频率 (单位:Hz)

序号	中心频率 f_i	下限频率 f_l	上限频率 f_u	序号	中心频率 f_i	下限频率 f_l	上限频率 f_u
1	1.00	0.90	1.12	9	6.36	5.60	7.10
2	1.25	1.12	1.40	10	8.00	7.10	9.00
3	1.60	1.40	1.80	11	10.00	9.00	11.20
4	2.00	1.80	2.24	12	12.50	11.20	14.00
5	2.50	2.24	2.80	13	16.00	14.00	18.00
6	3.15	2.80	3.55	14	20.00	18.00	22.40
7	4.00	3.55	4.50	15	25.00	22.40	28.00
8	5.00	4.50	5.60	16	31.50	28.00	35.50

（续）

序号	中心频率 f_i	下限频率 f_l	上限频率 f_u	序号	中心频率 f_i	下限频率 f_l	上限频率 f_u
17	40.00	35.50	45.00	23	160.00	140.00	180.00
18	50.00	45.00	56.00	24	200.00	180.00	224.00
19	63.00	56.00	71.00	25	250.00	224.00	280.00
20	80.00	71.00	90.00	26	315.00	280.00	355.00
21	100.00	90.00	112.00	27	400.00	355.00	450.00
22	125.00	112.00	140.00	28	500.00	450.00	560.00

水平振动的频率加权函数：

$$w(f_i)=\begin{cases}1.0 & (1\leqslant f_i\leqslant 2)\\ 2/f_i & (f_i>2)\end{cases}$$

式中　f_i——各频带的中心频率。

有了1/3倍频程各频带上的加速度均方根值 σ_{ai}，按式(5-3)便可计算出各频带上的加速度加权均方根值 σ'_{ai}，再将 σ'_{ai} 的最大值与标准中最敏感频率范围（垂直振动：4～8Hz；水平振动：1～2Hz）内的评价指标（见图5-4）进行比较便可得到暴露时间 T_{CD}。

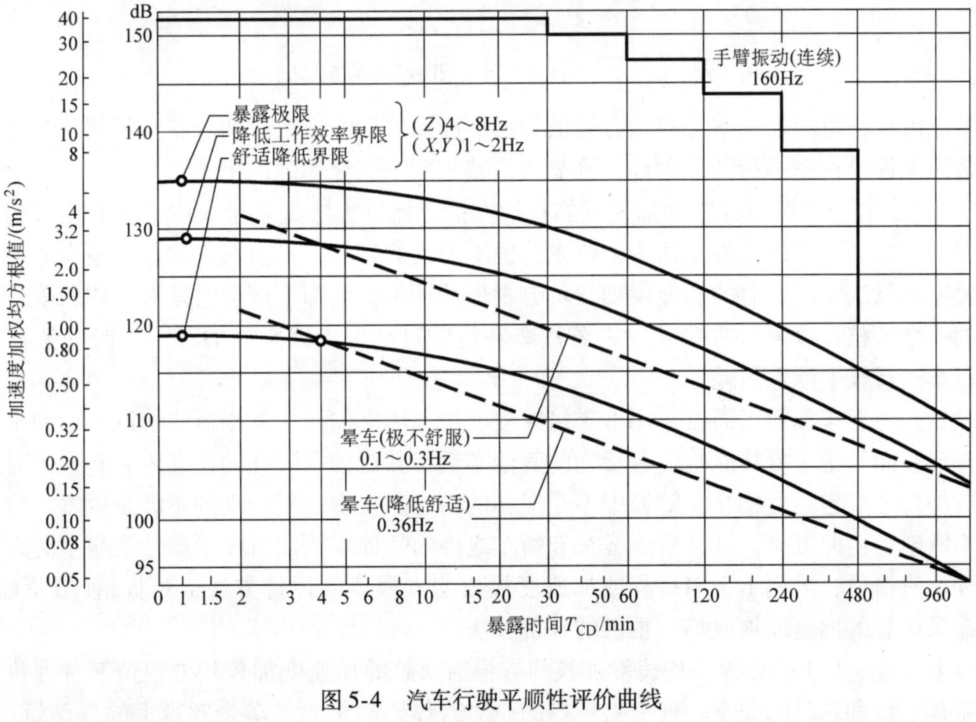

图5-4　汽车行驶平顺性评价曲线

总的加速度加权均方根值的评价方法是将上述各频带上加速度均方根值按下式进行叠加

$$\sigma_{a\Sigma}=\sqrt{\sum_{i=1}^{n}(\sigma'_{ai})^2} \tag{5-4}$$

便可得到总的加速度加权均方根值 $\sigma_{a\Sigma}$。对于总的加速度加权均方根值，人们习惯于用对数

表达，其单位为分贝(dB)，即

$$Leg = 20\lg\sigma_{a\Sigma} = 20\lg\sqrt{\sum_{i=1}^{n}(\sigma'_{ai})^2} \tag{5-5}$$

式中　Leg——总的加速度加权均方根值对数值，常将其称为振动加速度的等效均值；

n——频带数，对于客车和轿车，$n=20$，对货车和越野车，$n=28$。

Leg 值越小，汽车的行驶平顺性越好。国家标准中，已给出了 Leg 的限值指标。

由前面的分析并比较式(5-3)和式(5-4)可知，1/3 倍频程分别评价方法和加速度加权均方根值的评价方法的实质是一致的，所不同的是：1/3 倍频程分别评价方法需将每个频带上的加速度均方根值与对应频带上的指标值进行比较，便可获得每个频带上的暴露时间 T_{CDi}，其中暴露时间最短者 T_{CDmin} 就是该车的行驶平顺性所能到达的指标值；加速度加权均方根值的评价方法是将各频带上加速度加权均方根值中的最大者 σ'_{aimax} 拿出来与最敏感频带(垂直振动:4～8Hz;水平振动:1～2Hz)上的指标值进行比较，以得到该车行驶平顺性的暴露时间 T_{CD}。显然，二者的结果完全相同。前者是先比较后找出最小的暴露时间 T_{CD}；后者是先找出影响行驶平顺性最大的那个频带上加速度加权均方根值，再和指标值进行比较得到最小的暴露时间 T_{CD}。而总的加速度加权均方根值评价方法却不同，它是各频带上加速度加权均方根值进行几何叠加的结果。对于客车和轿车而言，在分析频段内有 20 个 1/3 倍频带，若每一个频带上的加速度加权均方根值都相等，即 $\sigma'_{a1}=\sigma'_{a2}=\cdots=\sigma'_{a20}=\sigma'_{a0}$，则总的加速度加权均方根值 $\sigma_{a\Sigma}$ 为

$$\sigma_{a\Sigma} = \sqrt{\sum_{i=1}^{n}(\sigma'_{ai})^2} = \sqrt{20}\sigma'_{a0} = 4.472\sigma'_{a0} \tag{5-6}$$

由此可见，总的加速度加权均方根值和加速度加权均方根值是两个完全不同的概念，若二者都用来评价汽车的行驶平顺性，则显然是基于两个完全不同的思想。

1/3 倍频程分别评价方法和加速度加权均方根值评价方法是基于人体对振动反映的大量调查而提出来的。该评价方法认为，汽车行驶平顺性的好坏，是由对人体影响最大的那个频带上的振动量决定的。总的加速度加权均方根值的评价方法却不同，它是对人体所承受振动总量的一个考核，该评价方法认为，若汽车在行驶过程中，因路面的不平引起的振动越激烈，汽车的行驶平顺性越差。

显然，对客车和轿车而言，用 1/3 倍频程或用加速度加权均方根值评价汽车行驶平顺性比较科学；而对于主要功能是运载货物的其他车辆，其行驶平顺性的研究内容除人体对振动的反应外，还应包括货物在运输途中不受损坏的内容。货物只对振动的总能量敏感，对振动频率不敏感。由此可见，欲评价除客车和轿车之外的其他车辆的行驶平顺性最科学的方法是对驾驶员座椅处，采用 1/3 倍频程或加速度加权均方根值的评价方法；对货箱(或货舱)部分则应采用总的加速度加权均方根值的评价方法。

综上所述，1/3 倍频程、加速度加权均方根值及总的加速度加权均方根值三种评价方法的关系是个量和总量的关系。前二者考核的是对人体影响最大的单个频带上的振动量(加速度均方根值)，后者是整个分析频率范围内的振动总量，此三种评价方法各有其最合适的应用范围。

当然，每个频带上的加速度加权均方根值不可能相等，即一般情况下实际的总的加速度加权均方根值 $\sigma_{a\Sigma}$ 比式(5-6)的计算值要小的多。大量统计的结果表明，总的加速度加权均

方根值与加速度加权均方根值的关系大约是

$$\sigma_{a\Sigma}=(1.5\sim1.8)\sigma_{aimax} \tag{5-7}$$

式中 $\sigma_{a\Sigma}$——总的加速度加权均方根值；

σ_{aimax}——各频带上加速度加权均方根值中的最大者。

三、三种试验评价方法的应用

关于汽车振动的研究，我国起步较晚，1985 年才有相关的标准，即 GB 4970—1985《汽车平顺性随机输入行驶试验方法》。该标准的主体部分来自于国际标准 ISO 2631，但只节选了其中乘员对振动反应的一部分。标准中列出了 1/3 倍频程分别评价、加速度加权均方根值的评价及吸收功率等三个试验方法及前两项试验的评价指标，即暴露时间 T_{CD}。用此方法较容易比较不同车辆行驶平顺性的优劣。暴露时间 T_{CD} 越长，汽车的行驶平顺性越好。GB 4970于 1996 年修订了一次，将原来的一个标准分解成了两个标准，即 GB/T 4970—1996《汽车平顺性随机输入行驶试验方法》和 QC/T 474—1999《客车平顺性评价指标及限值》。此两个标准加在一起的主体内容和原标准 GB 4970—1985 基本相同，但在评价方法和评价指标上做了一些修改，删除了吸收功率的试验内容，增加了加速度加权均方根值及等效均值(即总的加速度加权均方根值)的限值(见表 5-2)。

表 5-2 汽车行驶平顺性评价指标及限值

评价指标	大、中型客车				轻型客车	
	旅游客车		长途客车	城市客车	高级客车	普通客车
	空气悬架	非空气悬架				
加速度加权均方根值/(m/s^2)	≤0.4595	≤0.7079	≤1.0274	≤1.1220	≤0.6833	≤0.8123
等效均值 Leg/dB	≤113.0	≤117.0	≤120.0	≤121.0	≤116.5	≤118.0
舒适降低界限 T_{CD}/h	≥2.5	≥1.0	≥0.5	≥0.4	≥1.2	≥0.8

从两个标准的整体上看，修订后的标准更贴近汽车质量抽查试验。事实上汽车行驶平顺性试验远不止这些内容，它还包括驾驶员的手臂振动、晕车界限(包括降低舒适和极度不适两项内容)、查找汽车行驶平顺性差的原因及探寻改进汽车行驶平顺性的措施等。图 5-5 所示曲线给出了人体、驾驶员手臂对不同频率的反映特性。从图中可以看出小于 1Hz 的低频振动容易导致乘客晕车。图 5-5 所示的五项汽车行驶平顺性的评价内容中，各用什么方法进行评价较为合适呢？由前面的分析知，对于人体承受垂直和水平(包括横向即 x 方向和纵向即 y 方向)方向的振动，应用 1/3 倍频程或加速度加权均方根值的方法进行评价；对驾驶员的手臂振动及晕车极限，尽管它们都表现为对某一频率范围非常敏感，但振动总能量对其影响也不可忽视，因此它们较适合同时用总的加速度加权均方根值和加速度加权均方根值进行评价；若欲查找汽车行驶平顺性的原因和探寻改善汽车行驶平顺性的方法，则应采用 1/3 倍频程分别评价的方法(以了解振动能量在各频带上的分布)和测出振动系统的传递函数或频率响应函数。

由第二章对动态系统的分析知，系统的输出、输入和频率响应函数的关系为

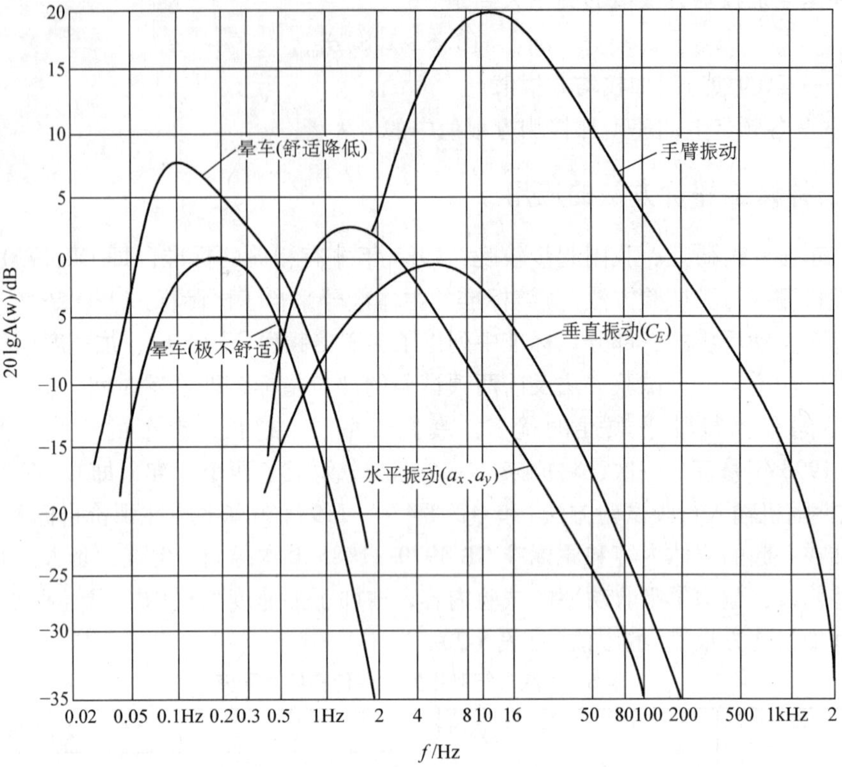

图 5-5　人体对振动反应的特性曲线

$$y(j\omega)=H(j\omega)x(j\omega) \tag{5-8}$$

若将式(5-8)与滤波器的工作原理进行对比不难发现，频率响应函数的作用就像是一个滤波器，若要减小某些频带上的振动量，只需调节滤波器的参数，使之在这些频带上的衰减增加即可。由此可见，欲改善汽车行驶平顺性，测试系统的频率响应函数非常重要。

四、振动信号的处理

在进行振动信号处理之前，应了解振动信号处理的基本要求，选配信号处理设备(如选用何种滤波器、何种数据采集系统等)和对信号处理设备的参数进行设置，使之得到一个满意的试验结果。

1. 振动信号处理的基本要求

截断频率f_c

对于客车、轿车座椅和各类车辆驾驶室座椅：$f_c=100\text{Hz}$；

各类车辆(包括客车和轿车)车厢底板及车桥：$f_c=500\text{Hz}$；

驾驶员手臂振动：$f_c=1000\text{Hz}$；

晕车界限：$f_c=2\text{Hz}$。

2. 采样时间间隔

由香农(Shannon)采样定理知，为了避免频率混淆，采样频率f_s应不小于信号频率成分中最高频率f_{max}的两倍，即

$$f_s \geqslant 2f_{max} = 2f_c \tag{5-9}$$

采样时间间隔 Δt 是由采样频率决定的，其关系为

$$\Delta t \leqslant \frac{1}{f_s} = \frac{1}{2f_c} \tag{5-10}$$

将上述的截止频率代入式(5-9)和式(5-10)可得到各种不同试验的采样频率和采样时间间隔。

1）客车、轿车座椅和各类车辆驾驶室座椅上的采样频率和采样时间间隔为 $f_s \geqslant 200\text{Hz}$，$\Delta t \leqslant 0.005\text{s}$；

2）各类车辆车厢底板及车桥上测点的采样频率和采样时间间隔为 $f_s \geqslant 1000\text{Hz}$，$\Delta t \leqslant 0.001\text{s}$；

3）驾驶员手臂振动的测量，其采样频率和采样时间间隔为 $f_s \geqslant 2000\text{Hz}$，$\Delta t \leqslant 0.0005\text{s}$；

4）晕车界限的测量，其采样频率和采样时间间隔为 $f_s \geqslant 4\text{Hz}$，$\Delta t \leqslant 0.25\text{s}$。

3. 分辨带宽

分辨带宽与信号处理的精度要求有关，对上述的四种情况的前三项测量，其分辨带宽 $\Delta f = 0.1953\text{Hz}$ 就可以满足测试精度的要求，而对于晕车界限的测试，其分辨带宽应为 $\Delta f = 0.0039\text{Hz}$。

4. 独立样本个数

对于常用的信号处理设备，单个子样的采样点数一般为 1024 个，从理论上讲，采样点数越多，信号处理的精度越高。但点数的增加会使计算时间成几何级数增加。为了节省计算时间，且达到信号处理的精度，常采用集合平均的方式，即将加速度的时间历程分成若干段（即若干个独立的子样或称为独立样本）进行处理。保证信号处理精度所需的最小独立样本的个数称为信号处理中的独立样本个数 q，通常 $q \geqslant 25$。

5. 采用合适的窗函数

关于窗函数的选取在后面将专门讨论。

五、振动信号的数值计算

试验目的和试验内容的不同，振动信号处理所需要获得的数值量亦不同。归纳上面所提到的试验内容，振动信号处理所要计算的数值量有：振动加速度的均方根值、加速度加权均方根值、总的加速度加权均方根值和振动系统的频率响应函数。

1. 振动加速度的均方根值 $\boldsymbol{\sigma_{ai}}$

由“随机振动”的知识，知

$$\sigma^2 = R_x(0) \tag{5-11}$$

式中　σ——加速度均方根值；

$R_x(0)$——$\tau = 0$ 时的自相关函数。

自相关函数 $R_x(0)$ 可以从两种途径获得，即

$$R_x(0) = \frac{1}{2T}\int_{-\infty}^{+\infty} x^2(t)\,\mathrm{d}t \tag{5-12}$$

$$R_x(0) = \frac{1}{2\pi}\int_{-\infty}^{+\infty} S_x(f)\,\mathrm{d}f \tag{5-13}$$

式中　T——采样时间；

$x(t)$——加速度的时间历程；

$S_x(f)$——自功率谱函数。

由式(5-12)和式(5-13)不难看出，若要获得1/3倍频程各频带上的加速度均方根值，用式(5-13)计算优势比较明显。因为自功率谱函数$S_x(f)$是频率f的函数，欲得到各频带的加速度均方根值σ_{ai}，只需将式(5-13)中积分的上、下限换成对应频带上的上、下限频率f_u和f_l即可

$$\sigma_{ai}=R_x(0)=\frac{1}{2\pi}\int_{f_l}^{f_u}S_x(f)\,\mathrm{d}f \tag{5-14}$$

从理论上讲，用式(5-12)也可得到1/3倍频程各频带上的加速度均方根值，即用一组带宽带和1/3倍频程各频带带宽一致的带通滤波器对加速度的时间历程进行滤波，得到一组按频带排列的加速度时间历程$x_i(t)$，然后将其代入下式

$$\sigma_{ai}=\frac{1}{2T}\int_{-\infty}^{+\infty}x_i^2(t)\,\mathrm{d}t=\frac{1}{T}\int_{0}^{+\infty}x_i^2(t)\,\mathrm{d}t \tag{5-15}$$

便可计算出1/3倍频程各频带上的加速度均方根值σ_{ai}。但这种方法不仅调用的仪器复杂(需一组带宽不同的滤波器或带宽可调的带通滤波器)，而且费时、数据处理的误差也较大。因为实际滤波器与理想滤波器存在较大的差异。

欲获得加速度的均方根值，首先需计算出自功率谱函数$S_x(f)$。自功率谱函数的计算有两种方法，即相关函数法和直接计算法。相关函数法是通过对样本记录的自相关函数进行傅氏变换得到。

$$S_x(f)=\int_{-\infty}^{+\infty}R_x(t)\,\mathrm{e}^{-\mathrm{j}2\pi f\tau}\,\mathrm{d}\tau \tag{5-16}$$

显然，若已知自相关函数则无须将其变换成自功率谱函数就可以直接得到加速度均方根值。由此可见相关函数法并不适合于加速度均方根值的计算。因此在工程上常采用直接计算法，它是对样本记录截断后的数值进行快速傅氏变换得到的自功率谱。

帕斯瓦定理指出：在时域中计算的信号总能量等于在频域中计算的信号总能量(工程上将信号的平方$x^2(t)$定义为能量)，即

$$\int_{-\infty}^{+\infty}x^2(t)\,\mathrm{d}t=\int_{-\infty}^{+\infty}|x(f)|^2\,\mathrm{d}f \tag{5-17}$$

式中　$x(t)$——加速度的时间历程；

$x(f)$——加速度时间历程$x(t)$的傅氏变换。

比较式(5-12)和式(5-13)得

$$\frac{1}{2T}\int_{-\infty}^{+\infty}x^2(t)\,\mathrm{d}t=\frac{1}{2\pi}\int_{-\infty}^{+\infty}S_x(f)\,\mathrm{d}f \tag{5-18}$$

将式(5-18)代入式(5-17)并整理得

$$\frac{1}{2\pi}\int_{-\infty}^{+\infty}S_x(f)\,\mathrm{d}f=\frac{1}{2T}\int_{-\infty}^{+\infty}|x(f)|^2\,\mathrm{d}f \tag{5-19}$$

将式(5-19)代入式(5-13)后再代入式(5-11)得

$$\sigma^2=\frac{1}{2T}\int_{-\infty}^{+\infty}|x(f)|^2\,\mathrm{d}f \tag{5-20}$$

式中　T——采样时间；

$x(f)$——加速度时间历程 $x(t)$ 的傅氏变换，在工程实际中 $f \geqslant 0$。

1/3 倍频程各频带上加速度均方根值 σ_{ai} 为

$$\sigma_{ai} = \sqrt{\frac{1}{T}\int_{f_l}^{f_u} |X_i(f)|^2 df} \tag{5-21}$$

式中 σ_{ai}——中心频率为 f_i 所对应频带上的加速度均方根值；

f_l、f_u——分别为各频带上的下限和上限频率；

$X_i(f)$——中心频率为 f_i 所对应频带上加速度时间历程的傅氏变换。

式(5-21)是汽车振动信号处理中计算加速度均方根值常用的计算方法，即先对加速度的时间历程进行傅氏变换，再按频带进行积分。

2. 加速度加权均方根值

下式是早期计算振动加速度加权均方根值常用的方法：

$$\sigma'_{ai} = w(f_i)\sigma_{ai} \tag{5-22}$$

式中 σ'_{ai}——加速度加权均方根值；

$w(f_i)$——频率加权函数；

σ_{ai}——加速度均方根值。

由式(5-22)可知，欲得到加速度加权均方根值，首先需按式(5-21)计算出 1/3 倍频程各频带上的加速度均方根值 σ_{ai}，再将其乘以频率加权函数 $w(f_i)$。随着滤波技术的发展，加速度加权均方根值的计算又有了另一种方法，即先对加速度时间历程 $x(t)$ 进行频率加权处理，其方法是用具有图 5-2 所示特性的滤波器对 $x(t)$ 进行滤波，显然这一滤波过程就实现了对时域振动信号 $x(t)$ 的频率加权处理。再对经过频率加权处理的振动信号 $x_f(t)$ 进行傅氏变换得 $X'(f)$，将其代入式(5-21)便可得到加速度加权均方根值 σ'_{ai}。

在工程上能实现对时域振动信号进行频率加权处理的滤波器称为频率负荷滤波器，简称负荷滤波器。由图 5-2 所示不难发现，图中所给出的滤波器特性似乎更接近实际的滤波器特性，所以这类滤波器并不难制造。

3. 总的加速度加权均方根值

式(5-4)是总的加速度加权均方根值的原理式，事实上在工程实际中很少采用这种计算方法。那么如何获得总的加速度加权均方根值呢？前面介绍过自相关函数的两种计算方法，其一是

$$R_x(0) = \frac{1}{2T}\int_{-\infty}^{+\infty} x^2(t)\,dt = \frac{1}{T}\int_{0}^{+\infty} x^2(t)\,dt \tag{5-23}$$

则加速度的均方根值 σ 为

$$\sigma = \sqrt{\frac{1}{T}\int_{0}^{+\infty} x^2(t)\,dt} \tag{5-24}$$

若式中的振动信号(加速度时间历程)$x(t)$ 是仅经低通滤波器处理的包括整个分析频率的振动信号，则按式(5-24)计算出的加速度加权均方根值就是分析频率范围内的总的加速度均方根值；若 $x(t)$ 是经具有图 5-2 所示特性的负荷滤波器处理的时间信号 $x_f(t)$，将其代入式(5-24)所计算出的加速度均方根值就是分析频率范围内总的加速度加权均方根值 $\sigma_{a\Sigma}$。

为了便于区别，将式(5-24)改写成如下形式

$$\sigma_{a\Sigma}=\sqrt{\frac{1}{T}\int_{0}^{+\infty}x_{f}^{2}(t)\,dt} \tag{5-25}$$

式中　T——采样时间，为了保证数据处理的精度，T应有足够的长度，国标中规定$T\geqslant 3$min；

$x_f(t)$——经频率加权处理的振动信号。

前面述及，总的加速度加权均方根值常用对数表示，将其称为加速度的等效均值 Leg，即

$$\text{Leg}=20\lg\sqrt{\frac{1}{T}\int_{0}^{+\infty}x_{f}^{2}(t)\,dt} \tag{5-26}$$

采用式(5-26)处理汽车振动信号的典型设备有丹麦毕凯(B&K)公司生产的人体振动分析仪 B&K2512。该仪器处理振动信号的原理式为

$$\text{Leg}=20\lg\sqrt{\frac{1}{T}\int_{0}^{T}\left(\frac{a(t)}{10^{-6}}\right)^{2}dt} \tag{5-27}$$

式中　Leg——加速度的等效均值，dB；

T——采样时间，s；

$a(t)$——经频率负荷滤波器处理后的加速度时间历程，m/s^2。

将式(5-27)略作修改得

$$\text{Leg}=20\lg\left[10^{6}\times\sqrt{\frac{1}{T}\int_{0}^{T}a^{2}(t)\,dt}\right]=120+20\lg\sqrt{\frac{1}{T}\int_{0}^{T}a^{2}(t)\,dt} \tag{5-28}$$

120dB 在噪声测量中所对应的是痛阈的声级，即当噪声达到 120dB 时，将对人体健康构成直接危害。对于汽车振动而言，同样如此，若测得汽车振动加速度的等效均值达到 120dB，它也将对人体的健康构成影响。

比较式(5-26)和式(5-28)发现，除式(5-28)中多了具有重要特征的常数项 120 之外，此两式几乎完全等价。显然，B&K2512 所采用的是总的加速度加权均方根值的评价方法。QC/T 474—1999《客车平顺性评价指标及限值》中的等效均值 Leg 的限值是基于用 B&K2512 人体振动分析仪对大量客车进行试验的结果提出来的，因此若用 Leg 的限值指标评价汽车的行驶平顺性，则应按式(5-28)对振动信号进行处理。

第四节　研究汽车行驶平顺性常用的方法

从理论上讲，应用试验的方法可以测出汽车整车的频率响应函数，然后针对频率响应函数的幅频特性，采取适当的技术措施(调整振动参数)，使之对人体最敏感频率范围的振动具有较强的衰减。因为由式 $y(j\omega)=H(j\omega)x(j\omega)$ 可知，汽车上测试点的输出就是由于路面不平所引起的振动(系统的输入)，其经车轮到测试点之间的振动系统所组成的“滤波器”对其滤波的结果。从前面对获取汽车整车频率响应函数的讨论中不难发现，用前面所述的一种从技术上可行的正弦输入法获取汽车这一复杂振动系统的频率响应函数存在如下严重不足：①频率响应函数 $H_{mn}(j\omega)$ 是单个车轮正弦输入所获得的结果，汽车在行驶时，其输入同时来自四个车轮，而系统多点输入的频率响应函数的获取，目前尚没有一个准确易行的试验方法；②由车轮到汽车座椅的振动系统是由多个系统串、并联所组成的复杂系统，导致汽车

行驶平顺性差的问题究竟出在哪一个环节，从 $H_{mn}(\mathrm{j}\omega)$ 中不能获知，如此便不知从何处采取技术措施。正因为如此，在现有的技术条件下，研究汽车行驶平顺性问题常不是采用测系统传递特性的方法，而是采用随机输入法或试验模态分析法(试验模态分析法是一门专门的学科,有兴趣的同学可以去查阅相关书籍)。下面就来讨论最常用的随机输入法。

随机输入法是在汽车振动传递的各个环节上，如车轴(或轮毂上)、车身底板及座椅上都装上三向加速度传感器，然后将汽车开到各种不同的典型路面(如砂石、沥青及混凝土路面)上以不同的车速 v_i(从某一低速,如 $v_1=30\mathrm{km/h}$ 开始,逐渐提高汽车行驶速度直到 $v_n=80\%v_{\max}$)行驶，分别测出不同路面和不同车速下的车轴、车身底板及座椅上的加速度时间历程 $y_{mnj}(t)$($m=1,2,3$ 分别代表车轴、车身底板和座椅三个部位;$n=1,2,3,4$ 分别代表在三个不同部位中的四个不同测点,如 $y_{14}(t)$表示车轴上的第四个传感器的输出;j 为试验序号,一种路面用一种车速进行的试验称为一次试验,如在不同路面上,每种路面测十种不同的车速,则试验次数为 $j=1,2,\cdots,30$)。然后用下式计算出每次试验各传感器输出的加速度均方根值 σ_{amnji}

$$\sigma_{amnji}=\sqrt{\frac{1}{T}\int_{f_1}^{f_u}|y_{mnji}(f)|^2\mathrm{d}f} \tag{5-29}$$

式中　σ_{amnji}——第 m 部位的第 n 个测点第 j 次实验 1/3 倍频程各频带上的加速度均方根值；

f_1、f_u——1/3 倍频程各频带的下限频率和上限频率；

T——采样时间，为了保证测试进度，T 应为 3 ~5min；

y_{mnji}——第 m 部位的第 n 个测点第 j 次试验三向加速度传感器输出时间历程的傅氏变换，i 为 1/3 倍频程的频带序号。

若某被测车辆的行驶平顺性不够好，显然是座椅上振动的输出不够理想，即可能是座椅上振动的输出能量在各频带上分布不合理，如振动能量在人体最敏感的频率范围(垂直振动 4 ~8Hz,水平振动 1 ~2Hz,晕车界限 0.1 ~1Hz)内的加速度均方根值较大；或者是振动输出的总能量较大，即各频带上加速度均方根值均较大。那么汽车行驶平顺性不好的原因何在呢？首先我们来看看车身底板上输出的数值 σ_{a2nji}，若 σ_{a2nji} 的数值较小，则说明问题出在座椅上；若 σ_{a2nji} 均较大，则要看车轴上的输出 σ_{1nji}，若 σ_{1nji} 较小，则说明汽车悬架设计不合理；否则说明轮胎的选用有问题。若只是某种路面或某几种车速，座椅上的振动输出 σ_{3nji} 较大，则说明振动系统的固有频率设计的不合理。

显然，有了随机输入下汽车各振动频率环节上的振动输出 σ_{amnji}，就可以帮助人们去查找汽车行驶平顺性不好的原因了。此外，由于随机输入能够较好地反映汽车的实际状况，且易于操作，因此它是研究汽车行驶平顺性中常采用且有效的试验方法。

第五节　动态数据处理中的泄漏

图 5-6 所示是某次试验所记录下的汽车振动加速度的时间历程 $x(t)$，欲对该动态信号进行分析，就需要按照采样原理对 $x(t)$进行分段截取。如何实现对动态信号的分段截取呢？

最简单的方法是用矩形函数

$$u(t)=\begin{cases}1 & |t|\leqslant t_0\\0 & |t|>t_0\end{cases} \tag{5-30}$$

与动态信号 $x(t)$相乘，即

$$u(t)x(t)=\begin{cases}x(t) & |t|\leqslant T\\ 0 & |t|>T\end{cases} \tag{5-31}$$

显然，在设定的时间段$|t|\leqslant T$内$u(t)x(t)=x(t)$。

图5-7a所示是矩形函数$u(t)$的曲线，图5-7b所示是$x(t)$与$u(t)$相乘的结果。从图5-7b中可以看出，用$u(t)$去截取动态信号就好比是打开了一个窗，因此将矩形函数$u(t)$称为矩形窗函数。进行动态信号处理时不可避免要用到窗函数。

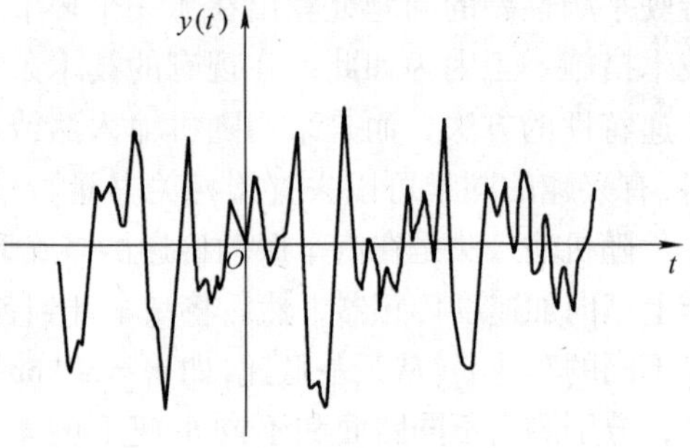

图5-6　测得的振动加速度的时间历程

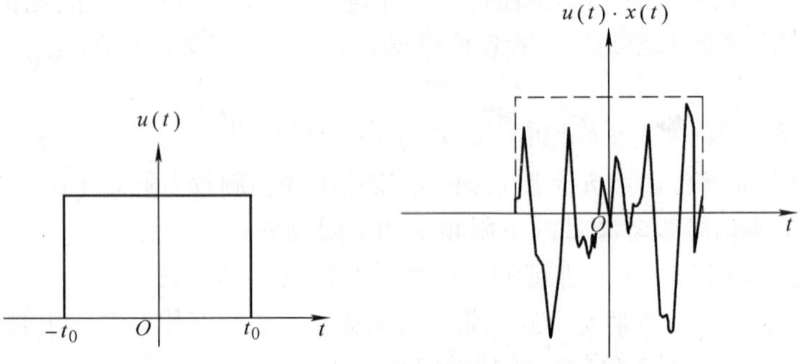

a)　　　　b)

图5-7　用矩形窗截取的动态信号

a）矩形窗函数　b）用矩形窗函数截取动态信号的状态

进行动态信号的处理可以将其归纳为两种方法。一种是在时间域内对动态信号进行计算得到所要的试验结果，式(5-15)、式(5-26)均属此类，通常将这种方法称为动态信号的时域分析法；另一种是将动态信号通过傅氏变换将其转换到频域后再作计算得到试验结果，式(5-21)即属此类，这种将动态信号转换到频域处理的方法称为动态信号的频域分析法。

对于动态信号的时域处理，在设定的时间段内，由于$u(t)x(t)=x(t)$，所以用矩形窗函数$u(t)$去乘以式(5-15)中的$x_i(t)$、式(5-26)中的$x_f(t)$，然后再进行积分运算，所得的结果和原来完全一致，即窗函数的引入不会改变动态信号的处理结果。

对动态信号的频域处理，情况会有些不同，因为$F[u(t)x(t)]\neq F[x(t)]$，若仍用$F[u(t)x_i(t)]$去代替式(5-21)中的$X_i(f)$（$F[x_i(t)]=X_i(f)$），则必然带来误差。下面举一个最简单的例子说明此问题。

[例]　设$x(t)=A_0\cos 2\pi f_0 t$，$u(t)=\begin{cases}1 & |t|\leqslant T\\ 0 & |t|>T\end{cases}$，求$F[u(t)x(t)]$。

解：由频域卷积定理知

$$F[u(t)x(t)]=F[u(t)]\cdot F[x(t)]=U(f)\cdot X(f)$$

$$X(f)=\int_{-\infty}^{+\infty}A_0\cos 2\pi f_0 t\mathrm{e}^{-\mathrm{j}2\pi ft}\mathrm{d}t=\frac{A_0}{2}[\delta(f-f_0)+\delta(f+f_0)]$$

$$U(f)=\int_{-\infty}^{+\infty}u(t)\mathrm{e}^{-\mathrm{j}2\pi ft}\mathrm{d}t=\int_{-T}^{T}\mathrm{e}^{-\mathrm{j}2\pi ft}\mathrm{d}t=\begin{cases}2T\dfrac{\sin 2\pi fT}{2\pi fT} & f\neq 0\\ 2T & f=0\end{cases}$$

由于 $U(f)*X(f)$ 的数学计算十分麻烦，在此采用图解法，如图 5-8 所示。从图中可以看出，由于积分区间的有限性，使得 $F[u(t)x(t)]$ 在 $\pm f_0$ 处的脉冲变为以 $\pm f_0$ 为中心的 $\frac{\sin\alpha}{\alpha}$ 型连续函数。这个连续函数在原脉冲位置 $\pm f_0$ 处达到最大值 $\frac{A_0T}{\pi}$，从而形成曲线的主峰，称为主瓣。在主瓣两侧还出现一系列小峰，称为副瓣。原来集中于一个频率上的功率，由于副瓣的存在，被分散到一个较宽的频带上，这种功率分散的效应称为泄漏。事实上泄漏是在信号处理过程中所产生的误差。显然泄漏的产生，降低了动态信号分析的精度。

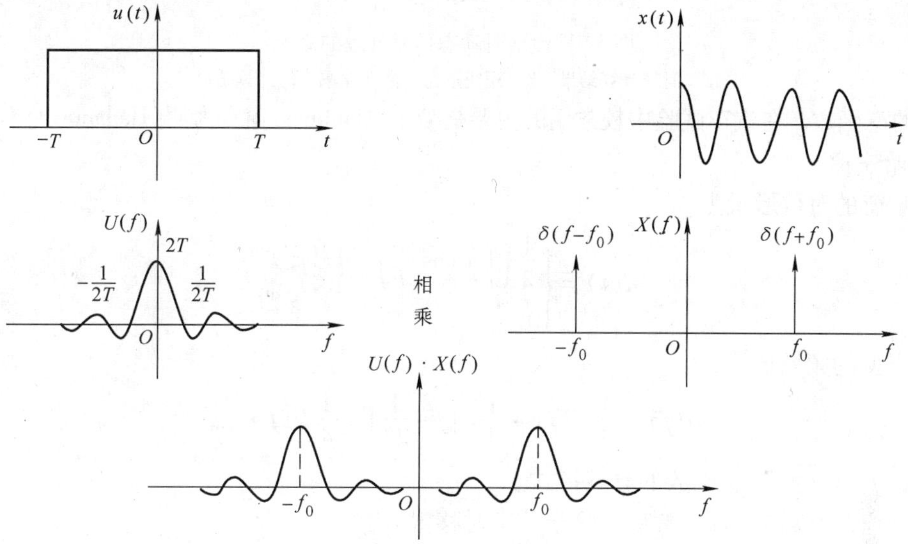

图 5-8　卷积的图示表达

上述特性可以推广到任意类型的函数。图 5-9a 所示是某一振动信号用时域法得到的结果，图 5-9b 所示是用矩形窗函数在频域中计算得到的结果。从图中可以看出，原本比较光滑的曲线 $X(f)$，用频域法经加矩形窗处理后，它就变成了一条充满“皱波”的曲线，为了便于区别用 $\hat{X}(f)$ 表示。皱波的形成就是泄漏所带来的数据处理误差。

由上述的分析知，泄漏出现在频域分析中，时域分析没有泄漏。产生泄漏的原因是窗函数，而窗函数又是动态数据处理不可不用的，那么如何减小或抑制泄漏呢？下面介绍两种常用的方法。

一、选用合适的窗函数

从图 5-8 中可以看出，泄漏的大小取决于谱窗副瓣的大小。较小的副瓣使得卷积 $U(f)*X(f)$ 曲线下的负面积较小，它在动态数据处理中的表现形式是曲线 $\hat{X}(f)$（见图 5-9）具有较小的皱波；但副瓣的减小，往往会带来主瓣变宽，即主瓣能量不够集中，分辨率下降等问题。由此可见，一个好的窗函数，其傅氏变换的主瓣应窄、副瓣应小。工程测试领域提出了多

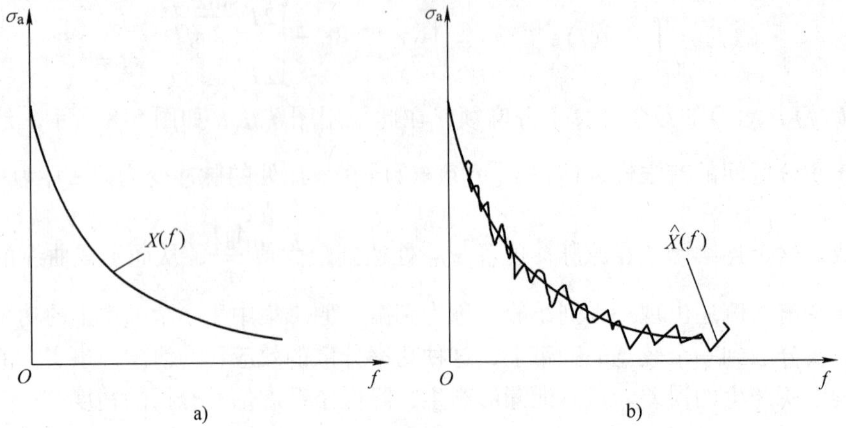

图 5-9　泄漏时动态信号处理的影响

a）时域计算结果　b）用矩形窗函数在频域中的计算结果

种形式的窗函数，在汽车试验中较常用的主要是哈宁(Hanning)窗和海明(Hamming)窗。

1. 哈宁窗

哈宁窗的时域形式为

$$d(t)=\begin{cases}\frac{1}{2}\left(1+\cos\frac{\pi t}{T}\right) & |t|\leqslant T\\ 0 & |t|>T\end{cases} \tag{5-32}$$

哈宁窗的频域形式为

$$D(f)=\frac{1}{2}U(f)+\frac{1}{4}U\left(f-\frac{1}{2T}\right)+\frac{1}{4}U\left(f+\frac{1}{2T}\right) \tag{5-33}$$

式中　$U(f)$——矩形窗函数的频域形式。

哈宁窗时域离散形式(常称为哈宁数字时移窗)为

$$d_r=\begin{cases}\frac{1}{2}\left(1+\cos\frac{nr}{m}\right) & |r|\leqslant m\\ 0 & |r|>m\end{cases} \tag{5-34}$$

哈宁窗频域离散形式(常称为哈宁数字谱窗)为

$$D_k=\frac{1}{2}U_k+\frac{1}{4}U_{k-1}+\frac{1}{4}U_{k+1} \tag{5-35}$$

式中　U_k——矩形数字谱窗，$U_k=2m\Delta t\frac{\sin\pi k}{\pi k}(k=0,1,2,\cdots,m)$；

矩形数字时移窗为

$$u=\begin{cases}1 & |t|\leqslant T\\ 0 & |t|>T\end{cases}$$

从式(5-33)可以看出，哈宁窗是一个压低 1/2 的矩形谱窗 $U(f)$ 和两个各左、右移位 $\frac{1}{2T}$、峰高为 $\frac{1}{4}U(f)$ 的谱窗叠加而成。图 5-10 所示为 $D(f)$ 的图形，图中虚线是三个变异的矩形谱窗。

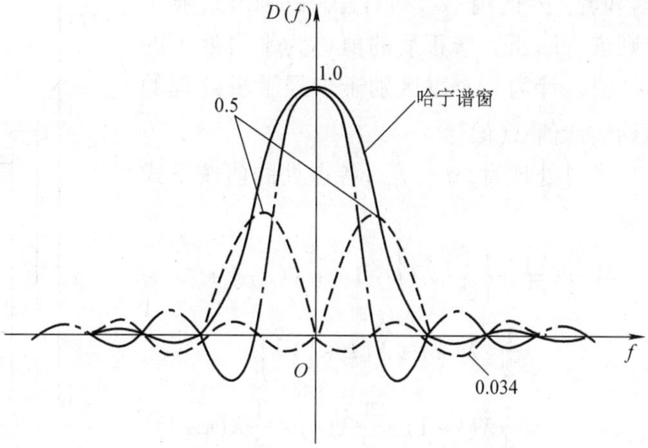

图 5-10　哈宁谱窗的构成图

比较图 5-8b 和图 5-10 所示曲线可知，矩形窗 $U(f)$ 的主瓣高为 $2T$，第一副瓣的高约为主瓣的 20%；哈宁谱窗 $D(f)$ 的主瓣高为 T，宽为 $\frac{2}{T}$，第二副瓣的高约为主瓣的 2.4%。可见哈宁谱窗的副瓣有明显的降低，达到了抑制泄漏的目的。但它的主瓣宽度都拓宽了一倍。这说明减小泄漏是以拓宽主瓣为代价。主瓣被拓宽的结果是使得动态数据处理的分辨率下降。

2. 海明窗

海明窗的时域形式为

$$w(t)=\begin{cases}0.54+0.46\cos\dfrac{\pi t}{T} & |t|\leqslant T\\ 0 & |t|>T\end{cases} \tag{5-36}$$

海明窗的频域形式为

$$W(f)=0.54U(f)+0.23U(f-\frac{1}{2T})+0.23U\left(f+\frac{1}{2T}\right) \tag{5-37}$$

海明数字时移窗为

$$w_r=\begin{cases}0.54+0.46\cos\dfrac{nr}{m} & |r|\leqslant m\\ 0 & |r|>m\end{cases} \tag{5-38}$$

海明数字谱窗为

$$W_k=0.54U_k+0.23U_{k-1}+0.23U_{k+1} \tag{5-39}$$

比较式(5-37)和式(5-33)可以看出，哈宁窗和海明窗的结构一样，只是系数作了调整，其结果是将副瓣的高度压得更低，即达到了进一步抑制泄漏的目的。海明窗的主瓣宽度与哈宁窗一样，约为 $1.08T$，第一副瓣的高度接近于零。由此可见，海明窗抑制泄漏的效果会更好一些。

汽车试验中动态信号的处理选用哪种窗函数，应视动态信号 $x(t)$ 的类型及精度要求而定。

二、平滑处理

泄漏在动态试验信号处理中的表现形式是 $\hat{X}(f)$ 曲线上充满了皱波。抑制泄漏的目的是减少皱波幅度，使 $\hat{X}(f)$ 曲线更接近于光滑的 $X(f)$ 曲线。欲达到这一目的，用数学计算的方法也可达到，通常称之为平滑处理。平滑处理的方法有多种，在此仅介绍一种最常用的方法。图 5-11 所示曲线是图 5-9 中所示的 $\hat{X}(f)$ 曲线，将 $\hat{X}(f)$ 曲线沿 f 轴离散成 $m+1$ 个点，各点所对应的频率分别为 $f_0,f_1,\cdots,f_m$。对于 $f_1\sim f_{m-1}$ 中的任意点 f_k 处的值 $\hat{X}_k$，参考前、后两点

f_{k-1}和f_{k+1}处的值$\hat{X}_{k-1}$和$\hat{X}_{k+1}$，以圆滑过渡为准则进行修正。修正后的值称为平滑处理的估计值，计为$\hat{X}_k$，以区别于未经平滑处理的原始估计值$\hat{X}(k)$。

平滑处理时，$f_1 \sim f_{m-1}$各点处的值按下式计算

$$\begin{aligned}\hat{X}(f) &= \frac{1}{2}\left\{\frac{1}{2}[\hat{X}(k-1)+\hat{X}(k)]+\frac{1}{2}[\hat{X}(k)+\hat{X}(k+1)]\right\} \\ &= \frac{1}{4}\hat{X}(k-1)+\frac{1}{2}\hat{X}(k)+\frac{1}{4}\hat{X}(k+1)\end{aligned} \tag{5-40}$$

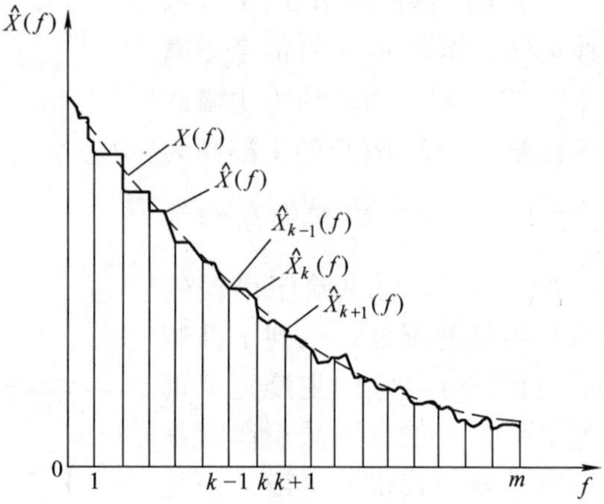

图 5-11　平滑处理示意图

在f_0及f_m两个端点处，用下式计算

$$\begin{cases}\hat{X}_0 = \frac{1}{2}[\hat{X}(0)+\hat{X}(1)] \\ \hat{X}_m = \frac{1}{2}[\hat{X}(m-1)+\hat{X}(m)]\end{cases} \tag{5-41}$$

第六节　动态信号处理的栅栏效应与细化技术

一、动态信号处理的栅栏效应

用频率分析法处理动态信号的第一步是对动态信号$x(t)$进行傅氏变换以得到$X(f)$。汽车试验中的动态信号$x(t)$往往是随机的，即其不能用确定的函数描述。显然，不能用下述连续函数的傅氏变换公式进行计算。

$$X(f) = \int_{-\infty}^{+\infty} x(t)\mathrm{e}^{-\mathrm{j}2\pi ft}\mathrm{d}t \tag{5-42}$$

解决随机动态信号处理问题的方法是：先用 A/D 转换器按采样定理将连续的随机信号离散成数字序列$x(n)$，再用离散傅氏变换

$$X(f) = \sum_{n=-\infty}^{\infty} x(n)\mathrm{e}^{-\mathrm{j}2\pi fn} \tag{5-43}$$

对其进行处理。关于离散傅氏变换已有专门的算法（常用的是快速傅氏变换 FFT）和通用软件，有兴趣的同学可以去查阅相关书籍。

动态信号$x(t)$经离散傅氏变换所得到频谱$X(f)$的N根谱线位置是$f_k = k\frac{1}{T} = k\frac{f_s}{N}$（$T$——采样时间，$f_s$——采样频率，$k=0,1,2,\cdots,N-1$），即$X(f)$仅在基频$\frac{1}{T}$的整数倍的频率点上有数值。那些位于离散谱线之间的频谱图形都没有显示，即不能知道其准确的数值，若要获得谱线之间某频率点的数值，则只能根据该点相邻谱线的数值给出一个估计值。如此必然会带

来误差。由于谱线就像是一个栅栏，因此将其称为动态信号处理的栅栏效应。

在前面介绍动态信号处理的基本要求中有一个十分重要的指标，即分辨带宽 Δf，它反映了频率分辨率的大小，分辨带宽 Δf 越小，频率分辨率越高，反之，频率分辨率越低。事实上，Δf 就是离散傅氏变换所得到的频谱谱线的间距。当采样时间 T 和采样频率 f_s 一旦确定，则频率分辨率 Δf 也随之被确定，因为

$$\Delta f=\frac{1}{T}=\frac{1}{N\Delta T}=\frac{f_s}{N} \tag{5-44}$$

由式(5-44)可知，增加采样点数 N 可以提高频谱分析的分辨率。但采样点数 N 的增加会使计算时间成几何级数增加。若要解决这一矛盾，就要用到下面介绍的细化技术。

二、细化技术

细化技术又称细化的快速傅氏变换(Zoom-FFT)。由采样定理知，避免频率混淆的采样频率 f_s 不得低于信号截止频率 f_c 的两倍，即 $f_s \geqslant 2f_c$。计算机进行快速傅氏变换计算时按固定点数进行计算，通常点数 $N=1024$。将 $f_s=2f_c$ 和 $N=1024$ 代入式(5-44)得频谱分析的分辨带宽 Δf 为

$$\Delta f=\frac{2f_c}{1024}=\frac{f_c}{512} \tag{5-45}$$

由式(5-45)可知，动态信号的截止频率 f_c 越高，分辨带宽 Δf 越大，即频率分辨率越低。当动态信号的频率较高时，其频率分辨率通常难以满足实际的需要。为了能在分析频率范围内得到高的频率分辨率，将分析频率范围中取一小段频率 Δf_c 来进行快速傅氏变换，如此便可在 Δf_c 的频率上得到和分析频率范围 $0\sim f_c$ 内同样多的谱线。通常将频率范围 $0\sim f_c$ 内的频谱分析称为基带傅氏分析，将所选频段 Δf_c 内的频谱分析称为选带傅氏变换。Δf_c 可以是 f_c 的数百分之一，如此便可将分辨率提高数百倍。

对于基带傅氏变换，其分辨带宽为

$$\Delta f=\frac{2f_c}{N} \tag{5-46}$$

而选带傅氏分析的分辨带宽为

$$\Delta f_B=\frac{2\Delta f_c}{N} \tag{5-47}$$

实现 Zoom-FFT 计算的方法有多种，其中应用最广的是移频式 Zoom-FFT 计算法。

由傅氏变换的移项原理知，将动态信号 $x(t)$ 乘以单位旋转因子 $e^{-j2\pi f_k t}$ 后，便把信号 $x(t)$ 的频率原点移到了需要细化的 f_k 处，即频率分量 f_k 被移到了坐标原点，这样便形成了一个以 f_k 为频率起始点的新信号。再用窗函数截取感兴趣的频段 Δf_c，并按 FFT 的计算步骤对其进行计算所得到的便是以 f_k 为起始点的有限频段的细化频谱。

Zoom-FFT 技术在工程测试领域应用十分广泛，通常专用的信号处理机都具有这种功能。Zoom-FFT 技术对于动态信号的深入分析、模态分析中进行各阶主模态的分离、噪声分析中对声源的识别等都十分有用。

第六章 DSP技术

自从德州仪器(TI)1982年推出通用可编程DSP芯片以来，DSP技术对数字技术的发展带来了划时代的影响。DSP处理器无论是在结构上、速度上、精度上，还是指令集上都具有通用单片机无法比拟的优势，特别是数据处理量较大时，优势更突出。DSP芯片的使用使数据采集系统的实时处理能力进一步提高。目前DSP处理器主要有16位定点和32位(或24位)浮点等不同的类型。DSP适合用于汽车试验中数据采集与控制，因此在汽车试验仪器中得到了广泛应用。

第一节 DSP芯片的特征

随着计算机和信息技术的飞速发展，数字信号处理(Digital Signal Processing, DSP)技术应运而生。数字信号处理是利用计算机或专用处理设备，以数字形式对信号进行采集、变换、滤波、估值、增强、压缩、识别等处理，以得到符合人们需要的信号形式。在过去的二十多年时间里，数字信号处理已经在数学、图像处理、通信、控制以及数据采集等领域得到极为广泛的应用。为了适应快速数字信号处理运算的要求，DSP芯片普遍采用了特殊的硬件和软件结构，以提高其数字信号处理的运算速度。

DSP处理器与通用处理器(GPP)相比具有以下特征。

1. 采用存储器结构

大多数DSP采用了哈佛结构(见图6-1)，其特点是：设有独立的数据存储空间和程序存储空间，用两组总线与处理器核相连，允许同时对其进行访问。这种将处理器存储器带宽加倍的安排，能同时为处理器核提供数据与指令，使DSP得以实现单周期MAC指令。DSP处理器几乎都不具备数据高速缓存，这是因为DSP的典型数据是数据流，即DSP处理器对每个数据样本做计算后，就将其丢弃，几乎不再重复使用。

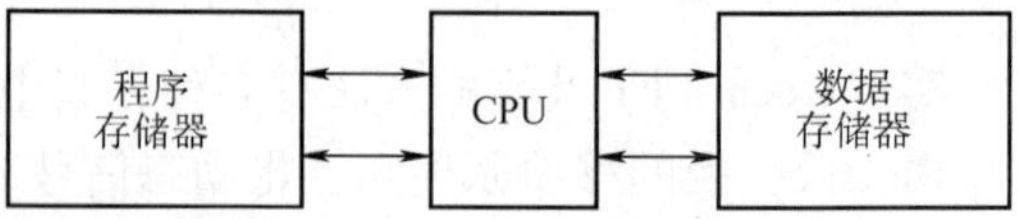

图6-1 微处理器的哈佛结构

较早的DSP芯片采用了程序存储器与数据存储器分离的基本哈佛结构。这样，一条指令的读取可以和其前一条指令、操作数的读取同时进行。但这种基本的哈佛结构无法实现对多个数据存储器的访问操作，无法实现单指令周期的多操作数指令。

为了进一步提高CPU的运行速度和芯片的灵活性，在较新的DSP芯片中，常采用改进的哈佛结构，改进的方案有三种：

第一种方案是允许数据存放在程序存储器中，并可以被算术指令直接使用。但这样会造成指令和数据不能同时读取，多操作数指令的执行需要两个存储器访问周期时间。

第二种方案是将指令存储在高速缓存(Cache)中。当执行此指令时，不需要再从程序/数据存储器中读取指令，节省了一个指令周期的时间。

第三种方案是存储器块的改进结构，允许在一个存储周期内同时读取指令和两个操作数，具有更高的访问能力。

2. 专用的硬件乘法器和对密集乘法运算的支持

在通用的微处理器中，乘法是由软件实现的。实际上是由时钟控制的一连串的“移位-加法”操作，乘法需要多个指令周期来完成。而在 DSP 处理器中，不仅使用专门的硬件来实现单周期乘法，还增加了累加器、寄存器来处理多个乘积的和。此外，为了充分发挥专门乘法-累加硬件的优势，几乎所有的 DSP 的指令集都包含有显式的 MAC 指令。

3. 指令系统的流水线操作

在流水线操作中，一个任务被分解为若干个子任务。这样，其可以在执行时相互重叠。DSP 处理指令系统的流水线操作是与其哈佛结构相配合的，增加了处理器的处理能力，把指令周期减小到最小值，同时也就增加了信号处理器的吞吐量。

4. 片内外两级存储结构

随着微电子技术的进步及对 DSP 芯片处理能力要求的不断提高，单靠片内存储器(早期 DSP 芯片采用片内存储器)已难以满足要求。在片内外两级存储结构中，片内存储器虽然不可能具有很大的容量，但速度快，可以多个存储器并行访问。片外存储器的容量大，但速度慢。结合其各自的优势，在实际应用中，一般将正在运行的指令和常用的数据存放在片内存储器中，暂时不用的程序和数据存放在片外存储器之中。片内存储器的速度接近于寄存器的速度，因此在 DSP 的指令系统中，采用存储器访问指令取代寄存器访问指令，此外还可以采用双操作数或三操作数来完成多个存储器的同时访问，使指令系统更加优化。

5. 特殊的 DSP 指令

DSP 芯片的另一个特征是采用特殊的 DSP 指令。不同系列的 DSP 芯片都具备一些特殊的指令，以充分发挥 DSP 算法及各系列特殊设计的功能。

6. 快速的指令周期

DSP 芯片与传统的微处理器或控制器相比，其快速的指令周期是一个明显的特征与优势。改进的哈佛结构、专用的硬件乘法器、流水线操作、特殊的 DSP 指令等配合集成电路的优化设计，可使 DSP 处理器的指令周期在 200ns 以下。如 TI 公司的 TMS320 系列 DSP 芯片的指令周期已经从第一代(TMS320C10)的 200ns 降到现在 TMS320C6000 的 5ns，甚至 3.3ns。在对采样速率要求较高的实时信号处理场合，DSP 有很多重要的应用。

7. 零开销循环

DSP 将大多数的处理时间花在执行较小的循环上，大多数的 DSP 都有专门的硬件用于零开销循环。所谓零开销循环是指处理器在执行循环时，不用花时间去检查循环计数器的值。

8. 专门的寻址方式

DSP 处理器往往都支持专门的寻址方式，其对信号处理操作和算法是很有用的。例如，模块(循环)寻址(对实现数字滤波器延时性很有用)、位倒序寻址(对 FFT 很有用)等。

第二节　DSP 芯片的分类及选用

一、DSP 芯片的分类

DSP 芯片有多种不同的分类方式，在此介绍三种最常用的分类方式。

1. 按基本特性分

根据 DSP 芯片基本特性(工作时钟和指令)的不同，DSP 芯片可分为静态 DSP 芯片和一致性 DSP 芯片。

若 DSP 芯片在某时钟频率范围内的任何频率上能正常工作，除计算速度有变化外，没有性能的下降，这类 DSP 芯片一般称之为静态 DSP 芯片。例如，日本 OKI 电气公司的 DSP 芯片、TI 公司的 TMS320C2 ×× 系列芯片均属于这一类。

若有两种或两种以上的 DSP 芯片，其指令集和相应的机器代码及引脚结构相互兼容，则这类 DSP 芯片称之为一致性的 DSP 芯片。例如，美国 TI 公司的 TMS320C54 × 就属于这一类。

2. 按照数据格式分

DSP 在实时处理过程中，输出数据可以用定点或浮点格式表示。因此，其可以按照输出数据格式进行分类。当数据以定点(Fixed-Point)格式工作时，称为定点 DSP 芯片。例如 AD 公司的 ADSP21 ×× 系列、TI 公司的 TMS320C1 ×/C2 ×/C5 × 系列、Motorola 公司的 MC56000 系列、AT&T 公司的 DSP16/16A。

当数据以浮点(Floating-point)格式工作时，称为浮点 DSP 芯片。例如 AD 公司的 ADSP21 ××× 系列、TI 公司的 TMS320C3 ×/C4 ×/C8 × 系列、Motorola 公司的 MC96002、AT&T 公司的 DSP32/32C。

不同类型的 DSP 适用于不同的应用领域，其中早期的定点 DSP 能完成大部分数字信号处理任务。但是，随着应用领域的不断扩大，在有些领域中，定点 DSP 就无能为力了。如雷达和声纳的信号处理中，数据的动态范围很大，如使用定点 DSP 会产生溢出，严重时无法进行处理。此时，可选用浮点 DSP，这是因为其具有较宽的数据动态范围。通常 16 位定点 DSP 芯片的动态范围仅为 96dB(分贝)，每增加 1 位，其动态范围只增加 6dB，也就是说 32 位定点 DSP 芯片的动态范围为 192dB。而 32 位浮点 DSP 芯片的动态范围为 1536dB。从以上分析可以看出，浮点 DSP 芯片的处理性能在许多应用场合中要比定点 DSP 高得多。

浮点 DSP 芯片在各项性能指标上均优于定点 DSP 芯片，其不仅能高性能地完成浮点数据处理，还能完成定点运算，并具备更大的存储器访问空间。基于这点，目前最新研制的并行 DSP 芯片均采用浮点格式。另外，高级语言(如 C 语言和 C ++)编译器主要面向浮点 DSP 芯片，这样就能使普通计算机上的源码程序可以方便地移植到 DSP 而无须大的修改。

3. 按照用途分

按照用途的不同，DSP 芯片可分为通用型和专用型。前者具有较丰富的硬件接口和很强的可编程特性；而后者是针对某种实际应用而专门设计的，其运算是用硬件直接实现。因此，专用 DSP 芯片具有结构简单、数据吞吐率高和并行结构的优点。不足之处是灵活性差、精度和动态范围低。常见的有 FFT 专用 DSP、卷积专用 DSP、复数乘加器专用 DSP 和求模相角专用 DSP，例如 Motorola 公司的 DSP56200、Zoran 公司的 ZR34881、Inmos 公司的 IMSA100 等均属于专用型 DSP 芯片。

二、DSP 芯片的选用

设计 DSP 应用系统时，合理地选用 DSP 芯片是非常重要的一个环节。只有选定了 DSP 芯片才能进一步设计外围电路系统。DSP 芯片的选用应根据实际应用而定。一般来说，DSP 芯片的选用应考虑如下诸多因素。

1. DSP 芯片的运算速度

运算速度是 DSP 芯片的一个最重要的性能指标，也是选用 DSP 芯片时需考虑的一个主要因素。DSP 芯片的运算速度可以用以下几种性能指标来衡量：

指令周期：执行一条指令所需要的时间，通常以 ns 为单位。

MAC 时间：一次乘法加上一次加法的时间。

FFT 执行时间：运行一个 N 点 FFT 程序所需的时间。

MIPS：每秒执行百万条指令。

MOPS：每秒执行百万次运算。

MFLOPS：每秒执行百万次浮点运算。

BOPS：每秒执行十亿次运算。

2. DSP 芯片的价格

DSP 芯片功能和性能的不同，其价格存在很大的差异，因此在选用 DSP 芯片时，应根据实际应用的需要，选用一个价格适中的 DSP 芯片。

3. DSP 芯片的运算精度

DSP 芯片的运算精度往往与价格成正比，运算精度高的 DSP 芯片，价格通常较高。因此在运算精度要求不高的场合，可以选用价格较低的 16 位定点 DSP 芯片；当运算精度要求较高时，则应选用 32 位浮点 DSP 芯片。

4. DSP 芯片的功耗

在某些 DSP 应用场合，功耗是一个需要特别注意的问题。如便携式的 DSP 设备、手持设备、野外应用的 DSP 设备等都对功耗有特殊的要求。目前，3.3V 供电的低功耗高速 DSP 芯片已大量使用。

5. 其他的因素

除了上述因素外，选择 DSP 芯片还应考虑到封装形式、质量标准、供货情况、生命周期等。有的 DSP 芯片可能有 DIP、PGA、PLCC、PQFP 等多种封装形式。有些 DSP 系统可能最终要求的是工业级或军用级标准，在选择时需要注意所选的芯片是否有工业级或军用级的同类产品。如果所设计的 DSP 系统不仅是一个实验系统，还是需要批量生产并可能有几年甚至十几年的生命周期，则需要考虑所选的 DSP 芯片的供货情况。

第三节 典型 DSP 系统的集成方案及开发方法

一个 DSP 系统的方案设计，通常包括硬件设计和软件设计两部分。硬件设计又称目标板设计，是在基于对应用的需求分析，以及对成本、体积、功耗核算等全方面考虑的基础上完成的。典型的 DSP 系统的目标板原理框图如图 6-2 所示。

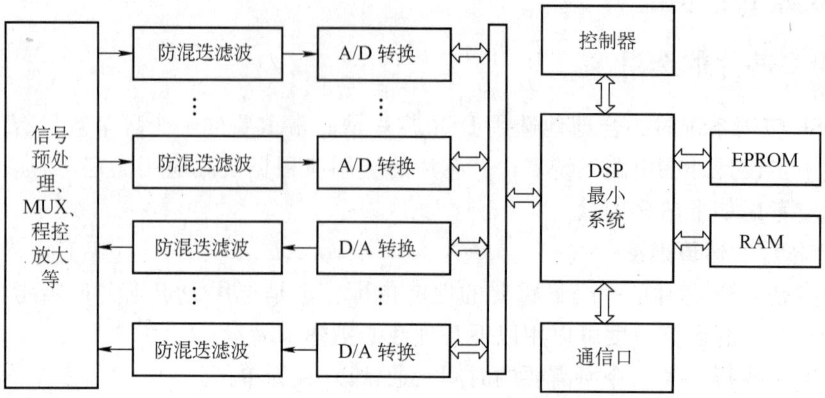

图 6-2　典型 DSP 目标板原理框图

一、DSP 目标板设计

典型的 DSP 目标板包括 DSP 及 DSP 基本系统、存储器、模拟数字信号转换电路、模拟控制与处理电路、各种控制口与通信口、电源管理以及为并行处理或协处理提供的同步电路等。每一个组成部分的规划与设计，就是 DSP 目标板的设计要素：

1）算法分析与优化；

2）DSP 运算量核算与 DSP 选用；

3）体系结构设计（单 DSP 还是多 DSP 结构，并行结构还是串行结构，全 DSP 结构还是 DSP/MCU 混合结构等）；

4）数字化要求；

5）数/模混合电路（A/D、D/A）设计；

6）吞吐量需求；

7）存储器需求（SRAM、ROM、FLASH 等）；

8）通信口需求；

9）其他控制（电源设计、状态控制、时钟控制、同步控制等）。

二、DSP 软件设计

除上述的硬件设计外，还应对 DSP 软件系统进行全面而系统的设计，其基本步骤如下：

第一步：算法分析与优化。

在设计一个 DSP 应用之前，需要进行需求分析，据此提出相应的算法。通过仿真验证算法的正确性、精度和效率，评估算法需要的 DSP 处理能力，以确定是采用单 DSP 还是多 DSP、采用并行结构还是串行结构等。算法需进行反复优化，一方面提高算法的效率，另一方面使算法更加适合 DSP 的体系结构。

设计一个大型的 DSP 应用方案时，在目标板设计之前应提交下列报告：

1）需求分析；

2）算法分析和优化分析；

3）运算量的评估；

4）体系结构设计评估；

5）优势分析；

6）开发工具需求；

7）测试与验证方法。

第二步：DSP 的选用。

DSP 的选择是多种因素综合考虑和折中的结果。上一节介绍了选择 DSP 性能和类型的众多因素，下面主要从 DSP 方案设计的角度来分析 DSP 的选用原则。

最重要的因素是应用方案的运算量需求。一般说来，DSP 比通用 CPU 和 MCU 具有更快的运算处理能力，但是每种 DSP 的运算处理能力也是有限制的，且不同算法的效率亦不相同。需将要进行的运算换算成多少 MIPS 或者 MFLOPS。

另外，每种 DSP 都有它特别适合处理的领域。例如，TMS320C54×系列就特别适合通信领域的应用，C54×良好的性价比和硬件结构对 VERTBI 译码、FFT 等算法的支持，都保证了通信信号处理算法的实现效率。又例如 TMS320C24××系列特别适合机电产品领域，不论是对算法的支持、存储器配置，还是对外设的支持，都能充分保证应用的效率。

从系统设计角度来讲，DSP 与其他元件和部件的匹配是不可忽略的因素。例如，DSP 与外围元件的接口，如何保证 ADC/DAC 接口无缝链接等。

第三步：DSP 配置。

DSP 选定后，就可以开始 DSP 的外围电路设计。DSP 外围电路包括本身的基本引脚链接、总线驱动、时钟控制、引导程序方式控制、存储器配置、通信口配置、I/O 口控制、时序设计等，目的是保证 DSP 的基本工作模式和环境。

DSP 的引导方式设计，是指 DSP 上电时，加载用户应用程序的方式。DSP 支持很多种上电程序加载方式。例如，C54××系列 DSP 的片内 ROM 里，就有相应程序，称为 Bootloader 程序。

DSP 的时钟管理和设计是 DSP 的基本外围设计，没有时钟输入，DSP 无法工作。

存储器配置是利用 DSP 的扩展存储器接口（EMIF）进行数据（Data）存储器、程序（Program）存储器以及 I/O 空间扩展的配置。在存储器配置中，存储器映射地址、存储器容量、存储器速度是设计的关键。

DSP 通信口的设计，对于 DSP 应用方案来说包括两部分：一方面是系统的通信口设计，DSP 作为系统的 CPU 需要管理系统提供的外部通信方式和通信口；另一方面是 DSP 对系统内一些部件、元件的控制可以通过串口、并口来实现。

时序管理设计保证 DSP 与外围电路、部件高效协同工作。

第四步：模拟数字混合电路设计。

DSP 应用方案是一个数字系统，如果要处理客观世界的真实信号，就必须有数字化设计。模拟数字混合电路设计包括信号调理、模数转换与数模转换、数据缓存等部分。其设计关键是实现 DSP 与模拟混合产品的无缝链接，以及保证数据的吞吐量。

第五步：系统电路设计。

为了保证系统功能与指标，需要在系统级进行设计与优化，如协调整个系统的时序控制，保证系统的信号吞吐量和实时处理带宽；协调 DSP 对系统和外部通信口的控制，保障系统的智能化和程控能力；协调系统各部件的复位控制和看门狗设计，保证系统的可靠性；协调系统各部件的自检功能与 DSP 的诊断处理，保证系统自检能力；协调系统各部件的电源管理与电源处理，保证系统多电平电路的正常工作和低功耗要求。

在进行系统电路设计时，重点是合理进行系统技术指标的分配，在时序设计上保证系统速度(包括处理速度、接口速度、元器件速度等)和实时控制。

第六步：系统软件的编写与调试。

系统软件的编写可以是基于汇编语言的，也可以是基于 C 语言等高级语言的，经过编译后，利用软件仿真或目标板进行调试。

第七步：系统测试与验证。

最后一步就是系统的联调、测试与验证，其内容包括：

1）硬件部分的原理验证：对 DSP、ADC、DAC、信号调理、存储器、I/O 口、通信口等部件电路进行调试与验证。

2）DSP 的原理验证：利用 DSP 提供的 JTAG 在线仿真可以进一步对 DSP 和系统的各部分进行调试和验证。通过 JTAG 下载部分算法程序和控制程序，还可以对系统的程控能力、算法和系统通信进行调试与验证。

3）软件的仿真与算法验证：可以先在开发工具上进行软件的仿真与算法验证，然后在目标板上进行硬件仿真和验证。

4）系统硬件功能验证与指标测试：系统的硬件和软件全部完成后，需要对系统的所有功能进行验证，对系统技术指标进行测试。如果满足设计要求，证明设计思路是正确的；如果没有达到预期目标，必须重新进行调试，必要时要重新设计与研制。

5）系统软件的完善：一个 DSP 系统方案设计完毕后应提交给用户使用，在使用过程中进行系统功能的完善和修改。如果系统具有较好的智能化和程控性，很多修改工作可以通过完善系统软件来实现。

6）其他测试与验证：包括软件可靠性验证、硬件可靠性验证、自检与自诊断能力验证、环境实验(如冲击实验、例行温度实验以及老化实验)等。

三、DSP 系统的开发方法

DSP 系统设计的一般流程如图 6-3 所示。

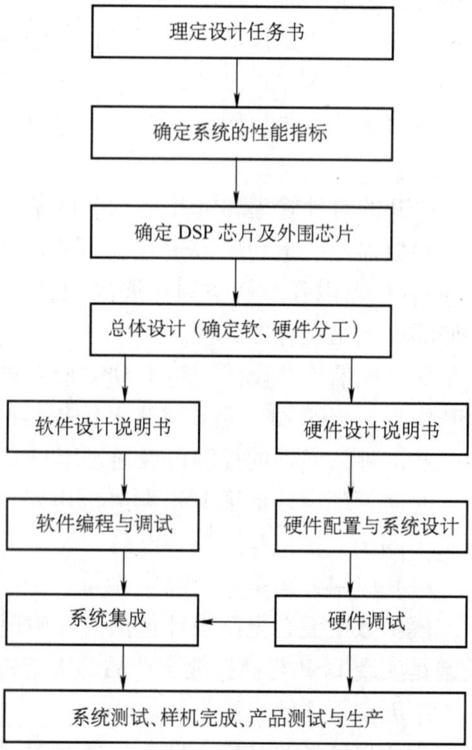

图 6-3　DSP 系统设计的流程

第一步，明确设计任务，即确定设计任务书。在设计任务书中，应该将系统要达到的功能描述准确、清楚。描述的方式可以是人工语言，也可以是流程图或算法描述。随后应该把设计任务书转化为量化的技术指标。

第二步，根据所要求的目标确定系统的性能

指标与信号的处理要求。通常可用数据流程图、数学运算序列、正式的符号或自然语言来描述。

第三步，根据系统的要求确定 DSP 芯片及外围芯片，其内容包括：

① 由完成任务书最复杂的算法所需最长时间及系统对实时处理的要求判断 DSP 测试系统能否完成设定的工作任务；

② 由数据量及程序的长短决定片内 RAM 的容量，以确定是否需要扩展片外 RAM 及片外 RAM 容量；

③ 由系统所要求的精度决定确定是选用 16 位还是 32 位定点芯片或浮点芯片；

④ 根据系统是计算用还是控制用决定对输入输出端口的要求，在一些特殊的控制场合还有一些专门的芯片可供选用，如电机控制领域很适合用 TMS320C2 ×× 系列，因为它上面集成了 2 路 A/D 输入，6 路 PWM 输出及强大的人机接口；

⑤ 根据选用的 DSP 芯片及上述技术指标，初步确定 A/D、D/A、RAM 的性能指标及可供选择的产品。

第四步，DSP 系统的总体设计。为了实现系统的最终目标，需要对输入信号进行适当的处理。处理方法的不同会导致不同的系统性能。要得到最佳的系统性能，就必须确定最佳的处理方法，即数字信号处理算法。例如，语音压缩编码算法就是要在确定的压缩比条件下，获得最佳的合成语音。算法模拟所用的输入数据是实际信号经采集而获得的，通常以计算机文件的形式存储为数据文件。如语音压缩编码算法模拟时所用的语音信号就是实际采集而获得并存储为计算机文件形式的语音数据文件。有些算法模拟时所用的输入数据并不一定是实际采集的信号数据，只要能够验证算法的可行性，输入假设的数据也是可以的。

第五步，软、硬件调试与系统集成。软件调试一般借助于 DSP 开发工具，如软件模拟器、DSP 开发系统或仿真器等。调试 DSP 算法时常采用比较实时结果与模拟结果的方法，如果实时程序和模拟程序的输入相同，则两者的输出应该一致。应用系统的其他软件可以根据实际情况进行调试。硬件调试一般采用硬件仿真器，如果没有相应的硬件仿真器，且硬件系统不是十分复杂，也可以借助于一般的工具进行调试。系统集成是将软、硬件结合起来组装成一台样机，在实际系统中运行及进行系统测试。如果系统调试结果符合指标要求，则样机的设计完毕。但由于在软、硬件调试的环境是模拟的，因此在系统测试中可能会出现一些问题，如精度不够、稳定性不好等。出现问题时，一般采用修改软件的方法加以解决，如果软件修改无法解决问题，则必须调整硬件。

第六步，对系统进行全面测试，其内容包括性能测试与可靠性考核。

第四节 应用实例——电动汽车动力电池管理系统设计

电动汽车动力电池由多个单体电池串联组成一个电池模块，再加上一个以微控制器为核心的电池管理系统(Battery Management System,BMS)共同组成一个车用电池包。电池包是一个耐用消耗品，其性能和成本对电动汽车的推广有重大的影响。BMS 的主要作用是：估计电池的电荷状态(State of charge,SOC)，测量电池电压、电流，电池之间电荷量的均衡控制，数据采集、处理和通信等。

一、电池管理系统硬件设计概述

1. 电压、电流、温度测点数的确定

电池包一般是一个封闭的总成，目前国内研制电动汽车电池包的通常作法是：

1）电压测量：若采用3.6V的单体锂离子电池，则测量每个单体电池的电压；若采用1.2V的单体镍氢电池，则将10个单体电池组成一个电池组，测量电池组的电压。

2）电流测量：一般只测量电池模块的充、放电流。

3）温度测量：电池的容量、使用寿命和安全性与温度密切相关，一般采用多点测量方法测量电池包内的温度场。

2. 电池管理系统的组成

电池包内有大量的测量点，若采用集中式的数据采集与处理系统将使电池包内的连线过多，系统十分杂乱，给安装、调试和维修带来极大的麻烦，故采用基于CAN总线的分布式电池管理系统，如图6-4所示。

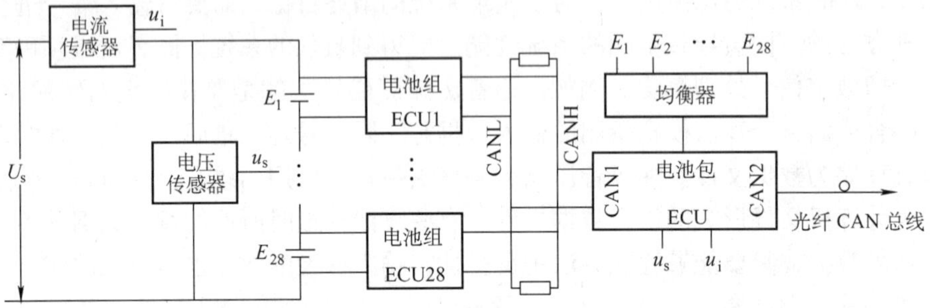

图6-4 基于CAN总线的分布式电池管理系统框图

系统中每个电池组配置一个测量单元，28个电池组ECU与电池管理ECU组成一个CAN总线网络，网络拓扑结构为总线型，传输介质为双绞线，传输协议为CAN2.0B。电池包ECU为双CAN控制器结构，一个CAN控制器与电池组ECU组成系统内部管理CAN网络，另一个CAN控制器与整车其他ECU组成整车CAN总线网络，其网络拓扑结构为星状。

限于篇幅此处只介绍基于DSP的电池包ECU的设计。电池管理ECU采用TI公司的TMS320LF2407 DSP。TMS320LF2407采用的是改进哈佛结构，有6条总线，具有高度的并行特性，其特点：

1）高性能静态CMOS技术，使得供电电压降为3.3V，减小了控制器的消耗。30MIPS的执行速度快，指令周期为33ns(30MHz)，提高了控制器的实时控制能力。

2）基于TMS320C2×× DSP的CPU核，保证TMS320LF2407代码和TMS320系列DSP其他的芯片代码相兼容。

3）片内有高达32KB的Flash程序存储器，高达1.5KB的数据程序RAM，544B双口RAM(DARAM)和2KB的单口RAM(SARAM)。

4）2个事件管理器模块EVA和EVB，每个都包括2个16位通用定时器。

5）可扩展的外部存储器总共192KB空间，这包括64KB的程序空间，64KB的数据空间，64KB的地址空间。

6）看门狗定时器模块(WDT)。

7）10 位 16 通道 A/D 转换器最小转换时间为 500ns，可选择 2 个事件管理器来触发 2 个 8 通道输入 A/D 转换器。

8）控制器局域网络(CAN)模块。

9）串行通信接口(SCI)模块。

10）16 位串行外设(SPI)接口模块。

11）基于锁相环的时钟发生器。

12）高达 40 个可单独编程或复用的通用输入/输出引脚(GPIO)。

13）电源管理包括了 3 种低功耗模式，能独立将外设器件转入低功耗模式。

DSP 内部集成的 CAN 控制器(CAN1)接上层 CAN 网络；将系统另外扩展的 SJA1000 独立 CAN 控制器(CAN2)用于与下层电池组 CAN 网络的通信。电池管理 ECU 的结构框图如图 6-5 所示。

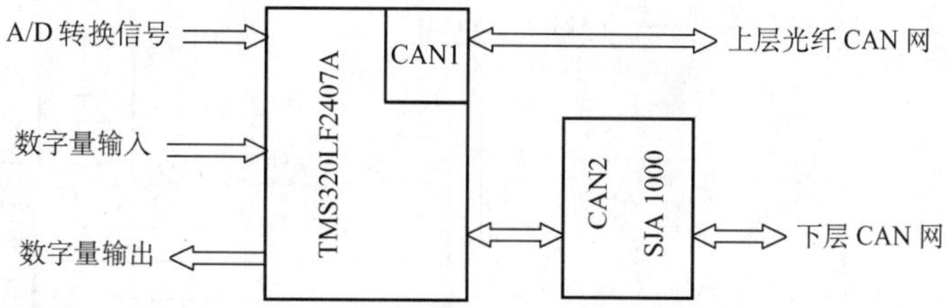

图 6-5　电池管理 ECU 的结构框图

二、电池管理系统硬件设计

1. 系统电路设计

DSP 系统主要包括 TMS320LF2407 外围电路、缓冲与电平转换、外扩程序 RAM。TMS320LF2407 采用高性能静态 CMOS 技术，使得供电电压降为 3.3V，减少了控制器的功耗。因而，采用电源模块 LM1117 产生 3.3V 电压给 DSP 供电。外部振荡器选用 16M 的无源晶振。为了提高控制器的速度和实时控制能力，可以在其软件中使用倍频技术。

部分外围器件工作在 5V 电平下，但 DSP 工作在 3.3V 的 CMOS 电平下，为此需进行电平转换。DSP 的驱动能力有限，大部分输入输出的信号需要缓冲，因而选用 4 片 3.3V 供电的双向缓冲器 74HC245，缓冲与电平转换一并完成。

虽然 DSP 内部具有 32KB 的 FLASH 以及 2KB 映射为程序区的 RAM，但是考虑到程序的调试以及所需的程序空间大小，所以为其扩展了一片 32KB 的外部程序 RAM。其型号为 CY7C1021，3.3V 供电。

2. 双积分 A/D 采样电路设计

双积分 A/D 采样电路主要用于采集电池包的总电压和充放电电流信号。由于 TMS320LF2407 内部 A/D 满足不了估算 SOC 的要求，所以外部扩展了高精度 12 位双积分 A/D 转换器 ICL7109，从而保证 SOC 计算的准确性和可靠性。

在电路设计中，由于需要采集的模拟量有电池包的总电压、充放电电流 1(0～30A)和充放电电流 2(30～100A)，所以利用 AD7501 模拟多路开关(一个 8 路输入，1 路输出的 CMOS 集成芯片)将各个模拟量轮流与 A/D 转换器 ICL7109 相连，从而使用一片 ICL7109 完成了多个模拟输入信号的转换，节省了硬件设计。

本设计中 A/D 转换器 ICL7109 工作在直接转换方式。ICL7109 与 DSP 的接口设计比较简单，首先由 DSP 的通用 I/O 口产生片选信号以及 A/D 转换的启动与停止控制。转换结束信号通过上拉电阻接至 DSP 的外部中断 2，这样每完成一次 A/D 转换，都会向 DSP 发出一次中断请求，进而读取 A/D 转换结果。双积分 A/D 转换的接口设计框图如图 6-6 所示。

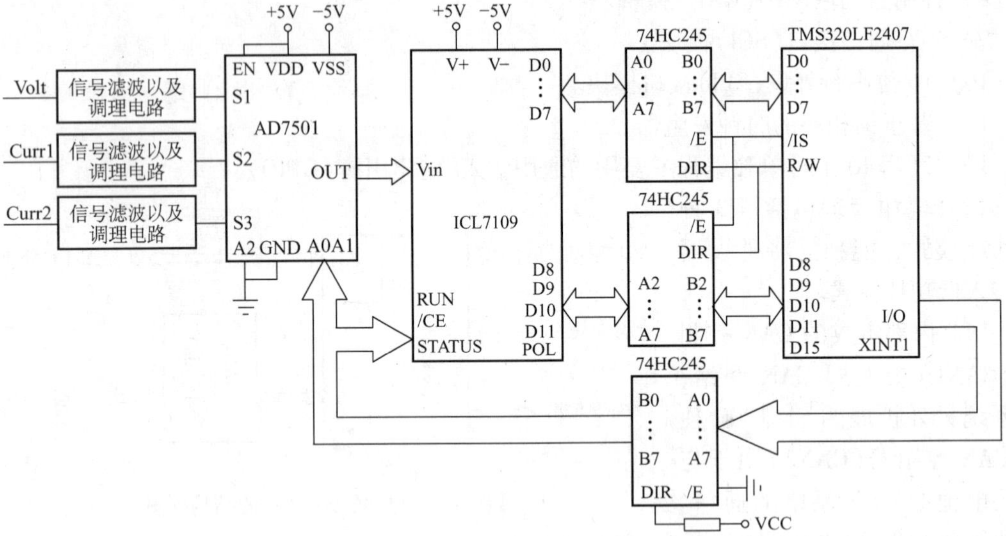

图 6-6　双积分 A/D 转换的接口设计框图

3. 电池管理系统软件设计

本系统的软件需完成的主要功能包括：中断方式接收 24 个电池组的 ECU 通过下层 CAN 总线传出的电压与温度信息，并对数据进行处理；定时采样电池的总电压与电流(采样频率越高,SOC 估测效果越好)；通过电压、电流、温度等信息计算电池 SOC 值；每隔 50ms 通过上层光纤 CAN 总线向控制系统中其他 CAN 结点发送一次 SOC 值以及其他信息；每隔 1s 通过上层光纤 CAN 总线发送一次所接收的电池组的电压温度信息；对电压偏高或偏低的电池组进行电压均衡；监测不正常情况，随时发送报警信号。

系统软件设计采用 μC/OS-II 操作系统，由于所有的函数与任务的处理与执行时间具有可确定性，因而系统的可靠性将大大提高。在本应用中，建立了四个应用任务，优先级分别为 4、5、6、7。同时为每个任务分配了一个消息邮箱，使用基于消息邮箱事件的通信机制进行任务间通信与任务切换，软件的基本结构如图 6-7 所示。

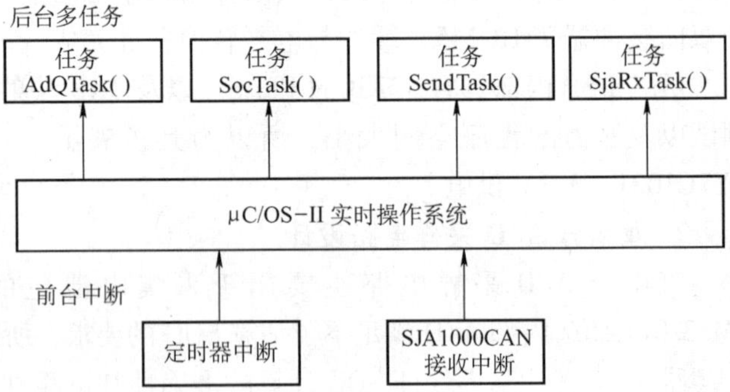

图 6-7　电池管理系统软件结构图

任务 AdQTask( )：采集总电压、电流信号，并对电池进行容量(电量)累积，分配邮箱为 pAdQMbox。

任务 SocTask( )：计算电池的 SOC 值，分配邮箱为 pSocMbox。

任务 SendTask( )：通过 DSP 内部 CAN 发送 SOC 值以及电池电压温度信息，分配邮箱为

pSendMbox。

任务 SjaRxTask( )：对从 SJA1000 接收到的电池组信息进行处理与故障诊断，分配邮箱为 pSjaRxMbox。

中断 1 为 SJA1000 从 CAN 总线上接收到的数据。在中断 1 中读取 SJA1000 缓冲区的数据，然后向邮箱 pSjaRxMbox 发送标志信号。在中断处理完后即可转到执行任务 SjaRxTask( )。

中断 2 为定时器 1 的周期。周期设为 1ms，每 10ms 有一次时钟节拍。每个周期向邮箱 pAdQMbox 发送一次数据 1(标志信号)，以使 AdQTask( )任务列为就绪态，中断退出时若其为最高优先级任务则转到该任务执行。每 50ms 发送一次数据 2，以就绪 AdQTask( )任务和 SocTask( )任务。每 1s 发送一次标志数据 3，以就绪 AdQTask( )任务、SocTask( )任务和 SendTask( )任务。

各任务均需等待相应邮箱以及标志信号。任务恢复后判断邮箱中的标志信号，从而转到相应的功能程序中。

4. 电池管理系统软件调试

系统的软件调试是实现整个系统正常运行的必要步骤。通过调试，逐步建立起完整可靠的软件系统。当然，软件调试并不是一开始把整个软件系统作为一个实体进行调试，而是将程序分为几个部分，逐一完成子系统的调试，最后整个系统联调。本系统的调试主要分为以下几个步骤：

1）编写简单测试程序。

2）调试与硬件系统相关的软件，如 SJA1000 和 A/D 转换器的初始化等。

3）调试各个外围功能模块软件，如对双积分 A/D 转换器和 SJA000 的读写、光纤 CAN 的通信等。

4）操作系统 μC/OS-II 的移植：编写主函数，进行系统初始化；调用 OSInit( )建立两个任务，即空闲任务和统计任务；建立各个用户任务，并分配优先级；调用 OSStart( )启动任务。

5）用汇编语言编写 μC/OS-II 与硬件相关的函数以及各个配置文件，主要包括任务堆栈的初始化、任务的切换、中断切换等。

6）建立各个用户任务，确定移植是否成功。若程序出现混乱，说明任务切换或任务堆栈的初始化出了问题，需要进一步的调试。

7）将操作系统 μC/OS-II 中的一些文件添加到系统中，同时进行整个系统的联调。这个过程需要很长的开发时间，需要设计者运用各种调试手段进行以保证软件的质量。

8）将整个系统拿到现场环境进行调试，验证整个系统软硬件的健壮性、抗干扰性以及响应速度等是否满足需求。

第七章 7

虚拟仪器系统

现代汽车测试仪器仪表技术是计算机技术和多种基础学科紧密结合的产物。随着微电子技术、计算机技术、软件技术、网络技术的飞速发展，新的测试理论、测试方法以及新的仪器结构不断出现，在许多方面已经冲破了传统仪器的概念，电子测量仪器的功能和作用发生了质的变化。在此背景下，1986 年美国国家仪器公司(National Instruments,NI)开发出了虚拟仪器。

虚拟仪器，是一种以计算机和测试模块的硬件为基础、以计算机软件为核心构成的仪器。计算机屏幕显示的虚拟的仪器面板、由计算机完成的仪器功能都可由软件来实现。

第一节　虚拟仪器系统的构成和特点

虚拟仪器的实质是利用计算机显示器的显示功能模拟传统仪器的控制面板，以多种形式表达检测结果；利用计算机强大的软件功能实现数据运算、分析和处理；利用 I/O 接口设备完成信号的采集、测量与调理，从而完成各种测试功能。

一、虚拟仪器系统的构成

虚拟仪器由通用仪器硬件平台(简称硬件平台)和软件系统两大部分构成，如图 7-1

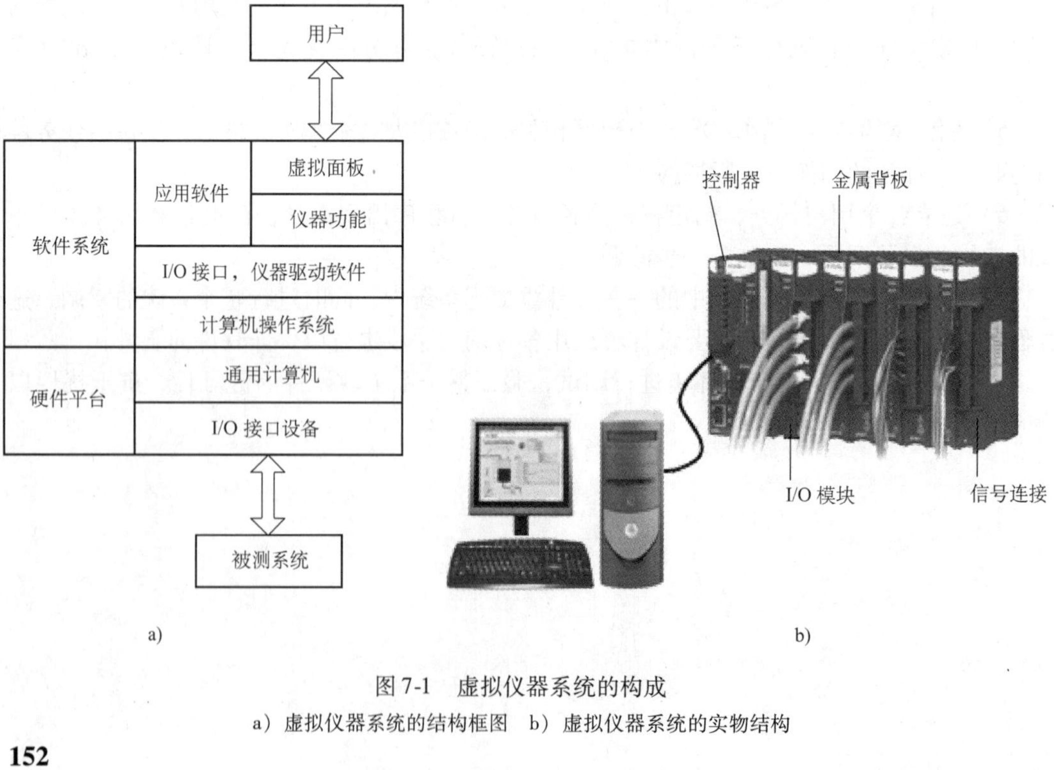

a)　　　　b)

图 7-1　虚拟仪器系统的构成

a）虚拟仪器系统的结构框图　b）虚拟仪器系统的实物结构

所示。

1. 通用仪器系统硬件平台

虚拟仪器的硬件平台由通用计算机和I/O接口设备两部分构成(见图7-2)：虚拟仪器中的计算机可以是各种类型的计算机，如台式计算机、便携式计算机、工作站、嵌入式计算机等，管理着虚拟仪器的软件资源，是虚拟仪器的硬件基础。因此，计算机技术在显示、存储能力、处理器性能、网络、总线标准等方面的进步，推动了虚拟仪器系统的快速发展；虚拟仪器中的测试硬件设备按其功能的不同可分为PC-DAQ、Serial、PXI、VXI、GPIB等总线标准体系结构，主要完成被测输入信号的采集、放大、A/D转换等工作。

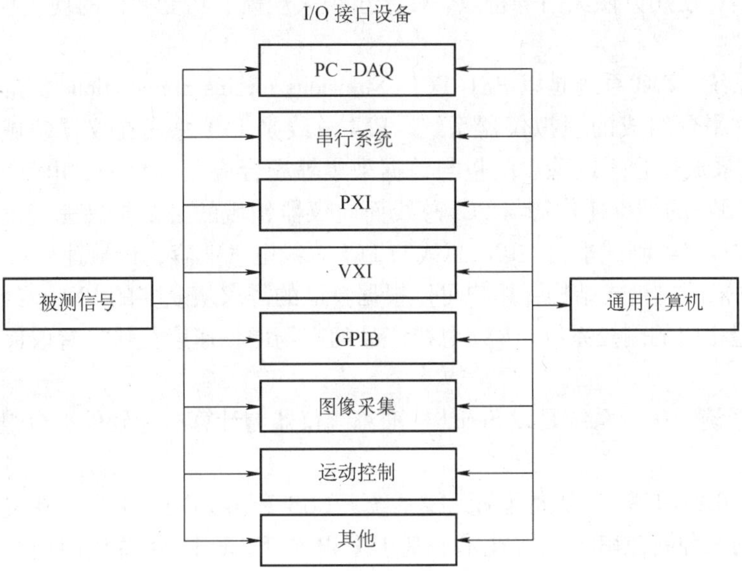

图7-2 虚拟仪器的硬件平台

外围I/O接口设备可以选择GPIB系统、VXI系统、PXI系统、PC-DAQ系统和串行系统等，也可以选择由两种或两种以上系统构成的混合系统。其中，最简单、最廉价的形式是采用基于ISA或PCI总线的数据采集卡(DAQ)，或是基于RS-232或USB串行总线的便携式数据采集模块。

(1) PC-DAQ系统 PC-DAQ(Data Acquisition)系统是以数据采集板卡、信号调理电路及计算机为仪器硬件平台组成的插卡式虚拟仪器系统。采用计算机本身的PCI总线或ISA总线，将数据采集卡插入计算机的PCI或ISA插槽中。PC-DAQ型虚拟仪器系统通过数据采集卡与相应的应用软件，将来自传感器的被测信号采集到计算机中，然后对信号进行运算、分析、显示等处理，并可通过D/A转换实现反馈控制。利用PC-DAQ系统可以方便快速地组建基于计算机的仪器，实现“一机多型”和“一机多用”。该方式是构成虚拟仪器系统最基本的方式，也是最廉价的方式。

(2) GPIB系统 GPIB(General Purpose Interface Bus)系统是以GPIB标准总线仪器与计算机为硬件平台组成的虚拟仪器系统。一个典型的GPIB系统由一台计算机、一块GPIB接口卡和若干台GPIB仪器子系统构成。其中每个仪器子系统都是一台带有GPIB接口的仪器，通过标准GPIB电缆与计算机连接。1块GPIB接口卡可与多达15台GPIB仪器子系统连接。

利用 GPIB 技术，可以灵活的组建测控系统、拓展系统的功能和规模，各厂家的产品均具有良好的兼容性与互换性。

（3）VXI 系统　VXI 系统是以 VXI（VME bus Extension for Instrumentation）标准总线仪器模块与计算机为硬件平台组成的虚拟仪器系统。VXI 总线是一种高速计算机总线——VME 在仪器领域的扩展。VXI 总线系统采用机箱式结构，一个接插模块相当于一台仪器或特定功能的器件，多个模块共存于一个机箱内并组成一个测试系统。控制器（计算机）与 VXI 总线的连接方式包括 GPIB-VXI 方式、嵌入式方式、1394-VXI 方式和高速 MXI 总线方式。

由于 VXI 总线标准开放，具有传输速率高、数据吞吐量大、定时和同步精确、模块化设计、结构紧凑、使用方便灵活等特点，便于组织大规模、功能多样的现代集成式虚拟仪器系统。

（4）PXI 系统　PXI 系统是以 PXI（PCI eXtensions for Instrumentation）标准总线仪器模块与计算机为硬件平台组成的虚拟仪器系统。PXI 总线是 PCI 总线在仪器领域的扩展，它将 PCI 总线技术发展成适合于试验、测量与数据采集等场合应用的机械、电气和软件的规范。PXI 规范将台式 PC 的性价比优势与 PCI 总线面向仪器领域的必要扩展完美地结合起来，形成一种主流的虚拟仪器测试平台。PXI 总线与 PCI 总线电气兼容，传输速度可高达 264MB/s。PXI 总线系统也采用机箱式结构，用户可以根据自己的需求从众多的 PXI 总线产品中选择合适的模块，组建相应的测控系统。PXI 总线产品的市场增长速度很快，有取代 VXI 总线系统的趋势。

（5）串行系统　串行系统是以 Serial 标准总线仪器与计算机为硬件平台组成的虚拟仪器系统。

（6）USB、IEEE 1394、以太网和无线系统　USB 和 IEEE 1394 是现在发展比较快、应用越来越广泛的两种高速串行总线技术。基于 USB 或 IEEE 1394 总线的虚拟仪器系统是目前发展的一个热点。以太网和无线系统也越来越广泛的应用于工程测试领域，基于以太网和无线系统的虚拟仪器可方便地实现测试的远程控制、测试资源共享和测试结果的发布。

以图像采集卡或运动控制卡作为 I/O 接口设备的虚拟仪器系统，是虚拟仪器技术在现代新型测控系统中的典型应用。

2. 软件系统

NI 公司在提出虚拟仪器概念并推出第一批实用成果时，强调了软件在虚拟仪器中的重要地位。使用者可以根据不同的测试任务，在虚拟仪器开发软件系统的提示下编制不同的测试软件，实现当代科学技术复杂的测试任务。在虚拟仪器系统中用灵活、强大的计算机软件代替传统仪器的某些硬件，特别是系统中应用计算机直接参与测试信号的产生和测量特性的分析，使仪器中的一些硬件甚至整个仪器从系统中消失，而由计算机的软硬件资源来完成其功能。

虚拟仪器的软件系统包括计算机操作系统、I/O 接口与仪器驱动程序、应用软件三个层次。

（1）计算机操作系统　操作系统是虚拟仪器软件系统的基础平台，可以选择 Windows、SUN OS、Linux 等操作系统。

（2）I/O 接口与仪器驱动程序　虚拟仪器驱动程序是处理与特定仪器进行控制通信的一种软件，建立在 I/O 接口操作软件的基础上，是连接应用软件与外围硬件模块的桥梁。

仪器驱动器与通信接口及使用开发环境相联系，提供一种高级的、抽象的仪器映像，能提供特定的使用开发环境信息。仪器驱动器是虚拟仪器的核心，是用户完成对仪器硬件控制的纽带和桥梁。虚拟仪器驱动程序的核心是驱动程序函数/VI 集。驱动程序一般分为两层：底层是仪器的基本操作，如初始化仪器配置、收发数据、查看仪器状态等；高层是应用函数/VI 层，根据具体测量要求调用底层的函数/VI。

在虚拟仪器系统中，I/O 接口软件作为虚拟仪器系统软件结构中承上启下的一层，其模块化与标准化越来越重要。VXI 总线即插即用联盟，为其制定了标准，提出了自底向上的 I/O 接口软件模型即 VISA。作为通用 I/O 标准，VISA 具有与仪器硬件接口无关性的特点，即这种软件结构是面向器件功能而不是面向接口总线的。应用工程师为带 GPIB 接口仪器所写的软件，也可以用于 VXI 系统或具有 RS-232 接口的设备上，这样不仅大大缩短了应用程序的开发周期，而且彻底改变了测试软件开发的方式和手段。

（3）应用软件　应用软件包括实现仪器功能的测试程序（又称仪器功能软件）和实现虚拟面板的界面程序（又称虚拟面板软件）。

仪器功能软件：利用计算机强大的计算能力和虚拟仪器开发软件功能强大的函数库对试验数据进行分析处理，以实现特定功能。

虚拟面板软件：是用户与仪器之间交流信息的纽带。利用计算机强大的图形化编程环境，使用可视化技术，从控制模块上选择你所需要的对象，放在虚拟仪器的前面板上。

为了方便仪器制造商和用户进行仪器驱动器和应用软件的开发，NI、Agilent 等公司推出了专用于虚拟仪器开发的集成开发环境，目前流行的有 Labview、LabWindows/CVI 和 Agilent VEE 等。

1）图形化编程软件 Labview 使用的是图形化编辑语言 G 编写程序，产生的程序是框图的形式，如图 7-3 所示。与 C 语言和 BASIC 语言一样，Labview 也是通用的编程系统，有一个完成任何编程任务的庞大函数库。Labview 的函数库包括数据采集、GPIB、串口控制、数据分析、数据显示及数据存储等。Labview 也有传统的程序调试工具，如设置断点、以动画方式显示数据及其子程序（子 VI）的结果、单步执行等，便于程序的调试。

Labview 采用数据流编程方式，程序框图中节点之间的数据流向决定了程序的执行顺序，用图标表示函数，用连线表示数据流向。

2）文本式编程软件 LabWindows/CVI 是 NI 公司提供给用户的虚拟仪器软件之一，是用户开发数据采集、仪器控制及自动测试和过程监控的一个开发平台。其采用标准的 C 语言格式，将功能强大、使用灵活的 C 语言开发平台与数据采集、分析和表达的测控专业工具有机地结合起来。为了加速应用开发，LabWindows/CVI 借助自动编码产生工具和易于使用的 GUI 开发工具来提供一种交互环境，其包含有强大的仪器库、32 位 ANSIC 编译器、连接器、调试器、编辑器等。

LabWindows/CVI 可运行于 Windows 95/Windows 98/Windows NT/Windows 2000/Windows X/UNIX 等操作系统，包含大部分基于 Windows 风格的软件技术，具有像 VB 一样丰富的控件回调功能，并有极强的数据处理、数据分析功能。同时还提供了多种总线通信控制和网络传输控制协议接口库。

使用 Labview 或 LabWindows/CVI 设计的虚拟仪器可脱离其开发环境，用户最终看见的是和实际的硬件仪器相似的操作面板，如图 7-4 所示。

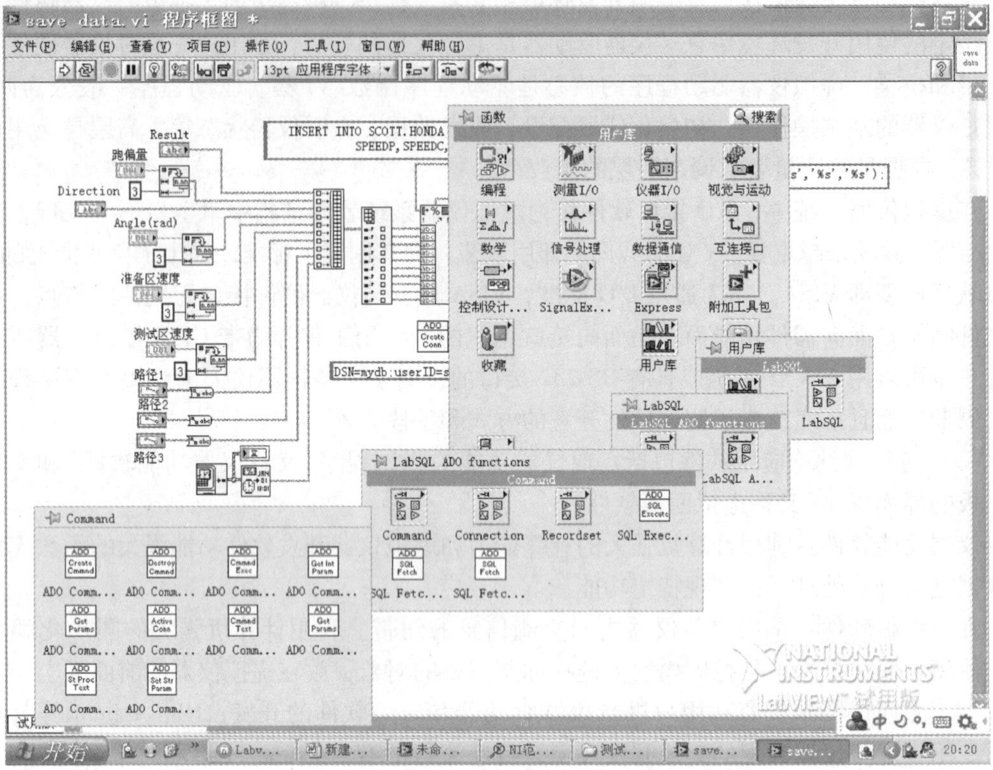

图 7-3　Labview 的程序结构

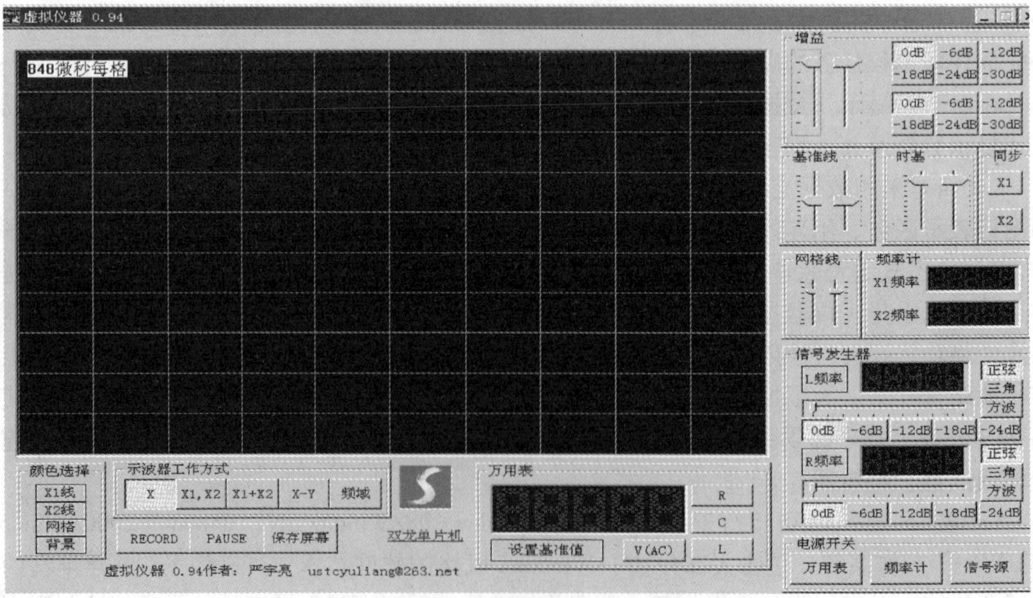

图 7-4　虚拟仪器的操作面板

二、虚拟仪器的特点

与传统仪器相比，虚拟仪器有以下特点。

1. 仪器功能方面

1）虚拟仪器是一种创新的、非物理意义上的计算机仪器，而非一种传统意义上的具体仪器，其功能可由用户软件定义，具有柔性的结构，灵活的组态，能给予用户一个充分发挥自己能力和想象力的空间。

2）一台计算机被设计成多台不同功能的测量仪器，能集多种功能于一体，构成多功能和多用途的综合仪器，极大地丰富和增强了传统仪器的功能。

3）计算机有极其丰富的软件资源，极高的运算速度和庞大的存储空间，对试验数据有强大的分析和处理能力。其不仅可以进行快捷、实时处理，还可以将数据存储起来，以供需要时调出分析之用。这种能力所引申出的仪器功能，在传统仪器中是不可能具有的。

2. 用户界面方面

1）友好的人机交互界面使仪器的使用操作十分简便，图形化的用户界面非常美观，且可以由用户自己定义，使之更具个性化。

2）功能复杂的仪器面板，可以划分成几个分面板，每个分面板都可以实现功能操作的单纯化和面板布置的简洁化，从而提高操作的正确性与便捷性。

3）软面板上虚拟的显示器件和操作元件的种类与形式不受“标准件”和“加工工艺”的限制，通过编程既可随时从库中取用，又可根据用户认知和操作要求进行面板设计，具有极大灵活性和创新性。

3. 系统集成方面

1）由于虚拟仪器硬件和软件都制定了开放的工业标准，基于计算机的开放式标准体系结构，用户可以将仪器的设计、使用和管理统一到一个标准上，既提高了资源的可重复利用率，又可随心所欲地将不同厂家的产品集成在一起构成一个满足复杂测试要求的虚拟仪器系统。应用这种方法开发，技术难度低、效率高、周期短、成本低。

2）基于标准化的计算机总线和仪器总线。仪器硬件实现了模块化、系列化，大大方便了系统集成，缩小了系统的体积，提高了系统的工作速度；软件的标准化和互换性，可方便地组建小型化、多用途、高性能即插即用的模块化仪器系统。

3）基于计算机网络技术的虚拟仪器网络化技术，广泛支持各种网络标准，既可实现方便灵活的互联，又可通过高速计算机网络组建一个大型分布式、网络化的集成试验系统，实现远程试验、监控与故障诊断。

虚拟仪器有别于传统仪器的根本原因在于“虚拟仪器的关键是软件”，这也使得虚拟仪器具有性能高、扩展性强、开发周期短、无缝集成等诸多传统仪器所不具有的优点。

第二节 虚拟仪器系统的控制总线

由于系统总线对虚拟仪器的性能、系统搭建时间和便携性有较大影响，因此在开发虚拟仪器系统之前，必须确定选用总线的类型。PC 通常提供多种控制仪器的总线，也可以增加一个插卡或一个外部转换器实现总线之间的转换。仪器控制的总线有独立总线和模块化总线两大类：独立总线包括测试与测量（T&M）专用总线（如 GPIB）和 PC 标准总线（如串行总线 RS-232、以太网、USB、无线和 IEEE 1394），主要用于架式和堆式仪器的通信；模块总线包括 PCI、PCI Express、VXI 和 PXI 总线。

一、GPIB

通用接口总线 GPIB（General Purpose Interface Bus）是独立仪器之上的一种最通用的 I/O 接口，专为测试和仪器控制所设计。GPIB 的硬件规范和软件协议先后被纳入两个国际工业标准：ANSI/IEEE 488. 1—1987 和 ANSI/IEEE 488. 2—1993。通过 GPIB，可以将若干台基本仪器和计算机搭成积木式的测试系统，在计算机的控制下完成复杂的测试任务。GPIB 仪器系统可以利用计算机增强和扩展传统仪器的功能，组成大型柔性自动测试系统，技术易于升级，维护方便，仪器功能和面板可自定义，开发和使用容易。

GPIB 可为一个系统控制器提供多达 15 台仪器的连接，连线长度小于 20m，用户可以克服设备数和连线长度的限制。GPIB 线缆和连接器具有多种用途，在任意环境中均可作为工业级使用。

PC 自身很少带有 GPIB，通常使用一个插卡（如 PCI-GPIB）或一个外部转换器（如 GPIB-USB）在 PC 中增加 GPIB 仪器功能。GPIB 的特点是：①可使用高级语言编程，编程方便，减轻了软件设计负担；②利用计算机对带有 GPIB 接口的仪器进行操作和控制，可实现系统的自校准、自诊断功能，从而提高了虚拟仪器系统的使用性能和测试精度；③可以将多台带有 GPIB 接口的仪器组合起来，形成较大的自动测试系统，高效灵活地完成各种不同的测试任务。

1. GPIB 结构

GPIB 是一个数字化 24 脚（扁形接口插座）并行总线。其中 16 根线为 TTL 电平信号传输线（8 根双向数据线、3 根数据传输控制线、5 根接口管理母线），另 8 根为地线和屏蔽线。GPIB 使用 8 位并行、字节串行、异步通信方式，所有字节通过总线顺序传送。

1）8 根双向数据线（DI01—DI08）：用于传递系统内的多线消息，如控者发送的通令、专令、地址和向被控设备发送的程控指令，设备间发送和接收的数据及报告自己运行情况的状态数据等。

2）3 根数据传输控制线：由于各设备的工作速度可能相差悬殊，为保证多线消息能双向、异步、准确可靠地传递，GPIB 系统中配备了 3 条数据字节传递控制母线，在我国称为三线挂钩控制传送，简称挂钩母线，用于控制数据字节的传送。3 根数据传输控制线的具体含义如下：

DAV（DATA VALID）：数据有效信号线，DAV = 1（低电平）表示数据有效。

NRFD（NOT READY FOR DATA）：未准备好接收数据信号线，NRFD = 1 表示未准备好接收数据；只有各接收设备均准备好接收数据了，NRFD 才会为 0（高电平）。

NDAC（NOT DATA ACCEPTED）：不（未）接收数据信号线。NDAC = 1 表示不接收数据或数据未接收，只有各接收设备都收到了数据时，NDAC 才会为 0（高电平）。

3）5 根接口管理母线（GENERAL INTERFACE MANAGEMENT）：接口管理母线，简称管理母线，其含义如下。

ATN（ATTENTION）：注意；

SRQ(SERVICE REQUEST)：服务请求；

EOII(END OR IDENTIFY)：结束或识别；

REN(REMOTE ENABLE)：使能远程控制；

IFC(INTERFACE CLEAR)：接口清除。

每条接口管理母线都有自己的特殊用处，如 SRQ 用于系统中各设备向控者请求服务，任何装有服务请求功能的设备都可以使这条线的电平变低，即请求控者中断当前的工作来为自己服务。

2. GPIB 虚拟仪器系统 I/O 接口设备的组成

GPIB 虚拟仪器系统 I/O 接口设备由 GPIB 接口卡和具有 GPIB 接口的仪器组成。GPIB 接口卡完成 GPIB 和 PCI 总线的连接。GPIB 接口的仪器是一个独立的仪器，既可以作为构成一个 GPIB 虚拟仪器系统的组成部分，又可以作为独立的单台仪器使用。

3. 软件编程设计操作

GPIB 的控制命令是通过软件实现的。所涉及的操作有：①配置通道及仪器地址；②对 GPIB 仪器进行读写操作。

二、串行总线

虚拟仪器系统所用的串行总线主要是 RS-232 和 RS-485。

1. RS-232 串行总线

RS-232 串行总线是分析和科学仪器中通用的一种总线，常用于控制调制解调器和打印机，但每次只能连接和控制一台仪器。由于 RS-232 接口标准出现较早，难免有不足之处：①接口的信号电平值较高，易损坏接口电路的芯片，由于 RS-232 与 TTL 电平不兼容，故需使用电平转换电路方能与 TTL 电路连接；②传输速率较低；③接口使用一根信号线和一根信号返回线构成共地的传输形式，信号传递过程中易产生共模干扰，抗噪声干扰能力差；④传输距离有限，最大传输距离标准值为 15m。

RS-232 串行总线的参数有串行号、数据位、停止位、奇偶检验位、数据流量控制、波特率等部分，在编写程序中，涉及对串行的操作有：

1）串行初始化：包括端口参数串行号、波特率、数据位、停止位、奇偶检验位等参数的设置；

2）对串行进行读操作；

3）对串行进行写操作。

2. RS-485 串行总线

为了克服 RS-232 串行总线的不足，陆续推出了一些新的串行总线标准，RS-485 就是其中之一，其特点是：①RS-485 的电气特性为逻辑“1”时，两线间的电压差为 +(2 ~6)V；为逻辑“0”时，两线间的电压差为 -(2 ~6)V。其接口信号电平比 RS-232 低，接口电路芯片易损坏的缺点得以克服。此外 RS-485 与 TTL 电平具有良好的兼容性，可方便与 TTL 电路连接。②RS-485 的数据传输速率高(最高传输速率为 10Mbit/s)；③RS-485 接口采用平衡驱动器和差分接收器的组合结构，抗共模干扰能力增强，即抗噪声干扰性好；④RS-485 接口的最大传输距离标准值为 1200m，实际上可达 3000m。RS-485 接口在总线上允许连接多达 128 个收发器，即具有多站能力，用户可以利用单一的 RS-485 接口方便地建立起设备网络。

PC 一般不带 RS-485 接口，与计算机的连接需要一个 485-232 转换器。RS-485 到 RS-232 的转换只是电气转换，不存在协议转换；RS-485 到 USB 转换需要协议转换。

三、通用串行总线 USB

通用串行总线 USB(Universal Serial Bus)主要用于将 PC 的外围设备连接到 PC。USB 是一项即插即用技术，可以热插拔，使用方便。通过集线器连接，一个端口最多可以支持多达 127 台设备并发运行。第一版 USB 1.0 是在 1996 年推出的，传输速率只有 1.5Mbit/s。两年后升级为 USB 1.1，传输速率提升到 12Mbit/s。2000 年 4 月推出的 USB 2.0(目前广泛使用的版本)，传输速率达到了 480Mbit/s，是 USB 1.1 的 40 倍。最新版的 USB 3.0，其最大传输带宽高达 5.0Gbit/s。

尽管 USB 的最初设计只是作为 PC 的外部总线，但其高速度和使用方便性使得 USB 在仪器控制应用中非常有吸引力。USB 在仪器控制中也存在一些不足，主要是：①USB 线缆不是工业级线缆，在噪声环境中可能会导致数据丢失；②USB 线缆没有闭锁机制，很容易从 PC 或仪器中拔出；③USB 系统的最大线缆长度是 30m。但通过使用 USB 转接设备(GPIB-USB、485-USB、CAN-USB 等)，可以克服 USB 的上述缺点。

四、以太网

以太网(IEEE 802.3)已被广泛地应用于工程测试领域，其提供的网络配置支持如下理论数据传输速率：10Mbit/s(10Base-T)、100Mbit/s(100Base-TX)、1Gbit/s(1000Base-T)。目前最常用的是 100Base-TX 网络。以太网的突出特点是可远程控制、简化的仪器共享和数据结果的方便发布。

以太网用作仪器控制总线的不足之处是：实际传输速率较低、不确定性和安全性较差。虽然以太网络能够达到的理论传输速率为 1Gbit/s，但由于其他网络流量开销和低效的数据传输使得实际的网络传输速率很难达到理论值；对于敏感数据，用户必须采取额外的安全措施，以确保数据的完整性和私密性。

五、无线以太网

应用最广泛的商用无线技术是无线以太网(IEEE 802.11，又称为 WiFi 或 Wireless Fidelity)。IEEEE 802.11 包含 802.11 a、802.11b、802.11g、802.11n 等若干个子标准，对工作频段、工作距离以及无线连接的传输速度作了明确的定义。802.11 家族有：

IEEE 802.11，1997 年，原始标准(2Mbit/s，工作在 2.4GHz)；

IEEE 802.11a，1999 年，物理层补充(54Mbit/s，工作在 5GHz)；

IEEE 802.11b，1999 年，物理层补充(11Mbit/s，工作在 2.4GHz)；

IEEE 802.11c，符合 802.1D 的媒体接入控制层桥接(MAC Layer Bridging)；

IEEE 802.11d，根据各国无线电规定做的调整；

IEEE 802.11e，对服务等级(Quality of Service，QoS)的支持；

IEEE 802.11f，基站的互连性(IAPP，Inter-Access Point Protocol)，2006 年 2 月被 IEEE 批准撤销；

IEEE 802.11g，2003 年，物理层补充(54Mbit/s，工作在 2.4GHz)；

IEEE 802.11h，2004 年，无线覆盖半径的调整，室内(indoor)和室外(outdoor)信道(5GHz 频段)；

IEEE 802.11i，2004 年，无线网络的安全方面的补充；

IEEE 802.11j，2004 年，根据日本规定做的升级；

IEEE 802.11l，预留及准备不使用；

IEEE 802.11m，维护标准，互斥及极限；

IEEE 802.11n，2008 年上半年通过正式标准，WLAN 的传输速率由目前 802.11a 及 802.11g 提高到 54Mbit/s、108Mbit/s、300Mbit/s，甚至高达 600Mbit/s；

IEEE 802.11k，规定了无线局域网络频谱测量规范。该规范的制定体现了无线局域网络对频谱资源智能化使用的需求。

虽然无线技术存在一些和以太网相同的安全问题及其他无线设备易于与之建立连接的安全问题，但是其提供的无须布线就可以实现远程控制的便利，使得无线以太网技术越来越广泛地应用于仪器控制。

六、IEEE 1394 总线接口

IEEE 1394 总线接口是苹果公司开发的串行标准，中文译名为火线接口(firewire)。同 USB 一样，IEEE 1394 也支持外设热插拔，可为外设提供电源，省去了外设自带电源的麻烦，能连接多个不同设备，支持同步数据传输。

IEEE 1394 有两种传输模式，即 Backplane 模式和 Cable 模式。Backplane 模式最小的速率也比 USB1.1 的最高速率高，分别为 12.5Mbit/s 、25Mbit/s、50Mbit/s。Cable 模式的速率非常高，有 100Mbit/s、200Mbit/s 和 400Mbit/s 三种，在 200Mbit/s 下可以传输不经压缩的高质量数据电影。

IEEE 1394b 是 IEEE 1394 技术的升级版本，是仅有的专门针对多媒体——视频、音频、控制及计算机而设计的家庭网络标准。其通过低成本、高安全的 CAT5(五类)实现了高性能家庭网络。IEEE 1394a 自 1995 年就开始提供产品，IEEE 1394b 是 IEEE 1394a 技术的向下兼容性扩展。IEEE 1394b 能提供 800Mbit/s 或更高的传输速率。虽然市面上还没有 IEEE 1394b 接口的光储产品出现，但相信在不久之后也必然会出现在用户眼前。

IEEE 1394a 所能支持的理论线长为 4.5m，通过菊花链结构连接 16 台设备，可形成最长为 72m 的距离。

七、CAN 总线

控制器局部网 CAN(Controller Area Network)总线是德国 BOSCH 公司于 20 世纪 80 年代初为解决现代汽车中众多控制与测试仪器之间的数据交换问题而开发的一种串行数据通信协议，通信介质可以是双绞线、同轴电缆或光缆。由于 CAN 总线采用了许多新技术及独特的设计，因此 CAN 总线与一般的通信总线相比具有如下特点：

1）CAN 总线是具有国际标准的现场总线；

2）CAN 为多主工作方式，网络上任何一个结点均可在任意时刻主动地向网络上其他结点发送信息，而不分主从；

3）在报文标识符上，CAN 总线上的结点分成不同的优先级，可满足不同的实时要求，优先级高的数据最多可在 134μs 内得到传输；

4）CAN 采用了非破坏总线仲裁技术，当多个结点同时向总线发送信息出现冲突时，优先级低的结点会主动退出发送，优先级高的结点可以不受影响，继续传输数据，从而大大节省了总线冲突的仲裁时间。因此，即便是网络负载很重的情况下，也不会出现网络瘫痪情况；

5）CAN 结点只需通过报文的标识符滤波即可实现点对点、一点对多点及全局广播等几种方式传送接收数据；

6）CAN 的直接通信距离最远可达 10km，通信速率最高可达 1Mbit/s(此时通信距离最长为 40m)；

7）CAN 上的结点数主要取决于总线驱动电路，目前可达 110 个，标准帧的报文标识符有 11 位，扩展帧的报文标识符(29 位)个数几乎不受限制；

8）报文采用短帧格式，传输时间短，受干扰概率低，保证了数据出错率极低；

9）CAN 总线的每帧信息都有 CRC 检验及其他检错措施，具有极好的检错效果；

10）CAN 的通信介质可以为双绞线、同轴电缆或光缆，选择灵活；

11）CAN 结点在出现错误帧的情况下具有自动关闭输出功能，而总线上其他结点的操作不受影响；

12）CAN 总线具有较高的性价比、结构简单、器件容易购置、每个结点的价格较低、开发技术容易掌握、能充分利用现有的单片机开发工具；

13）CAN 协议建立在国际标准组织的开放系统互联模型基础上，由于 CAN 的数据结构简单，又是范围较小的局域网，其模型结构只取 OSI 底层的物理层、数据链路层和应用层三层，不需要其他中间层，应用层可直接从数据链路层取数据或直接向数据链路层写数据，结构层次少，有利于系统中实时控制信号的传送。

八、PCI 总线

PCI(Peripheral Component Interconnect)总线是当今使用最广泛的计算机内部总线之一，于 20 世纪 90 年代初首次推出。其目标之一是统一当时 PC 上可用的众多 I/O 总线，如 VESA 局部总线、EISA、ISA 和微通道等。PCI 总线带来许多之前总线没有的优点，最重要的特性包括独立于处理器、带缓冲隔离、总线主控和真正的即插即用操作。带缓冲隔离从电气和时钟域把 CPU 局部总线与 PCI 总线基本分开。通过总线主控，PCI 设备能够通过一个仲裁进程访问 PCI 总线，并直接控制总线处理，而不是等待主机 CPU 服务该设备，这样使得服务 I/O 处理的总延迟下降。即插即用操作支持设备的自动检测和配置，免除了为基址和 DMA 中断手动设置开关和路线的工作。

PCI 总线的典型应用，不是直接用于仪器控制，而是作为外围总线连接 GPIB 或串行设备。由于 PCI 总线的高带宽，故其也用作模块化仪器的通信总线，而 I/O 总线则内置在测量设备中。

九、PCI Express 总线

PCI Express 是新一代的总线接口，采用了目前业内流行的点对点串行连接，和 PCI 以及更早期的计算机总线的共享并行架构相比，每个设备都有自己的专用连接，不需要向整个总线请求带宽，而且可以把数据传输率提高到一个很高的频率，达到 PCI 所不能提供的高带宽。传统 PCI 总线在单一时间周期内只能实现单向传输，而 PCI Express 的双单工连接能提供更高的传输速率和质量，两者之间的差异跟半双工和全双工类似。

PCI Express 总线接口因总线带宽的不同而有所差异，包括 X1、X4、X8 以及 X16(X2 模式将用于内部接口而非插槽模式)等多种。较短的 PCI Express 卡可以插入较长的 PCI Express 插槽中使用。PCI Express 接口支持热插拔。PCI Express 卡支持的三种电压，分别为 +3.3V、3.3V 以及 +12V。用于取代 AGP 接口的 PCI Express 接口位宽为 X16，能够提供 5GB/s 的带宽，即便有编码上的损耗但仍能够提供 4GB/s 左右的实际带宽，远远超过 AGP 8X 的 2.1GB/s 带宽。

PCI Express 规格从 1 条通道连接到 32 条通道连接，有非常强的伸缩性，以满足不同系统设备对数据传输带宽不同的需求。如 PCI Express X1 规格支持双向数据传输，每向数据传输带宽 250MB/s，PCI Express X1 已经可以满足主流声效芯片、网卡芯片和存储设备对数据传输带宽的需求，但是远远无法满足图形芯片对数据传输带宽的需求。因此，必须采用 PCI Express X16，即 16 条点对点数据传输通道连接取代传统的 AGP 总线。PCI Express X16 也支持双向数据传输，每向数据传输带宽高达 4GB/s，双向数据传输带宽达 8GB/s，相比之下，目前广泛采用的 AGP 8X 数据传输只提供 2.1GB/s 的数据传输带宽。

尽管 PCI Express 技术规格允许实现 X1(250MB/s)，X2，X4，X8，X12，X16 和 X32 通道规格，但是依目前形势来看，PCI Express X1 和 PCI Express X16 将成为 PCI Express 主流规格。同时芯片组厂商将在南桥芯片当中添加对 PCI Express X1 的支持，在北桥芯片当中添加对 PCI Express X16 的支持。由于 PCI Express 采用串行数据包方式传递数据，所以 PCI Express 接口每个针脚可以获得比传统 I/O 标准更多的带宽，这样就可以降低 PCI Express 设备生产成本和体积。此外，PCI Express 也支持高阶电源管理、热插拔、数据同步传输、为优先传输数据进行带宽优化。

十、VXI 总线

VXI 是高速计算机总线——VME(VMEbus Extension for Instrumentation)在仪器领域的扩展。1993 年由多家公司组成的 VXIplug&play 系统联盟，致力于来自各厂商的 VXI 模块的规范化，为最终用户集成 VXI 系统提供最大的便利。

1. VXI 总线的特点

VXI 总线系统主要由主机箱、“0 槽”控制器、具有各种功能的模块化仪器和驱动软件、软面板(SFP)、软件开发平台以及系统应用软件等组成，其主要特点如下：

1）人机界面良好。

2）总线系统结构开放、标准统一，用户购买 VXI 总线产品之后，在组建系统时能真正做到“即插即用”。

3）数据传输速率快(40Mbit/s)、信息吞吐量大、系统组建方便灵活、易于与其他总线兼容；

4）仪器系统由传统的“多机箱堆放式”发展成“单机箱多模块式”，如此使之具有安装密度高、体积小、重量轻、易于携带等优点。

5）资源利用率高、容易实现系统集成，大大缩短了研制周期。能实现系统资源共享、易于升级扩展，可根据各种现场的需要方便快速地更换模块，更新组合系统。即使若干年后老机型被淘汰，其主体部分（如计算机、VXI 机箱、VXI 模块等）还可用于新机型，资源的重复使用率高达 75% ~85%，能将设备的成本及投资风险降至最低。

6）软件开发工具丰富，测试人员只需调出代表仪器的图标，输入相关的条件和参数，利用鼠标按测试流程将有关仪器连接起来，即可完成全部编程工作，自动生成测试程序，以用户指定方式显示测量结果。

2. VXI 总线仪器系统

1）标准模块。VXI 总线有 A 尺寸（3.9in × 6.3in）、B 尺寸（9.2in × 6.3in）、C 尺寸（9.2in ×13.4in）和 D 尺寸（14.4in ×13.4in）四种（1in = 0.0254m）。其中，C 尺寸在使用中约占 85%。VXI 的电气结构是在“0”槽控制器的控制下，各仪器模块可通过高速通信通道联络，同步工作，仪器之间经局部总线进行数据交换，机箱分 5 槽、13 槽等规格。

2）系统结构。VXI 总线系统可简化为资源管理器和组态寄存器两种：资源管理器用于完成识别所有的仪器、对管理器进行自检、分配存储器、分配中断线、分配通信等级等软件功能。资源管理器可管理 0 ~255 共计 256 个 VXI 总线仪器；组态寄存器用于存储仪器模块的各种信息，每个 VXI 总线仪器都包含仪器型号与装置类型、通信能力、状态信息、存储器的需求等信息。VXI 总线的通信有消息基、寄存器基两种。

3）控制器结构。常用的控制器有 IEEE-488 控制器、嵌入式（亦称内置式）控制器和 MXI 控制器三种：IEEE-488 控制器既可以接几个主机箱，又可同时接 IEEE-488 仪器，其特点是具有最普通的仪器界面，容易将 VXI 总线仪器与 IEEE-488 仪器混合使用，最高传输速率为 1Mbit/s，速度最慢，最多可控制 168 个标准模块，价格最低；嵌入式控制器能直接放入主机箱中，具有通用计算机的全部功能，其主要特点是外形尺寸小，能直接控制 VXI 总线及 12 个标准模块，传输速率达 40Mbit/s，速度最快；MXI 控制器的价格与 IEEE-488 控制器相当，但传输速率可达 20 ~33Mbit/s。

3. VXI 即插即用系统的结构

采用 VXI 即插即用标准能够降低成本并完全支持对 VXI 仪器、控制器和软件的操作，便于实现系统集成与软件编程。该系统是通过一个被称为“框架”的特殊部分，用作连接 VXI 总线仪器与系统软件的桥梁。此框架能提供可操作的软件，并规定了一个良好的软、硬件环境。目前通用的框架由 Windows 操作系统所支持，称为 WIN 框架，采用 Intel PC 技术，支持最广泛的编程语言。

从技术上讲，WIN 框架采用 Windows 操作系统的图形用户界面，通过动态链接库（DLL）和虚拟仪器软件结构（VISA）通信 I/O 设备来控制 VXI 仪器。WIN 框架包括仪器驱动器、软面板、在线文件、基本结构数据、VISA 通信 I/O 设备和标准安装程序。VXI 即插即用系统的应用程序必须通过 VISA 通信 I/O 设备之后，才能经硬件 I/O 设备控制 VXI 总线仪器。

十一、PXI 总线

PXI 总线是 National Instruments 公司在 1997 年下半年推出的总线标准，并作为开放式规范提供给仪器业界使用，对模块式测量仪器有着重要的影响。PXI 总线与 VXI 总线有很多相似之处，同时又具有不少自己的特点。VXI 总线是 VME 计算机总线的仪器扩展，PXI 总线是 PCI 计算机总线的仪器扩展。

PXI 总线综合了计算机总线(VME 和 PCI)、插件(compact PCI)、软件(Windows 98 和 Windows NT)、仪器总线(GPIB 和 VXI)和开发工具等方面的特点，具有坚实的硬件、软件基础。PXI 总线把 PCI 计算机外设总线与专用仪器总线结合在母板上，使机箱能够安装 PCI 微机和 PXI 仪器模块。机箱有 11 个插槽，左边 3 个槽接系统控制器或系统扩展器。右边 7 个槽接仪器模块，中间 1 个槽接系统控制器。模块尺寸有 3U 和 6U 两种。3U 只有一个 PCI 接口；6U 可有两个 PCI 接口。PXI 总线仪器的专用总线有时钟、本地、触发、电源等 4 种。机箱电源功率 300W，有良好通风和电磁屏蔽，可保证 PXI 总线在苛刻的环境中运行。PXI 总线是很好的模块仪器平台，能更好地满足工程试验的要求。

第三节 虚拟仪器系统的驱动程序

计算机与仪器进行通信的方式有基于寄存器的通信方式和基于消息的通信方式两种。基于寄存器的通信方式可以在一个层次直接对仪器的控制寄存器进行读写二进制信息操作，PXI 和很多 VXI 仪器都采用寄存器的通信方式；基于消息的通信方式其发送的命令和读回的数据都是高层次的 ASCII 字符串，仪器自带的处理器负责解析字符器串命令和发送字符串数据，GPIB、串口、USB 和一些 VXI 仪器均使用基于消息的通信方式。

若直接通过底层的通信方式与仪器通信，用户必须知道寄存器的配置或消息的具体格式，这加大了用户开发系统的工作量。仪器驱动的目的就是解决这个问题。

一个仪器的驱动程序是一个包括高层函数的库，这些高层函数支持控制某个仪器或某个仪器簇。一个仪器驱动程序是一个软件例程集合，该集合对应于一个计划的操作，如配置仪器、从仪器读取、向仪器写入和触发仪器等。将底层的通信命令或寄存器配置等封装起来，用户只需要调用封装好的函数库就能轻松实现对该仪器的任何功能。通过提供方便编程的高层次模块化库，用户不再需要学习复杂的某个仪器专用的底层编程协议。对于同类的仪器，仪器驱动程序具有通用的结构和 API。

一、可编程仪器标准命令 SCPI

可编程仪器标准命令 SCPI(Standard Commands for Programmable Instruments)是一种建立在现有标准 IEEE 488.1 和 IEEE 488.2 基础上，遵循 IEEE 754 标准中浮点运算规则、ISO 646 标准中信息交换 7 位编码符号(相当于 ASCII 编程)规则等多种标准的标准化仪器编程语言，是一种采用树状分层结构的命令集，提出了一个具有普遍性的通用仪器模型，采用面向信号的测量；助记符规则简单、明确，且易于记忆。

SCPI 命令集只是一个规范，与硬件无关，无论基于 GPIB、串口仪器，还是基于 VXI 的任何仪器，都可以采用符合 SCPI 标准的命令集，并且 SCPI 命令与编程语言无关。

不同类型仪器的同种功能命令均一致，例如不同数字万用表读取电压的命令是一致的，示波器、函数发生器的触发命令是一致的等。

二、虚拟仪器软件架构 VISA

虚拟仪器软件架构 VISA(Virtual Instruments Software Architecture)是 VIXplug & play 系统联盟最重要的成果之一，其目的是通过减少系统的建立时间以提高效率。随着仪器类型的不断增加和测试系统的复杂化，人们不希望每一种硬件接口都要编写不同的程序，因此I/O接口的无关性对于I/O控制软件变得至关重要。当用户编写完一套仪器控制程序后，总是希望该程序在各种硬件接口上都能工作，尤其是对于使用VXI仪器的用户。通过调用相同的VISA库函数并配置不同的设备参数，可以编写控制各种I/O接口仪器的通用程序(图7-5)。

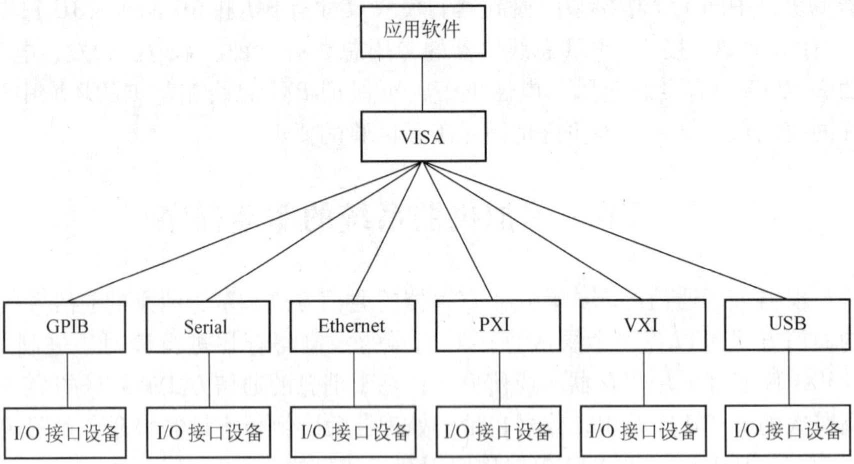

图7-5　通过VISA连接不同类型的硬件接口

VISA的一个显著优点是平台可移植性，任何调用VISA函数的程序都可以很容易地移植到其他平台上。VISA定义了自己的数据类型，避免了移植程序时由于数据类型不一致导致的问题。

三、可互换的虚拟仪器驱动程序IVI

可互换的虚拟仪器驱动程序IVI(Interchangeable Virtual Instruments)为需要互换、状态缓存、仪器仿真的更为复杂的测试应用提供了高性能和高灵活性。IVI驱动是NI(National Instruments)测试系统中一个完整的组件，其基于VISA并被集成在NI提供的应用程序开发环境中。IVI构架将传统仪器驱动程序分为专用驱动和通用类驱动两部分：仪器专用驱动与传统的仪器驱动功能相近，只是增加了一个底层构架用于优化性能和为仪器增添仿真功能；通用类驱动包含了控制类仪器的一般功能，且在运行时可调用相应的仪器专用驱动。用户的测试程序可以基于通用类驱动程序或者专用驱动程序，但只有通用类驱动程序才是可互换的。IVI仪器驱动具有如下三大优点：

1）高性能。IVI驱动集成了一个强力的状态缓存引擎，能跟踪仪器的硬件设置，因此只有当硬件设置需要改变时，才会执行相应的I/O命令。此外，IVI驱动是多线程的，用户能编写高性能的多线程测试程序，从而极大的增大了测试吞吐量。

2）仪器仿真能力。通过仪器专用驱动的仿真模式或者IVI Compliance Package中的高级类仿真驱动程序产生仿真数据。另外，用户可以在没有仪器的情况下编写程序。

3）仪器的可互换能力。只要系统使用的仪器支持IVI驱动，系统开发完成后就不会因为仪器的升级换代或更换品牌而改写代码。IVI为每一类仪器提供了规范和标准的API，其将仪器的功能完整封装，用户可以更快更容易地开发系统，极大地提高了代码重用能力，从而消减了软件维护的开销。

第四节　虚拟仪器系统在汽车试验中的应用

为了提升汽车的使用性能，现代汽车中电控系统的比重越来越大。据统计，平均一辆汽车中含有 15 ~ 20 个 ECU(高端车辆多达 60 ~ 70 个)。汽车是一种使用环境恶劣、多变的高机动性产品，因此多 ECU 的同步与协调工作显得十分重要。为此，在汽车电控系统的开发过程中需对汽车电控单元进行仿真与严格地测试。虚拟仪器系统是一种理想的工具。下面就以汽车电控系统为例，介绍虚拟仪器系统在汽车中的应用。

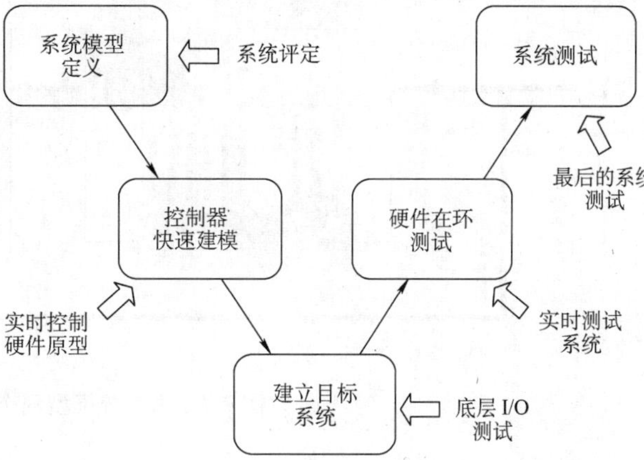

图 7-6　ECU 仿真和定制板卡工作流程

图 7-6 所示是利用 NI 虚拟仪器系统软、硬件平台实现 ECU 仿真和定制板卡的流程图，其开发流程包括：

一、系统模型定义

依据所要开发汽车 ECU 的技术与性能要求，完成设计规范(如控制算法、控制对象参数)，确立仿真模型的结构。仿真模型有线性、非线性、离散和连续等多种不同的形式。线性系统的建模比较简单，由于汽车上的电控系统往往具有非线性特性，因此，用线性模型代替非线性系统其精度相对较差；对于离散或连续，则取决于系统的控制方式。

Simulink 是工程上常用的仿真建模工具，Simulink 模型可直接转化为 LabVIEW 模型。

二、控制器快速建模

快速控制原型(Rapid Control Prototype,简称快速原型)有别于机械制造中根据 CAD 数据自动构建物理模型的快速成型技术。因为软件仿真不能完全体现实际的动态环境，需要开发一个控制器硬件原型用于真实环境下验证算法，即将控制器模型下载到一个实时硬件平台，通过 I/O 连接至真实环境中的传感器、执行器并进行测试，该过程即快速原型，也常称为软件在环。选用实时，硬件平台是为了仿真的时效性、确定性和稳定性。

连接 Labview 与 Simulink，利用控制器快速建模工具和硬件在环测试工具进行快速建模。使用 Labview 面板作为 Simulink 数据的输入和输出，把用 Simulink 制作的模型导入到 Labview 中 。

三、建立目标系统

建立目标系统实际上是系统建模和产品原型设计，控制器模型在通过快速原型环节验证之后，该模型通过自动或手工生成 C 语言代码或其他支持类型的代码，并下载到 ECU 的微控制器。对所产生的目标代码进行测试，如图 7-7 所示。

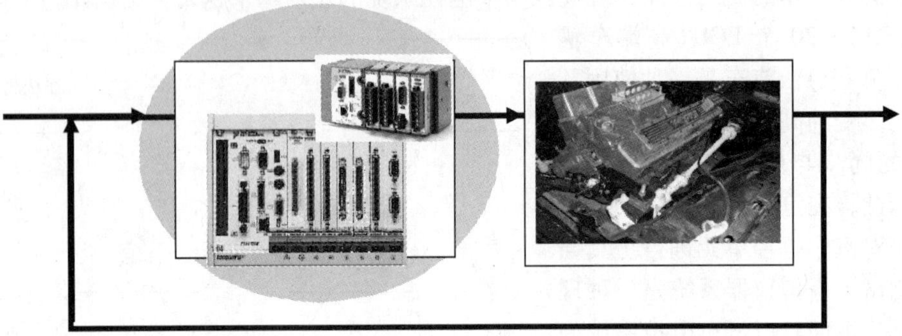

图 7-7 由系统模型到产品原型

四、硬件在环测试

硬件在环(Hardware in the Loop,HIL)是指将已下载目标代码的 ECU 通过 I/O 连接至先前建立的环境模型(硬件在环仿真器)，并测试该 ECU 在各种工况下的功能和稳定性。硬件在环是一个闭环的测试系统，可重复地进行动态仿真；可在试验室里仿真夏季和冬季的道路试验，无须真实的测试环境组件，节约测试成本；可进行临界条件测试和模拟极限工况，如发动机水温和油温极限测试、ABS 试验时车速和道路附着系数极限测试等，其没有实际风险；可通过软件(模型)、硬件(故障输入模块)模拟开路、与地短接、ECU 引脚间短接等错误，以及模拟传感器、执行器出错情况。在仿真测试环境中验证开发的产品(图 7-8)，所使用的工具有：实时系统(包括 I/O)和仿真软件。

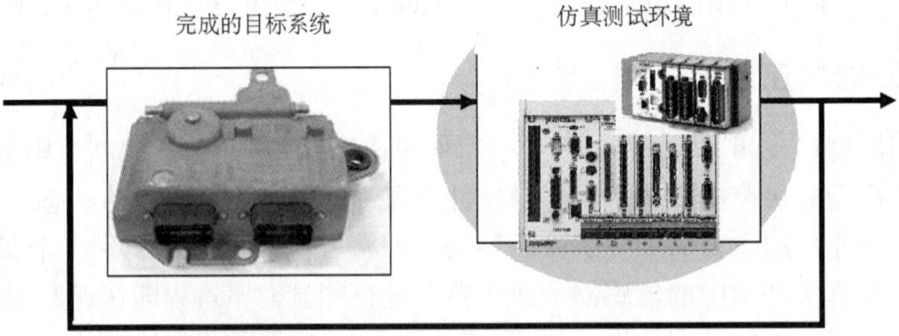

图 7-8 产品验证

1. 利用 Labview FPGA 开发定制板卡

定制板卡用于原型开发和硬件在环仿真：输出与定时信号同步的脉冲；PWM 输出；PWM 编码；定制通信协议，如图 7-9 所示。

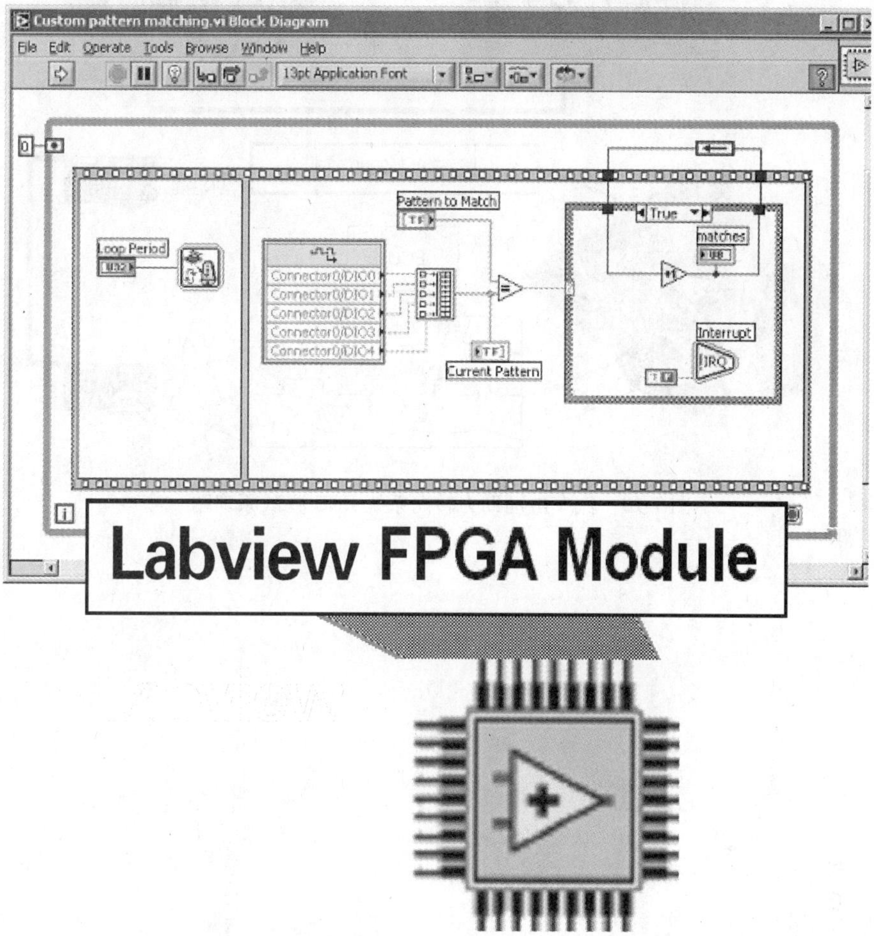

图 7-9　利用 Labview FPGA 开发定制板卡

2. 利用 NI-RIO 构建高度灵活的 HIL 系统

一个 ECU 开发完成后，必须对其功能进行全面的测试，尤其是故障情况和极限条件下的测试。如果用实际的控制对象进行测试，很多情况是无法实现的，或要付出高昂的代价。而利用 NI-RIO 构建高度灵活的 HIL 系统后，就可以对开发的 ECU 进行各种条件下的测试，特别是故障和极限条件下的测试，且代价不高。

五、系统测试

在完成关键的硬件在环之后，将修正后的控制器连接至真实 I/O 环境，并进行台架试验、道路试验，直至最后生产出厂。图 7-10 所示是汽车电动助力转向系统 ECU 测试的原理图。

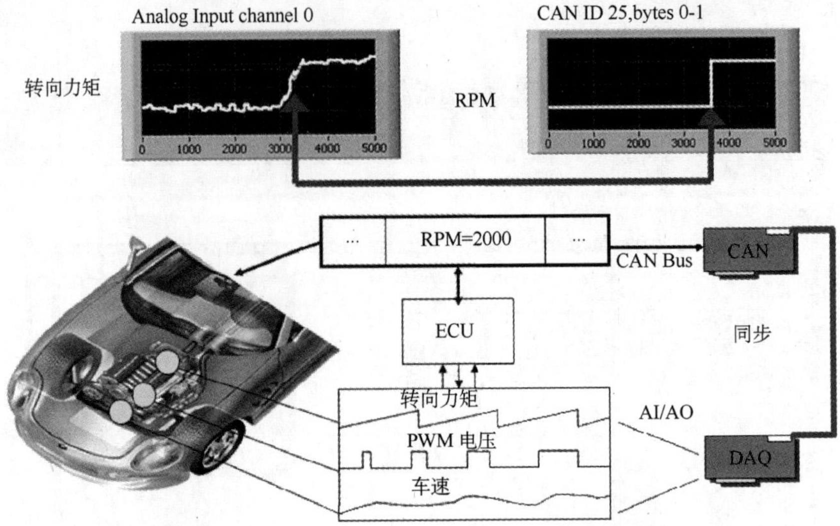

图 7-10　汽车电动助力转向系统 ECU 测试原理图

第八章　8

汽车整车出厂检验系统

为了确保汽车产品质量，汽车制造公司除对汽车制造过程严加控制和管理外，汽车在出厂前还要进行全面的检测和调试，以避免存在质量问题的汽车产品流入市场。这种将各种不同功能的汽车检测设备组合在一起用于汽车整车质量控制的系统，称为汽车整车出厂检验系统。由于该系统采用的是流水式的检测方式，因此，有的汽车制造公司将其称为整车检测线。

第一节　汽车出厂检验的主要内容与设备

汽车整车出厂检验在欧、美、日等汽车发达国家早已形成了规范而统一的模式，检测设备大多采用美国宝克、德国杜尔、德国申克(已被杜尔收购)、日本自动车等厂商专门为汽车下线检测开发的成套产品。在我国有所不同，合资公司采用的是欧、美、日的模式，简称通用模式；我国国内的汽车公司的出厂检验模式尚不完善和规范。

汽车出厂检验通用模式的检测内容有：四轮定位、灯光、制动、行驶性能、路试、排放、淋雨等。但在我国的汽车合资公司，汽车出厂检验还额外增加了一项侧滑的检测内容。其原因是我国相关法规规定，机动车辆必须经“汽车安检线”检验合格后方可上路行驶，侧滑是汽车安检线的检验内容之一。

1. 四轮定位的检测

通用模式中所用四轮定位检测设备兼有检测和调试两大功能，如图 8-1 所示。图中所示试验台由四套独立的转鼓和四套测试系统组成(图 8-1b)，四套转鼓的作用是将被试车辆摆正，四套测试系统的作用是独立测试每个车轮的外倾角和前束角。该四轮定位参数测试与调整试验台有关前束角和外倾角的测试原理在第三章已有详细介绍，在此不再重复。关于四轮定位参数的调整，对于绝大多数车型只调整前束角；对于少数在结构上设计为车轮外倾角可调的车型，则须对前束角和外倾角都进行调整。调整的依据是所测得的前束角、外倾角及后轮推力角。

后轮推力角是指两后轮共同确定的行驶方向与汽车纵轴线的夹角 φ(图 8-2)，左偏为正、右偏为负，其大小为

$$\varphi = \frac{(\alpha_l - \alpha_r) - (\beta_l - \beta_r)}{2}$$

式中　φ——后轮推力角；

α_l、α_r——左后轮、右后轮外倾角；

β_l、β_r——左后轮、右后轮前束角。

在此需特别指出的是：汽车制造厂用于下线检测的四轮定位设备，几乎都不检测主销倾

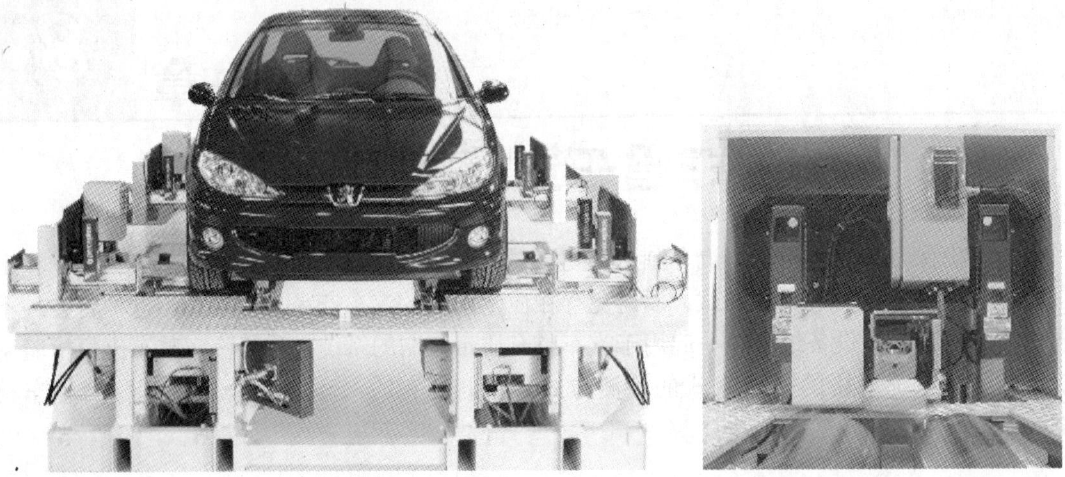

a) b)

图 8-1 四轮定位参数测试与调整试验台

a）整体结构 b）单个车轮的驱动转鼓与测试单元

角（主销内倾角、主销后倾角）参数。其原因有二：①主销倾角参数通常是不可调的；②主销倾角参数由制造精度保证。

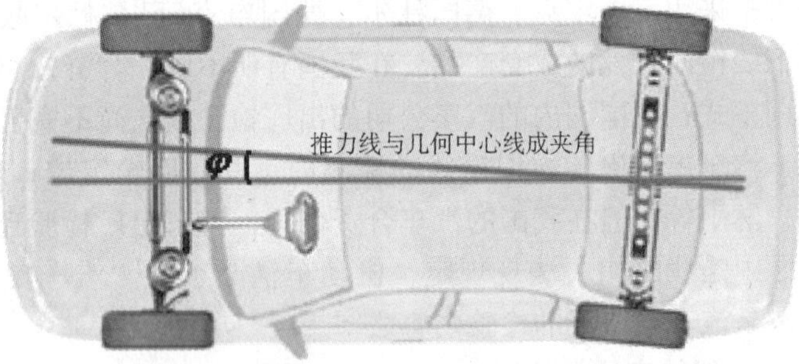

图 8-2 后轮推力角

2. 灯光检测

灯光检测包括远光灯发光强度和远、近光灯照射位置检测等内容，其目的是指导远、近光灯照射位置的调整，避免远光灯发光强度不符合国家标准要求的车辆流入市场。图 8-3 所示是一种新型光成像式灯光检测仪，具有测试汽车前照灯发光强度和灯光照射位置的双重测试功能。灯光检测仪大多安装在四轮定位参数测试与调整试验台的前端，四轮定位参数测试调整完后，紧接着进行灯光检测。为了提高灯光检测的效率，满足检测节拍的要求，通常在汽车下线检测线上安装两台性能完全相同的灯光检测仪，分别用于汽车左、右前照灯的检测。

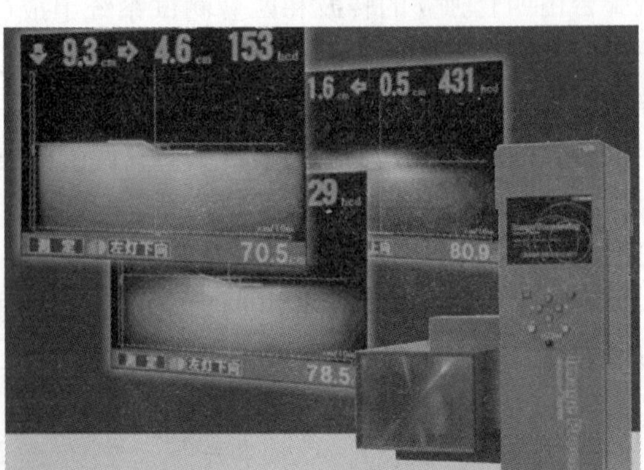

图 8-3 灯光检测仪

3. 制动性能检测

图 8-4 所示是汽车制动试验台，该试验台具有四套独立的转鼓组件，每套转鼓

组件分别由各自的交流电动机驱动，可提供附加的转矩使转鼓加速或附加阻力。其检测内容包括车轮阻滞力、每轮制动力、前后桥制动平衡系数、总制动力、驻车制动、ABS 与 ESP 系统性能、最大静态制动力、制动踏板力、驻车制动力等。

图 8-4　制动试验台

4. 行驶性能测试

汽车行驶性能测试的设备是具有四套独立转鼓组件的汽车底盘测功机(又称转鼓试验台,见图 8-5)，由前轮测试和后轮测试两部分构成。在测试过程中，该试验台可以模仿汽车运行的实际工况。为了适应多车型的需要，汽车下线检测的汽车底盘测功机均配有车型选择器和操作表盘盒，测功机前、后转鼓的轴距按照车型预先设定，通过选择开关进行车型选

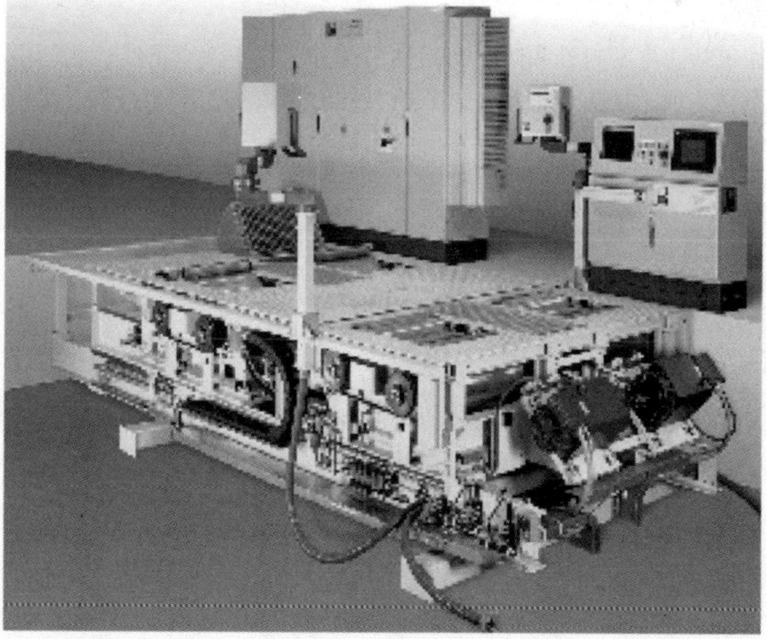

图 8-5　转鼓试验台

择，计算机控制自动切换(车轮定位参数测试与调整试验台和制动试验台等都具有此功能)。汽车行驶性能测试的内容有前行、倒车、加速、离合器操纵、车速表校验等。

5. 排放检测

汽车排放检测依据的是国家标准 GB 18285—2005《点燃式发动机汽车排气污染物排放限值及测量方法(双怠速法及简易工况法)》和 GB 3847—2005《车用压燃式发动机和压燃式发动机汽车排气烟度排放限值及测量方法》。对于装用点燃式发动机的汽车，排放检测的内容有怠速、高怠速及简易工况的排气污染物浓度，检测用仪器如图 8-6 所示。对于装用压燃式发动机的汽车，排放检测的内容是发动机自由加速及加载减速过程的烟度，检测用仪器如图 8-7 所示。

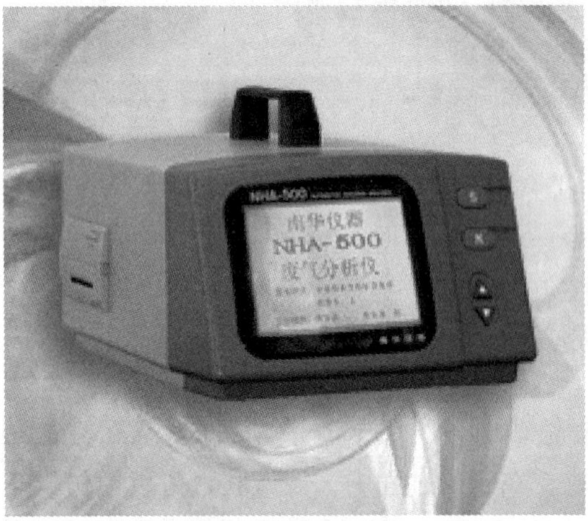

图 8-6　五气分析仪

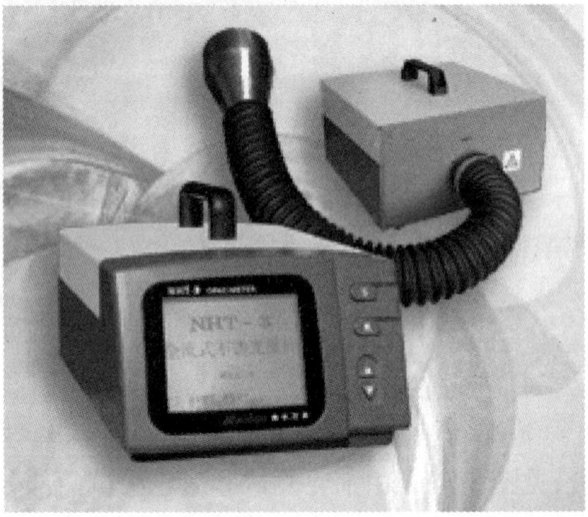

图 8-7　不透光烟度计

6. 淋雨试验

汽车密封性包括防尘密封性和防雨密封性两部分。对于汽车下线检测，由于高密度的扬尘环境在室内不易实现，且防尘密封性试验所需的时间较长，因此汽车下线检测常只检测汽车的防雨密封性，其方法是建造一个专用的淋雨试验台(图 8-8)，模拟强降雨环境，检测汽

图 8-8　淋雨试验台

车前后风窗、侧窗、车门、行李箱等各部的密封性能。汽车下线防雨密封性检测设备主要由房体、喷淋系统、吹干系统和控制系统等组成。

第二节　汽车出厂检验工艺流程

从总体上看，各汽车制造公司汽车出厂检验流程的前半部分大多比较一致，后半部分略有差异。常见的汽车出厂检验流程有如下三类：

第一类：四轮定位——灯光——侧滑——制动——行驶性能——路试——排放——淋雨；

第二类：四轮定位——灯光——侧滑——制动——行驶性能——淋雨——路试——排放；

第三类：将第一类或第二类检验流程中的制动和行驶性能检测二者合在一起，用一个综合试验台完成相应的检测。

汽车出厂检验工艺流程中的四轮定位、灯光、制动、行驶性能、排放、淋雨等工位的检验内容和设备在上一节中已介绍了，在此不再重复。下面介绍路试环节的检验内容。

路试检验的主要目的是发现汽车存在的质量问题，主观评价汽车的操控性能。为了达到此目的，汽车合资公司均建有包含各种特征路面的专用汽车试验跑道。所生产的车型不同，典型路面的设置与试车跑道的长度也会有所不同。对于轿车生产企业，试车跑道总长多为1000～1500m，设有高速直行路段、蛇形路段、涉水池、低附着系数路面（路旁有喷水设备）、高附着系数路面、起伏路面、鱼鳞坑路面、卵石路面、扭曲路面、冲撞路面等，检验内容包括汽车起动、灯光与信号装置的工作有效性、加速、制动、转向、ABS与ESP系统性能、汽车跑偏等。

第三节　汽车出厂检验评价方法

汽车出厂检验具有两大功能：①发现问题、解决问题；②对汽车产品质量给出客观评价。

1. 四轮定位检验评价

四轮定位检验评价的指标就是厂定所检车型的车轮定位参数。但汽车的所有车轮都是通过弹性环节与车身相连，这种结构的特殊性决定车轮定位参数应有一个较大的公差范围。由此可见，要想出厂的新车具有良好的操纵稳定性，只将汽车车轮定位参数调整到允许的误差范围内是不够的，需将各定位参数调整到最佳的匹配状态。所以汽车前轮前束角应根据后轮推力角进行调整，且应在规定的公差范围内。

2. 灯光检测评价

为了避免夜间会车时汽车灯光直照对方驾驶员的眼睛，使得对方驾驶员看不清路面而引发交通事故，汽车前照灯均作了防眩目设计。常用的方法是采取结构措施使近光灯投射出的光斑对着对方驾驶员眼睛的方向缺损一部分，如图8-3所示（图中是转向盘右置车辆近光灯投射的光斑）。若用传统光伏效应的前照灯检测仪检测近光灯的照射位置，由于无法辨认光斑的明暗截止线，因此无法给出符合使用要求的测试结果。较科学的检测与评价方法是：利用先进的 CCD 图像识别系统的前照灯检测仪检测出近光灯光斑的明暗截止线，以此来确定近光灯的照射位置。

3. 制动检测评价

制动性能是汽车法规规定的检测项目，其检测结果应符合法规的要求，其内容包括制动力总和与整车质量的百分比、轴制动力与轴荷的百分比、驻车制动力与整车质量的比、制动力平衡、车轮阻滞力和制动协调时间等。除此之外，还要对 ABS 及 ESP 系统的工作有效性、调节速率、反应时间、动态特性、制动系统最大静态制动力、制动踏板力、驻车制动操纵力等给出评价，其评价方法主要是与企业相关标准进行比较。

4. 汽车行驶性能检验评价

汽车行驶性能的评价对于汽车下线检测而言，设备供应商按照汽车生产企业的相关标准已将评价指标与评价方法均固化到设备控制系统的软件中，其评价内容包括汽车起动、变速、前进、倒退、加速、车速表验证等。驾驶员的操作完全按照显示屏上的提示进行，汽车的运行过程由移动的光标实时显示在屏幕上，若光标的运行轨迹在给定二条曲线所辖的允许范围内，则汽车的行驶性能符合出场要求。

5. 路试检验评价

路试检验评价以试车员的主观评价为主，不少汽车公司已开始探讨开发汽车出厂路试检验专用设备，如东风本田汽车公司委托武汉理工大学开发的汽车跑偏自动在线检测系统已投入使用。路试检验评价的内容十分广泛，包括汽车各总成部件的运行状况、是否有异响、发动机的工作温度、机油压力、发电机的发电量与充电特性、汽车起动、加速、制动、操纵性能、汽车维持直行的能力与转向回正特性、悬架的缓冲与减振特性、车轮是否摆振等。

6. 淋雨试验评价

淋雨试验评价相对比较简单，其方法是目视检查所有有密封要求的部位（驾驶室、行李箱、发动机室），均不得有渗、漏现象。

7. 排放检测评价

排放检测评价依据的是国家汽车排气污染物排放限制标准，各种有害气体及微粒的排放量均应低于国家规定的限制指标。

第九章 9

汽车整车性能的道路试验

汽车整车性能道路试验是指在室外修建的专用性能试验道(并非是汽车使用过程中行驶的实际道路)上，对反映汽车各项性能的技术参数进行测试工作的总称。汽车性能有动力性、经济性、制动性、操纵稳定性、行驶平顺性、通过性、排放与噪声等多项。汽车整车性能道路试验的特点是：①性能试验在室外的道路上进行，试验结果能较好地反映汽车的实际运行状况；②专用性能试验道路的路面状况几乎不发生变化，进行整车性能试验时不受交通状况的影响，试验结果的可比性好。正因为如此，所以汽车整车性能道路试验是汽车质量控制和产品研发的重要环节。

第一节　汽车整车基本性能试验内容与设备

前述汽车整车性能试验的众多内容中，由于用户最关心且每时每刻都能切实感受得到的是汽车的动力性、经济性和制动性能，加之早期的我国汽车产业(建立合资汽车制造公司之前)技术水平低下、产能小、产品单一(主要生产中、轻型载货车及利用中轻型载货车底盘改装的专用车与客车)、国人对汽车产品的要求不高、试验条件和试验设备落后，因此当时的汽车整车性能试验通常只做动力性、经济性和制动性的测试。直到20世纪80年代中期我国才陆续开始制定汽车操纵稳定性、行驶平顺性、通过性、排放与噪声的试验标准。因此国内常习惯于将汽车的动力性、经济性和制动性统称为整车基本性能，而且这种习惯一直延续到现在。

一、汽车整车基本性能试验前的准备性试验

在进行汽车整车基本性能试验之前，需要做一些准备性试验，其内容包括磨合行驶试验、预热行驶、滑行试验及直接档最小稳定车速测试等。

1. 磨合行驶试验

磨合行驶对于所有的汽车都十分重要。在进行汽车整车性能试验之前，若磨合得不充分、磨合状态不够好，不仅汽车性能不可能得到最佳的发挥，而且在进行整车性能试验的过程中极易出现总成部件的损坏。要想达到预期的磨合效果，需要制定符合车型特点的磨合行驶试验规范，其内容包括磨合行驶试验的总里程、各种不同载荷与道路状态下的里程分配、磨合过程中不同阶段的行驶车速、磨合期间的故障记录与统计分析、磨合结束后的整车维护与行驶检查等。

2. 预热行驶

人们都有这样的经验，即汽车短距离行驶及在寒冷地区或寒冷季节行驶时，油耗高、加速较缓慢，这表明汽车的热状态对整车性能有较大的影响。为此，在进行整车性能试验时，

汽车必须处于正常的热状态。使汽车进入正常热状态最直接且有效的方法是一定里程的预热行驶。由于不同地区、不同季节的环境温度存在较大差异，因此预热行驶的里程应视情况而定。

3. 滑行试验

滑行试验是对汽车底盘技术状况的综合检查。汽车以一定的初速度(国家标准规定,汽车滑行试验的起始车速为50km/h)空档滑行直到停车，若所驶过的距离越远，则汽车底盘的技术状况越好；反之，说明汽车底盘的技术状况不佳，应对其进行全面调整。当然，汽车的滑行距离还与汽车质量的大小有关。质量大的车辆，惯量大，滑行距离就长。对某一具体车型，滑行试验所测得的滑行距离达到多少才表明其技术状况符合进行汽车整车性能试验的要求，通常取决于汽车制造公司技术资料的积累。

4. 直接档最小稳定车速测试

在2009年版汽车加速性能试验方法的新国家标准出台之前，汽车直接档最小稳定车速测试的目的之一是为确定汽车直接档加速试验的起始车速提供依据。2009年前的国家标准中规定，将测得的直接档最小稳定车速向上圆整到5或10的整数倍即为汽车直接档加速试验的起始车速。事实上，对于某一具体的试验车辆而言，若该车的技术状况欠佳，则通过试验所测得的直接档最小稳定车速通常会偏高；若试验车的技术状况良好，则试验测得的直接档最小稳定车速会相对较低。由此可见，汽车直接档最小稳定车速的高低，从另外一个侧面反映了包括发动机在内的汽车整车技术状况的好坏。

二、汽车整车基本性能试验的内容

1. 动力性试验

汽车动力性试验的评价指标有最高车速、加速能力和爬坡能力等，与之对应的试验内容有最高车速的测试、汽车起步连续换档加速时间与直接档加速时间的测试、汽车的最大爬坡度与爬长坡能力的测试。

(1) 最高车速　汽车最高车速是指汽车在标准满载状态，在良好平直路面(清洁、干燥、平坦的沥青或混凝土铺装的直线道路,纵向坡度在0.1%以内)所能达到的最高平均车速$\overline{V}_{max}$。显然，汽车最高车速是一个间接测试量，其大小为汽车驶过规定的距离S(国家标准规定为200m)与所用时间t的比，即$\overline{V}_{max}=\dfrac{S}{t}$。在正在修订的新标准中，将会增加汽车在试车场高速环道上通过1000m所能达到的最高平均车速的试验内容。无论是在良好平直路面还是在高速环道上进行汽车最高车速试验，需测试的量都是行驶距离S和时间t。

(2) 加速能力　汽车加速到设定的某一高速所需的时间短，则加速能力就强，因此常用汽车起步连续换档加速时间与直接档加速时间来评价汽车的加速能力。

汽车起步连续换档加速时间：汽车由Ⅰ档(小型车辆)或Ⅱ档(大、中型车辆)起步，以最大的加速强度(低档的后备功率大,加速能力强,因此最大加速强度的换档操作方法是在发动机达到最高转速时,以可能的最快速度换档)逐步换至最高档后汽车到达设定的距离(400m)或车速(100km/h;最高车速的90%低于100km/h的车辆,其加速终了的车速为90%$\overline{V}_{max}$向下圆整到5的整数倍)所需的时间。

直接档加速(又称超车加速)时间是指汽车用直接档(对于采用二轴变速器的轿车与轿车

变型车，其档位为速比与1最接近的那个档）由50km/h的速度全力加速至100km/h（最高车速的90%低于100km/h的车辆，其加速终了的车速为90% $\overline{V}_{max}$ 向下圆整到5的整数倍）所需的时间。直接档加速时间短，则汽车超车时两车并行的时间短，有利于超车时的行车安全。

汽车加速性的评价指标是加速时间，欲得到加速时间需记录汽车在加速过程中驶过的距离或加速过程中的速度变化。事实上，有了汽车行驶距离和时间的实时记录，便可获得汽车在加速过程中的速度变化。由此可见，汽车加速性能试验的测试量依然是行驶距离 S 和时间 t。

对于电动汽车，国家标准中规定用0～50km/h全速加速所需的时间评价其加速性能。

（3）爬坡能力　实际的各类公路不可避免会有一定的坡度，若汽车能顺利且快速爬过所遇到的各种斜坡，必然需要有强劲的动力。由此可见，汽车的爬坡能力应包括最大爬坡度和爬长坡的能力两个方面。

最大爬坡度是指汽车在标准满载状态下所能爬过的最大坡度 i_{max}。汽车爬长坡的能力是指汽车在连续长坡的路段上所能达到的平均车速。显然，汽车所能爬过的坡度越大，在连续长坡路段行驶的平均车速越高，汽车的爬坡能力越强。汽车爬坡试验所要测试的参数仍然是行驶距离 S 和时间 t。

2. 经济性试验

由于传统汽车几乎都用内燃机作动力，因此业内习惯将经济性称为汽车燃料经济性或燃油经济性。但近些年，汽车产品结构发生了较大变化，除传统内燃机动力汽车外，还有电动汽车（纯电动、油电混合、燃料电池电动汽车）。传统汽车燃料经济性的评价指标是百公里燃油消耗量（L/100km），美国的评价指标是燃烧1加仑燃油汽车的行驶里程（mile/gal，1mile = 1609.344m，1gal = 3.78541dm^3）。纯电动汽车的经济性评价指标是百公里的能量消耗（kW/100km）；混合动力电动汽车经济性的评价指标是百公里等效燃料消耗量（L/100km）。

在我国，汽车经济性试验（传统汽车为燃料消耗量试验；电动汽车为能量消耗量试验）的内容和方法没有一个统一的标准。各种不同的车型都有各自不同的标准，而且近十年里做过多次修订。受篇幅的限制，在此不可能一一介绍。不过对于道路试验而言，无论是哪一个版本的标准，也不论是哪一项试验内容（汽车等速燃料消耗量试验、汽车全加速燃料消耗量试验、多工况燃料消耗量试验、限定条件下的燃料消耗量试验等），尽管试验操作方法各不相同，但需测试的参数却基本相同，都是测量汽车行驶的距离 S、时间 t 及燃油的消耗量 Q。当然，对于电动汽车还需多测一个充电量 E。

3. 制动性能试验

汽车制动性能有三项评价内容，即制动效能、制动效能的恒定性和制动时汽车的方向稳定性。

（1）制动效能　制动效能的好坏可用制动距离和制动减速度来评价，由于制动距离能更直接地反映制动效能，因此在进行汽车制动效能试验时，主要测试汽车的制动距离，制动减速度只作为一个参考。汽车制动的实质是利用机械摩擦将汽车行驶的动能转换成热能的过程，汽车制动时初始速度上升，制动距离会大幅上升。由此可见，用制动距离评价制动效能时，必须对制动时的初始速度作出明确的规定。最新的国家标准中规定，进行汽车制动效能试验时，应分别测试初速度为50km/h和100km/h（对于最高车速小于100km/h的车辆用最高车速）的制动距离。测试参数有车速、距离和时间，制动减速度通常利用车速、距离和时间计算得到。

汽车制动效能试验还包括应急制动系统的制动效能和部分管路失效的制动效能。

（2）制动效能的恒定性　制动效能的恒定性包括制动系统的抗热衰退性和涉水恢复性两部分。实践证明，几乎所有的摩擦材料都具有温度上升摩擦因数下降的特性。汽车的制动不可避免会带来制动器的温升。为了保证行车安全，应确保制动器温升后的制动效能不会有大幅下降，制动器回复到正常温度后，制动效能应能完全恢复到原始状态。涉水恢复性是指汽车涉水后（制动器被水泡过后）应能经一两次的制动后就完全恢复其制动效能。显然，制动效能恒定性试验所要测试的参数仍然是车速 V、距离 S 和时间 t。

（3）制动时汽车的方向稳定性　制动时的方向稳定性是指汽车在左右轮分别在附着系数不相等的路面上制动应能维持直行状态及汽车在弯道上制动不会失去转向能力的性能。只有装用 ABS 系统的汽车才具有制动的方向稳定性，此项试验事实上是对 ABS 系统的考核。因此制动时汽车的方向稳定性试验需测试的参数除前述的车速、距离和时间外，还有汽车各车轮的转速及制动轮泵中的压力。

三、汽车整车基本性能试验设备

由前面的分析知，汽车基本性能试验需测试的量主要是距离 S 和时间 t，对于试验过程所需要得到的速度 V 和加速度 J（减速度即负的加速度）可以由 $V=\frac{\mathrm{d}S}{\mathrm{d}t}$ 和 $J=\frac{\mathrm{d}^2S}{\mathrm{d}^2t}$ 计算得到。用于汽车性能道路试验中测试距离 S 和时间 t 的设备称为五轮仪。早期的汽车通常只有四个车轮，那时用来测试汽车行驶距离和时间的设备是挂在汽车上的第五个车轮，故称其为五轮仪。汽车试验用五轮仪已发展了三代（图 9-1），尽管第二代和第三代的五轮仪已不再用第五车轮，但业内仍习惯于将其称为五轮仪。由于第一代五轮仪需要第五车轮在路面上滚动来完成相关测试，所以将其称为接触式五轮仪；第二代利用光电传感器实现非接触测试；第三代利用的是卫星定位原理完成测试。目前，国内仍有部分单位在使用第一代五轮仪。而已购买了第二代非接触式五轮仪的单位，大多都购买了第三代 GPS 五轮仪（又称 GPS 测速仪）。GPS 测速仪的突出特点是使用十分方便，但由于 GPS 的位置精度通常只能达到 20cm，因此其测试精度比非接触式五轮仪稍低。

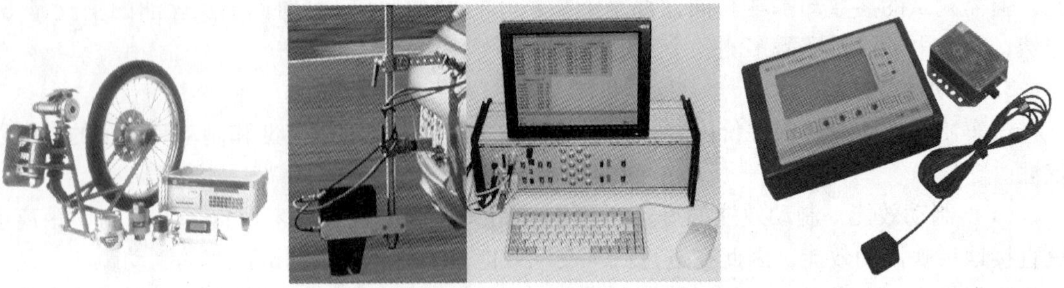

a)　　b)　　c)

图 9-1　汽车试验用五轮仪

a）接触式五轮仪　b）非接触式五轮仪　c）GPS 五轮仪

所有类型的五轮仪均可完成汽车动力性和不带 ABS 系统汽车制动性能中全部项目的试

验工作。通常五轮仪均自带燃油流量传感器的接口，对于以内燃机为动力的传统汽车，配上一个燃油流量传感器便可以完成汽车经济性试验全部项目的测试工作；对于电动汽车的能量消耗量试验，只需再配一只电能表就可满足其经济性试验的要求。图 9-2 所示是目前常用的燃油流量传感器，可用于所有流体类燃料(汽油、柴油、酒精及生物油料等)发动机汽车及混合动力电动汽车燃料经济性试验。

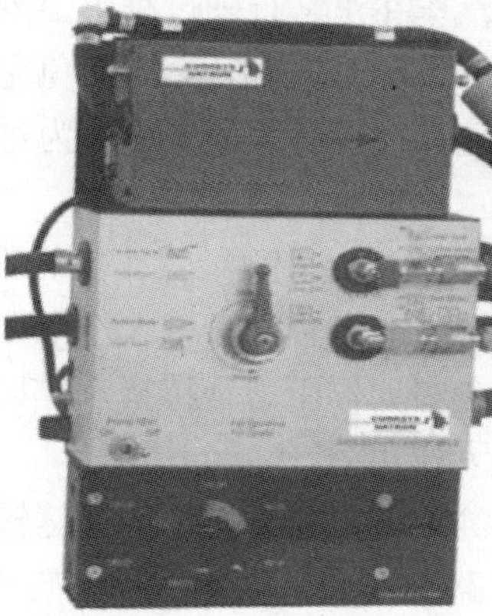

图 9-2　燃油流量传感器

图 9-1b 所示的非接触式五轮仪事实上就是第七章介绍的虚拟仪器系统在汽车试验中的典型应用，在该非接触式五轮仪的基础上配置四个车轮增量传感器(图 9-3)、四个制动管路压力传感器(图 9-4)和一个制动踏板开关就可以完成各类汽车制动性能全部项目的试验工作。

图 9-3　车轮增量传感器

图 9-4　管路压力传感器

第二节　汽车操纵稳定性试验内容与设备

汽车操纵稳定性是汽车转向操纵性能与汽车行驶稳定性的总称。对于汽车操纵稳定性试验国际上尚没有统一的标准，其评价方法亦有主观评价和客观评价两种。国际上颇具影响的汽车公司都很重视主观评价的结果，有的汽车公司甚至将试验工程师对新开发车型操纵稳定性的主观评价结果作为该车型是否可以投放市场的依据。我国专门制定了汽车操纵稳定性的试验标准，共有六项内容，其中操纵性试验标准两项，分别是转向轻便性试验和蛇行试验；行驶稳定性试验有四项标准，分别是稳态回转试验、转向回正性能试验、转向盘转角脉冲输入试验和转向盘转角阶跃输入试验。

一、汽车转向轻便性

转向操纵力的大小与汽车行驶速度有关，汽车的行驶速度越高，所需的转向操纵力越小；反之，汽车行驶速度越低，所需的转向操纵力越大；汽车原地操纵转向盘(俗称原地操舵)所需的转向操纵力最大。

1. 汽车转向轻便性的评价指标

尽管汽车在正常行驶过程中很少出现原地操舵的现象，但在狭窄路段调头或在拥挤的停车场泊车等情况下，有时不可避免会采用原地操舵的操作方式。为此，各国的汽车标准中常将汽车原地操舵所需的最大力作为对汽车转向系统的一项最低要求，各汽车生产厂商必须严格遵守。

GB/T 6323.5—1994《汽车操纵稳定性试验方法 转向轻便性试验》中所列汽车转向轻便性评价指标主要有转向盘最大作用力和转向盘作用功。在此需特别指出的是，国家标准中列出的转向盘最大作用力是特指汽车以(10 ±2) km/h 的车速沿双绞线轨迹行驶时作用在转向盘上的最大作用力。

若单纯就转向轻便而论，显然转向盘最大作用力和转向盘作用功越小越好。但转向轻便往往与“路感”是一对矛盾体。转向越轻便，路感会越差。当转向盘最大作用力小到某一数值时，高速行驶的汽车将会失去路感。实践表明，没有路感的车辆是极不安全的。正因为如此，各国乃至不同的汽车公司对汽车转向轻便性都有各自不同的指标值。美系和欧系车转向操纵相对较重，亚系车的转向操纵相对较轻。

2. 试验方法

欲得到转向轻便性的评价指标值，需对汽车沿双绞线轨迹行驶过程中转向盘作用力 F、转向盘转角 θ 进行测试，并利用五轮仪实时向驾驶员提供车速信息，以确保汽车在试验过程中的行驶速度符合(10 ±2)km/h 的要求。

二、蛇行试验

人们都有这样的经验，即汽车低速行驶时较易掌控；高速行驶时汽车的操控相对较困难，尤其是高速行驶在弯道多而急的道路上。欲改善汽车在弯道上高速行驶的转向操纵性能，需进行针对性的试验。经深入研究发现，蛇行穿杆试验不失为考核汽车转向操纵性能的一种最佳方法。

1. 试验方法

在任意方向坡度不大于2%的平直、干燥、清洁的混凝土或沥青路面上，按图 9-5 及表 9-1 的规定，布置标桩 10 根。试验汽车先以近似 1/2 的基准车速的稳定车速蛇行通过试验路段，然后逐次提高车速(车速间隔自行选择)蛇行通过试验路段，试验车速最高为80km/h。

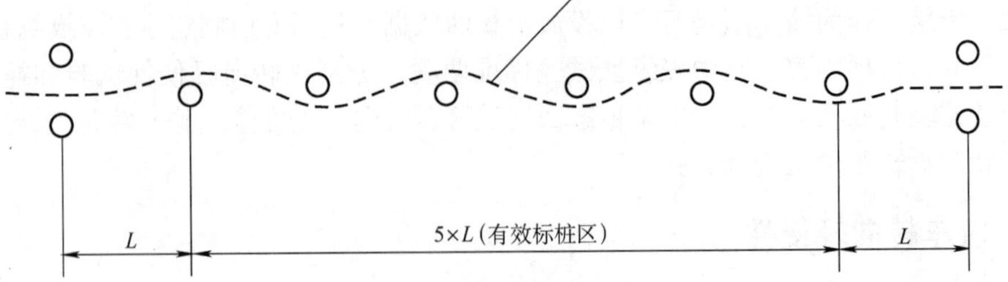

图 9-5 标桩的布置

表 9-1　标桩距与基准车速

汽车类型	标桩间距/m	基准车速/(km/h)
轿车、轻型客车及最大总质量小于或等于 2.5t 的货车和越野汽车	30	65
中型客车及最大总质量大于 2.5t 小于或等于 5t 的货车和越野汽车		50
大型客车及最大总质量大于 6t 小于或等于 15t 的货车和越野汽车	50	60
特大型客车及最大总质量大于 15t 的货车和越野汽车		50

2. 评价指标

（1）蛇行车速

大量的试验表明，能够有效蛇行通过试验路段的车速越高，其转向操纵性能越好。试验标准规定蛇形试验的最高车速为 80km/h，但对于转向操纵性能差的车辆，往往达不到 80km/h 的蛇行车速。显然，蛇行车速是蛇行试验最重要的评价指标。

（2）平均转向盘转角

汽车蛇行时转向盘平均转角的大小反映了转向操纵的灵敏性。往往转向操纵的灵敏性与转向轻便性是一对矛盾体，尽管动力转向系统的广泛应用使得这一矛盾不像以往那样突出，但若既要转向灵敏又要转向轻便则必然带来另外一些问题，即①动力转向系统的能耗增加，进而影响汽车的燃料经济性；②汽车高速行驶时将失去路感（解决这一问题最好的办法是采用电动助力转向系统）。

（3）平均横摆角速度

横摆角速度是汽车行驶稳定性的一个重要评价指标，尽管蛇行试验的目的是考核汽车的转向操纵性能，但若汽车在行驶过程中正常的转向操纵会带来行驶稳定性的下降。显然这类汽车的转向操纵性能肯定不符合行驶安全的要求。

（4）平均侧向加速度

侧向加速度是曲线运动的固有特征，其大小与汽车行驶的速度和曲线曲率有关。速度越高、曲率越大，则侧向加速度越大，若不同的车辆以相同的速度沿曲线行驶，其侧向加速度的大小与曲线曲率成正比。图 9-5 中的虚线是汽车蛇行试验的理想轨迹。事实上，众多的汽车高速通过蛇行试验路段的实际轨迹会明显偏离那条理想的轨迹曲线。其偏离量越大，则实际轨迹曲线的曲率越大，汽车蛇行的侧向加速度越大，汽车遵循驾驶员给定行驶路线的能力越差，即汽车转向操纵性能亦越差。

三、稳态回转试验

汽车的行驶稳定性与转向特性直接相关，具有过度转向特性的车辆转弯行驶时易出现危险急转而翻车的现象。基于行车安全的考虑，应使汽车具有一定的不足转向量。稳态回转试验的目的在于测试汽车的转向特性，评估汽车弯道行驶的安全性。

1. 评价指标

判断汽车转向特性最直接的方法是：在保持转向盘转角不变的情况下，若汽车的转弯半径随车速的上升而增大，即为不足转向特性；反之，汽车的转弯半径随车速的上升而减小，即为过度转向特性；若汽车的转弯半径不随车速的变化而变化，则为中性转向。显然，转弯半径比是汽车转向特性最直接的评价指标。汽车具有不同转向特性的直接原因是轮胎的侧偏特性，前后轮侧偏角差是汽车转向特性的另一个评价指标。汽车转弯行驶时，车身侧倾角大会给人一种极不安全的感觉，因此汽车稳态回转的第三个评价指标是车身侧倾角。

2. 试验方法

在试验场地上用明显颜色画出半径为15m或20m的圆周，驾驶员操纵汽车以最低稳定速度沿所画圆周行驶，测出汽车的行驶车速及转向盘转角，固定转向盘不动，缓缓连续而均匀地加速(纵向加速度不超过$0.25\mathrm{m/s^2}$)，直至汽车的侧向加速度达到$6.5\mathrm{m/s^2}$(或受发动机功率限制而所能达到的最大侧向加速度或汽车出现不稳定状态)为止，记录汽车横摆角速度、前进车速、车身侧倾角、汽车纵向加速度和侧向加速度。

四、转向回正性能试验

为了减轻驾驶员的疲劳，汽车驶离弯道后，应能自动回复到原来的直行状态。汽车的这种性能正好使其具有维持直行的能力，是汽车行驶稳定性的重要保证。汽车回正能力过强，会带来转向轮摆振。汽车回正能力的大小随车速的上升而增大。为此，欲了解汽车的转向回正性能，需测试汽车高速和低速的回正能力。

1. 试验方法

(1) 低速回正性能试验　在试验场地上用明显的颜色画出半径为15m的圆周，试验车直线行驶，记录各测量变量零线，然后调整转向盘转角，使汽车沿半径为$(15\pm1)\mathrm{m}$的圆周行驶，调整车速，使侧向加速度达到$(4\pm0.2)\mathrm{m/s^2}$，固定转向盘转角，稳定车速并开始记录，待3s后，突然松开转向盘(节气门开度保持不变)记录松手后至少4s的汽车运动过程。对于侧向加速度达不到$(4\pm0.2)\mathrm{m/s^2}$的汽车，按所能达到的最高侧向加速度进行试验。

(2) 高速回正性能试验　试验车以最高车速的70%(按四舍五入的方法圆整为10的整数倍)的车速直行，逐渐转动转向盘，直到汽车的侧向加速度达到$(2\pm0.2)\mathrm{m/s^2}$，待汽车稳定后，突然松开转向盘记录松手后至少4s的汽车运动过程。

2. 评价指标

汽车转向回正性能的影响因素除前面提及的回正能力的强弱外，还有回正的快慢。其评价指标有超调量、稳定时间、残留横摆角速度及横摆角速度的自然频率。

五、转向盘转角脉冲输入试验

汽车在行驶过程中，有时需要紧急避让突如其来的障碍，其操作方法是突然向左(或向右)将转向盘转过某一角度，在极短的时间内迅速将转向盘拉回原直行位置。汽车在如此的状态下也应能安全稳定行驶。

1. 试验方法

试验车以70%的最高车速(按四舍五入圆整为10的整数倍)直线行驶，在0.3s(最多不超过0.5s)的时间内给转向盘一个三角脉冲转角输入后保持转向盘不动直到回到稳定的直行状态。试验过程中，转向盘的最大转角应使汽车最大侧向加速度为$4\mathrm{m/s^2}$。记录试验的全过程。

2. 评价指标

汽车转向系事实上是一个复杂的动态系统，传递函数和频率响应函数能完整表达任一系统的动态特性。由于脉冲响应函数和频率响应函数是一对傅氏变换对，脉冲输入简单易行，因此常用脉冲输入法获取系统的频率响应函数。频率响应函数是一复函数，函数的模称为幅频特性，函数的相位差称为相频特性。转向盘转角脉冲输入试验的评价指标是汽车横摆角速度的幅频特性和相频特性。

六、转向盘转角阶跃输入试验

对于汽车转向操纵而言，转向盘转角脉冲输入只是一种理论上的概念，实际能够达到的效果是三角波输入而并非脉冲，由此得到汽车横摆角速度的幅频特性和相频特性并不能完整地表达转向系统的动态特性，为此还希望借助于其他典型输入一并来评价汽车转向系统。比较容易实现的就是转向盘转角阶跃输入。

1. 试验方法

试验车以70%的最高车速(四舍五入将其圆整到10的整数倍)直线行驶，待稳定后以最快的速度(阶跃时间不大于0.2s或阶跃速度不低于2000°/s)转动转向盘，使其达到预先选好的位置(按稳态侧向加速度值1~3m/s^{2}确定，从侧向加速度为1m/s^{2}做起，每间隔0.5m/s^{2}进行一次试验)固定数秒钟(待所测变量过渡到新稳态值)，记录试验全过程，记录过程中保持车速不变。

2. 评价指标

转向盘转角阶跃输入试验的评价显然应依据记录的横摆角速度与侧向加速度阶跃响应试验曲线，计算出表征阶跃响应曲线的特征量：响应时间、超调量及总方差。

七、汽车操纵稳定性试验设备

尽管汽车操纵稳定性六项试验的内容、目的和方法各不相同，但将各项试验所要测试的量综合起来大致是汽车的纵向行驶速度与加速度、横摆角速度、侧向加速度、车身侧倾角、转向盘转角与转矩等七项。显然，汽车纵向行驶速度与加速度的测量用前面述及的三种五轮仪中的任何一种均可实现；转向盘转角与转矩的测量通常采用转向盘转矩/转角传感器。横摆角速度、侧向加速度及车身侧倾角的测试有以下两种不同的设备组合方式，即

1）利用陀螺仪测量车身侧倾角、惯性式加速度传感器测试汽车的侧向加速度(此二者常做成一个整体)，利用式(9-1)计算汽车横摆角速度ω_τ。

$$\omega_\tau = \frac{a_y}{v_a} \tag{9-1}$$

式中 a_y——汽车的侧向加速度，m/s^2；

v_a——汽车的纵向行驶速度，km/h。

2）利用安装在车身两侧的两个高度传感器测出汽车左右侧离地的高度h_l、h_r，利用式(9-2)计算车身侧倾角Φ。

$$\Phi = \arctan\frac{|h_l - h_r|}{L} \tag{9-2}$$

式中 L——车身左右两侧高度传感器的距离。

利用侧向速度传感器测试汽车的横向速度v_y(汽车纵向速度和横向速度传感器常做成一

体)，将其对时间微分即是汽车的侧向加速度 $a_y\left(a_y=\frac{dv_y}{dt}\right)$，将相关量代入式(9-1)便可计算出汽车的横摆角速度 ω_τ。汽车操纵稳定性试验设备如图 9-6 所示。

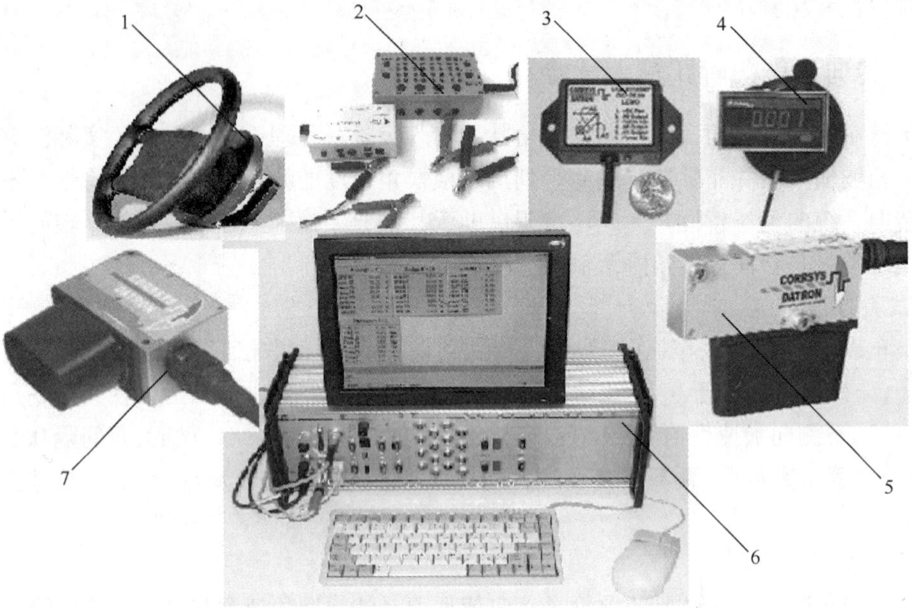

图 9-6　汽车操纵稳定性试验仪器系统

1—转向力/转向角传感器　2—配电盒　3—带侧向加速度传感器的陀螺
4—外接数字显示器　5—高度传感器　6—带数据采集的计算机系统　7—双向速度传感器

第三节　汽车行驶平顺性试验内容与设备

测试汽车行驶平顺性的目的在于：①保证乘员的舒适与健康；②避免货物在运输途中的损坏。振动是导致乘员感到不适及货物损坏的直接原因。振动的大小可以用位移、速度和加速度三者中任意一个量完整地描述，对于高速行驶的汽车而言，由于加速度是最容易测试的量，因此汽车行驶平顺性的测试量是汽车行驶时的振动加速度。

一、试验方法

将三向加速度传感器安装在下述测试位置：

1）轿车：左侧前排和后排座椅上。

2）客车：驾驶员座椅、左侧后轴上方座椅和最后排座椅上。

3）其他类型汽车：驾驶员座椅、车厢底板中心、距车厢边板与车厢后板各 300mm 处。

安装在座椅上的加速度传感器应在人体与座椅间放入一安装传感器的垫盘。试验时，汽车以规定的车速匀速驶过试验路段。试验应分别在沙石、沥青及混凝土三种不同路面上进行。进入试验路段时，启动测试仪器测量各测试部位的加速度时间历程，同时测量通过试验路段的时间以计算平均车速。样本记录时长不小于 3min。

二、试验仪器

汽车行驶平顺性试验所要测试的参数是汽车的行驶车速 v_a 和振动加速度(a_x, a_y, a_z)，相应的测试仪器是 GPS 速度传感器(最方便)和三向加速度传感器，如图 9-7 所示。

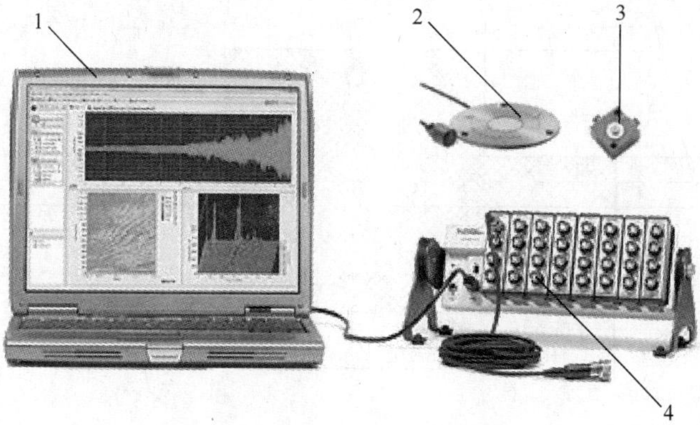

图 9-7　汽车行驶平顺性测试系统
1—信号处理计算机　2—加速度传感器(座椅)
3—加速度传感器(车厢底板)　4—数据采集装置

第四节　汽车噪声试验与设备

噪声的危害早在很久以前就已被人类所了解，但由于噪声污染不像空气污染和水污染那么显而易见，所以人们对其不够重视。为了减小噪声对人体健康的影响，我国政府早在 20 世纪 80 年代初就制定了关于环境噪声、发动机噪声、汽车行驶噪声等的各类标准，对于控制噪声污染起到了重要作用。

一、汽车行驶噪声试验方法

汽车行驶噪声的测试有车外噪声(加速行驶)和车内噪声(匀速行驶、全节气门加速行驶、定置)两大类，其中加速行驶的车外噪声反映的是汽车噪声对环境的影响；匀速、全节气门行驶、定置的车内噪声反映的是汽车噪声对驾驶员及乘员的影响。

1. 加速行驶车外噪声的测试方法

汽车加速行驶车外噪声的测试在空旷的室外场地上进行，测试场地的要求及声传感器的安装位置如图 9-8 所示。加速路段长 2×(10±0.05)m，AA′(或 BB′)为汽车加速的始端线，BB′(或 AA′)是汽车加速的终端线。汽车按规定的档位和车速沿中心线稳定行驶，当汽车前端到达始端线时，以尽可能快的速度踩下加速踏板并保持不变，直到汽车尾端通过终端线。试验往返各进行 2 次，用声级计的快档记录汽车通过测试区的最大声级，每次测得的分贝数减去 1dB(A)作为测试结果。同侧 4 次测试结果的最大差值应小于 2dB(A)，否则应重新测试。汽车进行噪声测试时必须是空载。

2. 车内噪声的测试方法

汽车车内噪声测试包括匀速行驶、全节气门加速行驶和车辆定置三种不同工况，测试位

置如图 9-9 所示。车辆载荷状态：空载、只允许测试设备和必不可少的人员留在车内(驾驶

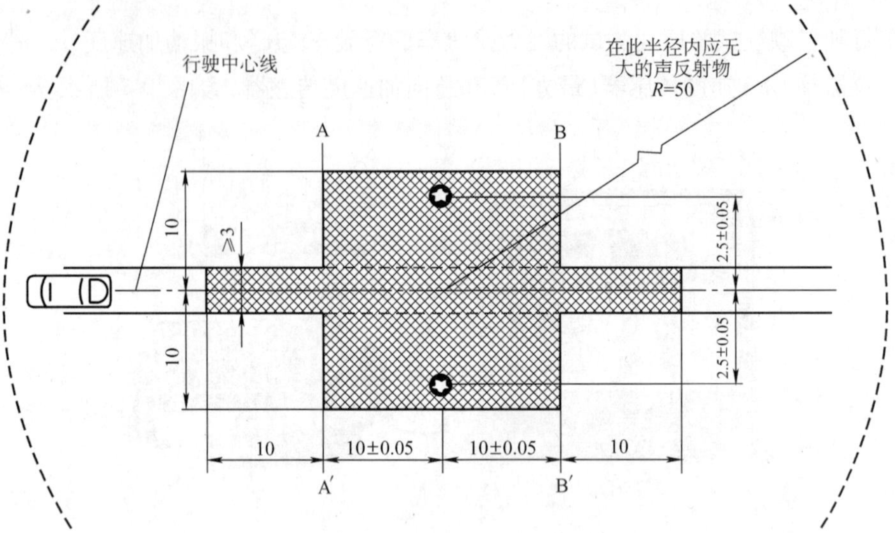

图 9-8　测试场地及声传感器的布置

图中尺寸单位是 m☆—声传感器的安装位置，声传感器离地高(1.2 ±0.02)m

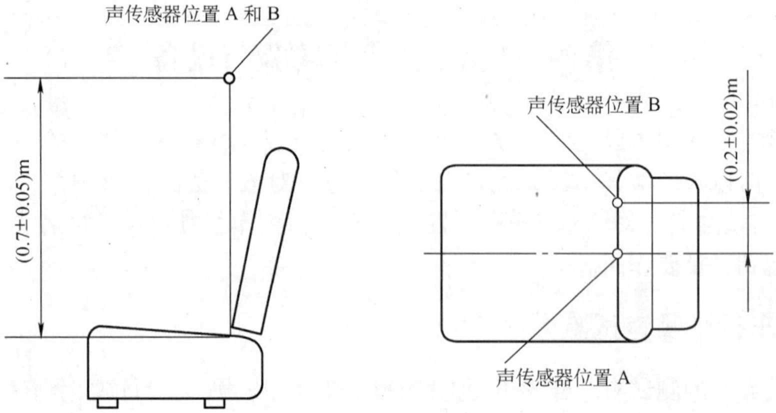

图 9-9　车内噪声的测试位置

测试驾驶员座椅处噪声时应将声传感器置于位置 B

其他座椅处应将声传感器置于位置 A

室内的人员不得超过 2 人)；开口(天窗、进风口、出风口等)必须关闭；辅助装置(刮水器、风扇、空气调节系统等)在噪声测试过程中不得工作。测点数：对于轿车和载货汽车，至少应测试驾驶员座椅和乘客坐椅 2 个点；对于小型客车，至少应测试驾驶员座椅、中间座椅及后排座椅 3 个点；对于中型及大型客车，则至少应测试驾驶员座椅、中间座椅、后轴上方座椅和后排座椅等 4 个点。

(1) 匀速行驶的车内噪声　在 60km/h 或 40% 的最高车速(取小者)至 120km/h 或 80% 的最高车速(取小者)的范围内至少以等间隔的 5 种车速进行 A 声级的测量。

(2) 全节气门加速行驶的车内噪声　汽车置最高档(若变速器置最高档,发动机额定转

速的 90% 所对应的车速超过 120km/h 时，选用次高档）以 45% 的发动机额定转速所对应的车速全节气门加速至 90% 的发动机额定转速所对应的车速或 120km/h 的车速（取小者），记录车内各测点噪声 A 声级的最大值。

（3）定置的车内噪声　将变速器置于空档，起动发动机使之以怠速稳定运转，尽可能快地将节气门全开，发动机达到高转速后至少保持 5s，记录发动机怠速运转的噪声和发动机加速运转过程的最大噪声。

在进行汽车噪声测试之前，应进行一定里程的预热行驶，直至达到正常的热状态。

二、汽车噪声试验用仪器设备

汽车噪声试验用仪器设备主要是精密声级计和信号采集与处理设备。汽车行驶噪声分析处理的方法、所用的工具都与汽车振动及行驶平顺性试验的相近，所不同的是噪声分析设备要求有较高的采样频率。因此采样频率高的振动分析设备均可用于汽车行驶噪声的处理。即便是专用的汽车行驶噪声分析设备，其组成与工作原理亦与前面介绍的汽车行驶平顺性处理设备相同，故在此不再重复。

第五节　汽车道路动态试验系统

汽车技术与产业的高速发展，需要进行试验的项目和内容越来越多。为了节省试验成

图 9-10　汽车道路动态试验系统

本、简化试验过程、提高试验效率，近些年，汽车试验仪器生产企业基于美国国家仪器公司提出的虚拟仪器的概念，开发出了以计算机为平台、以软件为核心、可以根据试验项目和内容的实际需要灵活组合、能完成汽车道路试验全部内容的仪器系统，即汽车道路动态试验系统。该试验系统除具有上述汽车各项性能试验的功能外，还可以进行各类探索、研究性的试验，如汽车车轮的运行姿态、车身的仰俯与侧倾、温度场与声传递特性等等。图 9-10 所示是汽车道路动态试验系统的组成示例。

第十章 10

汽车室内台架试验系统

汽车室内台架试验的特点是精度高、试验不受室外环境条件的影响，因此实验效率高、实验结果的重复性好。室内台架试验系统不仅可以进行机构、总成及零部件试验，如发动机、变速器、悬架装置等的性能和它们的结构强度、刚度、疲劳寿命、耐久性等，还可进行整车性能试验，如动力性、经济性、制动性、操纵稳定性、平顺性等。

第一节　汽车整车性能室内台架试验系统

汽车性能只有在运行的过程中才能体现出来，为此要想在室内进行整车性能试验，就必须让汽车运行起来。然而，将试验道路建在室内不太现实，为此常利用转鼓替代汽车行驶的路面，即转鼓试验台，又称汽车底盘测功机，是汽车在室内进行整车性能试验最基础的设备。

一、汽车底盘测功机的结构形式

汽车底盘测功机有二轮单鼓、二轮双鼓、四轮单鼓和四轮双鼓等多种不同的结构形式，如图10-1、图10-2、图 10-3 和图 10-4 所示。双鼓式汽车底盘测功机其转鼓直径较小，大多在 ϕ300 ~ 500mm；单鼓式汽车底盘测功机的转鼓直径较大，目前转鼓直径最大的汽车底盘测功机，其转鼓直径达 ϕ6300mm；转鼓直径最小的单鼓式汽车底盘测功机，其转鼓直径通常也在 ϕ500mm 以上。

图 10-1　二轮单鼓

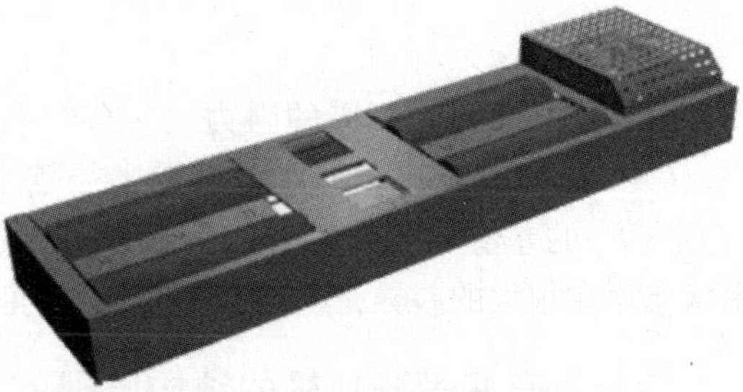

图 10-2　二轮双鼓

汽车底盘测功机的结构型式和转鼓直径的大小对试验精度有很大影响。要想获得高精度的测试结果，常采用大直径的单鼓式汽车底盘测功机。其原因是：当转鼓直径 D 远大于汽车车轮直径 d 时，车轮在转鼓上行驶的动力学特征与在道路上行驶时的动力学特征十分接近，即转鼓曲率对测试精度的影响非常小。理论和实践都表明，当转鼓直径达到 6m 以上时，转鼓曲率对测试结果的影响几乎可以完全忽略不计；若继续增大转鼓的直径，对测试精

图 10-3　四轮单鼓

图 10-4　四轮双鼓

度的贡献已微乎其微，但设备的制造成本却会大幅上升。正因为如此，在进行高精度汽车动力性和经济性试验时，多采用大直径单鼓式汽车底盘测功机，尤其是大直径四轮单鼓式汽车底盘测功机。即便是对于单轴驱动的汽车亦是如此，因为四轮转鼓能准确再现汽车行驶时的滚动阻力。由于大直径单鼓式汽车底盘测功机的体积庞大、制造成本因转鼓直径的增大而大幅提高。因此，对于滚动阻力的大小对测试结果不构成明显影响的试验项目，如汽车噪声、排放、行驶可靠性与耐久性等试验项目通常都采用体积小、制造成本较低的双鼓式或转鼓直径相对较小的单鼓式汽车底盘测功机。

对于双鼓式汽车底盘测功机，由于转鼓直径不可能做得很大，因此转鼓曲率对测试结果的影响不可忽视。不仅如此，由图 10-5 不难看出，车轮在双鼓上运行的受力状态与在道路上行驶时的受力状态完全不同。汽车在双鼓式底盘测功机上运行时，车轮由两个转鼓支承，其支承力 F_1 和 F_2 与车轮的垂直载荷 G 间的夹角为 α，若忽略车轮驱动力所带来的转鼓支承力的变化，则此三力之间的关系是

$$G=(F_1+F_2)\cdot\cos\alpha \tag{10-1}$$

由于 $\cos\alpha<1$，因此 $F_1+F_2>G$，汽车在转鼓上行驶的滚动阻力比在道路上行驶的阻力大。车轮半径越大，α 越小，G 与 F_1+F_2 的差值越小；车轮半径越小，α 越大，G 与 F_1+F_2 的差值越大。此外，由于汽车在双转鼓上车轮与转鼓的作用状态与在路面上的作用状态存在很大的差异，这也会带来较大的测试误差。

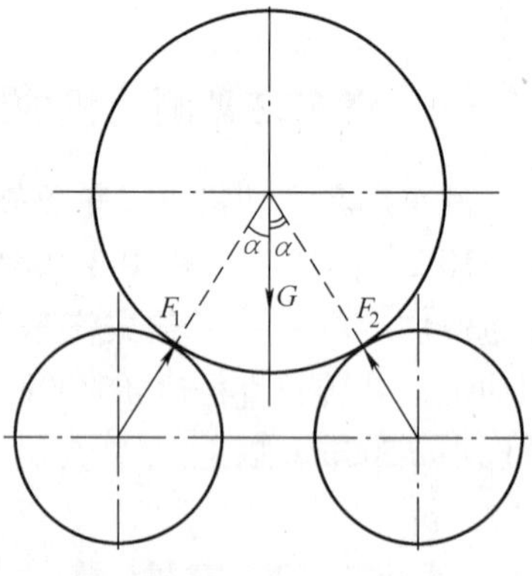

图 10-5　双鼓式底盘测功机车轮在转鼓上的受力

二、汽车底盘测功机的结构原理

汽车底盘测功机主要有测功机、传感器、转鼓组件、控制系统与车辆固定装置等组成，如图 10-6 所示。转鼓组件 4 是汽车室内性能试验的行驶“路面”；汽车在室内试验时，由于汽车没有移动，只是车轮推动转鼓转动，汽车在道路上行驶的空气阻力、坡道阻力及加速阻力均不存在，因此需要借用电力测功机 1 模拟汽车行驶时的空气阻力、坡道阻力及加速阻力；为了得到测试结果，需要在汽车底盘测功机上安装各种传感器，如转矩传感器、转速传感器等；为了获得所需的测试精度，需对模拟汽车行驶的各种阻力及汽车的驾驶操作进行准

确控制，其控制对象是电力测功机 1 和自动驾驶仪 2；为保证汽车在底盘测功机上安全可靠运行，需要一套专用的车辆固定装置。

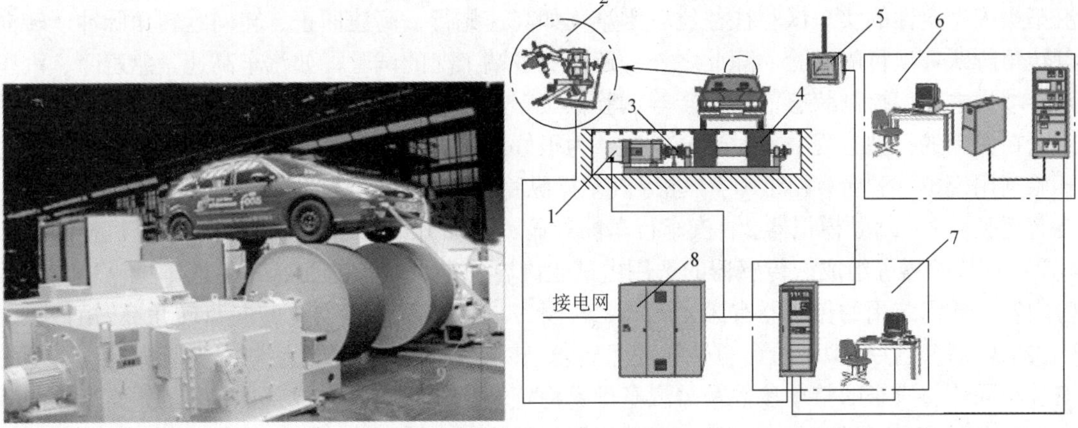

a)　　b)

图 10-6　汽车底盘测功机的组成

a）汽车底盘测功机的外形　b）底盘测功机的组成

1—电力测功机　2—自动驾驶仪　3—测试用传感器　4—转鼓组件

5—显示器　6—实验室中心机房　7—主控计算机　8—电源柜

汽车底盘测功机的核心部分是测功机和计算机控制系统，当然，为了满足某些特殊性能试验的需要，需对汽车底盘测功机的机械部分（转鼓组件、动力传动装置、测功机等）进行特殊设计。如要在室内测试汽车的行驶噪声，需要用专门设计的低噪声汽车底盘测功机。

测功机有水力、电涡流和电力等多种不同的结构型式。由于电力测功机既可模拟汽车行驶时的各种阻力，又可利用其驱动功能模拟汽车的惯性，因此装用电力测功机的汽车底盘测功机具有最优的各项性能。此外，电力测功机在模拟汽车行驶阻力的过程中处于发电模式，汽车车轮施加给测功机的机械能被转换为电能并回馈给电网，因此它具有良好的节能效果。

水力测功机和电涡流测功机都不具有驱动功能，为了模拟汽车行驶时的惯性，常在汽车底盘测功机上配有可自由组合的惯性飞轮组。

计算机控制系统是汽车底盘测功机的“神经中枢”，控制试验的全过程。底盘测功机性能的优劣在很大程度上取决于计算机控制系统软件的功能。

三、汽车整车室内台架试验的内容

汽车整车室内台架试验的内容十分丰富，除前面述及的汽车动力性和经济性的各项性能外，室内台架试验还可以进行汽车制动性能（见图 8-4）、汽车低高温环境实验（见图 1-13a）、汽车噪声试验（见图 1-13b）、汽车操纵稳定性试验、汽车行驶平顺性试验、汽车排放试验及其他各类研究性试验。

汽车动力性、经济性、噪声、环境、可靠性与耐久性等的室内试验，所用的主体基础设备都是汽车底盘测功机，对于不同的试验项目，视其试验内容和要求的不同，在室内构建与之相适应的测试环境，并补充相应的传感器就可完成相关的试验，故在此不再展开讨论。下面仅对试验设备较为特殊的汽车操纵稳定性和行驶平顺性试验进行简要介绍。

1. 汽车操纵稳定性试验系统

由于汽车操纵稳定性试验直接影响到行车安全，因此世界各大汽车公司都十分重视。但汽车操纵稳定性的实车试验往往比较困难，如高速蛇行、高速回正、转向盘转角脉冲、转向盘转角阶跃等项目的试验。除此之外，还有更极端工况的试验，如汽车高速紧急避障、汽车下陡坡失去速度控制状态下的急转等试验在实车上几乎根本不可能进行，但类似的上述极端工况在实际的行驶过程中不时还会发生。为很好地解决汽车操纵稳定性问题，有些汽车公司开始利用模拟试验台(见图 10-7)进行汽车操纵稳定性试验。汽车操纵稳定性模拟试验台主要有驾驶舱 3、驾驶模拟器 2、汽车行车场景显示系统 1、液压伺服系统 4、计算机控制系统 5 及各种传感器等组成。传感器的选用由试验内容确定。对于前面所述的汽车操纵稳定性试验内容，均需装用的传感器有激光陀螺、车身三向加速度传感器、转向盘转角/转矩传感器(有的操纵稳定性模拟试验台自带转向盘转角/转矩传感器)等。传感器的安装和在汽车上的安装相同。将汽车的整车参数及与汽车操纵稳定性相关的汽车总成部件的参数(如车轮的垂直与侧向刚度、悬架的刚度与阻尼比、转向器的结构型式、转向系统的刚度与阻尼、整车质量与轴荷分配等等)、试验所需要的道路状态参数与试验内容等输入模拟试验台的计算机控制系统，计算机控制系统便可配制出试验所需的试验场景并控制液压伺服系统根据试验操作的要求同步驾驶室的运动。

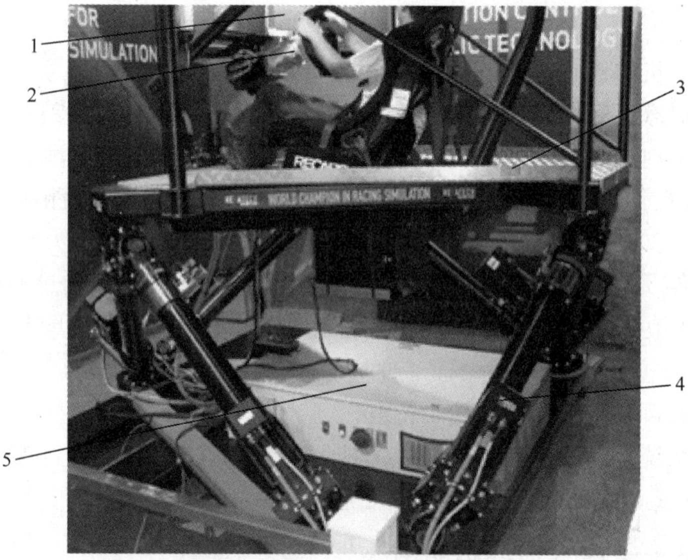

图 10-7　汽车操纵稳定性模拟试验台
1—汽车行车场景显示系统　2—驾驶模拟器　3—驾驶舱
4—液压伺服系统　5—计算机控制系统

2. 汽车行驶平顺性试验系统

汽车行驶平顺性台架试验需在专门的单鼓四轮式汽车底盘测功机上进行，如图 10-8 所示。该底盘测功机与前面述及的单鼓四轮式汽车底盘测功机的最大区别是：①四个转鼓不是固定的，可以根据所加载的路谱上下运动；②转鼓表面装有与所试路面状态接近的一层特殊组件(见图 10-9)。需进行在不同路面上的行驶平顺性试验时，只需更换安装在转鼓表层的与所试路面相对应的组件，并输入相应的路谱，试验时汽车底盘测功机的四个转鼓在转动的同时依据路谱进行振动。该底盘测功机除可进行室内汽车行驶平顺性试验外，还可以进行汽车整车的行驶可靠性与耐久性试验。

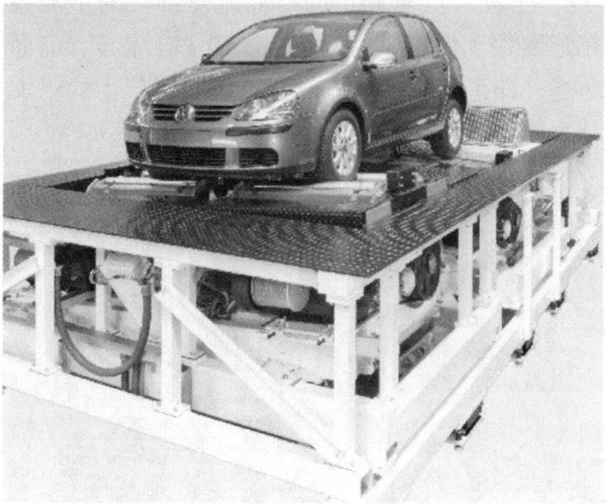

图 10-8　汽车行驶平顺性试验台

图 10-9　转鼓表面状态

第二节　汽车整车道路振动模拟试验系统

汽车整车的振动特性、汽车结构件与传力部件的结构疲劳强度、整车异响评估、汽车悬架与车身的可靠性及耐久性等性能参数，是汽车研发过程中必需的重要技术资料。为了快速方便地获得这些性能参数，目前国际上的汽车制造商普遍采用汽车整车道路振动模拟试验系统。

汽车整车道路振动模拟试验于 20 世纪 60 年代中期开始用于研究汽车整车可靠性，近些年该项试验技术的发展十分迅速，其应用范围已拓展到了整车异响评估、噪声与汽车整车动态特性研究等领域。汽车整车道路振动模拟试验的工作原理是：根据引起汽车疲劳损伤的主要因素，编排汽车在典型道路或汽车试验场行驶的路面，采集汽车在典型道路或汽车试验场行驶过程中车轮轴头的振动响应信号，通过对所采集的信号的编辑和处理，获得汽车在行驶过程中的道路谱；然后，将汽车置于汽车整车道路振动模拟试验台上进行试验。在试验的起始阶段，先将汽车视作一个未知的控制系统，给车轮激振器一个噪声信号的驱动，通过测量该噪声信号产生的车轴响应及计算频率响应函数识别该未知系统。编排后的路谱信号是道路振动模拟试验期望得到的响应信号，将测得的车轴的频率响应函数信号与之进行比较，并通过反复迭代计算逐渐修正初始驱动信号，以得到模拟路面行驶所需的高精度目标驱动信号。再将获得的目标驱动信号作为输入进行试验。

汽车整车道路振动模拟试验台有电动式和电控液压伺服式两种。电控液压伺服式道路模拟振动试验台具有制造成本相对较低且性能优良的特点，因此得到了广泛的应用。汽车整车道路振动模拟试验台由液压站、带车轮（或车轴）托架的液压伺服激振器、路谱模拟控制器等组成。早期的汽车道路振动模拟试验台大多采用单轴式结构，如图 10-10 所示。尽管单轴振动试验方法作为一种通用试验方法的实用性已经被工程试验所证实，并以此为基础制定了许多振动环境试验的标准和规范，但用单轴振动能模拟汽车实际运行过程中的多轴振动环境的真实性仍受到质疑。为了获得更加精确、可靠的试验结果，三轴六自由度的汽车整车道路振动模拟试验系统受到了行业各界的广泛重视，已成为汽车制造与产品研发部门的主流设备。美国 MTS 公司生产的 MTS329 型汽车整车道路振动模拟试验台(见图 10-11)除具有前面述及的全部试验功能外，还增设了转向模拟功能，即可以模拟汽车转向行驶时所产生的附加侧向力，因此试验结果更加真实可靠。

图 10-10 单轴汽车道路振动模拟试验台

图 10-11 三轴六自由度的汽车整车道路振动模拟试验台

第三节 汽车排放试验系统

自 1957 年美国加州颁布实施世界上第一部汽车排放法规以来，世界各国陆续制定了自己的汽车排放法规。由于我国汽车产业的发展相对比较滞后，因此直到 1983 年才出台了第一份汽车排放标准，其内容是检测汽油车怠速污染物质量浓度和柴油车自由加速的烟度。但到 20 世纪末，由于汽车保有量的快速增长，汽车所带来的大气环境污染日益严重。我国对大城市大气环境监测的结果表明，汽车排放占大气环境污染物总量的百分比已超过 60%。为了改善大气环境质量，我国自 2001 年开始改变过去只检测汽油车怠速污染物质量浓度和柴油车自由加速烟度的方法，引进欧共体的汽车排放标准体系，制定了我国的第一部汽车排放法规，对新开发的车型采用工况法检测汽车排放有害气体的总量。由于受设备条件和可操作性等因素的限制，对于新车的出厂检验和在用车的检验，不得不沿用老标准，直到 2005 年才出台了新的简易工况法的汽车排放标准。

一、汽油车双怠速及简易工况法排放测试系统

我国汽车排放标准 GB 18285—2005《点燃式发动机汽车排气污染物排放及测量方法(双

怠速法及简易工况法)》中所述及的双怠速是指：发动机的怠速和“高怠速”两种运行状态。严格地讲，发动机的怠速只有一个，即发动机不带任何负荷状态下的最低稳定转速。国家标准中的高怠速是为了表达方便而创造出的一个特殊名词，国家标准规定，轻型汽车的高怠速转速为2500±100r/min；重型车的高怠速转速为1800±100r/min。双怠速排放的测试方法是：测试发动机怠速运行和高怠速运行工况所排出废气中HC、CO和NO_x等有害气体的质量浓度。

国家标准中定义的简易工况有三种：稳态工况、瞬态工况和简易瞬态工况。对于机动车保有量大、污染严重的地区，可任选其中一种。由于瞬态工况和简易瞬态工况排放检测的测定值是汽车按照规定的工况行驶，每一公里所排出HC、CO 、NO_x和CO_2等气体成分的质量。其检测设备应具有和下面将要介绍的“工况法”所用设备相同的功能，因此在实际中很少应用。

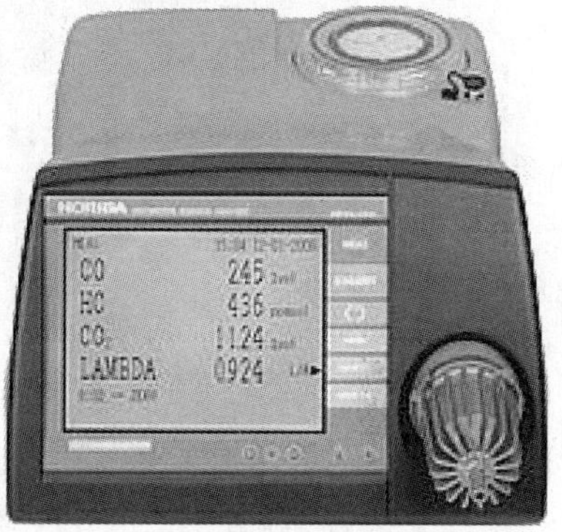

图10-12　五气分析仪

稳态工况排放检测，国家标准定义了两个匀速运行工况：一是汽车在底盘测功机上以25±1.5km/h的车速、50%的负荷匀速运行；二是汽车在底盘测功机上以40±1.5km/h的车速、25%的负荷匀速运行。测试此两个工况下汽车排气中HC、CO和NO_x等有害气体的质量浓度。

综上所述，双怠速排放测试所需的测试设备是能够检测HC、CO和NO_x等三种有害气体的废气分析仪。目前用得较多的是四气或五气分析仪，如图10-12所示。对于稳定工况的汽车排放检测，则需要将图10-12所示的四气或五气分析仪与图10-1和图10-2所示的汽车底盘测功机配合使用。

二、柴油车烟度测试系统

GB 3847—2005《车用压燃式发动机和压燃式发动机汽车排气烟度排放限值及测量方法》中规定，柴油车应对发动机全负荷稳定运转、自由加速及加载减速等运行状态的烟度进行检测。关于烟度的检测，目前的主流设备是不透光式烟度计，如图8-7所示。欲检测发动机全负荷稳定运转及加载减速等运行状态的烟度，还需调用汽车底盘测功机。

三、工况法汽车排放测试系统

我国汽车排放法规所规定的工况法采用的是欧共体的排放体系，测试汽车按照规定的15个工况运行4个循环加上400S的郊外高速运行工况全过程平均每公里所排出HC、CO、NO_x和PM(碳烟)等有害气体的质量(g)。由于工况法汽车排放测试需要模拟较为复杂的汽车运行工况，因此需要使用性能良好的高精度汽车底盘测功机；汽车排放污染物测试需采用的硬、软件设备有：汽车排放定容稀释采样系统、多组分排放分析系统、颗粒物测试系统、汽车排放检测控制系统和汽车排放测试主控软件系统等，如图10-13所示。

1. 汽车排放定容稀释采样系统

要想准确的检测出汽车排气中CO、HC、NO_x等有害气体的质量，目前常采用的方式是：利用清洁空气对排气进行稀释(稀释用清洁空气的质量是汽车排气的8倍以上)，然后采用汽车排放定容稀释采样系统，检测稀释后样气的质量浓度，便可计算出单位行驶里程的CO、HC、NO_x 质量。试验控制与数据处理由计算机控制系统自动完成。

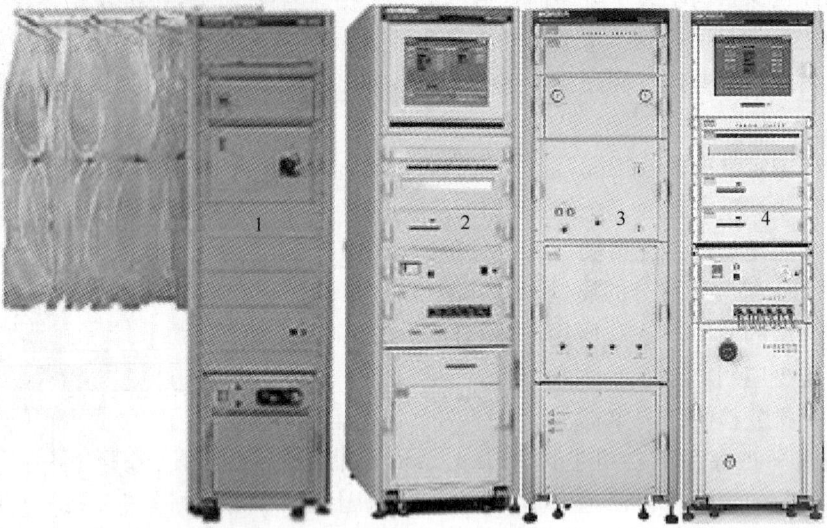

图 10-13　汽车排气污染物测试系统

1—汽车排放定容稀释采样系统　2—多组分排放分析系统　3—颗粒物测试系统　4—汽车排放检测控制系统

2. 多组分排放分析系统

多组分排放分析系统有直接模态大量检测、稀释排气检测、实时连续检测多种不同的数据处理方式，检测的气体包括 CO、CO_2、HC、NO_x、O_2等成分。

3. 颗粒物测试系统

颗粒物测试常用的有扩散荷电法和部分流法两种不同的测试方式。扩散荷电法的测试原理是汽车排出的废气经喷射泵稀释后，使气体离子带电，通过测量电流数值来计算颗粒物的质量浓度；部分流法的测试原理是按照一定比例对排气进行采样、稀释，然后通过过滤的方式采集并测试稀释排气中的颗粒物的质量。

4. 汽车排放检测控制系统

汽车排放检测控制系统的作用是对汽车排气污染物测试系统全工作过程的自动跟踪控制。其控制内容包括汽车底盘测功机的工况模拟控制和汽车排气的稀释与检测控制两大部分。汽车排放检测控制系统是汽车排气污染物测试系统的中枢神经系统。

第四节　汽车主要总成室内台架试验系统

汽车是一个由多总成部件构成的十分复杂的机电一体化系统，任何一个总成部件的质量与设计缺陷，都会对汽车整车性能构成极大的危害，为此汽车业界都十分重视汽车总成部件的试验工作。此外，汽车总成部件的种类、数量繁多，故汽车总成部件的试验设备必然十分繁杂，试验设备的种类、数量和试验内容比整车试验要多得多，由于受篇幅的限制不可能逐一介绍，在此只给出几个主要典型总成部件试验系统的示例。

一、发动机台架试验系统

发动机是汽车中结构最复杂、要求最高的总成，汽车各项性能直接或间接地受发动机性能的影响，因此在发动机的研发过程中需要做各类大量的试验。图 10-14 所示是发动机性能与道路行驶模拟试验系统，可以完成发动机的速度特性、负荷特性、万有特性、调速特性、可靠性耐久性及模拟汽车在道路上行驶时发动机的运行工况等试验；图 10-15 所示是发动机的噪声试验系统，用于测试或研究发动机的工作噪声；图 10-16 所示是发动机的排放试验系统，可以用来进行发动机的各类排放试验；图 10-17 所示是发动机消声器试验系统，用于测试或研究消声器的消声特性；图 10-18 所示是发动机转动惯量测试系统，可以方便快捷地测出发动机的转动惯量。

图 10-14　发动机性能与道路行驶模拟试验系统

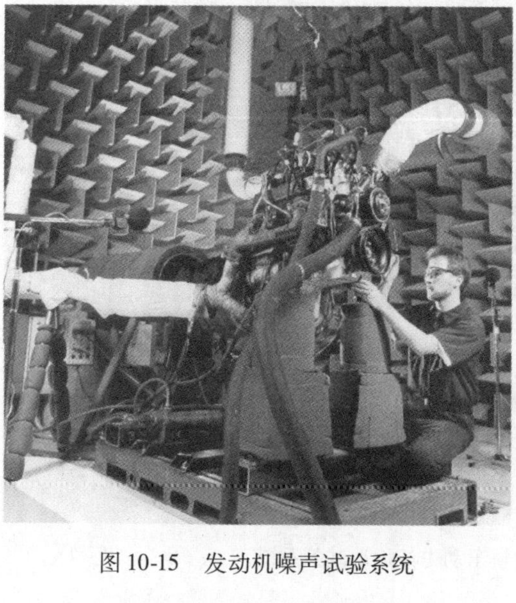

图 10-15　发动机噪声试验系统

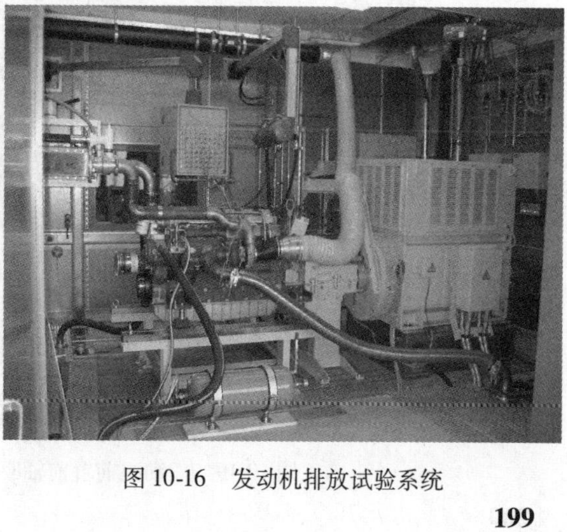

图 10-16　发动机排放试验系统

图 10-17　发动机消声器试验系统

图 10-18　发动机转动惯量测试系统

二、汽车动力与传动试验系统

业内人士都知道，将国际上性能最优的汽车总成部件组合起来装配成一辆汽车，并非一定能获得优良的整车性能，这便揭示了系统匹配的重要性。汽车动力与传动试验系统是从事汽车动力与传动系统研发与匹配研究不可或缺的重要工具。其不仅可以用于汽车动力与传动系统开发、性能研究（整车动力性、经济性、可靠性、排放与噪声），更重要的是，在汽车动力与传动系统的各总成部件开发的前期，就可以借助于汽车动力与传动试验系统进行汽车整车性能的预测与评估、修正与确定传动系统的结构与性能参数，如此不仅可以大大缩短汽车产品的开发周期，还可以有效地规避产品研发风险。

图 10-19 所示是发动机前置前轴驱动轿车动力与传动试验系统，图 10-20 所示是四轮驱动轿车动力与传动试验系统。这两个试验系统主要用于汽车新产品开发前期的系统匹配与整车性能研究。事实上，图 10-20 所示的动力与传动试验系统可用于发动机前置后轴驱动、发动机中置后轴驱动及发动机后置后轴驱动的各类汽车。图 10-21 所示的测试系统主要用于汽

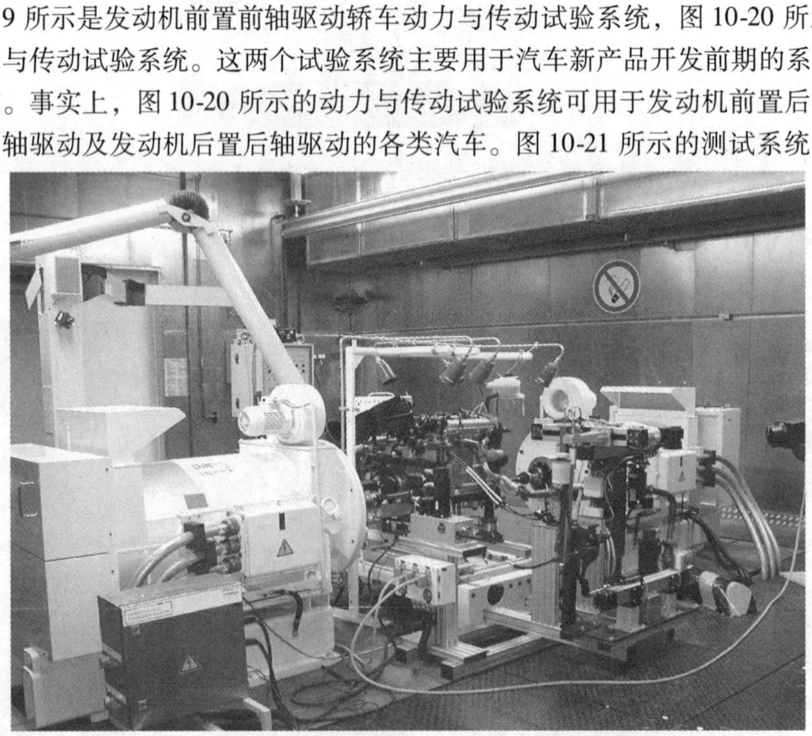

图 10-19　发动机前置前轴驱动轿车动力与传动试验系统

车动力与传动系统的噪声研究。图 10-22 所示的试验系统可以用于完整汽车底盘的各项性能研究。

图 10-20　四轮驱动轿车动力与传动试验系统

图 10-21　四轮驱动汽车动力与传动系统的噪声试验系统

图 10-22　汽车底盘试验系统

三、传动系统主要总成部件试验系统

1. 变速器、离合器试验系统

图 10-23 所示是汽车变速器与离合器综合性能试验系统，可以对变速器传动效率、运转平稳性、动力传动能力、可靠性耐久性、变速操纵机构、离合器的传扭能力、摩擦片的寿命、离合器结合的平稳性、离合器操纵力等内容进行测试。

图 10-23　变速器与离合器试验系统

2. 传动轴试验系统

图 10-24 所示是汽车传动轴试验系统，可以按照设定的主从动轴夹角变化规律模拟汽车行驶工况对其进行各项性能试验，为研究传动轴的结构、性能、寿命及开发新产品提供技术支持。

图 10-25 ~ 图 10-28 所示分别是汽车悬架、驱动桥、座椅和汽车悬架与制动器试验系统，事实上还有许许多多的各类汽车总成部件试验系统，在此不再一一介绍。

图 10-24　传动轴试验系统

图 10-25　汽车悬架试验系统

图 10-26　驱动桥试验系统

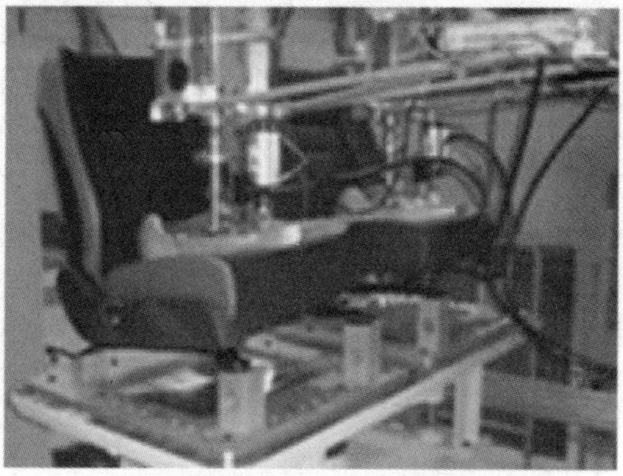

图 10-27　汽车座椅试验系统

图 10-28　汽车悬架与制动器试验系统

第十一章 11

汽车试验场试验

汽车是一种结构十分复杂、长年处在极其复杂的交通环境中的高机动性交通工具，使用者包括全球各行各业、各种文化背景、操控能力相差极其悬殊、年龄从十几岁的青少年到七八十岁老者的各类人群。由于使用环境的特殊，加上使用范围是面向全球的每一名老百姓，因此对汽车的各项使用性能提出了极其苛刻的要求。正因为如此，汽车在研发过程中需对其进行十分复杂的全方位试验。欲使汽车试验结果能反映实际的使用状况，就必须将汽车置于实际的道路上进行试验。然而，不同国家、不同地区的道路与交通条件存在极大的差异，在公路上试验因受气候和交通环境的限制，使得许多项目不易完成。此外，为了应对越来越激烈的市场竞争，汽车制造商需要大幅提高汽车试验的效率、缩短试验周期，为此汽车产业界需要找到一种不受交通、气候条件的影响，能代表全球各地区不同路面状况，且能大幅缩短试验周期的场所，于是，汽车制造商便开始建造汽车试验场。

汽车试验场是能重现汽车使用中所遇到的各种道路和使用条件的专门场所，试验场内的试车道是基于对实际存在的各种不同道路状况的集中、浓缩和不失真强化的结果。

第一节 汽车试验场简介

国外汽车工业部门对建设试车场十分重视，早在1924年美国通用汽车公司就率先兴建了世界上第一个汽车试验场——Milford 汽车试验场，图 11-1 所示是该试验场建成时的照片。第二次世界大战后，工业发达的西方国家及日本等国的各大汽车公司为了确立自己汽车龙头

图 11-1 Milford 汽车试验场全景图

地位，纷纷建设各自的汽车试车场，而且规模越建越大。据不完全统计，世界上已建有100多个不同类型的汽车试验场。

汽车试验场按功能的不同可分为综合性试验场和专用试验场两类，其中综合性试验场的规模较大，专用试验场的规模相对较小。综合性试验场的占地面积在$10km^2$以上，试验道路总长超过100km。美国通用、福特和克莱斯勒三大汽车公司都建有大型综合性试验场。如美国通用汽车公司（GM）的Milford汽车试验场，占地$16.2km^2$，试车道路总长200km，年总试车里程$2.5\times10^7\sim3\times10^7$km。该试验场自1924年建成以来不断补充完善，是目前最具代表性的汽车试验场。德国大众汽车公司（VW）在Ehra-Lessin的试车场是目前欧洲最大的汽车试验场，其总体布置很有特色，电话听筒形高速环道周长达20.5km。在各有特色的汽车试验场中，中小型规模的占大多数，其中中小规模的综合性试验场由于受面积所限，布置上相对比较紧凑，但试验道路和设施的种类比较齐全，亚洲和欧洲大部分试验场属于此类。如欧洲汽车工业协会（MIRA）汽车试验场、日本汽车研究所（JARI）汽车试验场等。中小型试验场中很大一部分是汽车零部件公司为满足产品开发和法规要求而修建的专用功能试验场，如德国WABCO公司设在汉诺威附近的试验场，其主要试验道路是附着系数从0.16～0.5以上五条制动试验路，以满足该公司开发和评价制动防抱死系统ABS、ASR、EPS等的需要。专用功能试验场也有大型的，如美国通用汽车公司在梅萨（Mase）的沙漠热带汽车试验场，总占地面积$18km^2$，当地气候干燥，夏季最高温度可达45℃。

商用型综合性汽车试验场大多由国家或者汽车工业协会组织建设和管理，如美国的内华达车辆试验中心的NATC试车场、法国摩托车技术协会的UTAC试车场、日本汽车研究所JARI试车场、前苏联汽车和发动机研究所HAMN试车场等。

我国于1958年开始建设国内第一个汽车试验场——海南汽车试验场。随着我国汽车工业的发展，国内又先后建成了另外五个汽车试验场，分别是：安徽定远汽车试验场、东风襄樊汽车试验场、交通部公路交通试验场、一汽农安汽车试验场、上海大众汽车试验场。目前已开工建设的还有上汽通用广德汽车试验场、天津滨海汽车试验场、比亚迪韶关汽车试验场、盐城国际汽车试验场、长安垫江汽车试验场等。

汽车试验场主要包括高速环道（含侧风机）、车辆动态广场、低附着路、NVH道路（含加速行驶车外噪声场地）、操控路（干、湿路面）、耐久路、一般公路、越野路、坡道、涉水池、溅水池、淋雨间、灰尘洞、各种功能的试验室和控制塔台等道路及设施，可以满足汽车开发过程中各种整车性能试验、道路耐久试验及技术鉴定试验等方面的需求。图11-2～图11-16所示是汽车试验场内的典型道路。

图11-2　高速环道

图 11-3　试车坡道

图 11-4　涉水池

图 11-5　鹅卵石路

图 11-6　越野路

图 11-7　扭曲路

图 11-8　鱼鳞坑路

图 11-9　侧风路

图 11-10　比利时路

图 11-11　ABS 试验路

图 11-12　沙滩路

图 11-13　性能试验路

图 11-14　坑洼路

图 11-15　短波路

图 11-16　灰尘洞

第二节　汽车试验场试验的主要内容

汽车试验场之所以要修建如此繁多的不同路面（上述的十多种路面只是试验场路面的一部分），其目的在于能再现全球不同地区的道路环境，通过强化试验达到在较短的时间内完成汽车全生命周期内性能变化规律的研究和对汽车质量与技术水平给出客观评价。汽车试验场已成为支撑汽车生产企业从事汽车产品研发和技术创新的重要基地，具有承担所有汽车道路试验项目的能力。

汽车试验场的道路具有宏观上永久不变及不受交通因素影响的特性，这为汽车生产企业进行竞争对手分析、汽车改进设计与改型的效果分析、汽车在生命周期内性能变化规律的研究提供了重要保证。

关于汽车试验场的试验内容，下面以国内某汽车试验场为例进行简要介绍。

一、1 号综合路与石块环道(比利时路)的试验内容

1 号综合路中线长约 1881m，九条行车道(六条试验车道、三条辅助车道)和一个车外噪声测试广场。南回车道长约 572m，转弯半径 50m，最大超高坡 7%；北回车道长约 348m，回转半径 35m，最大坡度 8%。典型路面包括：大卵石路、长波路、短波路、坑洼路、错位搓板路、带角度搓板路、扭曲路(甲、乙、丙三种)、水泥凸块路(甲、乙两种)、噪声分析路(ISO 粗糙噪声路、ISO 平滑噪声路、平滑噪声路)，如图 11-17。石块环道(比利时路)全长约 2667m，东侧有一个长 64m 的溅水池，如图 11-18 所示。此两种路面的试验内容主要有：①汽车噪声与振动试验；②汽车整车和零部件结构可靠性与耐久性试验；③汽车零部件应力测试；④汽车悬架系统试验性能评价。

图 11-17　1 号综合路

图 11-18　石块路

二、2 号综合路的试验内容

2 号综合路(如图 11-19 所示)有 24 种典型路面，试验路长 6.9km，通过连接路构成不同试验循环。2 号综合路由三种基本试验道路组成。第一种是以操纵性、平顺性试验为主的道路，如破损颠簸路，窨井盖路、5°/10°横向坡路、路拱交叉路、大路拱路、弯道反向坡路，长波路、搓板路、铁路交口路等。第二种是乘用车耐久性试验为主的道路，蛇行卵石路、限速路障、坑洼路、住宅进口路、路缘冲击路、凸块路(共振路)，路面接缝路、过水路面、沙石路等。第三种是专项试验路，如石块路、砾石路等。2 号综合路的试验内容主要有：①操纵性；②行驶平顺性评价试验；③可靠性、耐久性试验；④特殊工况分析试验；⑤悬架使用性能评价试验；⑥车身、底盘油漆黏着性试验；⑦车身、底盘零部件材料和油料的防盐及泥水腐蚀试验。

图 11-19 2 号综合路

三、高速环道的试验内容

高速环道全长约 5.2km，并行有三条行车道，由内向外分别是低、中、高速试车道，如图 11-2 所示。高速环道的主要试验内容是考核发动机、行驶系及传动系的使用性能。

四、2 号环道的试验内容

2 号环道全长约 4264m，其中弯道 1849m，占全长的 43.3%，最长直线段 1495m，最大纵坡 2.4%，最大横坡 2.5%，如图 11-20 所示。2 号环道的主要实验内容有：①汽车整车及零部件的耐久性试验；②汽车使用燃料消耗量试验；③车辆走合行驶与行驶状况检查试验；④制动器磨合与热衰退试验；⑤行驶工况试验。

五、灰尘洞/模拟城市工况路的试验内容

灰尘洞试验设施由灰尘洞和回车道两部分组成，灰尘洞长 40m，内宽 5.5m，通行高度 4.5m，行车道宽 4.5m，纵横坡均为 0，水泥路面，如图 11-16 所示。灰尘洞模拟城市工况道路设施包括环岛、停车场、限速路障及连接路等，并设置有红、黄、绿交通信号灯。灰尘洞/模拟城市工况路的试验内容主要有：①车身行李箱密封性试验；②空气滤清器滤清效果试验；③汽车发动机及底盘各运动部位的密封性试验；④乘用车可靠性和耐久性中的模拟城市工况行驶试验。

六、ABS 试验路的试验内容

ABS 试验路由高、低附着系数路面组合而成，形成对开、对接等不同的形式。路边设有喷排水系统，通过喷水使路面形成不同厚度的水膜。低附着系数包括附着系数为 0.24 的玄武岩瓦路面和附着系数为 0.15 的特殊油漆路面，如图 11-21 所示。ABS 试验路主要用于对汽车 ABS 制动系统的各项性能进行全面考核。

图 11-20　2 号环道

图 11-21　ABS 试验路

七、涉/溅水池与淋雨试验路的试验内容

涉水池与溅水池相邻，进口和出口通过连接路与 2 号环道相连。涉水池底长 20m，两斜边各长 20m，全长 60m，外宽 4. 6m，内宽 4. 0m，池深 1. 65m，如图 11-4 所示。溅水池进口和出口通过连接路与石块路的检测路相连。溅水池底长 40m，两斜边各长 12m，全长 64m，外宽 5. 1m，内宽 4. 48m，池深 0. 5m，钢筋混凝土结构，水池两侧设挡水墙，高 1. 5m，如图 11-22 所示。溅水池上设汽车淋雨试验装置，如图 11-23 所示。

图 11-22　溅水池

图 11-23　淋雨试验路

八、坡道试验内容

汽车试验场一般都建有 10%、16. 6%、20%、30%、40%、50%、60% 等多种不同的标准坡道，其长度分别为 35m、35m、30m、21. 5m、25m、20m、20m。其中 10%、16. 6%、20%、和 30% 四条坡道是混凝土路面，40%、50%、60% 三条坡道是浆砌片石路面，每条坡道两侧均装有安全护栏，如图 11-3 所示。坡道上试验的内容主要有：①汽车爬坡性能试验；②汽车驻坡性能试验；③汽车坡上起步试验；④离合器研究开发试验。

九、汽车性能试验路的试验内容

汽车性能试验路长约 2. 5km，纵向坡小于 0. 5%，横向坡小于 0. 3%，性能试验路段的中部设有汽车操纵稳定性试验广场，广场直径为100m，辐射坡0.3%，混凝土路面，道路附着系数0.68~0.72，如图11-13所示。汽车性能试验路的试验内容主要有：①汽车动力性试验；②汽车燃料经济性试验；③汽车制动性能试验；④汽车操纵稳定性试验；⑤轮胎附着特性试验。

十、越野路的试验内容

越野路全长3818m，模拟无路条件，路面以沙石和碎渣块为主。通过性试验设施包括地形通过性试验和地面通过性试验两类设施，设有弹坑、路沟、壕沟、垂直台阶、侧坡、沙地、河滩路、沼泽地（水塘）、驼峰等。主要用于汽车越野车行驶可靠性试验和越野车通过性试验。

第三节　汽车试验场试验规范

国际上各大汽车制造公司不惜投巨资建设规模宏大的汽车试验场的主要目的之一是，对汽车及零部件进行强化的可靠性试验，以缩短试验周期，提高试验效率。所谓汽车试验场试验规范就是以强化试验为目标，按照汽车结构形式、车体大小、使用环境、功能用途的不同，对汽车试验场可靠性试验路面进行科学合理的组合，以获得在试验里程大大缩短的前提下达到与在实际道路上进行行驶试验近乎相同的效果。

强化试验有两种可用的方法，即增大应力法和浓缩应力法。所谓增大应力法是指增大试验的载荷，以实现试验强化；浓缩应力法则不同，并不增大试验载荷，而是去掉那些对寿命影响小或无影响的试验过程，将对寿命有影响的试验过程浓缩在一起进行试验，以达到强化试验的目的。汽车试验场试验采用的是浓缩试验法，其特点是可以保持故障模式与实际道路试验基本一致。

行驶试验里程是汽车可靠性试验的一个重要技术指标，目前国际上比较一致的观点是将汽车的可靠性行驶试验的考核里程定位5×10^5km，用在可靠性行驶试验过程内所发生的故障频率及汽车性能的下降比率等评价汽车的可靠性。

将汽车置于实际道路行驶5×10^5km，不仅物质消耗大，而且更重要的是费时费力。那么通过浓缩应力强化试验，可以用多少里程的行驶试验代替实际道路上行驶的5×10^5km而又不失与实际道路试验的一致性呢？当然，人们希望强化试验的里程越短越好。理论和实践都表明，汽车强化试验的里程不可能无限制的缩短。为了便于强化试验水平的表达，业内引入了强化系数（实际道路的行驶试验里程与强化试验里程之比）这一概念。国内外试验资料表明，汽车试验场可靠性强化试验的强化系数大多在10~15之间。对于某一具体车型而言，可靠性试验的强化系数及可靠性路面的组合均应由试验确定。其内容包括在各种可靠性路面行驶的里程与循环次数，并据此计算出强化系数。有了可靠性试验路面的行驶里程与循环次数还需要依据故障分布均匀化原则编排可靠性试验路面的行驶顺序。不可将任何一种可靠性试验路面上的里程集中起来试验，否则会出现可靠性行驶试验过程的故障偏多或偏少的现象。如将坏路集中起来试验，故障会偏多；若将高环试验的里程集中起来试验，故障可能会偏少。若先进行坏路试验，可能会导致汽车零部件出现早期疲劳损伤并在后继的试验中迅速恶化。由此可见，试验路段的先后顺序会带来故障模式的变化，因此应进行科学合理的编排。

综上所述，试验场试验规范事实上是一种将可靠性试验路面上的行驶里程、循环次数及在各种可靠性试验路面上行驶的先后顺序作出统一规定的技术文件，按此试验可以达到理想的强化试验效果。

第十二章 12

汽车噪声试验系统

噪声对人体的危害早在公元前7世纪已被人们所认识。当然，当今人们对噪声危害的认识更加深入。1979年世界环境保护会议上将噪声列为当代人类最不可容忍的灾难之一。汽车是当今社会主要的噪声源之一，欲减小汽车噪声对人体健康的影响，首先应对噪声进行准确的度量和分析。

第一节　噪声谱分析系统

噪声的频谱分析与第五章中介绍的汽车行驶平顺性分析方法完全相同，所用数学工具均是FFT。由于噪声的频率范围较宽(可闻声波的频率范围是$20\sim2\times10^4$Hz)，所以噪声频谱分析的分频方法常采用倍频程。当然，为了不同的目的，有时也采用与平顺性分析相同的分频方法(1/3倍频程)。表12-1所示是可闻声波按倍频程分频得到的各频带上、下限频率的结果，若测得声压的时间历程为$p(t)$，按下式可计算出各频带上声压的方均根值(频谱值)。

$$\sigma_{pi}=\sqrt{\frac{1}{T}\int_{f_l}^{f_u}|p(f)|^2\mathrm{d}f} \tag{12-1}$$

式中　σ_{pi}——中心频率为f_i所对应频带上的声压方均根值；

f_l、f_u——分别为各频带上的下限频率和上限频率；

$p(f)$——中心频率为f_i所对应频带上声压时间历程的傅氏变换。

表12-1　倍频程各频带的上、下限频率和中心频率　(单位:Hz)

中心频率f_i	下限频率f_l	上限频率f_u	中心频率f_i	下限频率f_l	上限频率f_u
31.5	22.5	45.0	1000.0	700.0	1400.0
63.0	45.0	90.0	2000.0	1400.0	2800.0
125.0	90.0	180.0	4000.0	2800.0	5600.0
250.0	180.0	355.0	8000.0	5600.0	11200.0
500.0	355.0	710.0	16000.0	11200.0	22400.0

人耳对噪声的反应是对高频敏感、低频迟钝。因此，噪声频谱分析的主要目的之一是了解噪声在各频带上的分布，以便采取相应的措施减小噪声对人体的危害。

为了使对客观物理量的测试结果能反应人耳的固有特性，需要引入响度、响度级及计权网络等重要概念。人耳对声音的听觉反应是“响”或“不响”，因此用响度对其度量表示。由于人耳对不同频率声音的反应不同，所以不同频率的声音，尽管其声压级相同，但人耳所感觉到的响度却不一样。为了获得响度与声压级间的关系，美国的弗莱彻(Fletcher)、芒森(Munson)及英国的鲁宾逊(Robinson)、达逊(Dason)对许多人群进行了各种频率的听觉试验，他们将不同频率、相同响度的点连成一条曲线，便得到了等响曲线。再将各个频率的听域声压级点和痛域声压级点分别相连，便得到了听域线和痛域线。在两线之间，按响度的不同，将其分为若干个级，即响度级。在国际标准中，将其分为 13 级，单位为方(Phon)。每一级都有一条对应的等响曲线，如图 12-1 所示。其中零响度线即听域线，120Phon 的响度线即痛域线。

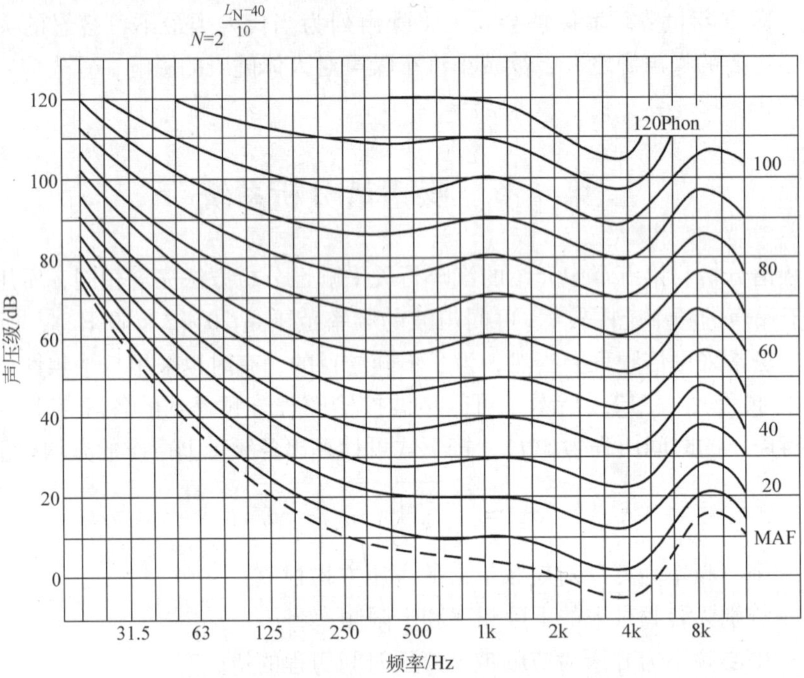

图 12-1　等响曲线

响度的单位是宋(Sone)，1Sone 的响度相当于 1kHz 的纯音、声压级为 40dB(响度级为 40Phon)的听觉反应。50Phon 为 2Sone，60Phon 为 4Sone。实验证明，响度级每增加 10Phon，响度增加一倍。若用 L_N 代表响度级，N 表示响度，二者的关系是

$$N=2^{\frac{L_N-40}{10}} \tag{12-2}$$

为了便于比较不同频率噪声对人体的影响，需对噪声进行频率加权处理，国际组织规定了三种声频率加权处理方法，并给了一个专用的名词，即计权网络。A 计权网络是仿效 40Phon 等响曲线设计的，其特点是对中频和低频噪声有较大的衰减，这种特性与人耳的感觉比较接近；B 计权网络是仿效接近 70Phon 等响曲线，仅在低频段有一定的衰减；C 计权网络是仿效接近 100Phon 等响曲线，在任何频率都没有衰减，如图 12-2 所示。

声级计上均设有计权网络选择按钮，噪声测试前需选定计权网络，由声级计输出的声压信号便是经加权处理后的时间历程 $p_f(t)$，将 $p_f(t)$ 带入式(12-1)可得到选定计权网络各频带声压的方均根值，即噪声频谱。

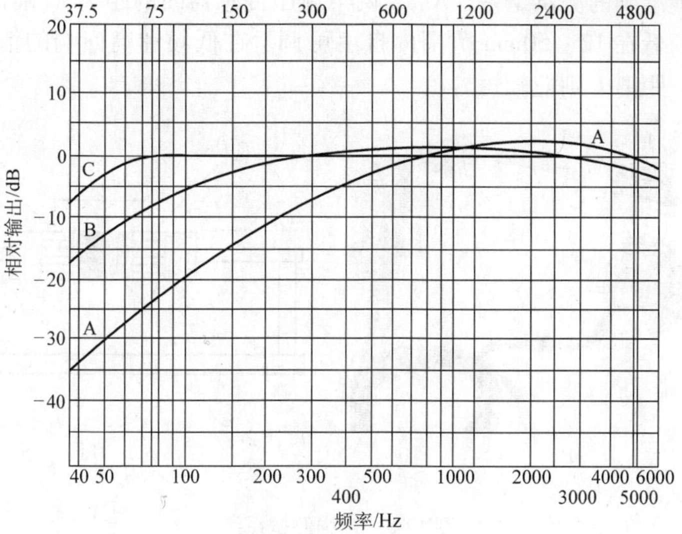

图 12-2　声级的计权网络特性曲线

第二节　声强试验系统

表达噪声大小强弱的客观量是声压、声强和声功率。物理学家韦伯通过大量实验发现，人耳对声音的感觉(听觉)与客观物理量(声压、声强、声功率)之间并不是线性关系，而是近似于对数关系，即人的听觉随刺激量的增大而逐渐趋于迟钝。为此，科学家便引出了一个成倍比关系的对比量——声级，用以表达声音的强弱。与声压、声强、声功率等物理量对应的声级量分别是声压级、声强级、声功率级，其彼此之间的关系是

$$L_p = 20\ \lg \frac{p}{p_0} \tag{12-3}$$

$$L_I = 10\ \lg \frac{I}{I_0} \tag{12-4}$$

$$L_W = 10\ \lg \frac{W}{W_0} \tag{12-5}$$

式中　L_p、L_I、L_W——分别是声压级、声强级、声功率级，单位为 dB；

p、I、W——分别是声压、声强、声功率，单位分别为 Pa、W/m^2、W；

p_0、I_0、W_0——分别是基准音的听阈声压、听阈声强、听阈声功率，单位分别为 Pa、W/m^2、W。

声音是一个既有大小又有方向的矢量，但度量声音的各量中只有声强是矢量。因此要想深入研究噪声(如声源的定位和识别，声能测线的测量，材料隔、吸声性能的测定及机械故障的诊断等)，需对声强进行测量。早期，许多物理学家及声学工作者都试图测出声强这一物理量，但直到 1977 年美国科学家 J. R. Chung 和英国科学家 F. J. Fang 分别独立证明了声强的互谱关系式才获得成功。由此可见，声强的测试和声压不同，需要用到两个声压传感器，如图 12-3 所示。A 和 B 应是两只特性完全相同的声压传感器，正对安装，两者之间用隔离器

隔开。若要得到最准确的测试结果，A、B 两个声压传感器间的距离 L(隔离器的长度)应视被测噪声频率的高低在 12 ~ 50mm 范围内自由可调。在低频和高回响的情况下，距离 L 较长；当频率高时，距离 L 则应较短。

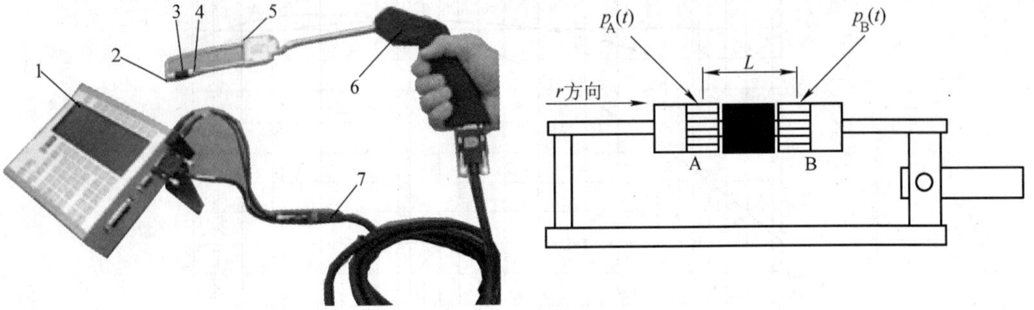

a) b)

图 12-3 声强测试系统

a）声强测试系统的外形与组成 b）声强测试系统中声传感器的安装关系

1—信号分析与处理设备 2—声压传感器 A 3—隔离器

4—声压传感器 B 5—传感器安装支架 6—手柄 7—信号线

基于 J. R. Chung 和 F. J. Fang 分别独立证明的声强互谱关系，利用图 12-3 所示的双声压传感器测得的声强可由式(12-6)计算得到。

$$I_r(f) = -\frac{1}{2\pi\rho L}\frac{\mathrm{Im}[G_{AB}(f)]}{f} \tag{12-6}$$

式中 $I_r(f)$——r 方向上的声强谱密度函数；

$\mathrm{Im}[G_{AB}(f)]$——声传感器 A 和 B 测得声压互功率谱［即 $G_{AB}(f)$］的虚部；

ρ——声传播介质的密度；

L——声传感器 A 和 B 间的距离。

对式(12-6)积分便可得到考查频带上的总声强 I_r，即

$$I_r = \int_{f_1}^{f_2} I_r(f)\,\mathrm{d}f \tag{12-7}$$

声强的测试是利用声波分别传到 A、B 两个声压传感器的时间差(相位差)判断声传播方向，用两只声压传感器测得的平均声压度量声音的大小。若声波先到达声压传感器 A，后到达声压传感器 B，则声波方向是由 A 指向 B；若声波先到达声压传感器 B，后到达声压传感器 A，则声波方向是由 B 指向 A；若声压传感器 A 和 B 同时接收到声波，则声波方向与声传感器 A 和 B 的中心线垂直。

第三节 声全息测试技术

全息的概念是由著名物理学家 D. Gabor 于 1948 年在改进电子显微镜的工作过程中提出的，并首先在光学领域得到应用。1966 年，F. L Thurstone 首次将其引入声学领域，并称之为声全息技术。

声全息是一种将噪声映射为声强分布并定位噪声源的技术，其使用声压传感器阵列(见

图 12-4）生成噪声源的声音图像，如图 12-5 所示。声全息测试系统中的通道越多，图像的分辨率就越高，但通道数增加，测试系统会变得复杂，测试成本随之大幅上升。目前用得较多的声全息测试系统是 64 通道到 128 通道声全息测试系统。但要想获得分辨率高的整车声全息图片，需采用 400 通道以上的声全息测试系统。

a)　　b)　　c)

图 12-4　声压传感器阵列

a）矩形阵列　b）螺旋形阵列　c）十字形阵列

声全息技术有常规声全息、远场声全息、近场声全息等三类。

一、常规声全息

由于受当时测试技术与测试设备的限制，全息测量面重建的图像只能记录空间波数小于等于 $2\pi/\lambda$（λ 声波波长）的声波成分，且全息测量面只能正对从声源出来的一个小立体角。因此，当声源辐射场具有方向性时，可能会丢失声源的重要信息。此外，常规声全息技术只用于重建声压场，而不能得到振速、声强等物理量。

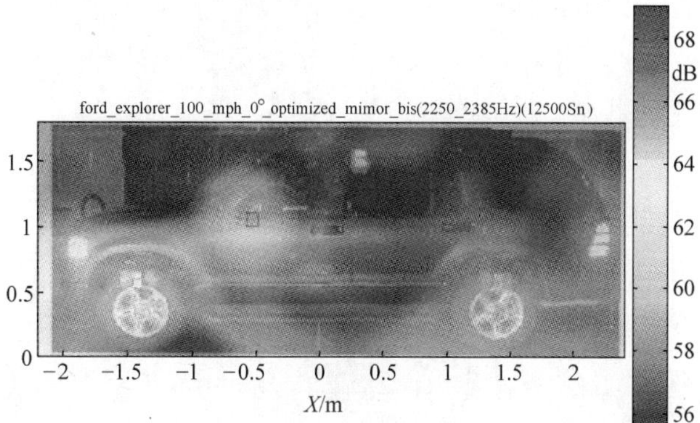

图 12-5　声全息图片

二、近场声全息

1985 年，宾州大学的 Maynard 教授等人运用近声场测量全息面重建了声源，首创了近场声全息（NAH）测试方法，从而大大推进了声全息技术的进步，也激起了全球对声全息技术研究的热潮。近场声全息是在紧靠被测声源物理表面（声传感器阵列或天线阵列离声源的距离 d 远小于声波波长 λ，即 $d \ll \lambda$）的测量，通过变换技术重建三维空间声压场、振速场、声强矢量场，能预报远场指向性。由于是近场测量，所以除可记录传播的声波成分外，还能记录空间频率高于且随传播距离按指数规律衰减的隐失波成分，因此可获得不受波长限制的高分辨率图像。

三、远场声全息

远场声全息是通过对远离声源($d > \lambda$)声压场的测量重建表面声压场及振速场，由此预报辐射源外任意一点的声压场、振速场和声强矢量场。由于观测点离声源较远，记录不到隐失波成分，因此分辨率受波长的限制。远场声全息突破了近场声全息要求声传感器阵列的面积至少和被测物体的表面一样大及声传感器阵列距被测物体间的距离必须足够小(通常在10cm 以内)的限制，就像是一架“声学照相机”，因此可方便地用于高速行驶的汽车、列车及飞机飞行噪声的测量。

远场声全息图像的分辨率和传声器(麦克风)的数量和阵列的形状密切相关，一般说来，声传感器的数量越多，分辨率越高。而分辨率和声传感器阵列形状的关系就比较复杂，除十字形阵列和矩形阵列与分辨率有简单的解析关系外，其他形状的声传感器阵列与分辨率的关系很难用简单的数学关系表达。十字形阵列和矩形阵列结构简单，但螺旋形阵列的性能最优。

第十三章 13

试验设计与试验研究

在汽车研发过程中会遇到大量没有现成试验标准可依的试验，如新开发的系统、新发明的机构及新增的功能等方面的试验。欲完成这类试验，我们需按照试验工程的原则，运用科学先进的试验方法，确定试验内容，制定试验规范，理定试验程序和方法，这就是试验设计。此外，汽车制造企业欲在激烈的竞争中立于不败之地，需不断地推出新车型。新车型的不断推出，事实上就是汽车产品性能不断提升、功能不断拓展的过程。要想做到这一点，往往需要进行大量的试验，若所有的试验都按照已有的标准来进行，很可能难以达到预期的目标，为此需要对汽车试验技术自身展开研究。

第一节　试验设计的一般程序与要求

所谓试验设计，是指按照科研的实际需要，对整个试验过程作出一个全面而系统的规划，其内容包括试验目的、试验条件、试验内容、试验场地与仪器、试验方法和试验数据的处理与分析等。

一、试验设计的一般程序

1. 全面深入地了解被试对象

全面深入了解被试对象是进行试验设计的前提。若对被试对象的结构、材料、功能、用途和作用缺少一个全面的认识，显然就不可能知道该做些什么试验。

全面深入了解被试对象最直接且最有效的方法，是从被试对象的设计研究者那里获取相关的信息，或邀请设计研究者参与试验设计工作。若无法做到这一点，则试验设计人员应深入研究、分析被试对象的全部技术资料。

2. 充分了解试验要求

充分了解试验要求是科学合理设计试验的基础。试验要求通常包括两个层面，其一是试验精度要求；其二是通过试验获取必要的有用信息。

对于任何一项试验，所要求的试验精度的不同，则需用的试验仪器、试验方法、试验周期和试验费用也将存在很大的差异。试验精度要求越高，所需的试验仪器系统会越复杂，试验周期会越长，试验费用亦会越高。汽车试验是一项纯消耗性的工作，因此无论什么类型的试验都需遵循这样的一个原则，即在满足试验精度要求的前提下，尽可能降低试验费用。

通过试验获取必要的有用信息，是指应避免做一些无用的试验。如某一新机构的开发，显然离不开试验的支持，但任何一种新机构的开发都需经历一个复杂的过程，即第一步是实现功能；第二步是完善其性能；第三步是探寻最经济的制造方法；第四步是产品正式投产的稳定性研究等。不同的阶段需要安排不同的试验。如在产品开发的第一阶段仅安排功能试验；第二阶段主要是安排性能试验；第三阶段主要是安排工艺性试验；在产品开发的最后阶段，则需对产品进行全方位的试验考核。

3. 研究相关的试验标准及试验规范

尽管我们所要进行的试验没有现成的试验标准或试验规范，但相近的产品或相近的研究可能已有了相关的试验标准或试验规范，其中或许绝大多数内容与本试验无关，但相近产品或相近研究的已有试验标准或试验规范的思想和内容一定会有可借鉴的部分。

广泛研究相关试验标准或试验规范起码可以做到少走弯路、缩短试验设计的周期。

值得注意的是，参照相关试验标准及试验规范并不等于简单的照抄照搬。试验设计是一项创造性的工作，一定要充分反映本试验的特点。

4. 充分了解已有的试验条件

充分利用已有的试验条件和试验设备，尽可能少地采用本单位没有的仪器设备，力争避免采用待开发的设备，是试验设计过程中应遵循的一项重要原则。因为购买新仪器需要时间，开发新的试验仪器设备所需的时间更长。充分利用已有试验条件和试验仪器设备可以缩短产品研发周期。但千万不要指望所有新的试验项目都可以借助于已有试验仪器设备完成。进行科研性试验时，往往不可避免地需要不断地补充一些新的试验用仪器设备。

5. 明确试验目的

所谓明确试验目的，就是要解决为什么要进行试验这一问题，即通过此次试验希望获取哪些信息，解决哪些问题。

对于一项全新的试验而言，试验目的可能需要一个逐步明确的过程。在开始进行试验之前，或许只有部分试验目的是明确的。有些试验目的需等到一些试验数据出来之后才能逐渐清楚。事实上这是科研试验的一种普遍规律，也就是说，科研性试验需在试验过程中去逐渐完善。

6. 根据试验目的确定试验内容

根据试验目的确定试验内容是指应对症下药，既不要做一些无谓的试验，白白地浪费宝贵的时间和金钱，也不要漏掉一些重要的试验项目而影响科研的进展。

7. 根据试验内容和试验要求选择试验用仪器设备

第一，应满足试验所必需的功能要求，即应保证能有效地检测出试验内容中所涉及的所有被测量。

第二，应确保试验的精度要求。试验仪器设备的精度与仪器的复杂程度、价格直接相关，通常精度高的仪器设备，其结构亦较复杂，价格也会越高。因此正确选择仪器设备的原则是“在满足试验要求的前提下，不要片面地追求高精度”。那么，如何才能有效确保试验的精度呢？工程实践告诉我们，试验仪器设备的精度比试验所要求的精度高一个精度等级就可以很好地满足上面所述的仪器设备选用原则。我国相关标准规定，测试仪器的精度按引用误差的大小共分为七级，分别是0.1，0.2，0.5，1.0，1.5，2.5和5.0。在此需特别指出的是，仪器的精度是指在满量程范围内可能产生的最大误差，并不等于在每次测量中都会出现这么大的误差。

第三，应合理地组建试验用仪器系统（一项复杂的汽车试验，往往需要将多种不同功能的仪器组合起来才能完成试验工作），充分注意传感器的接入对测试系统动态特性的影响及仪器设备级联所带来的负载效应。

8. 分析和研究试验条件对试验结果的可能影响

对于汽车试验而言，尤其是那些需在室外所进行的试验。室外的环境和气候条件不可控，且不同地区、不同季节和不同时段的环境和气候条件差异很大。若所要进行的试验对环境和气候的变化敏感，则应对周围环境作出严格的规定，以避免试验条件的变化对试验结果带来不利的影响。

9. 制定试验规范

试验规范应对如下一些内容作出明确而详细的规定。当然这只对一般而言，并不是所有的试验项目的试验规范均包括如下六项内容。试验项目的不同，试验规范所涉及的内容亦会有些差异。

1）试验对象的维修规范；

2）试验过程中，试验对象出现异常情况的处理（中断试验、处理后继续试验、加倍重新进行试验等）；

3）试验前的磨合与预热；

4）试验如何进行，仪器和试验对象如何操控；

5）试验数据如何处理和修正；

6）试验结果如何评价。

二、试验设计的一般要求

1. 试验设计应先进合理

需要进行试验设计的试验项目，通常都是为科研服务的，即科学技术的进步离不开试验的推动。然而，若试验技术和试验理论没有得到及时更新和发展，则试验就起不到推动科学技术进步的作用。

2. 试验的可操作性要强

试验的可操作性主要表现在如下几个方面。

1）试验项目在现有的技术条件下要易于实现；

2）试验用仪器设备应易于购买或在短时期内能够被开发出来；

3）试验要便于操作。

任何一项试验，若在现阶段的技术和设备条件下无法实现，则无论其是多么先进，也是一项设计不合理的试验。试验的可操作性是评价设计水平高低的一项重要指标，因为试验的操作越简单，试验精度越易于得到保证，试验成本亦会越低。

3. 试验的周期要短

汽车产业是竞争最激烈的行业之一，产品更新换代的时间越来越短，若试验的周期太长，显然不利于汽车产业的发展。对于那些耗时长的可靠性和耐久性试验，一般都采用强化水平较高的试验以缩短产品的试验周期。

第二节　试验规划与设计

关于汽车试验的规划和设计，在此结合一个实例进行讨论。

线控转向和线控制动系统被认为是未来汽车转向和制动系统的发展方向，全球各大汽车公司均已投入了相当的力量从事该技术的研究。显然，此两项技术要想从设想发展成为商品化的产品，必然需要试验规划与设计。那么此类试验如何进行规划设计呢？下面就针对线控转向系统的试验问题展开对试验规划和设计的讨论。

一、被试对象的结构原理分析

线控转向系统至少应包括转向操纵机构、电动转向装置、转向传动机构、路感模拟装置、转向控制器与传感器等。

对于常规的机械转向系统，常用减速机构的增扭作用来减小转向操纵力，其结果是大大增加了汽车转向盘的转角。转向盘的最大转角通常为1000°~1800°，约3~5圈。对于线控转向系统，转向操纵力完全由电力提供，转向盘最大转角的大小与操纵力无关，因此线控转向系统转向盘的最大转角通常设计得较小，一般约为180°。如此便可将汽车转向盘设计成飞机舵的形式，故将线控系统的转向操控装置称为转向舵。

线控系统的电动转向装置可以是整体式的，也可以是分置式的。分置式电动转向装置的突出特点是，可以根据汽车转向直径的大小调节左、右转向轮的偏转角，以便汽车转向行驶时，左、右转向轮均为纯滚动，从而显著地改善汽车的操纵稳定性和减小汽车的燃油消耗量。汽车转向行驶时，外侧转向轮的偏转角α应比内侧转向轮的偏转角β小，即$\alpha \neq \beta$，而且转向直径的不同，内、外侧转向轮偏转角之差$\beta-\alpha$亦各不相同。转向直径越小，$\beta-\alpha$的值越大；反之$\beta-\alpha$的值越小。尽管传统转向系中的梯形机构也可使$\alpha \neq \beta$，但其差值$\beta-\alpha$的大小不能根据汽车转向行驶的实际需要进行调节。

为了保证行车安全，对于任何形式的转向系统，对其最基本且最重要的要求是，汽车转向轮的偏转应与转向盘(或转向舵)的转动同步，即转向系统应具有随动作用。传统的机械式转向系统，各机构的刚性机械联结有效地保证了转向随动作用。然而，对于线控转向系统，由于转向舵与转向轮之间没有机械联结，其转向随动作用是靠控制系统来实现的，因此在进行系统设计时，就应保证汽车内、外侧转向轮的偏转角β和α按照所要求的规律随转向舵转角θ的变化而变化。此外，一辆转向操纵性能良好的汽车，通常都要求：当汽车的转向直径较小时，转向操纵应灵敏；当汽车的转向直径较大时，转向操纵的灵敏度应适当降低。即转向轮偏转角β和α随转向舵转角θ的变化规律是一受多种因素影响的复杂曲线关系。

良好的路感是保证汽车安全行驶的重要前提。然而，对于线控转向系统，路面对汽车转向轮的作用无法传递给驾驶员，即完全无路感可言。为了保证驾驶员能同步及时地获得路感，线控转向系统通常需要一个路感模拟器。转向控制器根据转向轮横摆加速度传感器提供的信息，给路感模拟器发出控制指令，使之给转向舵施加一能反映路感的作用力。

二、了解科研各阶段的具体试验要求

1. 方案研究阶段

前面介绍的电控转向系统的组成是方案研究的初级成果。方案研究的最终目标是：①确定电动转向装置和路感模拟器的型式和类型；②确定转向控制器的控制方式和控制内容；③确定要采集哪些必须的信息(需测量哪些物理量)和采用什么类型的传感器等。

显然，在方案研究阶段需要通过试验解决的问题有：①不同电力驱动装置的性能比较和结构适应性比较；②验证哪些物理量是线控转向系统所必须的和容易获得的。

2. 各主要总成部件的并行开发阶段

电动转向装置、路感模拟器和转向控制器的并行开发阶段需进行的试验主要是功能试验，即电动转向装置可否按照转向的实际需要进行动作；路感模拟器是否可有效地模拟道路对转向轮的作用，其模拟精度如何；转向控制器是否可实现对电动转向装置和路感模拟器的有效控制等。

3. 系统联机调试

系统联机调试阶段需进行的试验主要包括：①用高精度的仪器通过大量的试验确定汽车内、外侧转向轮偏转角 β 和 α 随转向舵转角 θ 的变化规律，即 β—θ 和 α—θ 曲线；②确定路感模拟器的输出即作用在转向舵上转矩 M 与转向轮横摆加速度 a_y 的变化规律；③检验转向控制器的数据采集系统是否存在信号失真，转向控制器的输出是否符合所要求的 β—θ、α—θ 和 M—a_y 特性曲线；④若试验结果不符合相关的要求，则利用试验去查找其原因和探寻相关的技术结构方案。

4. 线控转向系统的性能研究

线控转向系统性能研究的内容包括：①线控系统自身的性能、可靠性、耐久性和抗干扰的能力试验等；②系统装车后的汽车操纵稳定性试验；③使用可靠性、维修方便性和环境适应性试验。通过试验以发现所存在的技术问题，并借助于试验去探寻解决问题的方法。

5. 线控系统的结构工艺性试验

线控系统研发的最终目标是将其变成一种性能优良、经济、可靠的产品。任何机电产品的性能好坏和制造成本的高低都与制造工艺直接相关。往往工艺性研究唯一的方法就是试验，其内容包括材料的加工试验、工艺方法和工艺流程试验等。

三、收集和分析已有相关标准和试验规范

收集和分析已有相关试验标准和试验规范是试验规划与设计的一个重要环节。从上面对科研阶段具体试验要求的分析中不难发现，线控转向系统在整个研发过程中所要进行的试验，其中半数以上的试验已有可直接采用或可参照执行的试验标准和试验规范(如:电动转向装置和路感模拟器驱动方式的对比试验、转向控制器控制方式试验、主要总成部件的功能试验、汽车操纵稳定性试验和工艺试验等)。显然若对相关试验标准和试验规范研究的比较透彻，那么至少可节省一半的试验设计时间。

四、明确试验目的、确定试验内容

试验目的与各研究阶段的试验要求直接相关。如在线控转向系统联机调试阶段需进行的试验，其目的是：①确定线控转向系统的控制特性，即 β—θ、α—θ 和 M—a_y 曲线；②考核线控转向系统的实际工作特性与设定控制特性的一致性；③为线控转向系统的改进设计提供资料。

明确了试验目的，便可确定试验内容。显然，在线控转向系统联机调试阶段所需进行的试验内容有：①测试汽车的最小转弯半径；②测试汽车以空载、满载和半载三种不同载荷状态在不同车速、不同转弯直径的情况下四个车轮纯滚动时，汽车内、外侧转向轮的偏转角 β_{pvi} 和 α_{pvi}、车身侧倾角 γ_{pvi}(p 表示载荷状态，$p=0,1,2$ 分别表示空载、半载和满载；v 代表试验

时的车速，v 可以是 0 到 80% 的最高车速中的任何数值，如 $v=10,20,30,\cdots$ 分别表示试验时的车速为 10km/h，20km/h，30km/h，…；i 表示转弯半径为不同值 R_i 时的数值)；③采用传统转向系统的汽车的路感测试；④测试线控转向系统汽车的转向控制特性；⑤测试线控转向系统汽车的路感特性。

五、试验仪器的选用

试验仪器的选用，通常由需要测量的物理量及测试精度要求所决定。由前所述试验内容可以看出，需测量的物理量相当之多。当需要同时对多个不同物理量进行测量时，采用第七章中介绍的虚拟仪器系统进行试验是一种最佳的选择。

欲满足上述线控转向系统联机调试试验的要求，若选用虚拟仪器系统进行试验，则至少要用到如下一些传感器，即一只非接触式汽车行驶速度传感器、一只车身倾角传感器、二只角位移传感器(测两转向轮偏转角)、二只侧向加速度传感器(测两转向轮的横摆加速度)、一只多圈转角传感器、一只转矩传感器、二只应变式力传感器、一只横摆角速度传感器或侧向速度传感器等。

六、对试验条件给出明确的规定

试验条件是指对影响汽车试验结果的试验用道路、环境及实验用车辆所作出的规定。试验条件是任何一项汽车试验标准中都不可缺少的重要内容。因为，当试验所用的道路、环境及车辆状况发生变化时，其试验结果将会有明显的不同。在我国汽车试验的标准体系中，为了避免在各项标准中重复书写试验条件中的相同内容，专门制定了一个汽车试验条件的标准，即 GB/T 12534—1990《汽车道路试验方法通则》。该标准对绝大多数汽车试验所通用的试验条件作出了统一的规定。对于前面我们所讨论的线控转向系统联机调试所要进行的试验，应对试验条件作出如下补充：

1）路感测试和试验道路应包括汽车性能试验用路面和比利时砌石路面。

2）试验前应对汽车车轮定位参数进行检查，并将其调整为正确的数值。

3）对汽车转向、悬架等系统进行检查、调整和紧固，并按规定对其进行润滑。只有确认试验用车已完全符合生产企业规定的技术条件时，才可进行试验。

4）试验车所用轮胎是经过 500km 以上、1000km 以下正常行驶的新轮胎，不得使用行驶里程超过 10000km 的轮胎进行试验。试验前应检查轮胎气压，并将其调整到厂家所规定的数值。

5）试验时，应对空载、半载和标准满载三种装载状况进行试验。载货汽车的装载物推荐用沙袋，均布于货箱内；客车的装载物推荐用沙袋或人形水袋，分置于底板和座椅上。试验员、驾驶员及仪器的质量计入汽车装载质量内。

6）试验车的数量不少于两辆。

对轮胎、车轮定位参数、转向系、悬架装置及汽车载货状态作出补充规定的根本原因是，这些因素对试验结果会产生较大的影响。

七、根据试验内容和试验要求理定试验规程

所谓试验规程，就是对整个试验过程所作出的全面而细致的规定。对于汽车试验而言，

在进行正式试验之前，通常需要进行一些必要的辅助性试验，然后才进行正式试验。试验方法应按照试验顺序逐项列出。下面仍以线控转向系统联机调试的几项试验为例，介绍试验规程的理定。

1. 试验用车辆的准备

1）与装用线控转向系统同型号的装用普通机械式转向系统的汽车两辆，设其编号分别为01和02；

2）左、右转向轮偏转角可以独立任意调节的汽车两辆，其编号为03和04；

3）线控转向系统的汽车两辆，其编号分别为05和06。

2. 试验前的辅助性试验

1）试验车应进行不少于2500km的磨合试验，磨合试验按生产厂家相关标准和规范进行；

2）试验前，汽车应不少于30km的预热行驶。

3. 汽车最小转弯半径的测定

1）按照相应的国家标准测量汽车左转和右转的最小转弯半径；

2）调节转向轮限位螺钉，使汽车左转和右转所测得的最小转弯半径相等。

4. 测量汽车两转向轮偏转角和车身倾角

1）测量汽车的轴距L、前后车轮的轮距A和B，质心至前后轴的距离a和b，前悬c、后悬d。

2）计算汽车在理想状态(汽车的四个车轮均为刚性车轮且外形尺寸相等)下，以不同转弯半径R_i转向行驶、四个车轮均为纯滚动时，内、外转向轮偏转角β_i和α_i的数值关系。图13-1所示是汽车转向行驶时的情况，由图13-1得

$$\mathrm{ctan}\alpha = \frac{B+C}{L} = \frac{B}{L} + \frac{C}{L} \tag{13-1}$$

$$\mathrm{ctan}\beta = \frac{C}{L} \tag{13-2}$$

$$R = \frac{L}{\sin\alpha} \tag{13-3}$$

式中　α、β——分别为外、内侧转向轮的偏转角；

L——汽车轴距；

B——分别为前、后轮轮距；

C——汽车转向中心至后内轮中心的距离；

R——汽车的转弯半径。

将式(13-2)代入式(13-1)得

$$\mathrm{ctan}\alpha = \mathrm{ctan}\beta + \frac{B}{L} \tag{13-4}$$

给定汽车内侧转向轮一系列不同的偏转角β_i，取β_i为5的整数倍，用式(13-4)便可计算出与之对应的汽车外侧向轮一系列的偏转角α_i。将不同的α_i代入式(13-3)便可得到与之对应的汽车转弯半径R_i，并将计算结果列入表13-1中。

表 13-1 转向时的转向轮偏转角和转弯半径

内侧转向轮偏转角	5°	10°	15°	20°	…	β_{max}
外侧转向轮偏转角	α_1	α_2	α_3	α_4	…	α_n
汽车转弯半径	R_1	R_2	R_3	R_4	…	R_n

3）按照仪器使用说明书的要求将虚拟仪器系统安装到两轮偏转角可任意单独调节的试验车 03 和 04 上。各传感器的安装部位分别为：

① 两只应变式力传感器分别安装在转向轮偏转角调节器与两转向轮转向节相连的拉杆上，用于测量两转向拉杆上的力；

② 两只角位移传感器分别安装在转向节上，用于测量两转向轮的偏转角；

③ 一只倾角传感器，安装在汽车中部，靠近汽车质心位置处，用于测量汽车车身的侧倾角；

④ 一只汽车行驶速度传感器（常采用非接触式五轮仪的速度传感器），最好安装在汽车前部与汽车纵向中心交合处附近，测量汽车的前进速度；

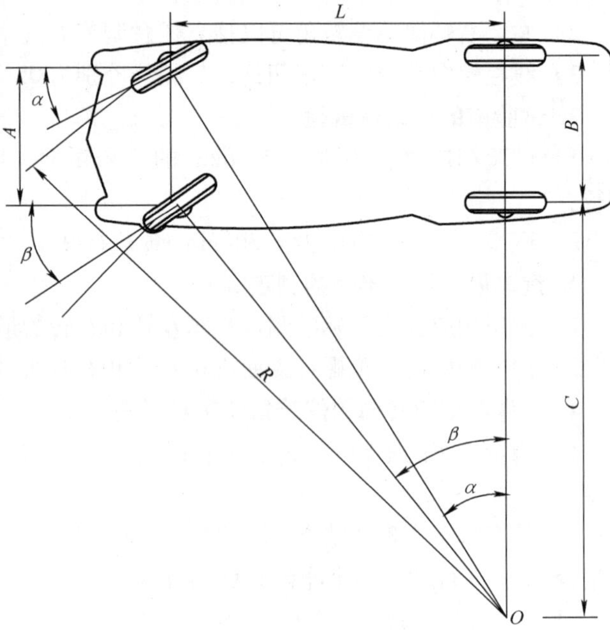

图 13-1 双轴汽车转向时两转向轮偏转角的理想关系

⑤ 一只非接触式侧向速度传感器，和汽车行驶速度传感器安装在一起，用于测量汽车的横摆角速度 ω。设该传感器所测得的侧向速度为 v_y，传感器至前轴的距离为 e，则汽车的横摆角速度 ω 为

$$\omega = \frac{v_y}{e + a} \tag{13-5}$$

式中 a——汽车质心至前轴的距离。

当然，汽车的横摆速度也可以用横摆角度传感器来测量，在此推荐采用非接触式侧向速度传感器。用间接的方法得到汽车横摆角速度的原因是，目前尚没有能较好满足汽车试验用的横摆角速度传感器。

4）起动汽车进行预热行驶，待汽车各总成部件达到正常工作温度后，接通仪器、打开电源，开始进行试验。

5）汽车按空载、半载、满载三种载荷状况分别进行试验。三种载荷状况的试验内容完全相同。

6）先将汽车内侧转向轮（左侧转向轮）的偏转角调至 5°（利用安装在两侧转向节上角位移传感器的指示指导对内侧转向轮偏转角的调整），将外侧转向轮的偏转角调至按式（13-4）计算所到的 α_i（见表 13-1）。保持汽车两转向轮的转角不变，起动汽车，以 10km/h 的速度匀速行驶。细心观察两只应变式力传感器的输出值。若两只力传感器的输出值不是一个定值，而是在一定范围内波动，则说明实际的弹性轮胎在转向行驶时，保证四只车轮纯滚动所需的内、外侧转向轮的偏转角数值关系与理想状态并不一致(事实上二者不可能一致,否则就无须进行本项试验)，应对转向轮的偏转角进行调整。从理论上讲，调节内、外转向轮中任何一个的偏转角都可以，但为了使后继的数据处理更简便，建议调节外侧转向轮的偏转角 α_1，直至两只应变式力传感器的输出没有波动。记录试验时汽车的实际平均车速 v_{11}、侧向速度 v_{y11}、车身倾斜角 γ_{11}、内外侧转向轮的偏转角 $\beta_{1\Phi}=5°$ 和 α_{11}。

前面述及，汽车转向时，内、外侧转向轮偏转角的最佳匹配关系是，汽车的四只车轮保持纯滚动；反之，汽车转向行驶时，两转向轮将会产生侧向滑移。本实验的目的就在于找出两转向轮不产生侧向滑移的偏转角 β 和 α。所以本实验应能对汽车转向行驶时两转向轮是否产生侧向滑移进行准确的测量。然而汽车转向轮的侧向滑移目前尚无直接的测量方法。那么，如何才能测出汽车转向行驶时两转向轮的侧向滑移呢？显然，这是本项试验设计的重点之一。由于查不到有参考价值的资料，为此，作者在对转向轮运动状况的大量分析和观察的基础上提出了采用测量转向节与转向轮侧偏角调节器连接拉杆上的力，经换算得到转向轮的侧向滑移的方法。我们知道，若汽车转向轮前束调整不当，除会导致转向轮异常磨损外，汽车行驶时，还会伴随着因转向轮摆振所激起的汽车摇头现象。转向轮的摆振，必然会带来转向横拉杆上拉压力的波动。汽车转向行驶时，两转向轮偏转角匹配不合理所带来的侧向滑移，和转向轮前束调整不当所引起的摆振十分相似。因此，若汽车行驶时两转向轮出现侧向滑移，则转向横拉杆上的拉压力一定会产生波动。因此，通过对转向节与转向轮偏转角调节器连接拉杆上力的测量，可以获取转向轮侧向滑移的信息。

7）保持两转向轮的偏转角 $\beta=5°$ 和 α_1 不变，将汽车的行驶速度提高到 15km/h，待车速稳定后，调节外侧转向轮的偏转角，直至两个应变式传感器输出的力的数值没有波动，记录此次试验的实际车速 v_{12}、侧向速度 v_{y12}、车身侧偏角 γ_{12}、内、外侧转向轮的侧偏角 $\beta=5°$ 和 α_{12}。

8）汽车的行驶速度每增加 5km/h，重复一次上述试验，直至汽车所能达到的最高安全车速。记录各种试验车速下所测得的各参数 v_{1i}、v_{y1i}、γ_{1i} 和 $\alpha_{1i}(i=1,2,\cdots,n)$。如此便可得到内侧转向轮偏转角 $\beta=5°$时，各种不同车速下的试验结果。

9）改变内侧转向轮的偏转角 β，重复上述 6)、7)、8)步试验过程。β 角每增加 5°重复一次上述试验，直至 β 达到最大值 β_{max}。

10）将 $\beta=5°,10°,15°,\cdots,\beta_{max}$ 等不同情况下所进行的各种不同车速下的试验结果列入表 13-2 中。

11）表 13-2 所示是汽车左转时的试验结果，按照上述相同的方法可以得到汽车右转时的试验结果。

12）2 辆车、3 种载荷状态、左右 2 个转弯方向的试验便有 12 组表 13-2 中所示的数据。

13）试验数据的处理。

① 计算汽车转向时的横摆角速度。将测试结果汇总表(见表 13-2)中的侧向速度 v_{ymn} 代入式(13-5)中，便可得到汽车的横摆角速度 ω_{mn}。

② 计算汽车的转弯半径。由《汽车理论》知，汽车横摆角速度 ω 与纵向速度 v 的关系为

$$v=\omega R \tag{13-6}$$

将前面计算得到的汽车横摆角速度 ω_{mn} 和试验测得的汽车纵向速度 v_{mn} 代入式(13-6)得到汽车的转弯半径 R_{mn}。

表 13-2 汽车左转时两转向轮偏转角和车身侧倾角的试验结果

$\beta=5°$	汽车行驶速度 v	v_{11}	v_{12}	v_{13}	…	v_{1n}
	汽车侧向速度 v_y	v_{y1}	v_{y2}	v_{y3}	…	v_{yn}
	外侧转向轮偏转角 α	α_{11}	α_{12}	α_{13}	…	α_{1n}
	车身侧偏角 γ	γ_{11}	γ_{12}	γ_{13}	…	γ_{1n}
$\beta=10°$	汽车行驶速度 v	v_{21}	v_{22}	v_{23}	…	v_{2n}
	汽车侧向速度 v_y	v_{y21}	v_{y22}	v_{y23}	…	v_{y2n}
	外侧转向轮偏转角 α	α_{21}	α_{22}	α_{23}	…	α_{2n}
	车身侧偏角 γ	γ_{21}	γ_{22}	γ_{23}	…	γ_{2n}
$\beta=15°$	汽车行驶速度 v	v_{31}	v_{32}	v_{33}	…	v_{3n}
	汽车侧向速度 v_y	v_{y31}	v_{y32}	v_{y33}	…	v_{y3n}
	外侧转向轮偏转角 α	α_{31}	α_{32}	α_{33}	…	α_{3n}
	车身侧偏角 γ	γ_{31}	γ_{32}	γ_{33}	…	γ_{3n}
⋮	⋮	⋮	⋮	⋮	⋮	⋮
$\beta=\beta_{max}$	汽车行驶速度 v	v_{m1}	v_{m2}	v_{m3}	…	v_{mn}
	汽车侧向速度 v_y	v_{ym1}	v_{ym2}	v_{ym3}	…	v_{ymn}
	外侧转向轮偏转角 α	α_{m1}	α_{m2}	α_{m3}	…	α_{mn}
	车身侧偏角 γ	γ_{m1}	γ_{m2}	γ_{m3}	…	γ_{mn}

③ 绘制两种特征车速(如 $v=10\text{km/h}$ 和 $v=45\text{km/h}$)的 R—β 曲线。分析 R—β 曲线的变化规律。根据对 R—β 曲线分析的结果确定转向舵转角 θ 与内侧转向轮偏转角 β 的关系，即 β—θ 曲线，其中 $\theta=0$ 时，$\beta=0$；$\theta=\pm\theta_{max}$ 时，$\beta=\pm\beta_{max}$(“±”表示汽车的转弯方向,若设汽车左转时为“+”,则右转时为“-”)。

④ 有了 β—θ 的变化规律，就 可以利用计算机绘制 $\alpha=f(\theta,v)$ 的三维曲线了。$\beta=f(\theta,v)$ 和 $\alpha=f(\theta,v)$ 曲线就是此项试验所要得到的最终结果。

5. 传统转向系统汽车的路感试验

在自动控制系统中有一个十分重要的环节，那就是反馈。控制的结果通过反馈环节传给控制系统，控制系统将其与被控参量的目标值进行比较，以便实时对控制结果进行修正，以提高控制的精度。对于汽车的转向操纵系统，若将驾驶员置于其中，那么就是一个闭环的自动控制系统。驾驶员就是其中的控制器。要想驾驶员能有效地控制汽车行驶，就必须要有“反馈”。该自动控制系统中的反馈就是我们通常所说的路感。没有路感就无法实现对汽车转向操纵的有效控制。由此可见，适当的路感是汽车安全驾驶的重要保证。

所谓路感，其实就是汽车在行驶过程中，驾驶员的两只手在转向盘上所感受到的路面对转向轮的作用，这个作用是通过转向系统逆向传过来的力矩和转角。路感通常由两部分组成，一是，汽车转向行驶时的回正力矩；二是路面凹凸不平对转向轮的侧向冲击。由此可见，转向操纵过分轻便的汽车，其路感往往较差，这或许就是高速赛车几乎都不采用动力转向系统的根本原因。

对于线控转向系统中的路感模拟器，要解决的核心问题就是要确定路感的目标值。那么如何才能获得路感的目标值呢？在现阶段，可能唯一的方法就是试验。即取两辆路感良好的汽车进行路感测试。

由前面的分析知，从某种意义上讲，路感就是汽车转向盘反作用到驾驶员双手上的力矩和转角。但在此需要特别指出的是，对这两参数进行测量不足以满足路感模拟器开发的需要，因为路感模拟器尚缺少产生路感的依据。因此，还需要对产生路感的原始量进行测量。经过大量的分析研究发现，汽车在行驶过程中转向轮的横摆加速度包含有路感原始量的全部信息。此外，路感还与汽车的行驶速度有关。因此，该项试验的内容至少应包括转向盘的反作用力矩 M、转角 θ、转向轮横摆加速度 a_y 和汽车的行驶速度 v。

以上的分析包括了试验设计一般程序中的第一项全面了解被测对象、第二项充分了解试验的要求、第五项明确试验目的、第六项根据试验目的确定试验内容等部分。下面再来讨论相关的试验标准和试验规范。

路感模拟器是一个全新的装置，似乎不会有可参考的相关标准。但经过深入研究发现，已有现成的国家标准可以参考。汽车行驶平顺性试验是测量汽车特征点上的垂直、侧向和纵向加速度；汽车操纵稳定性试验中，转向盘力矩和转角的测量是两项重要的测试指标。由此可见试验如何进行、试验仪器如何选用，可遵循 GB 4970—1996《汽车平顺性随机输入行驶试验方法》和 GB/T 6323—1994《汽车操纵稳定性试验方法》。

试验设计的最后一个环节是理定试验规程。此项试验中，试验规程的大部分内容均可直接照搬 GB 4970—1996 和 GB/T 6323—1994 中的相关条款，因此，在此仅介绍本试验设计特有的内容。

1）试验车的载荷状态有空载、半载、满载三种，每种载荷状态均应进行全部内容的试验。

2）传感器的安装。

① 汽车纵向速度传感器的安装和上述试验相同。

② 转向力、转向角传感器按仪器使用说明书的要求安装。

③ 转向轮横摆加速度传感器安装到两转向轮的转向节臂上。

3）直线行驶。直线行驶试验在汽车性能试验专用道和比利时砌石路两种路面上进行。

① 性能试验专用道上的直线试验：汽车原地起步缓慢加速（加速度 $a \leqslant 0.1g$）到 80km/h，保持 80km/h 的车速匀速行驶 200m。试验往返各进行一次。记录两次试验左、右转向轮横摆加速度 $a'_{yz1}(t)$、$a'_{yz2}(t)$ 和 $a''_{yz1}(t)$、$a''_{yz2}(t)$、转向盘转矩 $M'_z(t)$ 和 $M''_z(t)$、转向盘转角 $\theta'_z(t)$ 和 $\theta''_z(t)$。正常情况下，上述参数应均接近于零，否则说明汽车车轮定位参数或悬架系统调整不当，应对其进行调整，直至本试验所得到的上述各参数均接近于零时，才进行下一项试验。

② 在比利时砌石路面上的直线试验：汽车原地起步缓慢加速（加速度 $a \leqslant 0.1g$）到 45km/h，保持 45km/h 的车速匀速行驶 200m。试验往返各进行一次。记录的内容和在性能专用道上的试验相同，即 $a'_{yb1}(t)$、$a'_{yb2}(t)$、$M'_b(t)$、$\theta'_b(t)$ 和 $a''_{yb1}(t)$、$a''_{yb2}(t)$、$M''_b(t)$、

$\theta''_{b}(t)$。

4）稳态回转试验。试验方法参照 GB/T 6323.6—1994《汽车操纵稳定性试验方法-稳态回转试验》中的连续加速法进行试验，试验过程中，侧向加速度的最大值为 $0.4g$。试验左转、右转各进行一次，记录左、右转试验的转向力矩 $M'_{u}(t)$、$M''_{u}(t)$。

5）试验数据处理。

① 对 $a'_{yb1}(t)$、$a'_{yb2}(t)$、$M'_{b}(t)$、$\theta'_{b}(t)$和 $a''_{yb1}(t)$、$a''_{yb2}(t)$、$M''_{b}(t)$、$\theta''_{b}(t)$进行平滑处理，然后再取往返试验的平均值。即 $a_{yb1}(t)$、$a_{yb2}(t)$、$M_{b}(t)$和 $\theta_{b}(t)$。再对左、右转向轮的 $a_{yb1}(t)$和 $a_{yb2}(t)$进行平均，其值 $a_{yb}(t)$为

$$a_{yb}(t) = \frac{1}{2}[a_{yb1}(t) + a_{yb2}(t)] \tag{13-7}$$

② 绘制 $M_{b}(t)$—$a_{yb}(t)$和 $\varphi_{b}(t)$—$a_{yb}(t)$曲线。

③ 对稳态回转两次试验所得到的参数分别进行时间平均，即

$$M'_{u} = \frac{1}{t}\int_{0}^{t} M'_{u}(t)\,\mathrm{d}t$$

$$M''_{u} = \frac{1}{t}\int_{0}^{t} M''_{u}(t)\,\mathrm{d}t$$

再对 M'_{u} 和 M''_{u} 进行算术平均，得到稳态回转试验的平均转向力矩 M_{u}

$$M_{u} = \begin{cases} 0 & \varphi = 0 \\ \frac{1}{2}(M'_{u} + M''_{u}) & \varphi \neq 0 \end{cases}$$

④ 将 M_{u} 和 $M_{b}(t)$相加所得到的［$M_{u} + M_{b}(t)$］$- a_{yb}(t)$曲线就是我们所需要的路感目标曲线。而 $\varphi_{b}(t)$—$a_{yb}(t)$曲线是路感目标曲线的参考曲线。$\varphi_{b}(t)/i$（i 是试验车转向盘的最大转角与线控系统转向舵的最大转角比）是路感模拟器施加在转向舵上的力矩［$M_{u} + M_{b}(t)$］所允许产生的最大偏角，在 $\varphi_{b}(t)/i$ 的转角范围内，转向舵在［$M_{u} + M_{b}(t)$］的作用下产生的转角即路感模拟器产生的转角。

前面所进行的试验有空载、半载和满载三组数据，在对此三种数据进行认真分析研究的基础上，编辑出一套合适的控制模式，然后由有经验的专业试验工程师对其给出一个主观评价。若主观评价的结果不够理想，则应对控制模式进行修改；若修改后的控制模式仍达不到要求，则应改进试验设计重新进行试验。

关于测试线控转向系统的转向控制特性和路感特性两项试验，由于其试验内容和方法与前述相关试验项目很接近，故在此不再重复。

第三节　试验新方法的探索与研究

不断地更新汽车试验技术，探索试验新方法，是汽车产业发展的客观需要，也是从事汽车试验工作的工程技术人员应尽的责任。近几年是我国汽车产业高速发展的时期，汽车试验技术的发展略显落后，有许多试验方法和技术有待更新，如汽车燃料经济性试验、汽车排放测试、汽车车轮定位参数的快速测量等。下面就以此为例来讨论试验新方法的探索与研究问题。

一、汽车燃料经济性试验新方法的探索与研究

汽车燃料经济性试验，几乎各国都有试验标准，我国国家标准 GB/T 12545.1—2008《汽车燃料消耗量试验方法》中列出了等速燃料消耗量试验、限定条件下的燃料消耗量试验、多工况燃料消耗量试验等多项试验内容，但任何一项试验的结果都不能反映汽车的实际使用工况，只有多工况燃料消耗量与汽车实际使用的燃料消耗相对较为接近。图 13-2 所示是轿车

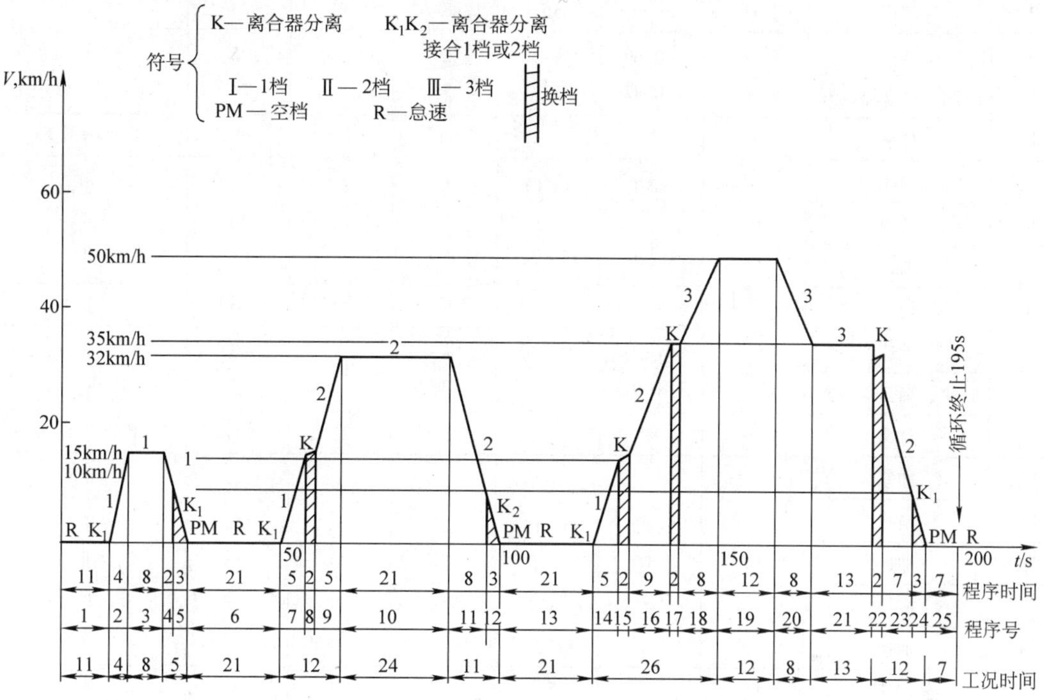

图 13-2　轿车 25 多工况燃料消耗量的循环图

25 多工况燃料消耗量的循环图，试验的操作要求见表 13-3。从图 13-2 和表 13-3 中不难看出，汽车多工况燃料消耗量试验的可操作性很差，因为驾驶员缺少对汽车加速度和减速度的控制经验。正因为如此，许多单位进行汽车燃料消耗量试验时，通常都不做多工况燃料消耗量试验。由此可见，我们有必要尽快探索一种新的能较好反映汽车实际燃料消耗量的方法。当然，要想试验能较好地反映实际，最直接且最简单的方法是测量汽车实际使用的燃料消耗量。但汽车在实际使用过程中的可变因素太多，试验的可比性必然很差。解决可操作性与可比性之间的矛盾，通常需要从两个方面着手进行研究：一是要研究新的试验用仪器设备；二是探索新的试验方法。若能开发出利用汽车速度进行实时反馈控制的自动驾驶系统，则汽车多工况燃料消耗量试验就变得非常容易。然而若已经开发出了可根据目标函数进行跟踪操作的自动驾驶系统，那么我们就可以在典型时段到多种不同典型地区去采集汽车的实际运行工况，对所采集的工况进行组合编辑后，作为操控汽车的目标函数，来控制汽车燃料消耗量试验。显然，若能够做到这一点，汽车燃料消耗量试验技术就会上一个台阶。事实上，德国申克(SCHENCK)公司已开发了汽车试验用自动驾驶系统，将此系统与该公司生产的可全面实时模拟汽车行驶阻力的汽车底盘测功机配合使用，便可实现对汽车进行模拟实际运行工况的

燃料消耗量试验。

表 13-3　轿车 25 多工况燃料消耗量试验的操作要求

程序号	运转次序	工况序号	加速度/(m/s²)	车速/(km/h)	程序时间/s	工况时间/s	累计时间/s	如系手动变速器，所用排档
1	怠速	1	—	—	11	11	11	PM6s + $K_1$5s
2	加速	2	1.04	0~5	4	4	15	Ⅰ
3	匀速	3	—	15	8	8	23	Ⅰ
4	减速	4	-0.69	15~10	2	5	25	Ⅰ
5	减速、离合器脱开		-0.92	10~0	3		28	K_1
6	怠速	5	—	—	21	21	49	PM6s + $K_1$5s
7	加速	6	0.83	0~15	5	12	54	Ⅰ
8	换档				2		56	Ⅱ
9	加速		0.94	15~32	5		61	Ⅱ
10	匀速	7	—	32	24	24	85	Ⅱ
11	减速	8	-0.75	32~10	8	11	93	Ⅱ
12	减速、离合器脱开		-0.92	10~0	3		96	K_2
13	怠速	9	—		21	21	117	PM6s + $K_1$5s
14	加速	10	0.83	0~15	5	26	122	Ⅰ
15	换档				2		124	
16	加速		0.62	15~35	9		133	Ⅱ
17	换档				2		135	
18	加速		0.52	35~50	8		143	Ⅲ
19	匀速	11	—	50	12	12	155	Ⅲ
20	减速	12	-0.52	50~35	8	8	163	Ⅲ
21	匀速	13	—	35	13	13	176	Ⅲ
22	换档	14			2	12	178	Ⅱ
23	减速		-0.86	32~10	7		185	
24	减速、离合器脱开		-0.92	10~0	3		188	K_2
25	怠速	15	—	—	7	7	195	PM7s

二、汽车排放试验新方法的探索研究

我国汽车排放试验有两个并行的标准，即 GB 18352.3—2005《轻型汽车污染物排放限值及测试方法(中国Ⅲ、Ⅳ阶段)》和 GB 18258—2005《点燃式发动机汽车排气污染物排放限值及测量方法(双怠速法及简易工况法)》。与 GB 3847—2005《车用压燃式发动机和压燃式发动机汽车排气烟度排放限值及测量方法》。前者适用于汽车制造厂新开发的车型，试验内容有五项，即常温下冷起动后排气污染物排放试验(15 工况加城郊工况)、曲轴箱污染物排放试验、蒸发污染物排放试验、污染控制装置耐久性试验、低温下冷起动后排气中 CO 和 HC

排放试验；后二者适用于汽车制造厂的出厂检验与在用车的检验。对于装用点燃式发动的汽车，排放检测的内容有：怠速、高怠速及简易工况的排气污染物浓度；对于装用压燃式发动机的汽车，排放检测的内容是：发动机自由加速及加载减速过程的烟度。比较两个标准不难发现，在用车排气污染物试验标准中省掉了最重要的工况排放试验的内容，而且在实际操作过程中，加速模拟工况的排放测试也常被省掉。GB 18285—2005 中没有将工况排放试验内容列入的原因，是考虑到试验设备的投资太大、测试时间太长，汽车用户无力承受高额的试验费用。加速模拟工况排放测试在实际操作过程中常被省掉的原因，是国内的汽车检测线绝大多数尚没有相应的设备。我们必须知道，在用车的数量至少是新车产量的 10 倍，在用车的排放无法进行有效控制，就很难改善人们赖以生存的大气环境。能否找到一种耗时短、设备投资不太大、可有效解决在用车排放检测的方法，显然是从事汽车排放技术研究人员的工作重点之一。可以设想，能快速检测汽车排气污染的设备应该是一种由能连续检测汽车的排放流量及排气中有害气体质量浓度的废气分析仪和能模拟汽车运行工况的汽车底盘测功机所组成的仪器系统。由此可见，欲解决在车排气污染的检测问题，应同时展开对试验用仪器设备和试验方法的研究。

三、汽车车轮定位参数快速测量新方法的研究

汽车车轮定位参数是否正确、各参数的匹配是否合理，不仅会影响到汽车的操纵稳定性，严重时还会危及到汽车的行车安全。正因为如此，汽车检测线上均设有一个侧滑检测工位。不管汽车侧滑检测是否能对汽车车轮定位参数的正确与否给出一个判断，但为检测汽车车轮定位参数而设置是不可置疑的。多年大量的检测实践告诉我们，侧滑试验台给出的检测结果往往与实际情况刚好相反。大量车轮定位参数正确且行驶状况良好、使用时间不长的轿车通过不了侧滑试验台的检测，而有些车轮定位参数严重失准，汽车转向操纵性能和行驶稳定性明显恶化的汽车，在侧滑试验台上的检测结果却良好。显然这种检测设备和测试方法有待我们进行深入的研究。

汽车车轮定位参数是否正确，彼此匹配是否合理，最终均反映在汽车是否易于控制、行驶是否稳定上，即在运行状态才能得到有效的体现。那么，汽车在运行时易于测到的物理量中，有哪几个物理量包含有汽车车轮定位参数的全部信息呢？若能找到这样的物理量，则该项试验的研究工作就完成了一半，因为剩下来的只不过是设计一套系统去测试这些参数。事实上，申克(SHENKCK)公司为轿车生产企业开发的非接触式车轮定位测试系统已基本具备这种功能，其不便用于在用车检测的根本原因是太过昂贵。

以上是以经常遇到的汽车试验为例，简要介绍了为什么要对汽车试验新方法展开研究、如何进行研究、研究哪些内容等问题。事实上，需要我们展开研究的汽车试验问题很多，而且随着汽车技术和汽车产业的不断发展，还将会出现许多新的汽车试验问题有待于进行研究。我国汽车产业和汽车技术的研究与发达国家相比有较大的差距，尤其是汽车试验技术的研究，我国与发达国家的差距更大。让我们共同献出热情和智慧，去努力提高我国汽车试验技术的研究水平。

参考文献

[1] 余志生．汽车理论[M].4版．北京：机械工业出版社，2009.
[2] 何耀华．汽车试验学[M]．北京．人民交通出版社，2005.
[3] 王伯雄．测试技术基础[M]．北京：清华大学出版社，2003.
[4] 程佩青．数字信号处理教程[M].2版．北京：清华大学出版社，2001.
[5] 王跃科，叶湘滨，等．现代动态测试技术[M]．北京：国防工业出版社，2003.
[6] 强锡富．传感器[M]．北京：机械工业出版社，2003.
[7] 张迎新，雷道振，等．非电量测试技术基础[M]．北京：机械工业出版社，2002.
[8] 张雄伟，曹铁勇．DSP芯片的原理与开发应用[M].4版．北京：电子工业出版社，2008.
[9] 纪宗南．DSP实用技术和应用实例[M]．北京：航空工业出版社，2006.
[10] 郑红，吴冠．TMS320C54 DSP应用系统设计[M]．北京：航空工业出版社，2005.
[11] 彭启琮，李玉柏，管庆．DSP技术的发展与应用[M]．北京：高等教育出版社，2002.